普通高等教育旅游管理类专业“十二五”规划教材

旅游市场营销

主　编　丁　林　余珊珊
副主编　于　俏
参　编　何　焱　程金虎　杨晓星

机械工业出版社

作为高等学校旅游管理专业应用型系列教材之一，本书定位于应用型学校人才培养，立足于提高学生的实际操作能力与整体素质。

全书系统地阐述了旅游市场营销的基本原理与方法，内容分为三篇共12章，主要包括绪论、旅游市场营销环境分析、旅游者购买行为分析、旅游市场调研与预测、旅游市场细分及目标市场定位、旅游市场营销战略、旅游产品策略、旅游产品价格策略、旅游产品销售渠道策略、旅游促销策略、旅游市场营销在旅游业中的应用以及旅游市场营销创新。每章明确学习目标，以案例导入理论，各章基础理论中有应用案例佐证，章节后安排关键概念回顾、复习与思考及项目实训。

本书可满足高等院校旅游管理专业的教学需要，也可作为旅游企业管理者和旅游从业者的参考用书与培训教材。

图书在版编目（CIP）数据

旅游市场营销 / 丁林，余珊珊主编．—北京：机械工业出版社，2013.7（2019.2重印）
普通高等教育旅游管理类专业“十二五”规划教材
ISBN 978-7-111-42800-8

Ⅰ．①旅…　Ⅱ．①丁…②余…　Ⅲ．①旅游市场－市场营销学－高等学校－教材　Ⅳ．①F590.8

中国版本图书馆 CIP 数据核字（2013）第 122217 号

机械工业出版社（北京市百万庄大街 22 号　邮政编码 100037）
策划编辑：商红云　王淑花　责任编辑：商红云　何　洋　卢若薇
版式设计：常天培　责任校对：赵　蕊
封面设计：鞠　杨　责任印制：郜　敏
涿州市京南印刷厂印刷
2019 年 2 月第 1 版・第 4 次印刷
169mm×239mm・19 印张・366 千字
标准书号：ISBN 978-7-111-42800-8
定价：33.00 元

凡购本书，如有缺页、倒页、脱页，由本社发行部调换
电话服务　网络服务
服务咨询热线：010-88379833　机 工 官 网：www.cmpbook.com
读者购书热线：010-88379649　机 工 官 博：weibo.com/cmp1952
教育服务网：www.cmpedu.com
金 书 网：www.golden-book.com

序

旅游业是朝阳产业，发展前景广阔，在国民经济中的地位与作用日益显著。旅游管理类专业是随着我国旅游经济的发展、旅游产业的发育而建立的一个新学科。2012年9月，教育部公布了调整后的专业目录，其中旅游管理类专业从工商管理类专业中独立出来，成为与工商管理类专业平级的一级专业，其下包括旅游管理、酒店管理、会展经济与管理三个专业。旅游管理类专业就业前景较好，学生毕业后可以在旅行社、旅游景区、邮轮公司、邮轮接待港、酒店、旅游集散中心等相关旅游企业的服务和管理岗位就业，或者在城市公共交通系统、客运站场、航空地勤、高铁等交通企业的服务和管理岗位就业，就业范围很广。

近年来，为更好地培养旅游管理高层次应用型人才，旅游管理高等教育不断进行人才培养的改革探索。国内许多高等院校通过校企合作和国际交流，创新旅游管理高等教育的培养模式，在更加明确"理论与实践相结合"的同时，通过"课堂学习+校内实训+社会调查+专业综合实习"的培养方式，越来越突出应用型人才培养的目标。

建设一套满足高等院校旅游管理类专业应用型人才培养目标的课程体系和教材体系，是"旅游管理应用型人才培养"教学改革项目的核心内容之一，并成为旅游管理高等教育向应用型方向改革和发展的重要任务。为此，在机械工业出版社的大力支持下，海南大学、云南大学旅游文化学院、海口经济学院、三亚学院、琼州学院、海南师范大学等具有一定旅游管理高等教育基础和规模的院校联合起来，从我国旅游管理高等教育的实际情况出发，共同编写出版了本系列教材。

本系列教材以"高等院校应用型人才培养目标"为编写依据，以思想性、科学性、时代性为编写原则，以应用性、复合性、拓展性为编写要求，力求建立合理的教材结构，体现"高等教育"和"应用、实用、适用"的教学要求，培养旅游管理高层次应用型人才的创新精神和实践能力，满足社会对旅游管理人才的需要。

本系列教材的特色是特别强调实践性和可操作性，坚持做到理论与实践相结合、叙述与评价相结合、论证与个案相结合，具体体现在以下几点：

1. 教材内容“中国化”，有意识地把普遍原理与中国的旅游资源相结合，书中案例多采用国内案例。

2. 增设有特点的栏目，如“引例”、“小资料”、“观念应用”、“阅读材料”等，以方便学生理解理论知识、扩大学生的视野，做到知识性和趣味性相结合。

3. 加大案例的比例，做到微型案例、中型案例和大型案例三者结合，对案例进行理论分析，有益于老师进行案例教学，方便学生掌握知识并用于指导以后的实践工作。

本系列教材可作为高等院校旅游管理类专业教材，也可供高等院校相关专业师生和从事相关工作的人员进修或自学使用。

普通高等教育旅游管理类专业“十二五”规划教材编审委员会

前言

改革开放以来，伴随着社会经济的迅速发展，人们的生活水平有了很大提高，城乡居民普遍开始关注和重视自己的生活质量，于是度假、休闲等旅游需求急剧增加，国内旅游的发展如火如荼。随着我国社会主义市场经济更加深入发展，21 世纪的中国旅游业开始从新的经济增长点迈向新的支柱产业，从世界旅游大国迈向世界旅游强国。2009 年国家旅游局推出的“国民休闲计划”，倡导奖励旅游、福利旅游，引发了以国内客源为主体的全民休闲活动，在“保增长、扩内需”等政府政令指导下，《国务院关于加快发展旅游业的意见》以及《文化产业振兴规划》等重大政策的出台，又为中国旅游业的发展提出了新的要求，将中国旅游业的发展提升到国家经济发展战略的高度。中国旅游业正处于蓬勃兴旺时期，近年来取得了辉煌的成就，旅游企业如雨后春笋般兴起，形成了激烈的市场营销竞争，面对这种现象，研究旅游市场营销显得十分必要。

与此同时，中国旅游业的营销环境也发生了巨变，旅游逐渐成为国民消费必需品，大众旅游成为消费主体。旅游人才的大量需求与旅游企业的大规模增长，对我国的旅游高等教育提出了新的要求。

作为高等学校旅游管理专业应用型系列教材之一，本书定位于应用型学校人才培养，立足于提高学生的实际操作能力与整体素质。尤其针对独立学院学生的特点及其接受知识和技能的规律，根据旅游管理专业人才培养目标，对旅游市场营销的内容进行选取，体现实用性课程的原则导向，做到任务驱动教学，与传统的学科教材区别开来。在理论基础之上，安排项目实训，每个项目包含一定的具体任务，项目之间具有很强的关联性，前一个项目的完成是下一个项目进行的基础。

全书系统地阐述了旅游市场营销的基本原理与方法，内容分为三篇共 12 章，分别是基础知识篇、策略与管理篇、应用及创新篇，主要包括绪论、旅游市场营销环境分析、旅游者购买行为分析、旅游市场调研与预测、旅游目标市场选择与定位、旅游市场营销战略、旅游产品策略、旅游产品价格策略、旅游销售渠道策略、旅游促销策略、旅游市场营销在旅游业中的应用、旅游市场营销创新等内容。每章明确学习目标，以案例导入理论，各章基础理论中有应用案例佐证，章节后安排关键概念回顾、复习与思考及项目实训。

本书的编写团队主要由云南大学旅游文化学院旅游管理系教师组成，丁林、余珊珊负责全书框架体系设计、统稿、修改及定稿，并撰写第一章、第二章、第五章，何焱撰写第三章、第四章、第七章，于俏撰写第六章、第八章、第十二章，程金虎撰写第九章，杨晓星撰写第十章、第十一章。

本书可满足高等院校旅游管理专业的教学需要，也可作为旅游企业管理者和旅游从业者的参考用书与培训教材。

在本书的编写过程中，我们参考和引用了大量文献，在此向原作者致以诚挚的谢意。由于编者的水平和学术能力有限，书中仍然有许多不足之处，恳请读者和专家学者批评指正。

编　者

目录

序

前言

第一篇　基础知识

第三篇 应用及创新

第一篇

基础知识

第一章 绪论

【本章学习目标】

通过本章的学习，了解市场营销与旅游市场营销的基本含义，能掌握旅游市场营销的主要任务和基本作用，了解旅游市场营销学的内容和构成，了解旅游市场营销学的发展。

◆【案例导入】

血型餐厅

一家印度餐厅拿“血型”做起了文章。2008 年，他们推出了一种根据血型定制菜品的健康菜单。

这是一家位于印度海得拉巴的自助餐厅。不过，不要以为走进自助餐厅就可以无所顾忌地大吃一顿了。在这里，顾客要仔细看清楚，哪个菜品是允许 A 型血的人食用的，B 型血的人吃什么才有助于保持身材。

原来，这家自助餐厅在每道菜品旁，都注明了这种菜品适合哪种血型的人食用。餐厅经理表示，血型不同的人体质不同，他们推出这种“血型健康食谱”，就是为了让消费者更好地根据自身情况合理膳食、控制体重，同时保持精力充沛。

（资料来源：程振宏，《印度餐厅：看“血型”享美食》，央视网，2008-4-21，http：//www. cctv. com/program/jjxxlb/20080421/107292. shtml。经整理加工。）

第一节 旅游与旅游市场营销

一、旅游概述

（一）旅游的概念

“旅游”一词在我国最早出现于南北朝时期，距今约1500多年。现代社会对于旅游的含义，不同的人有不同的见解，有的着重从经济发展的角度去定义，有的惯于沿用我国古代旅游的定义，有的则从旅游的主体角度去定义。国际上普遍接受的“艾斯特”定义为：“旅游是非定居者的旅行和暂时居留而引起的现象和关系的总和，这些人不会永久居留，并且不从事任何赚钱的活动。”也有的学者认为可以从马斯洛需求层次理论的角度来理解旅游的含义，即旅游是人们在满足自身最基本的需求的基础上，为了满足更高层次的需求，特别是精神层面上的需求而进行的一系列离开居住地所发生的一切关系和现象的总和。

（二）旅游的特征及属性

1. 旅游的特征

在旅游的众多特征中，异地性和业余性最为突出。

（1）异地性。异地性是指旅游是在异地的暂时性的生活方式，不能离开居住地到目的地永久居住。这样就可与平时在自己居住地的日常生活区别开了。

（2）业余性。业余性就是许多国家的学者所讲的闲暇性，是指旅游仅是发生在旅游者人生时间波谱中某一时段上的行为，旅游者可以根据自身需要进行相应的调整。所以，这段时间通常被看成是人们正常生活时间的一种溢出。

2. 旅游的属性

首先，是旅游的消费属性。旅游在其全过程中不向社会也不为旅游者个人创造任何外在的可供消费的资料，相反，却会消耗旅游者以往的积蓄和他人的劳动成果。所以，旅游是无意识消费行为而不是生产行为。旅游所消耗的时间段是从人的生命波谱中截取的一个波段，因此人们在旅游过程中的消费不会完全超脱于其一般日常消费。但是，旅游过程中的消费又与平日里的消费有着很大的区别，突出表现为旅游过程中的消费注重人的精神层面上的享受和审美的体验，甚至在某些方面表现出对日常生活消费的畸变。

其次，是旅游的休闲属性。旅游是通过消费来获得休闲娱乐满足的一个过程，旅游的目的就是在游览的过程中获得身心的享受和休闲。这与为了谋生而进行的劳动有着非常大的区别，也不同于为了维持人的生存而必须从事的活动，如睡眠、吃饭、操持家务等，同时与出于社交目的所进行的应景往来也有区别。在整个旅游过程中，游玩的随意性和娱乐的目的性居主导地位，由此，旅游表现出与一切休闲行为相同的属性。但是，旅游与休闲还是有区别的。旅游在使用自由时间上有一个明显的特点，即要求用于旅游的自由时间具有相对完整性。但是从其活动构成上看，旅游这种休闲行为实际上又是众多休闲行为的再组合。旅游者在目的地停留期间，除了吃、喝、睡等满足生理需要的活动之外，所有其他活动几乎都是休闲行为，包括观光、游览、与人交往、看电视、听广播和音乐、阅读书报、聊天、室内消遣、体育锻炼、观看节目演出、参加俱乐部活动等。

再次，是旅游的社会属性。在现代社会，旅游已经成为人们日常生活的重要组成部分。因此，旅游也就不可避免地打上了社会的烙印。旅游的社会属性的存在不仅是因为人们的审美意识作为旅游的前提条件而社会性地存在，而且在不同的社会条件下，人们的旅游需求还表现为受时代影响所呈现出来的特征。20世纪60年代在西方兴起的追逐3S（即Sun、Sand、Sea）和今天普遍倡导的生态旅游，无不反映了不同时代人们在旅游价值观方面的变化。这种变化的根源就在于旅游的社会属性。

二、市场营销的相关概念

市场营销是指以满足人类的各种需要和欲望为目的，通过市场变潜在交换为现实交换的一系列活动和过程。市场营销涉及其出发点，即满足顾客需求，还涉及以何种产品来满足顾客需求。如何才能满足消费者需求，即通过交换方式，产品在何时、何处交换，谁实现产品与消费者的连接。可见，市场营销的核心概念——交换，意味着市场营销是一种社会和管理过程。交换是指通过提供某种东西作为回报，从别人那里取得所需之物的行为。交换的本质是将人或组织的劳动成果，与另外的人或组织的劳动成果，以双方认可并愿意接受的条件进行互换。在竞争条件下，企业如果无法实现交换，就无法生存，交换是实现价值的重要过程。

（一）需要、欲望与需求

（1）需要。人的需要是市场营销的基石。需要是指人们与生俱来的基本需要。如为了生存和发展，人们会有吃、穿、住、安全、归属、受人尊重、对知识和自我实现的需要等。这些需要存在于人类自身生理和社会之中，市场营销者可用不同方式去满足它，但不能凭空创造。

（2）欲望。欲望是指想得到上述需要的具体满足品的愿望，是个人受不同文化及社会环境影响所表现出来的对需要的特定追求。如人渴了需要喝水，但是喝什么水满足生理需求是因人而异的，有的人选择茶，有的人选择白开水，有的人喜欢果汁或汽水。市场营销者无法创造需要，但可以综合考虑社会、经济、文化等因素引导甚至创造欲望，并通过创造、开发及销售特定的产品和服务来满足欲望。

（3）需求。需求是指人们有支付能力并愿意购买某个具体产品的欲望。简单地说，需求 = 欲望 + 购买力，两者缺一不可。换句话说，消费者的欲望在有购买力作后盾时就变成需求。比如许多人想买高级轿车，但只有具有支付能力的人才能购买。再比如，普通消费者对黑白电视机都具有购买力，但是他们根本没有欲望，所以也不形成需求。因此，市场营销者不仅要了解有多少消费者对其产品有欲望，还要了解他们是否有能力购买。

优秀的市场营销者总是通过各种方式深入地了解顾客的需要、欲望和需求，并据以制定自己的营销策略。他们认真研究顾客的行为和偏好，分析有关用户调查、产品保证与服务等方面的数据，观察对比自身产品与竞争对手产品的顾客，以了解他们的喜好，培训销售人员以使他们能发现尚未满足的欲望。

（二）产品

产品是指能够满足人的需要和欲望的任何事物。产品的价值在于它给人们带来对欲望的满足。比如人们购买轿车并不是为了买到一种机械，而是要得到它所提供的交通服务。产品实际上只是获得服务的载体。这种载体可以是有形的物品，也可以是无形的服务，如人员、地点、活动、组织和观念。当人们心情烦闷的时候，为满足轻松解脱的需要，可以去参加音乐会，可以到风景区旅游，也可以参加校友聚会，接受一种不同的价值观。市场营销者必须清醒地认识到，其创造的产品不管形态如何，如果不能满足人们的需要和欲望，就毫无意义。

（三）市场与市场营销者

（1）市场。市场是一种以商品交换为内容的经济联系形式，是社会分工和商品生产的产物，是商品经济中社会分工的表现。一般来说，市场是买卖双方进行交换的场所。从市场营销学的角度看，卖方组成行业，买方组成市场。行业和市场构成了简单的市场营销系统。市场是所有现实的和潜在的能够并愿意通过交换来满足欲望的消费者的总和。即市场营销学意义上的市场由三个要素组成：人口、购买力和购买欲望。这三个要素缺一不可，人口是构成市场的基本要素，购买欲望是潜在交换变成现实交换的重要条件，购买力是实现交换、构成市场的必要前提。

（2）市场营销者。在交换双方中，如果一方比另一方更主动、更积极地寻求交换，就将前者称为市场营销者，将后者称为潜在顾客。换句话说，所谓市场营销者，是指希望从别人那里取得资源并愿意以某种有价值的东西作为交换的人。市场营销者可以是卖方，也可以是买方。当买卖双方都表现积极时，就把双方都称为市场营销者。一般来说，企业是市场营销者，比如旅行社、酒店、旅游目的地企业。

三、旅游市场营销概述

（一）旅游市场营销的概念

旅游市场营销来源于市场营销，是市场营销在旅游业中的具体运用。它是旅游企业对旅游产品的构思、定价、促销和分销的计划及执行过程，以满足旅游者需求和实现旅游企业目标为目的。从概念可知，旅游市场营销具有三层含义：

（1）以交换为中心，以旅游者的需求为导向，以此来协调各种旅游经济活动，力求通过提供有形产品和无形服务使游客满意来实现旅游企业的经济和社会目标。

（2）旅游市场营销是一个动态过程，包括分析、计划、执行、反馈和控制，更多地体现旅游经济个体的管理功能。旅游市场营销是对营销资源（如旅游市场营销中的人、财、物、时间、空间、信息等）的管理。

（3）旅游市场营销的主体包括所有旅游经济个体（含政府、非营利性组织和旅游企业），客体包括对有形实物的营销和无形服务的营销。

（二）旅游市场营销的特征

旅游市场营销作为旅游企业在市场中生存发展的有效途径，对旅游企业的影响十分巨大。旅游业是一个特殊的服务性行业，旅游产品是一种特殊的产品，它既包括有形的产品又包括无形的服务，因此，旅游市场营销与传统的产品营销存在一定的区别。具体表现在旅游市场营销具有以下六个显著特征：

1. 产品性质是无形的

一般来说有形产品是一个物体或一样东西，而旅游产品则表现为一种行为或一项努力。由于旅游产品的无形性，顾客难以感知和判断其质量和效果，他们更多地只能根据服务设施来衡量。

2. 生产过程中游客可参与

在旅游产品的生产过程中，游客不仅同服务人员接触，还可能同其他游客发生联系，因此，游客在旅游服务行业中就成为产品的一个组成部分。所以，如何管理游客从而使得服务工作有效地进行，便成为营销管理的重要内容。服务绩效的好坏不仅取决于服务人员的素质，也与旅游者的行为密切相关。

3. 产品质量难以控制

一般来说，生产出来的有形商品在到达顾客之前，可以根据质量标准对它们进行检查。但旅游服务产品在生产出来时就被消费了，其缺点和错误很难掩盖，而服务人员和其他顾客的在场又引起了更大的可变性，这些因素使旅游服务组织很难控制质量和提供始终如一的产品。尽管旅游企业的各部门岗位已经制定了精细的管理制度和服务标准，但实际操作起来仍很难确保服务人员按标准将服务传递给旅游者；而即使旅游服务人员都能按标准提供服务，也会由于个人的特质不同、感受不同，使得满意程度也不同。

4. 时间因素很重要

服务产品是不能被储存的，许多服务是需要实时传递的。生产旅游产品的设备、劳动力等能够以实物的形态存在，但它们代表的只是生产能力而不是产品本身。如果没有顾客需求而提供旅游产品，就意味着生产力的浪费；如果对旅游产品的需求超过供给能力，又会因缺货而使顾客失望。所以，如何使波动的需求同旅游企业的生产能力相匹配，服务及时、快捷以缩短顾客等候时间，就成为旅游市场营销中的重要工作。

5. 分销渠道特殊

与需要实体分销渠道把商品从工厂转移到顾客手中的制造商不同，旅游企业要借助电子渠道或者把生产、零售和消费的地点连在一起来推广产品。也就是说，旅游产品是由单项服务产品组合而成的综合性产品，即由食、住、行、游、购、娱等服务企业所提供的各单项产品组合而成，缺少其中任何一项产品，都难以构成整体的旅游产品。在这个统一体中，各行业、部门或企业都各自进行着垂直的独立经营活动，但它们之间又横向联合成一个水平的统一体，构成了特殊的旅游综合性产品分销渠道。

6. 目标营销与过程营销并重

旅游企业的一切经营活动都必须以市场需求作为出发点和归宿。而旅游产业由于服务对象是人，因此，如何针对不同的人的不同需求设计和开发旅游产品，成为旅游企业生存和发展的根本。旅游企业以旅游消费者为核心，通过满足其需求而获利润。同时，旅游市场营销是一个动态的过程，包括对市场需求的研究分析、产品的设计、营销计划的执行和效果的反馈。对于旅游者而言，产品质量的好坏在于他们享受到的旅游服务能否获得预期的满足。服务产品是不能被储存的，需要实时传递给旅游者。旅游者参与了旅游服务产品生产的全过程，旅游业员工的服务水平直接反映到旅游服务的质量上。因此，重视员工和顾客间的相互作用，也就是对过程营销的充分重视，是旅游市场营销工作的重要内容。

第二节 旅游市场营销学的研究对象及内容

一、旅游市场营销学概述

旅游市场营销学是一门年轻的学科。旅游市场的形成和发展，不仅规范了旅游企业的市场行为，而且促成了旅游市场营销学的产生及发展。

旅游市场营销学是以现实和潜在的旅游者的消费需求为背景，动态地研究旅游经济个体的市场行为以及与此相配备的管理职能和运行手段的一门应用型学科。

二、旅游市场营销学的研究对象

旅游市场营销学是一门建立在市场营销基础理论、经济学、消费者行为学和现代管理学之上的应用科学，是利用市场营销及相关学科的一般原理，研究如何在满足旅游者利益的基础上，刺激和调控旅游者的需求，并根据社会、企业的具体条件，有计划地进行企业整体市场营销，提供满足旅游者需要的服务，并从中获得企业和社会的长期利益的一门学科。

三、旅游市场营销学的内容体系

旅游市场营销的基本内容包括以下几个方面：

1. 产品策略

产品策略主要是指旅游企业如何根据自身的优势和特点，在激烈的市场竞争中适时地生产出自己的旅游产品和服务，同时根据产品的生命周期积极研制和开发新的旅游产品和服务，从而在竞争中永远处于主动地位。旅游市场营销学强调一切经济活动都应该从旅游者的需求出发，根据旅游市场的需求制定旅游产品策略。

产品策略主要包括新产品的开发策略、基于旅游产品的营销策略和旅游产品的实际内容三个方面。

2. 价格策略

旅游产品的价格制定必须考虑国际旅游市场的价格。一方面，按照市场经济体制特有的运行规律，发达国家中旅游经济个体，比如旅行社、饭店等都可以自行决定产品的价格，于是旅游产品的价格制定成为实现市场营销的一种基本手段；另一方面，市场经济体制中旅游产品的价格受供求关系影响极大，各旅行社、饭店可根据各自不同的条件采取多种多样的定价方法和策略。因此，我国的旅游企业必须研究国际旅游市场、发达国家旅游业产品价格策略以及我国国际、国内旅游产品价格策略。

价格策略的内容主要包括价格制定策略和价格管理策略。价格制定策略主要针对如何为现行旅游产品制定适宜的价格，恰当地体现旅游市场中的供求关系，以及在市场各要素变动的情况下如何作出调整。价格管理策略主要是指从维护旅游者和旅游生产者各自的利益这一角度出发，对产品的价格从制定到执行及调整所采取的各种监督和管理措施。

3. 促销策略

促销的目的不仅在于向旅游者出售其所需要的旅游产品，更重要的是在于如何通过向旅游者介绍新的旅游产品来刺激旅游需求，以此来扩大旅游企业的市场份额，使旅游企业占据有利地位。

促销策略的内容包括：旅游产品营销计划的制订、旅游产品的广告促销、旅游企业的营业推广、公关销售以及旅游人员推销。

4. 渠道策略

旅游市场营销的一个重要方面是，通过何种途径将各类型的旅游产品传递到旅游者手中。渠道策略对于更好地满足旅游者的需求，使企业最快、最便捷地进入目标市场，缩短产品的传递过程，节省产品的销售成本起到积极作用。因此，渠道策略的正确与否，渠道的选择是否适宜，在某种程度上决定着旅游产品市场营销的成败。

渠道策略的主要内容包括：旅游产品销售渠道的选择、产品营销中介的建立以及产品营销计划的制订等。

产品（Product）策略、价格（Price）策略、促销（Promotion）策略和渠道（Place）策略构成了旅游市场营销学的基本内容，一般被称为旅游市场营销的“4P”组合。

第三节 旅游市场营销学的发展

一、旅游市场营销学的发展历程

市场营销学是在资本主义工业革命以后，才作为系统研究市场问题的一门独立的学科出现的。旅游市场营销学也经历了较长时间的发展历程。特别是在20世纪60年代以后，旅游业进入了发展的高峰期，旅游企业间的竞争也变得日益激烈，因此，旅游业引入了市场营销学的经营理论，开始关注旅游市场中的有些问题。对于旅游市场营销学发展的历程，苟自钧教授认为应该分为以下三个阶段：

（一）引入阶段（20世纪60—70年代）

这一阶段是旅游市场营销学刚从市场营销学中分离出来的时期。这一阶段主要研究的问题是旅游产品与有形产品的差异、旅游特征，以及市场营销学理论如何应用在旅游产品的推销当中。

（二）理论探索阶段（20世纪80年代中期）

这一阶段主要探讨旅游的特征如何影响消费者的购买行为。自20世纪80年代开始，西方旅游业逐步进入了细分市场时代，旅游企业经营者开始根据人口分布的热点、旅游者的兴趣和生活方式等对旅游消费者进行分类，以此提供恰当的旅游产品和服务。在销售过程中，市场定位理论逐渐得到推广，使得旅游企业在众多旅游消费者中树立了良好形象。

（三）理论突破及实践阶段（20世纪80年代后期）

这一阶段集中研究在传统的4P组合不能满足推广服务的情况下，要增加哪些新的组合变量的问题。具有代表性的观点有：

（1）服务营销应包括七种变量组合，即在传统的产品、价格、分销渠道和促销组合之外，增加人、服务过程和有形展示三个变量，从而形成7P组合。

（2）由人（包括顾客和企业员工）在推广服务以及生产服务的过程中所扮演的角色衍生出两大领域的研究，即关系营销和服务系统设计。

（3）从对7P研究的深化到强调加强跨学科研究的重要性，强调从管理学、生产管理、社会学及心理学等学科领域观察、分析和理解服务行业所存在的各种市场关系。

（4）特殊服务营销问题，如服务价格如何确定，服务的国际化营销战略、信息技术对服务的生产、管理及市场营销过程的影响等。

旅游市场营销学在我国是一门年轻的、实践性很强的学科。我国的旅游市场营销开始于20世纪90年代。在此之前，我国的旅游业也经历了两个完全不同的阶段：1978年改革开放以前，我国的旅游业属于外事接待的事业性质，只有上级下派的任务，无任何营销活动可言；改革开放以后，我国的旅游业开始进行产业化的改造，这时市场营销理论也开始进入我国的经济界，特别是20世纪90年代后期，全国掀起了发展旅游业的热潮，同时“假日经济”又带动旅游市场的快速发展，旅游竞争也开始变得更加激烈。这样的结果是更加刺激了旅游市场营销活动的开展，也使得对旅游市场营销学的研究更加深入。

二、旅游市场营销观念的演变

市场营销观念是旅游企业决策者在谋划和组织企业的整体实践活动时所依据的指导思想和思维方式，也是关于组织整体企业活动的管理哲学。

市场营销观念不是人为定义的，而是社会经济活动的产物，与经营活动所处的内外部环境有关。它是企业决策者在企业内外部环境的动态影响之下，为追求企业的生存与发展，在不断的经营活动中逐渐形成的。一定的市场营销观念形成后，反过来又会对企业的实践产生正确的指导和推动作用。因此，研究旅游市场营销观念的演变，对于帮助经营者在经营过程中树立正确的营销理念、采取科学的营销策略是非常重要的。现代旅游市场营销观念经历了以下几个发展阶段：

1. 生产观念

生产观念是指导企业经营活动最古老的观念之一。古代的旅店、客栈、驿站等都是生产观念的反映，它们只提供简单的食宿服务。一些执行着生产观念的企业认为，只要能降低成本，就能利用价格与其他企业进行竞争，把顾客拉到自己身边。此类企业一切以自身为中心，很少去考虑企业之外的各种市场因素。在产品供不应求的情况下，生产观念还有其存在的可能性，但是当生产力水平有了很大的提高、产品的供求取得平衡以后，其弊端就显露无遗了。实现了从卖方市场到买方市场的转换以后，“等客上门”的经营思想最终必定会导致旅游企业及其产品失去市场竞争力，造成旅游客源的停滞或浪费。

2. 产品观念

产品观念认为，提供一流的产品和服务是企业经营管理工作的核心，只要产品的质量上乘，具有其他产品所无法比拟的优点与特征，就会受到消费者的欢迎，消费者也愿意多花钱去购买优质的商品。在这种观念的影响下，企业往往把注意力集中在产品的精心制作上，而根本不考虑市场上的消费者是否能接受这种产品。产品观念最终会让企业染上“营销近视症”，即不适当地把注意力放在产品上，而不是放在市场的需求上，这样必将导致企业丧失市场，失去竞争力。以上海为例，高档次酒店的硬件和软件质量数一数二，但“价高和寡”，大量外地客人“游上海宿苏杭”，上海酒店的平均出租率不但没有提高，甚至还略有下降。相比之下，锦江集团创建的相当于国外汽车旅馆式的假日旅馆却门庭若市，这正显示了低档客源市场的旺盛需求。

3. 推销观念

推销观念认为，消费者不会因自身的需求主动地购买产品，而必须在强烈的销售刺激引导下才会采取行动，因而企业除了提供质量好的产品和服务以外，还应组织人员主动去推销。企业重视对推销术、广告等的使用，以此刺激消费者形成购买需求，从而获得企业的利益。推销观念固然是一种积极的营销的态度，但对于供求不对路的产品及过剩、过时产品，则是很难推销出去的。因此，旅游产品在市场上的推销结果不理想，除了和推销意识及技巧有关外，还与产品本身和市场的需求情况有关。

4. 市场营销观念

市场营销观念与生产观念刚好颠倒过来：市场营销观念认为，企业经营管理的关键是正确确定目标市场，了解并满足客源市场的需求和欲望，并且比竞争对手更有效地提供客源市场所期望的服务。即顾客需要什么样的产品和服务，企业就提供什么样的产品和服务。“顾客就是上帝”“宾客至上”“客人就是对的”等旅游企业的宣传口号，就是以顾客为中心的市场营销观念的体现。

5. 社会营销观念

社会营销观念是指企业在营销活动过程中必须承担起社会责任。企业通过营销活动，充分有效地利用人力资源、自然资源，在满足消费者需求、取得合理利润的同时，做到保护环境、减少公害，维持健康、和谐的社会环境，不断提高人类的生活质量。即社会营销观念要求企业不仅追求经济利益，还要兼顾社会效益。

三、旅游市场营销新理念

市场营销方式到了20世纪90年代以后，出现了很多新变化。进入21世纪，人们的价值观、行为准则乃至消费行为都具有一些新的特点，旅游市场营销的概念也日益发展。如随着个人计算机的普及和互联网的出现，产生了旅游网络营销的概念；随着人们对绿色产品的喜好和对环境破坏的关注，出现了旅游绿色营销的概念；随着知识经济时代的到来，诞生了旅游服务营销和旅游文化营销；此外，还有旅游关系营销等。在这里仅对新生概念进行阐述，详细内容将在本书第十二章中作介绍。

（一）旅游网络营销

旅游网络营销是以计算机互联网技术为基础，通过与潜在旅游者在网上直接接触的方式，向旅游者提供更好的旅游产品和服务的营销活动。

（二）旅游绿色营销

旅游绿色营销是为了适应环保意识的增强和绿色浪潮的到来而对市场营销进行的重新定位。其含义包括两个层次：一是基于旅游企业自身利益而进行的绿色营销，即旅游企业满足旅游者的绿色消费需求，降低成本，在竞争中取得差别优势，从而获得更多的市场机会，占有更大的市场份额，进而获得更多的利益；二是基于社会道义而进行的旅游绿色营销，即在营销过程中与社会对环境保护的要求相适应，与社会可持续发展战略相一致，尽量减少对环境的污染，维护全社会的公共利益。

（三）旅游体验营销

旅游体验营销是以向顾客提供有价值的体验为宗旨，在提供产品和服务的同时，将消费过程看成是一种整体体验，以体验为导向设计、制作和销售产品，注重顾客的参与和氛围的营造，力图通过满足顾客的体验需要而达到吸引和保留顾客、获取利润的目的的营销活动。

（四）旅游关系营销

旅游关系营销是将旅游企业置身于社会经济大系统中来考察旅游企业的市场营销活动，认为旅游企业营销是一个与旅游者、竞争者、供应商、分销商、政府机构和社会组织发生互动作用的过程。旅游企业营销的核心是正确处理与这些个人和组织的关系。

【关键概念】

旅游市场营销；市场；市场营销者；产品；需求；旅游市场营销学；“4P”原则

【复习与思考】

1. 简述旅游市场营销的基本概念。
2. 简述旅游市场营销的特征。
3. 阐述各种旅游企业经营观念的内涵、区别与联系。

4. 简述旅游市场营销学的基本内容。

5. “酒香不怕巷子深”这种观点对吗?

【项目实训】

以本地一家旅游企业为例，通过调查，找出其旅游市场营销策略，分析其营销观念处于哪个阶段，并写一份分析报告。

第二章 旅游市场营销环境分析

【本章学习目标】

通过本章的学习，了解旅游市场营销的宏观、微观环境的构成，学会分析旅游市场营销环境，并了解对旅游企业在市场营销活动中产生影响的因素有哪些，能够熟练地对旅游企业市场营销环境进行 SWOT 分析。

◆【案例导入】

美国遭遇恐怖袭击事件对全球和我国入境旅游市场的影响

一、“9·11”事件对美国旅游业的影响

2001 年 9 月 11 日在美国发生了恐怖分子劫持飞机撞击世贸大厦和五角大楼的事件。“9·11”恐怖袭击事件使美国旅游业遭受了前所未有的重创，尽管恐怖事件发生在东海岸，但位于西海岸的加利福尼亚州却是重灾区，因为旅游业是加利福尼亚州的经济支柱之一，该州 2000 年一年接待外国游客 640 万人，占全国的 1/4 ，旅游收入高达 70 亿美元。洛杉矶会议与访问者接待局的负责人迈克尔·克林斯 19 日对记者说：“要问现在的国际旅游业状况如何，它停止了!”日本是加利福尼亚州旅游的最大客源国，但也是这次旅游订单退订数量最多的国家。洛杉矶日本旅游局的经理藤本说，在 9 月份原计划接待 8000 个日本旅游团，但在恐怖事件后这些团全部取消了。更糟糕的是，10 月和 11 月份的旅游订单也撤销了一半以上。

由于外国游客急剧减少，许多旅馆和旅游胜地都感到了极大的压力。在洛杉矶市中心主要接待日本游客的纽奥塔尼饭店，目前的客房入住率仅为 25%，而往年这时是 75%。专家认为，旅游业这次遭受的损失超过了海湾战

争的冲击。

内华达州世界文明的赌城——拉斯维加斯平均每年接待大约3600万游客，其中外国游客占13%，这次也受到冲击，许多外国旅游团也退了订单。会议访问学者接待局的发言人罗布·鲍尔斯说，这次打击与海湾战争不同的是“心理打击”，负面影响需要一年的时间才能消除。外国游客急剧减少，大量旅游计划被取消，旅游企业均叫苦不迭。

二、对全球旅游业的影响

美国遭恐怖分子袭击事件，既给了美国旅游业一次重大打击，也波及了英国、法国、德国、日本、澳大利亚、加拿大等发达国家。这一事件对全球旅游业产生了重大影响。美国、加拿大旅游业是直接受害者，各国纷纷取消前往两国的航班和旅行团队。当时由英国出发前往美国、加拿大的航班全部取消，近期由英国赴美国和加拿大的旅行团也全部取消；9月30日以前德国几个大旅行社去往美国和加拿大的旅行全部取消；日本大量赴美航班被取消，许多旅行社赴美旅游团无法成行。受此事件影响，巴基斯坦、阿富汗及中东个别国家，也遇到了英、法、德等发达国家大量取消旅行团的情况。如英国前往中东的部分航班被取消；德国部分去丝绸之路旅游的客人，担心通过中东、巴基斯坦、阿富汗等敏感地区，已取消旅游预订。旅游安全一直是旅游者关注的焦点，恐怖活动给全球旅游者的心理投下了阴影。这次利用交通工具制造的恐怖事件，也增加了人们对乘坐旅游交通工具，特别是对乘坐飞机的不信任感，进而影响了旅游动机的形成和旅游行为。另外，由此次事件所引发的原油价格上涨，增加了飞机、船舶以及汽车等交通工具的运营成本，直接导致各国居民外出旅游费用的上升，对全球旅游业造成的影响将是长期的。

三、对我国入境旅游的影响

“9·11”事件对我国入境旅游也带来了直接影响。当时受取消航班的影响，美国来华入境旅游人数大幅度下降，受事件直接影响的个别专业团体退团；日本交通公社中国旅行大阪支店取消了两个原定去中国的旅游团。但其他国家和地区来华旅游团没有发生大规模退团事件，如中国香港地区往内地的团队没有受到影响。这一事件短期内对中国入境旅游市场的影响不会太大。中国旅游的安全性，使得日本等国家部分原本打算赴美国的旅游客流由于受阻而转向中国，这也是中国旅游业的一个机遇。

美国作为我国入境旅游第四大客源国，吸引美国来华旅游人数是营销管理者面对的一个重要问题。美国的入境旅游、出境旅游和国内旅游均会受到旅行者对安全的担忧和全球经济的影响，其他国家的来华旅游业也将受到连带影响。

（资料来源：国家统计局，《美国遭遇恐怖袭击事件对我国入境旅游市场的影响》，中国经济网，2004-9-17，http：//www. ce. cn/travel/bjzm/lyyj/200409/17/t20040917_ 1786609. shtml。经整理加工。）

第一节　旅游市场营销宏观环境分析

旅游企业的营销活动和其他行业所进行的营销活动一样，也是在一定的环境中进行的。所谓旅游市场营销环境，是指一切影响和制约企业营销活动的外部力量及其他相关因素的集合，是影响旅游企业生存和发展的各种外部条件。

旅游市场营销宏观环境是指旅游企业或旅游企业运行的外部大环境，虽然它对于旅游企业来说既不可控制又不可影响，但对企业营销的成功与否起着十分重要的作用。市场营销者必须根据外部环境中的各种因素及其变化趋势制定自己的营销策略，以达到市场经营目的。旅游市场营销的宏观环境因素主要包括政治法律因素、社会文化因素、人口地理因素、经济因素、科学技术因素、自然因素等几个方面。

一、政治法律因素

市场经济虽已成为一种全球性的经济发展模式，但却没有一个国家在经济发展中能完全脱离政府的力量。无论是在成熟的国家还是在正处于体制转轨中的国家，政府都或多或少地出台政策或采用法律限制等手段干预经济的发展。也就是说，旅游企业在进行经济活动时，政治法律因素是其必须考虑的因素之一。

从政策法规的角度来看，政治法律因素主要是指党和国家的方针政策，它规定了国民经济发展方向和发展速度。这直接关系到社会购买力和市场消费需求及其调整变化对旅游企业产生的影响。旅游业的发展不仅与接待国的政治法律环境有关，而且与客源国的政治法律环境也有很大关系。首先是政府的法令条例，特别是有关旅游业的经济立法，对旅游市场需求的形成和实现具有不可忽视的调节作用。其次是政府出台的各项法律法规，以规范各市场营销主体的经济行为，确保各经济主体自由、公平、公正地参与市场竞争，保证市场经济的有序发展。比如2009年国务院相继制定了“国民休闲计划”“文化产业振兴规划”以及“加快旅游业发展的意见”等政策，旅游业及其所带动下的饭店行业从相关宏观政策中受益，重新进行了行业调整与升级。

此外，旅游企业制定其营销策略还必须考虑到旅游目的地的安全问题，也就是旅游国家和地区的政治稳定情况。

【营销实例 2-1】

政治示威冲击泰国入境旅游市场

2010 年 3 月以来，泰国动荡的政治局势可能成为对 2010 年泰国旅游业增长造成严重影响的主要风险因素。如果泰国政局仍然持续动荡，政治示威持续不断，政府为控制局势而实行严厉的措施，将进一步重创泰国尤其是曼谷地区的旅游业。

泰华农民研究中心对 2010 年旅游业总体状况进行了预测：如果政治争端能在上半年解决，政府部门以及经营商有时间加紧开展宣传或市场营销，外国游客数量渴望在第三季度复苏，全年入境外国游客数量可望增长 5.5%，低于年初估计的增长 10%；如果政治示威延续到下半年，则将难以在旅游旺季之前恢复外国游客对泰国旅游安全的信心，全年外国游客数量可能萎缩 1.0%，成为自 2009 年以来连续第二年萎缩（假设前提是不发生关闭机场事件）。

除了政局动荡持久化以外，2010 年入境外国游客数量还取决于相关部门恢复泰国旅游形象的各种推广活动。如果推广活动令游客满意，并且局势及时恢复到正常状况，就很可能刺激今年剩余时间入境旅游市场的增长，从而使 2010 年入境外国游客数量接近预定目标。

二、社会文化因素

社会文化是指一个社会的民族特征、价值观念、生活方式、风俗习惯、伦理道德、教育水平、语言文字、社会结构等的总和。人类在特定的社会环境中生活，必然会形成某种特定的文化。不同国家、不同地区的人民形成不同的社会风俗与文化内涵，代表着不同的生活模式，对同一产品可能持有不同的态度，直接或间接地影响产品的设计、包装、信息传递方法，以及产品被接受的程度、分销和推广措施等。社会文化因素通过影响消费者的思想和行为来影响企业的市场营销活动。因此，企业在开展市场营销活动的时候，应重视对社会文化的调查研究，作出适宜的营销决策。容易对旅游者产生影响的社会文化因素主要有以下几方面：

1. 教育水平

教育水平是指消费者受教育的程度。一个国家或地区的教育水平往往和经济水平是一致的。消费者不同的文化修养表现出不同的审美观，购买商品的原则和方式也不同。因此，教育水平的高低影响着消费者心理、消费结构，影响着企业营销组织策略的选取以及销售方式方法的差别。所以，旅游企业营销开展的市场开发、产品定价和促销等活动都要考虑到消费者受教育程度的高低，从而采取不同的策略。

2. 价值观念

价值观念是指人们对社会生活中各种事物的态度、评价和看法。不同的文化背景下，人们价值观念的差别是很大的，而消费者对商品的需求和购买行为深受其价值观念的影响。在不同的社会和文化背景下，人们价值观念的差别会很大，从而会影响旅游者的消费习惯。例如，在中国，人们习惯于“有多少钱花多少钱”的生活，而在西方国家，超前消费是司空见惯的事情。对于不同的价值观念，营销人员要采取不同的策略，以满足各个细分市场的旅游要求。例如，对于喜欢追求冒险、乐于变化的旅游者，营销人员应为其提供有刺激性、新颖奇特的旅游项目。

3. 风俗习惯

风俗习惯是指人们根据自己的生活内容、生活方式和自然环境，在一定的社会物质生产条件下长期形成并世代相传的一种风尚，以及由于重复、练习而巩固下来并变成需要的行动方式等的总称。它在饮食、服饰、居住、婚丧、信仰、节日、人际关系等方面都表现出独特的心理特征、伦理道德、行为方式和生活习惯。不同的国家、不同的民族都有不同的风俗习惯，其对消费者的消费习惯、消费模式、消费行为等具有重要影响。例如，不同的国家、民族对图案、颜色、数字、动植物等都有不同的喜好和不同的使用习惯。旅游企业的营销人员一方面要充分展示旅游目的地有特色的风情民俗来吸引顾客，另一方面也要尊重旅游者的风俗习惯。因此，旅游营销必须注重风俗习惯的研究，开发各种相关的旅游产品，以促进旅游业的发展。

4. 相关群体

相关群体是指能影响一个人的态度、行为和价值观的群体。人们因生活方式或生活环境的相似性而形成某种购买需求倾向群体。相关群体有不同类型，一个人可能同时属于几个不同的相关群体，不同相关群体对消费者的影响程度也不同。一般来说，一个人的旅游购买行为受家庭成员、朋友、邻居、经常接触的同事等相关群体的影响较大。旅游企业的营销活动必须建立在对客源市场社会文化环境深入了解的基础上，从旅游者的角度去思考如何适应当地的社会文化，营销活动才能成功。

5. 家庭

家庭是基本的社会单位，每个家庭都有自己独特的文化，主要体现在购买观、购买倾向、爱好、信仰和价值观等方面。每个家庭成员的行为决策都会受自己家庭文化的影响，尤其是来自家庭中权威成员的观点的影响。家庭对旅游购买行为的影响最强烈，因为每一个家庭都有不同的旅游决策模式，而且家庭所处的不同发展阶段也会对一个家庭的旅游活动产生重大影响。比如，无子女的青年家庭常常会对旅游非常感兴趣，旅游对孩子的价值教育也是家庭旅游的主要动机。因此，家庭旅游的促销对象主要是核心家庭。

【营销实例 2-2】

“非常家庭，非常新加坡”全新旅游主题亮相

2008 年，新加坡旅游局精彩揭幕全新旅游主题“非常家庭，非常新加坡”，并首推虚拟旅游形象大使，让人不禁眼前一亮。

在即将到来的暑假，怎样给孩子们安排一个快乐而有意义的假期呢？从 6 月到 8 月，新加坡特别推出暑期亲子游特惠计划，众多知名景点只要凭 2 张成人票，12 岁以下孩子就可以免费进入。试想一下：一家人一起在世界上最高的摩天轮——新加坡摩天观景轮上，尽享天伦之乐；在飞禽公园看各类鸟儿且飞且舞，各展所长；乘坐鸭子船感受水陆两用的变幻；在特制的三轮车上悉数新加坡各类多元文化……种种美妙体验怎可错过！

此外，新加坡精心准备的游学套餐自然也是孩子们的最佳选择。孩子们不仅可以在动物园、海底世界中边学英语边积累自然知识，在新加坡的离岛——乌敏岛上体会野营乐趣，学习野外生存的技能；还可以穿行在文化氛围浓厚的民族文化区牛车水、小印度、阿拉伯街，了解华人祖先下南洋艰难求生的历史和异国的神秘风情；更可以游历新加坡国立大学、南洋理工大学等多所亚洲著名的学府，让孩子们既玩得开心，又学得有趣。2008 年新加坡独家购买了 STEP 评测工具的使用权，从而为参加新加坡游学的学生提供更多增值服务，可以为去新加坡游学的孩子们提供认知自己优势的好机会。

新加坡旅游局还正式揭幕了全新旅游大使“非常家庭”虚拟人物形象。时尚漂亮的“妈妈”、活力阳光的“爸爸”和机灵可爱的“孩子”，每个人身后都有精彩的故事，使这个“摩登家庭”显得魅力十足！此前，大家十分喜爱的歌手林俊杰、阿杜都曾担任新加坡形象大使。新加坡旅游局配合“非常家庭，非常新加坡”全新主题，惊喜呈现虚拟家庭人物形象，作为新年度形象大使，希望吸引更多家庭前往新加坡旅游。

三、人口地理因素

1. 人口因素及其对企业营销的影响

人口是构成市场的第一位因素，因为市场是由那些想购买商品同时又具有购

买力的人构成的。因此，在收入接近的情况下，人口的多少直接决定市场的潜在容量，人口越多，市场规模就越大。而人口的年龄结构、地理分布、婚姻状况、出生率、死亡率、人口密度、人口流动性及其文化教育等人口特征会对市场格局产生深刻的影响，并直接影响企业的市场营销活动和企业的经营管理。

人口结构也对企业营销产生影响，不同年龄的消费者对商品的需求不一样。我国年龄结构的显著特征是：同世界整体趋势相仿，我国出现人口老龄化现象。目前，世界上普遍呈现家庭规模缩小的趋势，经济越发达的地区，这种趋势越明显。反映到旅游市场上，我国的青少年旅游市场较大，是一个很有潜力的市场，同时老年人出游在未来几年也会有较大增幅。

2. 人口的地理分布及迁移因素对企业营销的影响

人口的地理分布是指人口在不同地区的密集程度。由于自然地理条件及经济发展程度等多方面因素的影响，人口的分布绝对不会是均匀的。从我国来看，人口主要集中在东南沿海一带，约占总人口的94%，而西北地区人口仅占6%左右，且人口密度由西南向东北递减。此外，城市的人口比较集中，尤其是一线城市，而农村人口比较分散。人口的这种地理分布表现在市场上就是：人口的集中程度不同，则市场大小不同；消费习惯不同，则市场需求特性不同。在我国，人口的流动迁移主要表现在农村人口向城市或工矿地区流动，内地向沿海开放城市流动。反映到旅游市场上，我国的主要旅游者大都来自东南沿海地区，同时近年来农民出游人数增长较快。

四、经济因素

经济环境是市场营销活动的基础因素。一个地区的经济能对旅游组织产生直接的影响，通货膨胀、失业、经济衰退往往使旅游遭受到伤害，使投资于商业或娱乐业、旅游业、外出用餐的消费大大减少，同时，由于购买力下降，人们会缩减消费并首先考虑取消旅游等娱乐消费。这样的外部环境给旅游企业带来的就是一种威胁。不同经济发展阶段的国家和地区认识和接受旅游的程度不同，故其对旅游的消费需求也不同。经济发展水平较高的国家和地区，人们的收入水平高、交通便利、通信发达、设施完善，这些因素都会刺激产生旅游需求。而在经济发展较为落后的国家和地区，交通不便、设施落后等问题造成了旅游需求量不足。旅游企业一般会对发达地区进行较大规模的投资，而经济欠发达地区除非其有着十分独特的旅游资源，否则很难引起旅游企业的关注。反映旅游企业经济环境的指标主要有经济走势、不同经济发展阶段国家和地区发展状况、国民生产总值、消费结构及家庭收入等。

1. 国民生产总值（GNP）

国民生产总值是指一个国家某一个时期所生产的以市场价格计算的最终产品

与劳务的市场价值总和。它反映了一个国家的经济发展水平，是决定市场购买力水平高低的重要因素。有研究指出，一般来说，人均 GNP 到 300 美元就会兴起国内旅游，而人均 GNP 达 1000 美元就会有出境游的需求产生，当人均 GNP 达 1500 美元以上时，旅游增长将更为迅速。美国就因其较高的人均 GNP 成为世界上最大的旅游客源国之一。日本人均 GNP 也在 30000 美元以上，成为亚洲最大的旅游客源国之一。随着我国经济水平的不断提高，人均 GNP 也在持续增长，国内旅游有了较快发展，出境游从 2007 年开始发展迅速。旅游企业应当在对其目标市场国民生产总值进行分析的基础上清楚地掌握该地区的消费水平和消费结构，针对具体情况开辟新市场，研发新产品。

2. 个人收入

个人收入是指一个国家的所有个人、家庭和私人非营利性机构，在一定时期（通常是一年以内）从各种来源所得到的收入总和。个人收入是反映购买力高低的重要尺度，个人可支配收入更是决定旅游消费者购买力和支出的决定性因素。它是指个人除了在衣食住行等方面的生活必需消费开支外，可以自由支配的收入。消费者可自由支配的收入越多，用于旅游或其他文娱活动的开支也就越多。因此，旅游企业应当重视家庭收入和消费结构的指标，这是获取旅游消费需求的重要依据。

3. 外贸收支情况

国家间的贸易是各国争取外汇的重要途径，而外汇的获得又决定一国的国际收支状况。当一国外贸收支出现逆差时，不但会造成本国货币贬值，使出国旅游价格变得昂贵，而且旅游客源国政府还会采取以鼓励国内旅游来替代国际旅游的紧缩政策；相反，当外贸收支大幅度顺差，则造成本国货币升值，出国旅游价格就会降低，而且旅游客源国还会放松甚至鼓励国民出游并购买外国商品。

五、科学技术因素

科学技术因素对旅游业的发展有着深刻的影响。在旅游业中，技术的应用主要体现在办公自动化、通信及数据处理等方面，旅游业中自动化应用的增加和越来越多的人可进行可视化交流这两大趋势将大大促进旅游业的发展。另外，互联网的推广也使得旅游业的销售系统产生重大变革，旅游销售的渠道变得更为直接和快捷。科学技术直接影响企业的产品开发、设计、销售和管理技术，决定了企业在国际市场上的竞争地位。作为旅游业的营销者，需要考虑以下两方面的技术因素：

1. 运用新技术可以提高竞争优势

许多企业都认识到，谁能引人注目地推出新产品，谁就能在竞争中获得良好的收益。经验表明，在旅游市场上注重革新的企业通常要比不注重革新的企业成功的概率高。假日公司是旅馆业的技术领先者，它最先拥有一个巨大的卫星电视闭路系统。1957 年该公司成为第一家在每间客房配备黑白电视机的连锁集团。随着高新技术的应用和普及，航空公司、旅行社、饭店等旅游企业通过计算机为消费者提供更好的服务，它们拥有自己庞大的国际营销网络，这种营销网络不仅是进行产品销售，而且还包括将企业的新观念传达给世界各地的用户。

2. 技术对消费者的影响

科学技术的发展可以使促销措施更有效。例如，广播、电视、网络等现代信息传媒的发展，可以使企业的商品和劳务信息及时准确地传送到全国乃至世界各地，将大大有利于本国和世界各国的消费者了解这方面的信息，并起到刺激消费、促进销售的作用。同时，现代计算机技术和分析手段的发明运用，可以使企业及时对消费者的消费需求及动向进行有效的了解，从而使企业的营销活动更加符合消费者需求。

六、自然因素

对于旅游企业来说，自然因素主要是指优越的地理位置和丰富的景观资源。自然因素为旅游企业带来许多市场机会，同时，企业和旅游业开发者也对自然环境的变化负有一定责任。旅游业和自然环境有着密切的联系，旅游业的发展必须依托一定的自然环境因素，而自然环境的变化会对旅游业的存在和发展起着一定的制约作用。旅游企业在进行营销活动时，一定要注意并关注以下几个方面：

1. 自然资源的短缺与保护

旅游市场中开发的自然景观的承载力是有限的。在开发利用和规划过程中，应对其进行细致的勘探和研究分析，充分提高其利用率和观赏性。

2. 环境的恶化

旅游业属于波动性大、易受影响的行业，有许多直接或间接的因素会导致行业状况起伏。原材料减少和能源紧缺会造成吃、住、行等各项费用的增加，从而导致旅游业成本上升。另外，人文活动不可避免地破坏着自然环境。自然景观遭到破坏导致其吸引力下降，也会直接或间接地危害旅游业的发展。新兴的生态旅游就是认识到了自然环境在旅游行业中的重要作用，以“绿色”为口号，将环保与旅游融为一体。

3. 疾病的影响

2003 年严重急性呼吸综合征（SARS，简称“非典”）袭击全球，尤其对我国的旅游业冲击很大。一方面，由于 SARS 的影响，有多个国家对我国出境旅游提出限制，从而使我国公民的出境旅游受到影响。截至 2003 年 4 月 23 日，仅上海市就有 8901 人次的出境游退团；与此同时，国外旅行团也纷纷取消了来华旅游的计划。另一方面，由于 SARS 的爆发，人们减少了外出活动，旅游、餐饮、购物、娱乐、健身等消费活动受到限制。据不完全统计，截至 2003 年 4 月底，

SARS 对北京经济总量的影响约为 4.5 亿元，其中 4 月份下降 1.7 个百分点。其中旅游业遭受的影响最大，受影响较大的还有交通运输、批发零售、餐饮、旅馆等行业。

2009 年，迅速蔓延的甲型 H1N1 流感疫情猛烈冲击着全球旅游业。2009 年 11 月，在巴西举行的全球旅游高峰会上，牛津经济研究院向世界卫生组织提交的预测数据指出，“甲型 H1N1 流感全球大流行对酒店旅游业的影响将非常严重”，估计最恶劣的情况是游客数量急跌 25% ~30%，全球经济损失超过 2 万亿美元。另一经济学家泰勒也指出，参照 2003 年中国 SARS 疫情的经验，如果此次 H1N1 疫情的流行局限于少数国家，游客或许只会改往其他地点，避开疫区。但如果此次疫情出现全球大流行，后果将严重得多，世界经济在 2009—2010 年将损失 2.2 万亿美元，远高于 SARS 造成的 250 亿美元的经济损失。除了因减少或停止酒店旅游造成的损失，旅游的消费也可能因疫情而下跌多达 30%。

第二节 旅游市场营销微观环境分析

旅游市场营销微观环境是指存在于旅游企业周围并影响着其营销活动的各种因素和条件，包括旅游企业自身、供应商、旅游者、中间商、竞争者等。如果说旅游市场营销的宏观环境是旅游企业无法控制的，只能被动地接受和适应，那么微观环境对旅游企业的非控制性则要相对小得多。企业营销策略能否取得成功，不仅在于该策略是否适应客观环境的变化，还取决于其能否适应和影响微观环境的变化。

一、旅游企业自身

在旅游营销的微观环境中，企业内部的环境作为第一种力量影响着决策的制定。首先，企业营销策略的制定必须建立在充分分析企业现有实力、长期战略规划以及企业员工共同愿望的基础上；其次，旅游企业作为旅游营销组织机构，是由各职能部门、各环节、各岗位之间的分工协作、权力分配、责任承担、利益和风险分享组成的，只有多个部门在目标、理念和手段上达成一致，旅游企业的营销工作才能顺利进行，并取得好的效果；再次，单独的营销部门要制定出正确而又有效的营销策略，首先需要执行由反馈机构收集到的有效、及时、全面的信息，其次需要决策机构在上一步的基础上确定旅游企业的发展方向，同时还需要指挥机构负责营销计划的实施，最后还少不了监督或参谋机构来就计划实施中的问题提出建议，这是为保证下一决策更加完善所不可缺少的。所以，旅游企业能够制定并成功实施有效的市场营销策略，与该企业组织结构是否完整、功能是否健全、各部门或机构是否协调配合密切相关。

二、营销渠道

在旅游企业外部向旅游者提供服务的供应链上，存在一系列相互作用的机构，这些机构在把旅游资源转化成旅游者的消费产品组合的过程中，分别处于不同的分工环节、承担不同的任务，它们为满足需要、实现消费相互协作而共同发挥作用。作为以发现需求、唤起需求和实现需求为任务的营销活动，要与这些机构和组织发生联系，这些机构就构成了营销活动的中介环境要素。

1. 供应商

供应商是向企业提供原材料、部件、能源、资金、智力等资源的企业或组织或个人。旅游市场营销工作很重要的一个方面就是与旅游资源供应者保持密切联系，以保障供给。旅游资源供应者包括旅游饭店、定点旅游用品商店、水电部门、交通部门、风景管理区、娱乐区等。因为旅游产品的综合性决定了它的敏感性，任何一个环节的失误都会给全局造成不利影响，所以任何一个环节的管理都不能放松。把握旅游资源的供应环境，不仅有利于保证货源，而且有利于降低成本。旅游企业应掌握供应商品的价格变化并尽可能加以控制，使综合报价中的利润构成达到最大限度。目前许多旅游企业采用“定点”制，使吃、住、行、游、购、娱形成一条龙服务，相互提供客源又相互优惠，收效颇佳。

2. 中间商

中间商是从事商品转卖的中介机构。通常，市场营销中的分销活动是由中间商来承担的。中间商是企业营销活动的重要的微观环境，它深刻地影响着消费者的便利性和产品的分销效率和成本。

旅游活动的中间商是指在旅游生产者与旅游者之间参与商品流通业务，促使买卖行为发生和实现的集团或个人。它包括经销商、代理商、零售商、交通运输公司、营销服务机构和金融中间商等。旅游中间商是沟通旅游企业与旅游者之间的桥梁，一方面要把有关产品的信息告知现实和潜在的旅游者，另一方面要使旅游者克服空间障碍，能够方便地获得旅游服务产品。旅游中间商对旅游消费市场比较熟悉，通过转卖旅游产品和服务获利，其在营销活动中的地位很重要，在多个环节中出现。例如：A 旅行社的外联人员去联系业务，然后从谈成的业务中提成，他在旅行社和旅游者之间扮演的就是中间商的角色；如果旅游者最终确定的目的地是外省的某一景点，A 旅行社与旅游者就会与外省某一旅行社进行联系，最后谈成的情况是此团队到达外省后，由当地某旅行社提供地陪，全权负责当地游览，并由 A 旅行社派一名全陪监督。在这个过程中，A 旅行社又充当了中间商。在整个旅游活动过程中，中间商出现了两次。旅游企业必须慎重选择好中间商，应全面深入地调查分析旅游中间商的发展趋势，做好旅游中间商的评估和选择工作。

三、旅游者

旅游者是影响旅游营销活动的最基本、最直接的环境因素，旅游营销策略实施成功与否最终是以旅游者的参与数量为直接衡量标准的。旅游消费者根据其规模大小可分为两大类：

1. 个体旅游消费者

个体旅游消费者是指旅游产品的最终消费者，包括观光旅游者、度假旅游者、会议旅游者、商务旅游者等。这类消费者数量多、来源广，需求差异大，购买数量小但频率高，并且其消费多是单纯地追求精神享受，并没有盈利动机。旅游者行为受到旅游者个人特点、社会及环境等因素的影响，旅游者行为的产生与个人特点、社会及环境三者之间的关系密切并相互作用。旅游企业营销人员应根据企业本身的特点来分析企业所提供的产品和服务最适合哪种旅游者类型、购买行为以及消费方式。

2. 团体购买者

团体购买者是指为开展业务或奖励员工而购买旅游产品和服务的各种企业或机关团体组织。这类消费者购买的频率虽然低但规模大，而且由于旅游费用多由企业承担，减少了旅游企业在售出旅游产品和服务时因承担价格过多变动所带来的损失。如到饭店举行会议或展销会的企业等就属于此类消费者。这种生产性的团体购买者带给旅游企业的获利率较高，因而成为旅游市场营销的重要目标市场。另外，团体购买者成为回头客的可能性要比散客大得多，所以，经营者在提供旅游产品时一定要保证产品和服务的质量，树立企业的信誉。

四、竞争者

旅游企业产品和服务进入一定的市场范围，其销售量大小和市场占有率的高低，不仅取决于自身产品的适销程度，还取决于其他旅游企业向该市场投入的同类产品和服务与替代产品和服务的适销程度，即哪个旅游企业的产品和服务更适合市场需求或对旅游者更具有吸引力，这就是竞争。

竞争者是营销活动的微观环境因素之一。根据产品的替代性程度，可把竞争者分为不同层次：品牌竞争者、行业竞争者、需要竞争者和消费竞争者。企业把同一行业中以相似价格向相同顾客群提供类似产品或服务的所有竞争者称为品牌竞争者。例如，在汽车行业，生产同一档次的汽车制造商视对手为品牌竞争者。企业把提供同一类或同一种产品的企业看成是广义的竞争者，称为行业竞争者。例如，医药行业的所有企业构成了行业竞争者。把需求和实现消费者同一需要的企业称为需要竞争者。例如，消费者对交通这种需要的满足手段有马车、自行车、摩托车、汽车、火车、飞机等。企业把提供不同产品，但目标消费者相同的企业看成是消费竞争者。同一消费者可以把钱用于旅行、购置房产、购买汽车，因此目标消费者相同的企业会在消费结构方面展开争夺。

从消费需求的角度划分，每个企业都面临着四种类型的竞争者，即愿望竞争者、一般竞争者、产品形式竞争者和品牌竞争者。对于旅游企业而言，愿望竞争者是指提供不同产品以满足不同需求的竞争者。如消费者有带薪假期，他可能想游山玩水，或在家休息。能满足消费者目前愿望的企业对旅游企业来说，就是愿望竞争者。如何使消费者选择出游而不是在家待着，这就是一种竞争关系。一般竞争者是指提供能够满足同一种需求但不同产品的竞争者。例如飞机、火车、汽车都可以用作交通工具，这三者的经营者之间必定存在着一种竞争关系，它们也就相互成为各自的竞争者。产品形式竞争者是指生产不同规格档次的竞争者。如消费者选择旅游团队的档次是豪华档还是标准档。品牌竞争者是指产品规格、档次相同，但品牌不同的竞争者。如消费者选择使用的移动通信网络是中国电信、中国联通还是中国移动。显然，这四种竞争者中，后两类竞争者是同行业的竞争者。

第三节　旅游市场营销环境分析及对策

一、旅游市场营销环境的分析

1. 旅游市场营销环境的机会分析

分析评价市场机会主要有两个方面：一是考虑机会给企业带来的潜在利益的大小；二是考虑机会出现概率的大小（见图2-1）。

在图2-1的四个部分中，第Ⅰ部分是旅游企业必须重视的，因为潜在利益和机会出现概率都很大；第Ⅱ部分和第Ⅲ部分也是旅游企业不容忽视的，因为第Ⅱ部分虽然机会出现概率低，但一旦出现，就会给旅游企业带来很大的潜在利益，第Ⅲ部分虽然潜在利益不大，但机会出现的概率很大，因此，需要旅游企业注意，制定相应对策；对第Ⅳ部分，主要是观察其发展变化，并依据变化情况及时采取措施。

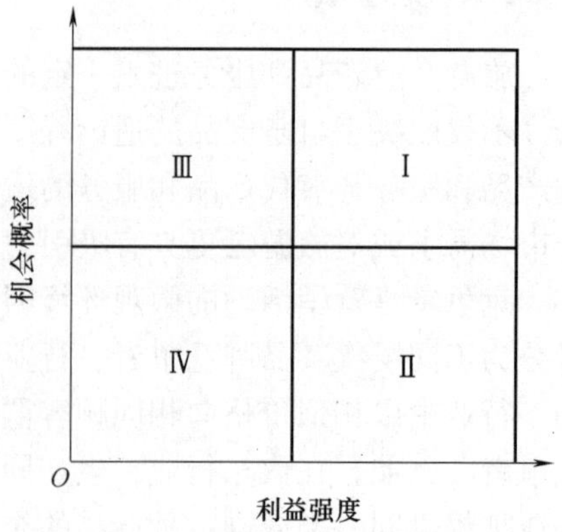

图2-1　机会—利益分析

2. 旅游市场营销环境的威胁分析

旅游营销人员对环境的威胁分析主要从两个方面考虑：一是分析环境威胁对旅游企业的影响程度；二是分析环境威胁出现的概率大小。将这两方面结合在一起分析，如图 2-2 所示。

在图 2-2 的四个部分中，第Ⅱ部分是旅游企业必须高度重视的，因为它的危害程度大，出现概率高，旅游企业必须严密监视和预测其发展变化趋势，及早制定应对策略；第Ⅱ部分和第Ⅲ部分也是旅游企业所不能忽视的，因为第Ⅱ部分虽然出现概率低，但一旦出现，给旅游企业营销带来的危害会特别大，第Ⅲ部分虽然对旅游企业的影响不大，但出现的概率却很高，对此旅游企业也应予以注意，准备应有的对策措施；对第Ⅳ部分主要是注意观察其发展变化，看其是否有向其他部分发展变化的可能性。

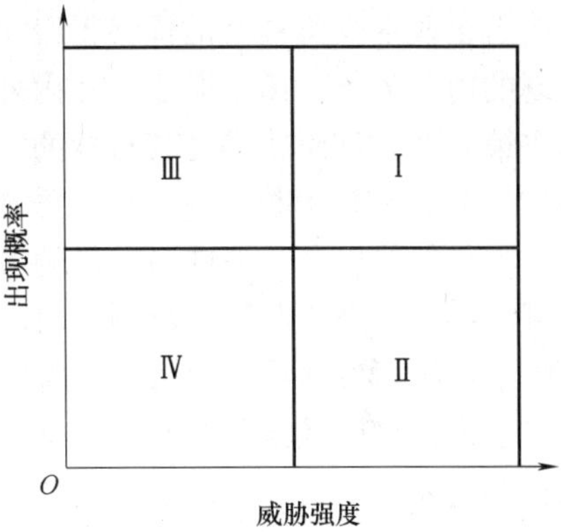

图 2-2　威胁—危害分析

3. 旅游市场营销环境的 SWOT 分析

SWOT 分析是一种企业内部分析方法，其中，S 代表 Strength（优势）、W 代表 Weakness（劣势）、O 代表 Opportunity（机会）、T 代表 Threat（威胁）。SWOT 分析即根据企业自身的既定内在条件进行分析，找出企业的优势、劣势及核心竞争力之所在。企业在制定营销规划时，其重要工作就是找出对本企业造成最大威胁和能产生最大机会的环境因素，以制定相应的战略和策略。这种方法的最大特点是把企业内部条件和外部营销环境结合起来考虑，得出对企业营销战略地位的综合判断，从而为企业制定营销战略打下基础。

（1）营销环境优势——劣势分析。旅游企业内部环境的优势以是否有利于营销活动及其他经营活动的开展为标准。旅游企业能否最为合理地运用其内部营销要素直接关系到最终的市场营销效果的好坏。旅游企业营销要素是指旅游企业自身所具有的营销资源和营销能力。所谓的优势与劣势，是指旅游企业对诸多类型营销资源的拥有及其相对丰度状况。一般而言，旅游企业的营销要素可分为两大类：一类是有形资源，包括企业的人力、财力和物力等，它是旅游企业实施市场进入战略所需生产能力决策的物质基础与依据；另一类是无形资源，包括技术、时间、信息、组织、作风和企业文化等，它是企业营销活动的助推器。企业的组织结构是重要的内部资源之一。

旅游企业的 SWOT 分析主要就是针对上述旅游企业的营销要素进行分析、

评价和总结。其对象涵盖了旅游企业的市场、财务、运作以及人力资源四大领域，一般应明确回答四个方面的问题：市场方面、财务方面、经营操作方面、人力资源方面。

进行旅游企业 SWOT 分析的目的是充分挖掘并确定一个或多个利润机会，使旅游企业本身所具有的优势得以发挥，同时规避可能阻碍企业财务和市场目标实现的内部劣势，扬长避短，在内外环境因素平衡的基础上确定企业的营销战略和决策方案，从而获得经营目标的实现。

（2）营销环境机会——威胁分析

进行外部机会——威胁分析的目的在于确定企业完全有可能利用的市场良机和可能会影响企业经营的市场威胁。对外部机会—威胁分析同样要建立完整的分析体系。旅游市场营销威胁是指对旅游企业发展过程产生不利影响和抑制作用的发展趋势，它们对旅游企业形成挑战。这种威胁和挑战往往来自多个方面，有国家某项重大决策引起的，如中国加入世界贸易组织，外资企业的大举进军使得我国的旅游饭店和旅行社遭遇相当严峻的挑战。旅游市场营销机会是指环境中对旅游企业发展过程产生促进作用的各种契机。旅游目的地与旅游企业所遇到的市场机会可以分为四大类：

1）市场渗透机会。旅游目的地与旅游企业用现有的产品扩展现有的旅游市场。例如，旅游目的地与旅游企业可以通过增加现有游客的消费量，争取老顾客以及争取竞争者的顾客来进行市场渗透。

2）市场开发机会。旅游目的地与旅游企业用现有的产品打入新的或变化了的旅游市场。例如，我国许多沿海旅游饭店用现有的产品吸引以前从未经营过的我国台胞客源市场或韩国客源市场。

3）新产品开发机会。旅游目的地与旅游企业可以通过寻找现有市场中尚未得到满足的游客，并开发新产品来满足他们。

4）多元化经营机会。旅游目的地与旅游企业进行新的投资来扩大企业规模和涉足新的领域，或通过兼并、收购其他旅游目的地与旅游企业或其他行业企业来实现多元化经营的目的。例如，有些旅游饭店集团除了经营饭店外，还涉足食品加工、景区经营、农业生产、房地产项目等领域。

二、旅游企业针对旅游市场营销环境分析的对策

1. 针对旅游市场营销环境机会分析的对策

旅游企业管理层对旅游企业所面临的市场营销环境机会必须慎重地识别、评价。

（1）营销机会的识别。目前比较常用的识别市场营销机会的方法是产品/市场拓展矩阵（见图2-3）。但是，发现和识别市场营销机会与确定哪些机会是旅

游企业适用的机会并不是一回事。因此，还必须对市场营销机会进行评估，以确定旅游企业的营销机会。

（2）市场营销机会的评估。一个市场能否成为旅游企业的营销机会，要看它是否适合旅游企业的目标和资源。每个旅游企业都在自己的任务和业务范围内追求一系列的目标，如利润水平、销售水平、销售增长水平、市场占有率及商誉等。有些市场机会不符合旅游企业的目标，因而不可能成为企业的营销机会；还有些市场机会虽然符合旅游企业的目标，但企业缺少成功所必需的资源，如在资金、技术、设备、分销渠道等方面力所不及。

2. 针对旅游市场营销环境威胁分析的对策

旅游企业营销人员对环境威胁的分析，目的在于采取对策，避免不利环境因素带来的危害。旅游企业所面临的主要威胁有三种可能选择的对策：①反抗策略，即旅游企业利用各种不同手段，限制不利环境对企业的威胁作用，或者促使不利环境向有利方面转化；②减轻策略，即调整市场策略来适应或改善环境，以减轻环境威胁的影响程度；③转移策略，即对于长远的、无法抗拒和减轻的威胁，采取转移到其他的可以占领并且效益较高的经营领域或干脆停止经营的方式。

	现有产品	新产品
现有市场	市场渗透	产品开发
新市场	市场开拓	多元化

图 2-3　产品/市场拓展矩阵

例如，某旅行社营销人员在推销旅游产品过程中与旅游者发生了矛盾，引起了其他旅游者的反感。该营销部门经理在知道并了解了情况后，对营销人员提出了批评，并向旅游者表示道歉。营销部门经理采取的就是减轻策略。旅游者是旅行社企业的“上帝”，他们对旅游营销人员不满，显然是旅游企业的环境威胁因素。营销部门经理向旅游者道歉，目的在于得到消费者的谅解，从而减轻或化解所产生的威胁。

3. 针对旅游市场营销环境 SWOT 分析的对策

在对旅游企业内外部环境因素进行全面分析和评价基础上，可以运用系统分析和综合分析的方法制定企业的经营策略，以更好地促进企业的发展（见图 2-4）。

制定旅游企业应对策略的基本思路是：发挥优势因素，克服劣势因素；利用机会因素，化解威胁因素；考虑过去，立足当前，着眼未来。具体战略对策如下：

（1）发展型战略（SO）。发展型战略也称为优势机会对策，即着重考虑优势和机会因素，目的在于努力使这两种因素趋于最大。这是一种发挥旅游企业内

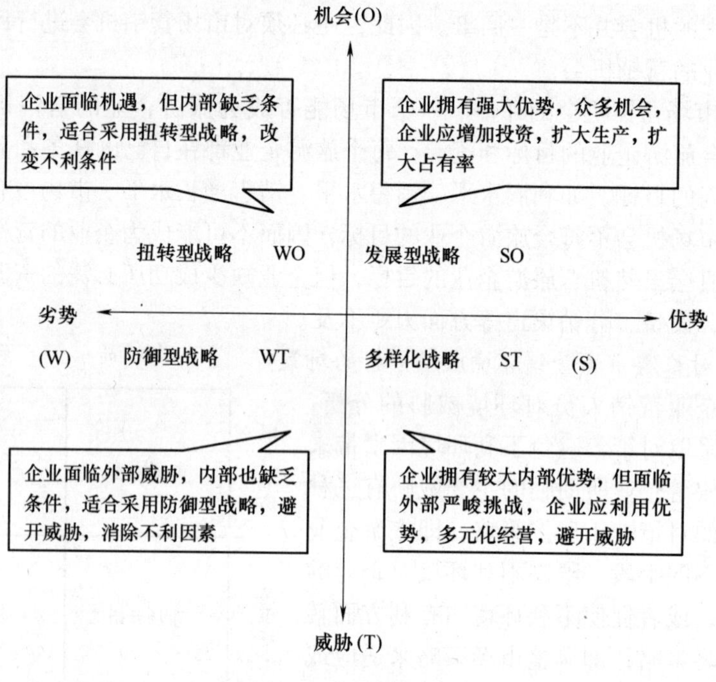

图 2-4 SWOT 战略选择图

部优势而利用企业外部机会的策略。所有旅游企业都希望处于这样一种状况。

（2）扭转型战略（WO）。扭转型战略也称为劣势机会对策，即着重考虑劣势和机会因素，目的是努力使劣势趋于最小，使机会趋于最大，通过外部机会来弥补内部弱点。

（3）多样化战略（ST）。多样化战略也称为优势威胁对策，即着重考虑优势和威胁因素，目的是努力使优势因素趋于最大，使威胁因素趋于最小，利用旅游企业的优势回避或减轻外部威胁的影响。

（4）防御型战略（WT）。防御型战略也称为劣势威胁对策，即考虑劣势和威胁因素，目的是努力使这些因素都趋于最小。这是一种旨在减少内部弱点，同时回避外部威胁的防御性策略。

【关键概念】

旅游市场营销环境；旅游市场营销宏观环境；旅游市场营销微观环境；个人可支配收入；旅游中间商；旅游供应商；竞争者；SWOT 分析方法

【复习与思考】

1. 什么是旅游市场营销宏观环境和微观环境？其各自包含哪些主要因素？

2. 旅游营销组织面对的竞争者主要有哪些类型？
3. 旅游中间商对旅游营销活动有什么影响？
4. 简述经济环境对旅游市场营销的影响。
5. 旅游目的地和旅游企业所遇到的市场机会有哪几类？
6. 什么是 SWOT 分析方法？试述其原理。

【项目实训】

选择本市一家星级较高的饭店，分析其所面临的旅游市场宏观环境和微观环境，并试用 SWOT 分析法分析该饭店所面临的市场机会与威胁。

第三章

旅游者购买行为分析

【本章学习目标】

通过本章的学习，应了解旅游市场的特点，理解旅游消费者的消费行为模式，熟悉旅游消费者购买行为的概念、类型，掌握旅游消费者购买行为的影响因素及旅游消费者购买行为的决策过程。能运用旅游消费者购买行为的基本知识分析旅游市场中的购买行为特征，更好地选择营销的方式，以迎合消费者的需求。

◆【案例导入】

东京迪士尼乐园的情感营销

“让园内所有的人都能感到幸福”，这是东京迪士尼乐园的基本经营目标。这一目标不仅针对游客，也包括游乐园内的工作人员。东京迪士尼乐园得以持之以恒地为数以亿万计的游客提供令人感动、难忘、乐于传颂的高质量服务，依靠的是对全体员工存在价值的认同。在这一基础上，他们注重感情作用的企业内情感经营，努力营造“享受工作、快乐工作”的企业文化氛围。

日本商业服务业企业的高质量服务水准有口皆碑，其中尤以东京迪士尼乐园的服务表现最为出色，有关东京迪士尼乐园的服务神话层出不穷。人们相互传递着在东京迪士尼乐园的感人经历，东京迪士尼乐园的服务理念与水准已成为各类企业、社团组织乃至政府部门争先效仿追逐的目标。

自 1983 年 4 月 15 日开业以来，东京迪士尼乐园已累计接待游客 3 亿 993 万人次，年平均接待游客近 1550 万人次，2002 年度到访游客人数更创 2482万人次之新高。如今，作为单体主题游乐园，东京迪士尼乐园的接待游客人数已远远超过美国本土的迪士尼乐园，位居世界第一。

众所周知，日本的消费者对服务质量的要求可谓苛刻，企业一次不尽如人意的服务可能即意味着永远失去了再次为某消费者乃至其周边的人提供服务的机会。在如此严酷的经营环境下，面对日平均六七万游客（这个数字在中国也许并不算多，但在日本却是一个不小的数字）的重压，东京迪士尼乐园的服务可谓近乎完美。

调查显示，东京迪士尼乐园的固客率已超过90%。赢得这一近乎幻想的数字，靠的不仅仅是其带有浓厚神秘色彩的主题文化环境，即梦幻般的园内设计、家喻户晓的卡通人物、惊险纷呈的游乐内容、推陈出新的游乐设施等硬环境集客效果，充满亲情、细致入微的人性化服务最终使游客得以在东京迪士尼乐园尽享非日常性体验所带来的兴奋感受，并使这种感受成为传说，在赢得游客对其钟爱的同时，产生良好、广泛的口碑集客效果。

那么，东京迪士尼乐园是如何实现并长期保持其高水准服务质量的呢？

变“有形的服务”为“有心的服务”

一天，一对老夫妇抱着一个特大号毛绒米老鼠（卡通毛绒玩具）走进我们餐厅。虽然平日里可以见到很多狂热的迪士尼迷，但眼见抱着这么大的毛绒米老鼠的老人走进餐厅还是第一次。

我走到他们身边与他们打招呼：“这是带给小孩儿的礼物吗？”听到我的询问，老妇人略显伤感地答道：“不瞒你说，年初小孙子因为交通事故死了。去年的今天我们带小孙子到这里玩儿过一次，也买过这么一个特大号的毛绒米老鼠。现在小孙子没了，可去年到这里玩儿时小孙子高兴的样子我们怎么也忘不了。所以今天我们又来了，也买了这么一个特大号的毛绒米老鼠，抱着它就好像和小孙子在一起似的感觉。”

听老妇人这么一说，我赶忙在两位老人中间加了一把椅子，把老妇人抱着的毛绒米老鼠放在了椅子上。然后，他们在点完菜以后，我想象着如果两位老人能和小孙子一起用餐该多好啊，就在毛绒米老鼠的前面也摆放了一份刀叉和一杯水。

两位老人满意地用过餐，临走时再三地对我说：“谢谢，谢谢！今天过得太有意义了，明年的今天一定再来。”

看着他们满意地离去，一种莫名的成就感油然而生。我为自己有机会在这里为客人提供服务而感到无比的自豪和满足。

这是东京迪士尼乐园一名餐厅服务员的自述，从中我们不难体会到东京迪士尼乐园所提供的服务绝非形式上的、单凭工作守则可以规范的服务。如果只是为了给客人提供用餐服务，那么，服务员所要做的也许只是工作守则中规定的内容，例如，如何对客人微笑、如何倒酒、如何上菜等。

但是，只是机械地履行工作守则中的规定，充其量不过是使客人不致扫兴而归，所能得到的也不过是客人无可无不可的评价或印象。只有用心地领悟客人的心境，并忠实自然地体现自己内心感受的服务，才能真正赢得客人的满意乃至感动。

同时，应该注意的是，这名服务员所提供的服务源自她此时的内心所感。如果只是简单地把这一服务加入工作守则之中，要求服务员见到抱着毛绒玩具的客人就为其多准备一把椅子，那么，这一感人的服务本身也就变成一条有形的硬性规定，非但服务人员的内心感受难以在具体工作中得以体现，有心的感性服务更是无从谈起。

东京迪士尼乐园赋予了员工自主判断并采取行动的权利与责任。这意味着面对客人，东京迪士尼乐园的所有管理者和员工是平等的，负有同样的权利和责任。东京迪士尼乐园相信自己的员工，并鼓励他们在别人需要帮助的时候及时采取行动，勇于承担责任。

事实证明，这种对人性的理解和运用最终不仅使东京迪士尼乐园的服务成为传说，更使迪士尼崇高的经营理念成为现实。东京迪士尼乐园的成功是情感经营价值的真实写照。理解情感经营的内涵，并在日常经营工作中加以实践应用吧！

（资料来源：《东京迪士尼乐园的情感营销》，中国期刊网，2008-2-2，http：//www. Chinaqking. com/hw/2008/15495. html。经整理加工。）

第一节　旅游者购买行为概述

现代旅游市场营销认为旅游消费者是旅游营销活动的主体，旅游企业必须以旅游消费者为导向，才能避免营销工作的盲目性。在旅游市场日趋国际化、企业竞争空前激烈的今天，赢得客户、赢得旅游者已经成为旅游企业生死存亡的关键。

旅游者选择购买和使用旅游产品的方式的原因是旅游营销工作人员共有的一个疑问。一个旅游企业要在激烈的市场竞争中取胜并求得发展，就必须生产和销售旅游者喜欢购买的产品，满足旅游者的需求，同时获得相应的利润。因此，旅游企业最关心的是如何让企业的旅游产品具有广阔的销路，并在同类产品中受到旅游者的青睐。如果企业能理解和把握旅游者的消费心理和购买行为，就能更好地选择产品的种类、价格、销售渠道及促销策略，以适应旅游者的需求。这对实现旅游企业的经营目标具有十分重要的意义。

一、旅游者购买行为的概念及特点

旅游购买行为是指在收集旅游产品有关信息的基础上，旅游产品的购买者选择、消费、评估旅游产品过程中的各种行为表现。

旅游者购买行为是指购买旅游产品是供个人、家庭或者结伴消费群体的最终消费，而不是为了转让赚取利润或供法人单位旅游消费的消费行为。旅游消费者又可分为个人消费和群体消费两类。

旅游者所购买的是一种服务，也是一种特殊的服务产品，这使得旅游者的购买行为既区别于有形的购买，也区别于一般服务产品的购买，具有明显的特点。主要表现在：

1. 旅游者在购买行为中表现出较为复杂的产品评价过程

这是因为顾客在购买有形产品时，可以借助各种“可寻找特征”来评估产品质量，如产品的颜色、款式、硬度和气味等产品属性。但是对于旅游购买来说，由于旅游产品和消费是在异地进行的，而且又是同时发生的，消费者无法“先尝后买”，必须在购买前确定该产品的状况，从而增加购买风险。因此，旅游者为了减少购买风险，通常需要广泛地搜集各种相关信息，使得其购买决策过程要比一般产品的购买决策过程复杂得多。

2. 旅游消费是一种非日常性的高层次消费

旅游购买行为是在较低层次的需要得到基本满足之后，在较高层次的心理需要激发下所萌生的购买行为。因此，旅游购买行为的弹性较大，旅游购买反应的产生往往与外界环境的信息刺激有关。诸如汇率的浮动、石油价格的涨跌都可能使旅游者取消一次购买行为，同样的，旅游企业可以通过有效的营销手段激发购买行为的产生。

二、旅游者购买行为的类型

旅游者的购买行为受旅游者个人特点、社会影响因素和环境因素的影响，呈现出不同类型的购买行为。旅游企业把旅游购买行为依据不同的分类标准进行划分，其目的在于更好地研究各类旅游消费者的需求特点和消费行为特征。

1. 习惯型

这类旅游消费者因为经验的积累，在购买旅游产品时，购买行为呈现出反复性的特征，形成一种习惯型购买行为。例如，许多学生旅游消费者习惯于选择散客旅游的方式，而不是团队旅游。

2. 理智型

这类旅游消费者具有头脑清醒冷静、经验丰富的特点，他们对旅游产品的品质、用途、价格高低等都有自己的见解，主观性强，不容易受外界因素的影响，很少感情用事。所以他们在选择旅游消费品之前，能够广泛收集信息，了解行情，认真分析，权衡利弊，然后才实施购买行为。

3. 经济型

这类旅游消费者对旅游产品的价格十分敏感，特别重视旅游产品的价格，专爱选择价格较为低廉的旅游产品，往往善于发现别人不易察觉的旅游产品的价格差异。例如，选择在淡季出游，享受价格的优惠。另外，他们还非常关心如何安排线路来减少花费。

4. 冲动型

这类旅游消费者的情绪容易冲动，心境变化激烈，容易受到广告和他人行为的影响。他们往往在先天性格方面比较随意和感性，喜欢追求新产品，从个人兴趣出发，不大讲究产品的效能、性能，而易受到旅游产品的外观、广告宣传的影响。

5. 感情型

这类旅游消费者的购买行为大多数属于情感的反应，以丰富的想象力来衡量旅游产品的意义。例如，有些旅游者由于感情受到挫折，导致心情低落，从而选择外出旅游来缓解情绪，这就是典型的情感消费。

6. 疑虑型

这类旅游者一般性格内向，言行谨慎、多疑，对营销人员抱有不信任感。他们在消费旅游产品前会反复仔细对比考虑，消费过后还疑心上当。

7. 随意型

这类旅游消费者要不就是缺乏消费经验，要不就是缺乏主见，或者既不苛求也不挑剔，消费行为比较随意。他们在购买旅游产品时无固定偏好，进行顺便购买或尝试购买。

三、旅游者购买行为的模式

研究旅游者的购买行为成为旅游企业营销管理的重要任务。一般来说，旅游消费者的购买行为是由于旅游者首先受到了某种刺激而产生某种需要，随后由于需要而产生消费某种旅游产品的动机，最后导致某种购买行为。

研究消费者行为的理论学家曾设计了很多模式来描述旅游者购买行为。本书主要介绍两种模式：

1. 科特·莱文（Kurt Lewin）模式

旅游者购买行为是旅游者购买和使用旅游产品或服务的决策过程中的各种活

动。在旅游活动中，旅游消费者的心理和行为是比较丰富和复杂的，旅游者的购买行为必然直接或间接地受到许许多多的心理因素和社会因素的影响。行为科学家科特·莱文（Kurt Lewin）用以下公式描述人的消费行为

$$CB = f(P, S, E)$$

式中 CB——消费者行为；

P——消费者个人的特点；

S——社会影响因素；

E——环境因素。

2. 刺激-反应模式

美国著名的市场营销学家菲利普·科特勒在其《市场营销管理》一书中提出刺激-反应模式。

刺激分为两种：一种是营销刺激（营销“4P”），即企业可控因素的刺激，分别是产品（Product）、价格（Price）、地点（Place）和促销（Promotion）因素；另一种是其他刺激，是企业不可控因素的刺激，包括经济、政治、文化、科学技术等因素。营销刺激与其他刺激一起构成了对消费者的外在刺激，它们共同作用以引起消费者的注意。

外在刺激因素进入消费者的“黑箱”并产生一定反应的过程。消费者的“黑箱”由两部分组成：第一，消费者的特点，对于消费者如何对刺激作出反应有重大影响；第二，消费者的决策过程，对结果也有影响作用。旅游企业可以通过多种刺激手段（比如广告、人员推销等）来促使旅游者作出多种多样的反应，然后根据他们所作出的公开反应来推断出“黑箱”是如何变化的，从而有针对性地开展营销刺激，提高营销效果。

第二节 影响旅游者购买行为的因素分析

一、文化因素

文化因素主要是指文化和亚文化。

1. 文化

文化是指人类在社会发展过程中所创造的物质财富和精神财富的总和。这里的文化主要是指精神文化，包括思想、道德、哲学、艺术、宗教、价值观、审美观、信仰、风俗习惯等方面的内容。

文化的产生和存在可以指导旅游消费者的学习和社会行为，从而为旅游消费者提供目标、方向和选择标准。例如，当文化对环境保护和身心健康的作用日益被重视后，生态旅游呈现了较大的发展。其次，文化的渗透性可以在新的区域中

创造出新的需求。例如，每年 2 月 14 日的情人节，我国各旅游胜地景点、饭店推出情人节之旅。再次，文化自身所具有的广泛性和社会普及性使旅游者行为具有模仿性。例如，每年春节期间的赶庙会。因此，旅游营销人员在制定营销方案时，必须经常试图去了解文化变迁，从而掌握旅游者的潜在需求。

2. 亚文化

每种文化都由更小的亚文化组成，亚文化为其成员带来更明确的认同感。亚文化是指根据共同生活经验及情境而产生共同价值体系的一群人所遵循的文化标准。因此，旅游企业营销人员必须了解不同社会群体的文化差异，以进行有针对性的营销活动。

亚文化有许多不同的分类方法：一种比较有代表性的是美国学者罗伯逊提出的按人种、年龄、生态学、宗教划分亚文化的分类法；另一种是国内外营销学者普遍接受的按民族、宗教、种族和地理划分亚文化的分类法。

(1) 民族亚文化。几乎每个国家都由不同的民族构成，不同的民族各有独特的风俗习惯和文化传统。我国共有 50 多个民族，各民族人口数量悬殊，少数民族人口少而且居住分散，但大部分都保持着自己传统的宗教信仰、消费习俗、审美意识和生活方式。例如，丽江的纳西族及东巴文化。旅游者进入不同的民族地区要了解和适应当地的文化。因此，旅游营销要充分重视民族亚文化对旅游者行为的影响。

(2) 宗教亚文化。不同的宗教群体，具有不同的文化倾向、习俗和禁忌。我国有佛教、道教、伊斯兰教、天主教、基督教等，这些宗教的信仰者的生活方式和消费习惯都有各自的特点。宗教因素对于旅游企业营销有着重要意义，它可能意味着与一定宗教节假日相联系的高旅游消费期。因此，宗教节假日是推销旅游产品和服务的良好时机，往往是一个旅游销售旺季。

(3) 种族亚文化。黄种人、白种人和黑种人都有各自独特的文化传统、文化习俗和生活方式。即使他们生活在同一国家或者同一城市，也会有各自特殊的需求、爱好和消费习惯。

(4) 地理亚文化。由于自然状况和社会经济历史发展的结果，地理上的差异往往会导致人们消费习俗和消费特点的不同。例如，中国菜肴在烹饪中有许多流派，其中最有影响和代表性的也为社会所公认的有鲁、川、粤、闽、苏、浙、湘、徽八个菜系，即人们所常说的中国“八大菜系”。它们风格各异、自成一派，也是因地域的不同而形成的。

二、社会因素

旅游市场消费者的消费行为也受到一系列社会因素的影响。这些因素主要包括社会阶层、相关群体、家庭以及社会角色与地位。

1. 社会阶层

所谓社会阶层，是指一个社会中，依照一定的分组标志而划分的，具有相对的统治性和持久性的集团。主要因素包括：职业、教育、收入、健康、地区、种族、伦理、信仰和财富等。处于同一个社会阶层的成员，具有类似的价值观、兴趣爱好和行为方式；处于不同社会阶层的人，生活方式和消费习惯有相当大的差别，可能影响到其职业、信仰、对孩子的教育培养等。由于社会阶层会对人的生活许多方面造成影响，因此同样可能影响到旅游消费者的决策。例如，商务客人一般入住星级饭店，选择飞机作为旅游交通工具；而一般工薪阶层和青年学生则多选择普通招待所，以及选择汽车、火车等作为旅游交通工具。高阶层的旅游者从事较多的户外旅游活动，如网球、高尔夫球、滑雪、海滨游泳等活动，这一点在西方表现较为明显。高阶层的旅游者相比低阶层的旅游者更喜欢阅读报纸、杂志，所以西方不同的杂志倾向于把自身定位于不同阶层之中。

2. 相关群体

相关群体是指对消费者生活习惯和偏好有直接影响的各种社会关系，也称参考群众。相关群体一般包括主要群体、次要群体、崇拜性群体等。主要群体，即与消费者个人关系密切、接触频繁、影响最大的群体，如家庭、朋友、同学、同事等。次要群体，即与消费者关系一般、接触不太密切、不保持持续交互影响的群体，如行业协会、社会团体等。崇拜性群体，即消费者渴望成为该群体的一员，仰慕此类群体成员的名望、地位，狂热效仿其消费模式和消费行为。这类群体的成员一般为社会名流，如影星、歌星、体育明星、政界要人、学术名流等。相关群体对旅游者购买行为的影响是潜移默化的，他们为群体成员提供某一特定的消费模式，并运用群体力量影响旅游者的消费态度和对旅游产品的选择。相关群体对旅游者购买行为的影响会因时间、阶段的不同而不同。一般对于旅游营销过程而言，一定的旅游产品、价格、销售渠道、促销手段对相关群体的影响十分明显。

3. 家庭

我国是一个崇尚家庭血脉、亲情的国家，这对于旅游者的购买行为有很大的影响力。在家庭的影响和熏陶下，形成了不同旅游者的价值观、审美情趣、消费习惯、个人爱好。在影响旅游者购买决定的参与因素中，家庭成员的影响作用是首位的。不同类型的旅游商品，家庭消费决策的重心也不尽相同。对于已婚人士来说，一般属于夫妻共同协商决策型；对于未婚成年人士来说，一般属于自主决策型。因此，旅游营销人员设计开发旅游产品时，必须协调好家庭各方面需求和兴趣的偏好。

4. 社会角色与地位

社会角色是对于具有一定社会地位的人所应具有的行为的期望；社会地位是

指从社会角度规定的权利和义务的社会位置。旅游者的消费行为往往要符合自己的社会地位与角色。大部分旅游消费品具有很大的地位上的象征意义。如选择五星级酒店、豪华舒适的交通工具、选择旅游目的地、消费某一特定的旅游产品等，往往都代表着一定的社会地位。对具有社会地位象征意义的产品，旅游营销者就应该充分重视消费者的地位与角色，尽量使自己的产品具有地位上的象征意义。当然，在一般情况下，旅游者购买行为也可能脱离自身的社会地位和相应的角色，如旅游者外出的消费水平、所期望的产品及服务质量往往高于其社会地位。至于社会角色，旅游者亦有可能会因为参加某些参与性极强的旅游消费活动而暂时忘记自己的“角色”。

三、个人因素

旅游消费者的个人因素，如年龄和生命周期、性别、职业和受教育程度、经济状况、生活方式、个性和自我形象等特点，都会对旅游市场的消费行为形成一系列的影响。这其中个人的经济状况是一个人消费能力大小的主要因素，旅游消费需求的实现取决于一定的可支配收入、储蓄和资产，不同收入阶层表现在消费观念、消费方式、消费偏好及需求模式上是不同的。由于旅游消费是一种弹性较大的消费，因而个人经济状况和社会经济环境等方面的变化都会影响旅游者的消费决策。因此，旅游营销人员必须了解潜在旅游者的可支配收入以及对旅游支出的态度。而且，当经济不景气的时候，旅游营销人员需要积极地重新进行市场定位，重新设计旅游产品的构成和价格。

四、心理因素

旅游者购买行为决策是一个复杂的心理过程。旅游者进行购买决策通常要受到心理过程的影响，包括需要、动机、知觉、学习及信念与态度。在旅游系列行为决策动因系统中，旅游者购买行为的基本原因是旅游需求，当旅游需求与旅游目标相遇时，动机就是旅游行为的直接推动力量；知觉、学习、个人的信念和态度是间接推动力量。这些都是影响旅游消费者产生购买行为的内部心理因素。

1. 需要

需要是个体对内外环境的客观需求在脑中的反映。需要被认为是个体的一种倾向，反映个体对内部环境和外部生活条件的较为稳定的要求。它常以一种“缺乏感”体验着，以意向、愿望的形式表现出来，最终发展为推动人进行活动的动机。

旅游是人们的一种需要或需求。按照马斯洛的需要层次理论提出的观点，人的需要分为五个层次：生理需要、安全需要、爱的需要或社交需要、受尊重需要以及自我实现需要。这五种需要层次是从低到高的。

马斯洛需要层次的两个最高层次是最能激发旅游活动的。例如，有人发生旅游购买行为是由于旅游经历能代表个人的能力和威望，这是出于获得尊重的需要，所以旅游需要主要属于人类需要的高级层次。

（1）旅游需要的主要内容。旅游需要实质是人的一种文化精神需求，是人们变换生活环境以调节身心节律的一种短期生活方式的需要，是人们在特定生活和特定经济条件下对旅游产品、服务的愿望和要求。旅游需要在不同程度上包含了人类各层次需要的内容，包括饮食、休息、安全、求知、审美和社会交往等。根据对旅游活动影响的大小，旅游需要主要表现为三个方面：旅游者的文化需要、旅游者变换生活环境以调节身心节律的需要以及探新求异的需要。产生旅游动机可能源于上述需要的某一种，也可能出于其中两种或多种需要。

（2）旅游者的需要在旅游消费中的表现。旅游的需要推动旅游者去进行必要的旅游活动，并直接或间接地表现在旅游消费活动中并影响旅游者的购买行为。具体到不同消费目的的旅游者来说，旅游需要表现为以下几个方面的内容：

1）观光型旅游者的需求表现。这类旅游者主要希望观赏游览异国他乡的名胜古迹、风土人情，同时还可以与购物、娱乐、考察、业务等相结合，从而增长见识、开阔视野、陶冶情操，获得新、奇、美、特的感受。他们追求的旅游产品一般具有特色鲜明、价格低廉、逗留时间短的特点。

2）娱乐消遣型旅游者的需求表现。这类旅游者的主要需求是松弛精神，调节生活节奏，摆脱紧张工作带来的烦恼，享受临时变换环境带来的欢愉。他们追求的旅游产品以消遣、娱乐、享受为目的，而且质量优良、安全性强，注重季节性。他们一般选择旅游景区最好的季节出游。

3）文化知识型旅游者的需求表现。这类旅游者的主要需求是观察社会、体验民俗风情、丰富知识积累，通过旅游达到积极的休息和娱乐，获得知识的启迪和充实。他们在选择旅游产品时，十分在意日程安排的周密性和旅游线路的科学性以及导游的文化修养。

4）公务型旅游者的需求表现。这类旅游者的主要需求是根据工作的需要进行贸易、商务谈判、出席有关会议、进行科学文化交流或举办展览会为目的的游览。他们对旅游产品和服务质量要求较高，对价格不敏感。

5）医疗保健型旅游者的需求表现。这类旅游者的主要需求是参加有益于身体和心理健康的旅游活动，治疗某些慢性疾病，消除疲劳。他们比较在意旅游项目中的保健、康复功能和医疗效果，以及旅游环境的质量。

2. 动机

动机是激励和维持人的行动，并将行动按照某一目标执行，以满足个体某种需要的内部动力。动机是一种内部心理过程，不能直接观察，但是可以通过任务选择、努力程度、活动的坚持性和语言表示等行为进行判断。

旅游动机同样是一种心理活动，它控制着人们旅游行为的发展方向，是驱使人们采取某种旅游行为的内在动力。不同的需要产生不同的动机，即使相同的需要也可能因人们的民族、性别、年龄、职业和文化程度等因素的影响而以不同的旅游动机形式表现出来。因此，促使人们外出旅游的直接动机是多种多样的。

（1）旅游动机的分类。美国著名的旅游学教授罗伯特 W. 麦金托根据旅游需求把旅游动机划分为四类：

1）身体方面的动机。主要包括度假休息、参加体育活动、海滩消遣、娱乐活动以及其他直接与保健有关的活动。其目的是通过与身心健康有关的旅游活动来达到消除紧张、松弛身心的目的。

2）文化方面的动机。其特点是了解异国他乡文化，包括了解其音乐、艺术、民俗、舞蹈、绘画及宗教等。其目的是增长见识。

3）人际方面的动机。如接触他乡人民、探亲访友、结识名师良友等。

4）地位和声望方面的动机。如出席会议、考查研究、求学进修等。其目的是自我完善和价值实现。

除了上述四类旅游动机之外，还有经济动机，如购物和商务等。人们外出旅游往往有一两种主导动机，同时还包括一系列其他辅助性动机。有些旅游动机是在旅游活动过程中产生的，这些新动机的产生是“触景生情”的产物，所以旅游企业要善于诱发旅游者的动机，提供更加丰富和精彩的旅游吸引物。

（2）旅游动机的特点。旅游动机主要具有以下特点：

1）旅游动机的不可观察性。旅游动机本身是无法直接观察到的，只有通过对某些旅游行为指标的研究作出判断。一些人进行高层次的消费很可能是出于显示身份、地位、财富的动机，旅游服务商如果据此设计旅游产品，很可能因迎合这部分消费者的需要，从而获得成功。正是由于旅游动机的无法观察性，在对旅游者购买行为的动机进行推断时，必须谨慎小心。在制订和实施旅游营销计划前，对旅游消费者的消费动机进行仔细研究和小心求证是非常有必要的。

2）旅游动机的多重性。旅游者所进行的旅游产品或品牌选择，是受某种动机支配和主宰的。然而，某一旅游消费行为一般并不是由单一的旅游动机所驱使的。事实上，很多旅游消费行为都隐含着多种动机。旅游者去旅游，既可能是出于释放压力、寻求放松的动机，也可能有学习的动机。所以，旅游企业在设计旅游产品和制定营销策略时，既应体现和考虑旅游者消费该产品的主导动机，又应兼顾非主导动机。

3）旅游动机的冲突性。当多种动机被同时激发时，会出现一种难以避免的现象，即消费动机的冲突。旅游消费动机的冲突是指旅游者面临两个或两个以上的旅游消费动机，其诱发力大致相等但方向相反的情况。在时间、收入、精力等条件的制约下，旅游者经常面临在几种同时需求的产品、服务或活动中作出选择的问题。因此，旅游动机的冲突性是普遍存在的。

3. 知觉

知觉是指人们通过自己的身体感觉器官而对外界刺激物所作出的反应。知觉是人们为了解世界而收集、整理和解释信息的过程。

旅游知觉即旅游者选择、组织及解释外来旅游方面的信息而产生其内心世界反应的过程。旅游动机会引发消费者的旅游购买行为，而具体采取什么样的购买行为则受消费者知觉的影响。

（1）旅游知觉的三种方式。知觉是客观事物直接作用于人的感觉时，人脑所产生的对事物整体的反映。旅游知觉过程是一种有选择的心理过程，它有以下三种方式：

1）选择性注意。在现实生活中，人每时每刻都面临着来自各方面的刺激，但能引起人们注意的情况只有三种：一是与人们当前需要有关的；二是预期出现的；三是变化幅度大于一般的、较为特殊的刺激物。

引起旅游消费者对旅游产品的注意是旅游营销的重要工作。现在许多旅游企业向人们散发附有精美照片的制作精良的旅游产品宣传手册，设计新颖的大幅广告画面、高度概括性或具有幽默感和戏剧性的广告语。如在旅游淡季，许多旅游企业采取价格策略吸引游客，较为明显的价格差异容易激发旅游者的消费热情。

2）选择性曲解。消费者在接受外界事物和信息的刺激时，与原有的思维模式相结合来解释外来刺激，从而造成先入为主、按照自身意愿曲解信息的倾向，称为选择性曲解。

在我国旅游市场逐渐走向买方市场的今天，旅游企业的服务质量越来越受到旅游者的关注。某些旅游者对某家旅游企业的信誉度感知，如果已通过亲朋好友与同事的亲身经历感受形成一定的思维倾向，则当外界宣传的刺激与其已建立起的感知不一致时，他们往往会对旅游宣传者产生不信任。

3）选择性记忆。人们对许多已了解的事物，往往只记住那些与自己观念一致的事物。这在旅游者的消费偏好中表现得十分明显。因为旅游者对某种品牌旅游产品的钟情，而引起再次消费行为的发生，就是选择性记忆作用的结果。

（2）旅游知觉风险。在旅游活动中，一方面人们对旅游商品、信息、旅游环境等外界刺激形成一定的知觉，另一方面也对即将发生或已经发生的旅游消费决策产生知觉。由于种种原因，人们在旅游活动结束之前，往往很难预料其旅游消费决策结果的优劣，换言之，任何旅游消费决策都存在一定的风险。这种风险必然反映在人们的知觉中，并对其旅游消费行为产生影响。

在旅游消费者行为学中，把旅游消费者所感知到的消费决策中存在的风险称为旅游知觉风险。旅游消费风险是由于种种原因导致的人们旅游消费活动的结果与其期望未必相符而存在的不确定性。例如，人们旅游大多是为了使自己的心情放松，但是，并非旅游的时候事事与预期一致，可能会担心导游服务质量差、害怕买到劣质产品，这样，对旅游的消费就存在一定的风险。

4. 学习

人们在社会实践中，由于受后天经验的影响而引起的行为变化过程就是学习。学习是由于经验而引起的个人行为上的变化。人类有些行为是与生俱来的，但大多数行为是后天从经验中学习得来的。旅游及其购买行为也是受后天经验的影响而形成和改变的。

（1）学习的基本模式。学习理论专家认为，人类的学习是由驱使力、刺激物、提示物（也称诱因）、反应和强化五种要素构成的。旅游消费者的购买行为是这五种要素相互作用的结果。

其中：驱使力是指促使旅游消费者产生购买行为的内在力量，它源自于旅游消费者未得到满足的需求；刺激物是指降低驱使力使旅游消费者需求得到一定满足的事物信息；提示物则是指能够诱发旅游消费者产生购买行为的所有因素；反应物是指旅游消费者为满足旅游需求所采取的购买行为；强化是指旅游消费者的消费评价，主要是指对刺激物的反应和评价。如果旅游消费者对旅游商品的满意度高，就会产生重复购买，这种“类化”的反应被称为正向强化；与此相对的是负向强化，这种情况下旅游消费者会辨别、区分各种刺激，并根据情况调节反应。

（2）学习理论在旅游营销中的运用。旅游营销人员应通过学习与驱使力的内在联系，运用刺激性暗示和提供积极的强化手段来建立消费者对旅游产品的需求。因此，在旅游营销活动中，首先要努力设计具有差异化的整体旅游产品，以吸引旅游者，刺激其消费欲望。例如，旅游项目的丰富多彩一般可以增强旅游线路的吸引力。在同一条旅游线路的设计中，各项旅游活动要避免重复。其次要善于及时有效地向旅游者提出启发需求的提示物，强化促销策略，诱发旅游者的购买行为。例如，通过促销资料、人员推销向旅游者提供必要的信息。此外，旅游企业还要做好强化工作，加强消费者对旅游企业及产品的满意度，创造重复购买。旅游企业提供热情、细致、周到的服务，是提高知名度和信誉度的重要途径。

信念是指个人对某些事物所持有的描述性思想。旅游企业应关注旅游者头脑中对其产品或服务所持有的信念，即本企业产品和品牌的形象。旅游者根据自己的信念采取行动，如果一些信念是错误的，并妨碍了消费行为，旅游企业就应进行促销活动去纠正这些错误信念。

态度是指个人对某些事物或观念长期持有的好与坏的认识上的评价、情感上的感受和行动倾向。态度能使人们对相似的事物产生相当一致的行为。一个人的态度呈现为稳定一致的模式，改变一种态度需要在其他态度方面作重大调整。

由于信念的不易觉察性，旅游营销人员在营销活动中要了解旅游者和潜在旅游者对旅游企业的印象，通过对企业形象设计，增强旅游者对旅游企业的良好认知，提高旅游企业的知名度和美誉度。由于态度具有长期不易改变的特性，所以旅游营销人员在营销活动中必须了解旅游者和潜在旅游者对推出旅游产品的态度，通过沟通系统设计，增强旅游者对旅游产品的良好印象。另一方面，旅游企业也可以通过研制新的旅游产品并推向市场，以及提高服务质量等手段，改变旅游者对旧有旅游产品的不良态度。例如，在旅游酒店的竞争中，一些酒店打出“三星的价格，五星的服务”的口号，正是利用旅游者对不同星级酒店的信念和态度，来宣传自身服务的质优价廉。

第三节　旅游者购买决策过程分析

旅游企业开展市场营销活动，不仅需要了解消费者的购买特征，更重要的是要对消费者的购买决策过程进行深入的分析，从而吸引大量的旅游者，使企业盈利。分析旅游者购买决策过程，应从参与购买角色、购买决策类型和购买决策过程三个方面展开来看。

一、旅游者参与购买的角色

旅游产品所设计的决策单位往往由许多人组成。在市场学里，为了区别人们在一项购买决策中可能扮演的不同角色，通常将决策单位划分为五种角色：发起者、影响者、决策者、购买者和消费者。

1）发起者。发起者是指首先提出或有意购买某一产品或服务的人。

2）影响者。影响者是指其看法或建议对最终决策具有一定影响的人。

3）决策者。决策者是指对是否购买、为何购买、何时购买、何地购买、如何购买等方面的购买决策完全或部分地作出最后决定的人。

4）购买者。购买者是指预订或购买的人。

5）消费者。消费者是指实际消费产品和服务的人。

例如，美国著名的快餐连锁品牌肯德基为了促进销售，将营销重点瞄向了儿童市场。当该品牌凭借各类特色产品和节目抓住了儿童消费者之后，陪伴儿童的大人们自然也就加入了消费者行列中。在本例中，儿童在决策单位中扮演着发起者的角色。而对于妻子和丈夫而言，可能都是决策者，也可能一方是决策者，而另一方只是影响者。

识别各种购买角色在旅游企业营销过程中所起的重要作用，可以帮助企业设计和开发产品，并有效地进行促销活动。

二、旅游者购买决策类型

旅游者购买决策随其购买决策类型的不同而变化。较为复杂和花钱较多的决策往往凝聚着购买者的反复权衡和众多人的参与。根据旅游者的介入程度和品牌间的差异程度，旅游者的购买决策可分为以下四种类型：

（一）习惯性的旅游购买决策

对于价格低廉、经常被购买、品牌差异小的商品，旅游者不需要花时间进行选择，也不需要经过收集信息、评价产品特点等复杂过程，因此，其购买决策简单。在这种购买决策中，消费者只是被动地接收信息，出于熟悉而购买，不一定会进行购买后评价。对于营销人员来说，要善于运用强制性的被动式促销对这类产品的旅游者进行宣传。

（二）多样性的旅游购买决策

有些旅游产品品牌差异明显，但旅游者并不愿意花很大时间来选择和估价不断变换产品的品牌，这样做并不是因为对产品不满意，而是为了寻求多样化。对于市场营销人员而言，这类旅游产品的购买者经常想尝试不同品牌的产品或者不同类型的产品，因此，要不断推陈出新。

（三）化解不协调的旅游购买决策

有些旅游产品的品牌差异不大，旅游者不经常购买，而购买时又有一定的风险，所以旅游者一定会比较。只有价格公道、购买方便、机会合适的产品，旅游者才会决定购买。购买以后，旅游者也许会感到有些不协调或不够满意，在旅游过程中，会了解更多的情况，并寻找各种理由来减轻、化解这种不协调，以证明自己的购买决策是正确的。对营销来说，在推销这类旅游产品时，要给旅游者提供方便，尽一切努力制造品牌差异，包括通过广告创造想象中的差别。实际上大多数同类型、同档次又相邻的酒店也是一样的，它们之间差别并不大，酒店营销人员就要想尽一切办法创造自己酒店的形象差别与影响力，为旅游者提供方便。

（四）复杂性的旅游者购买决策

当旅游者购买贵重的、不常买的、有风险的而又非常有意义的旅游产品时，由于产品品牌差异大，旅游者对产品不了解，因此要有一个学习的过程，以广泛了解产品的性能、特点，从而对产品产生某种看法，最后决定购买。这就要求营销人员必须成为这类旅游产品的专家，有足够的知识与耐心向旅游者进行介绍，并能说服旅游者作出购买决策。

三、旅游者购买决策过程

旅游者购买活动是经过一定的购买决策过程来完成的。分析旅游者购买决策过程的主要目的是了解旅游者在购买活动过程中各个阶段的思想和行为，使旅游企业采取适当措施影响旅游者购买决策，进而扩大产品的销售。旅游者购买决策过程一般分为五个阶段：

（一）需要和问题的识别

一般来说，当旅游者意识到自己有某种需要时，就是其购买决策过程的开始。这种需要可能来源于旅游者的某种生理活动，也可能来源于外界的某种刺激，或是两方面的共同作用。根据先前已经讲过的心理学知识，这一需要会驱使旅游者寻找合适的购买对象以使其得到满足。针对旅游者的这一心理特点，在这一阶段，营销者的主要任务是善于识别和触发旅游者需要，时刻注意能够引起旅游者兴趣的各种细节。

旅游者对旅游商品产生的需求与本地消费者产生的需求不尽相同。本地消费者一般很清楚自己的需求，但旅游者，尤其是那些以休闲娱乐为目的的旅游者，由于身在异地而充满了好奇和兴奋，在购物的过程中或多或少会带有盲目性、缺少理智，往往不能清楚地识别自己的需求。他们在购买商品时的动机往往建立在情感购买动机的基础上，购买目的是为了给自己留下美好的回忆，或赠送亲友以表达情谊。对于他们而言，一般不能产生惠顾购买动机，只有理智购买动机和情感购买动机，而且更多的是情感购买动机。这就使购买的可能性加大，灵活性也增强了。因此，调动旅游者的情感，从而提高其购买欲望，成为促进旅游商品销售的一条重要的途径。

（二）信息收集

旅游者的某些需要能够通过常规购买行为随时得到满足，如日用品的购买就是如此。但旅游者还有一些需要是不能通过常规购买行为得到满足的，因为他们不知道或不确切地知道哪些旅游产品能够满足自己的特定需要。为增进对相关旅游产品的了解，旅游者需要收集与满足其需要有关的各种信息，并以此作为购买决策依据。根据经验，旅游者的信息来源主要有以下四个：

1）个人来源：包括家庭成员、亲朋好友、邻居、同事等。

2）商业来源：包括广告、推销员、旅游者组织。

3）公共来源：包括大众传媒、旅游者组织。

4）经验来源：包括试验性使用等。

一般来说，旅游者所得到的信息大多出自商业来源，但对旅游者影响力大的信息大多出自个人来源。各种来源的信息对旅游者购买决策都有相当大的影响，在正常情况下，商业来源信息对旅游者主要起旅游产品通知作用，而个人来源信息对旅游者主要起旅游产品评估作用。营销者应仔细调研旅游者的信息源，依据调研结果拟订广告及促销计划，设法扩大对自己有利的信息的传播。

（三）评估与选择

根据所得到的信息，旅游者要进行旅游产品及品牌的比较和选择。在比较和选择的过程中，旅游者有五种心理现象应引起营销者重视：

（1）产品性能是旅游者考虑的首要问题。

（2）旅游者对各种性能的重视程度不同。

（3）旅游者心目中的品牌形象及其品牌信念与品牌实际形象常有差距。

（4）旅游者对产品有各种效用期望。

（5）旅游者在选择旅游产品时大多以个人理想作为比较标准。

营销者应根据旅游者的以上心理特点，研究使旅游者中意本企业旅游产品的对策。要点有三个：一是要努力改进本企业产品质量和产品性能，使之尽可能接近顾客需要，这称为“实际的重新定位”；二是设法转变旅游者对有关产品及品牌的不切实际的观念和期望，帮助旅游者正确认识产品性能差异，这称为“心理的重新定位”；三是向旅游者宣传本企业产品的相对竞争优势，改变某些旅游者对本企业产品竞争性的误会，这称为“竞争性定位”。

（四）决定购买

作出购买决定和实现购买，是旅游者购买决策过程的关键环节。通过反复比较，旅游者的购买意图已基本形成，然而从形成购买意图到实际购买，中间还会受两个因素的影响：第一是他人的态度，特别是家人的态度，如果有关键人士反对，则其购买意图可能会被修改；第二是突变因素，购买意图是在预期收入、预期价格和预期效用的基础上形成的，无论其中哪一方面发生了意外情况，如失业、意外急需、产品涨价、新出现的有关该产品令人失望的信息等，都可能导致购买意图的修改。

旅游者修改、推迟或取消某个购买决定，往往是因为觉察到某种风险。“觉察风险”的大小取决于涉及金额的多少、产品性能的确定程度和购买者自信心的强弱。因此，营销者有必要认真研究减少顾客“察觉风险”的有效对策。

（五）购后印证

旅游者购买旅游产品后是否感到满意，直接关系到其日后是否会重复购买和向周围扩散什么样的信息。通常而言，具有满意感的旅游者倾向向周围的人传播优点，正所谓满意的顾客是最好的广告。据国外统计资料显示：当顾客满意时，他至少向 5 个人表达他的兴奋感。相反，如果他觉得受到欺骗或非常不满意时，那么至少向 10 人以上诉说他的不满，因此会对旅游企业及其产品品牌的商业信誉有较大的负面影响。

旅游者对其所购旅游产品的满意程度，取决于旅游者的预期效果（E）与实际效果（P）之比。如果 $E<P$，消费者将会非常满意；若 $E=P$，则消费者基本是满意的；若 $E>P$，则消费者便会产生不满意感。而且两者之间的差距越大，消费者的满意或不满意也就越强烈。根据这一理论，旅游市场开发的关键在于产品的质量和信誉。因此，营销者应与旅游消费者建立购后联系，摸清消费者心思，做好各项售后服务，包括针对消费者心理所进行的宣传服务，同时认真研究增加旅游者购后满意度和重复购买的各种对策。在旅游实践中，那些通过虚假广告等手段来刺激旅游购买的做法，势必会使旅游消费者因预期落差过大而产生抱怨情绪，是一种不可取的短期行为。

【阅读材料】

浅谈酒店客房个性化服务

近年来，“个性化服务”这五个字在服务行业，尤其是酒店业几乎成为一个口头禅，或者说已经成为一个时髦的宣传用语。这说明个性化服务的重要性已经开始逐步为服务行业所认同。所谓个性化服务，在英文里称为 Personal Service，它的基本含义是指为顾客提供具有个人特点的差异性服务，以便让接受服务的顾客有一种自豪感、满足感，从而留下深刻的印象，并赢得他们的忠诚而成为回头客。个性化服务也可以指酒店提供有自己个性和特色的服务项目。个性化服务理念的形成是服务业日益加剧的竞争带来的结果。当然，提倡个性化并不能单纯片面地理解为只是为少数人提供优质的服务，而是要让每一位客人都能感觉到自己是在享受着为自己所特别安排的服务。

虽然个性化服务这一理念在酒店业越来越流行，但是国内的许多酒店还是说得多、做得少，或者只是做了一些皮毛。因此，个性化服务要真正体现在酒店日常的管理和服务之中，而不仅仅是表现在某一个具体的项目、一项规章制度或者一个口号之上。

随着酒店业的迅速发展，作为酒店的一个强力支柱——客房，怎样服务好所面对的每一位客人？怎样用优质的服务来吸引、留住以及发现新的客人？答案是必须做好客房的个性化服务工作。客房管理的个性化服务一般包括以下几点：

一、在硬件方面的改善上

1. 商务楼层

商务旅游者已成为现代酒店的重要客源。为满足商务旅客的需要，我国香港的希尔顿酒店早在 1986 年，就在其 26 层的酒店里辟出了三个楼层为“商务旅客专用楼层”。这些楼层里设有大型休息室，有多种当地和国际的商业杂志与报刊供旅客阅读，还免费提供早餐、午茶和鸡尾酒；单独的接待处可为商务旅客快速办理住店和退房手续；楼层服务员还可代客购飞机票、火车票、船票，代约时间洽谈业务，以及提供整理行李、免费擦皮鞋等服务项目，深受商务旅客欢迎。

2. 女子客房

随着从事公务的女性旅游者与日俱增，世界各地已有些酒店专门开设了女子客房。客房里的灯光、色调、设备都从女性的爱好与实际生活需要出发，穿衣化妆镜、化妆用品用具、挂裙架、卷发器、针线包和其他女性专用卫生用品以及女性杂志一应俱全。从女性最在意的安全角度考虑，房间号码对外严格保密，不经客人同意不随意接进外来电话。凡此种种充分考虑女性的特殊需求与爱好，深得女性旅游者赞赏。

3. 无烟客房

吸烟有害健康，为顾客健康和环保着想，一些酒店开设了无烟客房和无烟楼层。伦敦公园路的希尔顿酒店把无烟楼层称为“洁净空气区”。在客房内的明显位置摆放敬告房客及来访者不要吸烟的告示卡；在通常置放烟灰缸的地方摆上一盘糖果，盘中附条提醒客人这是无烟客房。酒店还要求装修工人不得在现场吸烟、客房服务员不可吸烟。无烟客房的设立既方便了不吸烟的客人，又不得罪吸烟的客人，值得借鉴。

4. 为家庭旅游者提供的设施

针对家庭旅游者的需求特点，许多酒店将传统的单人间、双人间改造成带会客室的套房，套房内配有家庭常用炊具。新型套房与高级套房相比更为实用，又不过分奢侈，加之房价适中、使用方便，颇受家庭旅游者青睐。日本某些宾馆还设有专门的婚礼庆典厅与美容室，为在宾馆里举行婚礼的新婚夫妇及其家庭提供服务。

5. 为残疾旅客提供的便利设施

针对残疾旅客的特点，酒店应为其提供更为细致周到的服务，消除其享用酒店产品和服务的障碍。台北凯撒大饭店（前身为希尔顿大饭店）自 1992 年起在所有客用电梯上都添置了盲人专用的盲文显示表，使盲人旅客上下楼更为方便。北京亚运村内某酒店为迎接参加残运会的运动员，将电梯门、客房门加宽以便于轮椅出入，还对部分客房设施进行改造，方便了旅客享用酒店设施与服务。

二、在服务质量的提高上

1. 搜集整理

酒店在接待客人时实行个人跟踪服务，将客人的爱好、饮食习惯、消费特点，甚至生活习俗、癖好都留心记录下来，作为客人的个人材料档案，当客人再次入住时就可以给予特别关照。酒店管理人员在日常工作中应加强现场管理，从一线服务中发现“个性”的典型事例，待积累到一定程度，组织各岗位的管理人员进行整理归纳，分门别类形成文字。如酒店业中唯一荣获美国企业最高质量奖的酒店——里兹·卡尔顿酒店，其个性服务就名副其实达到了最高标准。该酒店回头客达24万人之众，人人都有个性档案，都可以得到心满意足的个性化服务。高水平的个性化服务，还会主动激发客人的潜在要求，实现个性满足。

2. 系统规范

酒店将整理归纳后的典型事例，组织推广应用到一线工作中去，根据各岗位工作程序和要求的不同，在实践中不断对其进行增加、修改、完善，从而形成系统化规范化的材料，以此作为衡量和考评服务质量的一个标准。服务标准要制定准确，便于服务人员在服务过程中执行。酒店服务不像其他工业产品，能够用具体的参数来测定，但必须尽量定量地描述服务过程中的具体方法和步骤以及具体的要求。

3. 挖掘开拓

随着社会的进步和发展，人们对舒适程度的要求越来越高，对酒店服务不断提出新的要求。所以，酒店在具有普遍性的个性化服务标准化后，要积极寻找新的个性化服务，尽可能地满足客人千变万化的需求。忠实的回头客主要是通过个性服务而非标准化服务赢得的。酒店服务是一种特殊的商品，它具有无形性和不稳定性，由于受到服务人员的性格、情绪、服务能力和意识等多方面因素的影响，在具体服务中可能产生以下情况：不同的服务员在同一项目上为客人提供的服务质量不同；同一服务员在同一项目上为不同客人提供的服务质量不同。为确保酒店服务质量处于优质恒定的状态，必须制定一套标准的服务规范。但是，为客人提供优质服务远远不能只停留在标准规范上，而应该体现在更深层次的内涵上，即个性化服务。

个性化服务大大丰富了优质服务的内涵，是一门富有灵活性、创造性的高超艺术。其灵活性在于不照抄照搬酒店服务的条条框框，因人而异，因时而变；其创造性则在于给予客人的服务超过酒店服务规范中的内容。标准化服务好比是躯壳，个性化服务则是灵魂。个性化服务就是以客人的需求为中心，在满足客人共性需求的基础上，针对客人的个性特点和特殊需求，主动积极地为客人提供特殊服务，是对客人采取“量体裁衣”定制式的服务。所以，做好个性化服务不是一朝一夕的事情，需要所有的管理人员和员工共同努力，带给客人最优质的服务。

【关键概念】

旅游者购买行为；刺激-反应模式；沟通渠道；旅游者购买动机

【复习与思考】

结合自身的旅游经历，选择印象最深的一次，用本章学过的内容思考下面的问题：

1. 此次旅游影响你购买行为的外部因素包含哪些？
2. 此次旅游动机是怎样影响你的购买行为的？
3. 你此次购买决策行为过程包括哪几个阶段？

【项目实训】

找一个旅游景点，对该景点的旅游人群作一次问卷调查，了解旅游者购买心理，分析其购买过程。

第四章 旅游市场调研与预测

【本章学习目标】

通过本章学习，了解旅游营销信息在旅游营销中的重要作用，了解旅游营销信息系统的基本构造，熟悉旅游市场营销的基本内容和营销操作程序，了解旅游营销调研的程序，掌握旅游市场需求测量预测的方法，能够进行旅游市场调查问卷的设计与分析。

◆【案例导入】

德国阿尔魏勒市旅游产品营销策略的分析与研究

德国的旅游业由于悠久的历史和政府的大力扶持，现已成为继贸易之后的第二大服务性行业。该行业占德国国内总产值的8%，为280万人提供了就业。德国旅游业令人瞩目的繁荣与发展，除了其丰富多彩的自然资源、人文资源、政府的大力扶持和当地居民的积极参与外，还与其旅游产品营销策略的制定和实施等有着密切的联系。

下面以其中比较成功的阿尔魏勒市为例展开具体阐述。

阿尔魏勒市位于德国西部莱茵兰-普法尔茨州的阿尔魏勒县，面积63.4km^2，人口27.061万人，人口密度为435人/km^2。它正好处在德国著名的艾费尔火山区，这一得天独厚的地理位置，使其早在19世纪就已成为科隆地区与波恩、诺伊斯和安登纳赫并驾齐名的、以温泉疗养为中心的主要疗养城市之一。以此为契机，阿市不断加强城市建设和完善各项基础设施，并逐渐发展成为以温泉疗养为中心、以古城风貌为特色的著名旅游城市，吸引了成千上万的国内外旅游者，赢得了极大的社会效益和经济效益。阿市的成功，除了周密的旅游计划、具有创新性的旅游产品、对文物和环境等方面所采取的保护措施外，与强大的旅游产品宣传、行之有效的旅游营销策略也是分不开的。

一、阿尔魏勒市旅游产品营销策略的制定

有效的营销策略有利于旅游产品缩短营销渠道，顺利进入市场。但旅游营销策略并不是一成不变的，它随着客源结构、旅游者需求和旅游产品调整等的变化而相应地发生改变。为了制定一个行之有效的促销策略，阿尔魏勒市主要从以下几方面入手：

1. 成立 TSG 公司

为了适应新形势和进一步促进当地旅游业的可持续发展，2000 年年底，阿尔魏勒市将原来的疗养与交通协会（KW）和阿尔河、莱茵河、艾费尔地区旅游协会（TOUR）合并，成立了旅游服务有限责任（TSG）公司。

2. 确定主要的目标市场

TSG 公司成立以后，阿尔魏勒市开始积极着手制定一个既适应新形势而又具有自身特色的旅游营销策略。

首先，重新确定旅游目标市场成为当务之急。为此，必须要对现有的客源结构进行系统而详细的分析。以下便是一份 TSG 公司有关阿尔魏勒市海外主要客源国旅游者过夜人数的统计资料（见表 4-1）。

表 4-1　阿尔魏勒市海外主要客源国旅游者过夜人数统计表

（单位：人）

国　名	1999 年	2000 年	2001 年	2002 年	2003 年	2004 年
比利时	4958	4266	6301	6766	7142	9861
丹麦		222				
法国		939	490	725		664
英国		1134	2885	2362	2538	2638
卢森堡		385	763	471	754	593
荷兰	5117	4289	4485	4625	4626	4992
奥地利		492	590	585	467	378
西班牙		396	421	579		454
瑞士		785	638	732	1221	821
美国		796	1124	1250	1378	1208
日本		264				
其他		4341	5014	5745	5115	3979
总数		18309	22711	23840	25241	25588
占来访游客总数的比例		3.00%	3.50%	3.50%	3.40%	3.60%

资料来源：阿尔魏勒市旅游服务有限责任公司。

根据对相关资料的分析表明：阿尔魏勒市的海外主要客源市场的发展是相对比较稳定的。而且，从其在来访旅游者总人数中所占的比例也说明海外客源国所占的市场份额正在逐年增加。尤其是德国周边的荷兰、比利时、卢森堡等国，将仍然是阿尔魏勒市未来的主要客源市场。另外，通过新的预订系统也为挖掘潜在的、远距离的国际客源市场，如美国等国，提供了更多的便利和机会，这些国家也很有可能成为该市主要的潜在客源市场。

相对于海外客源市场而言，国内旅游者已逐渐成为阿尔魏勒市最主要、最可靠的客源市场。如今，越来越多的德国人开始改变观念，把旅游的重点转向本国。据统计，2001 年，在全德国 3 亿 2600 万旅游者中，国内旅游度假者就占了 29%，他们已成为德国旅游业的主力军。尤其是在德国人口最密集、经济较发达的北莱因-威斯特法伦州，那里生活着的 2000 多万人可在 1 ~2h内到达阿尔魏勒市。利用这一区域优势，阿尔魏勒市将其今后的发展目标和主要客源市场定位在了这一地区。

3. 旅游者需求的分析

在目标市场定位的基础上，TSG 公司便积极展开了对旅游者尤其是国内旅游者需求的分析。

首先，他们对当前影响旅游业发展的政治、经济、国际形势等背景的分析表明：首先，由于美国 9・11 恐怖袭击事件和国内经济的不景气，出于对安全和物价等方面的考虑，越来越多的旅游者对长距离的跨国旅游已心存疑虑，而更愿意接受尽可能简便地抵达和离开目的地的短途旅游。其次，旅游者的需求由于其社会职业、生活习惯、身体状况、地域、年龄、性别、气候、民族、宗教等的不同而存在很大的差异。

对于那些面对各种繁重的工作压力和生活压力的旅游者来说，他们更愿意选择那种轻松、休闲，能解脱其工作和生活压力的短距离、短时间而又经济实惠的度假方式，即“短、快、平”旅游方式；对于那些在寒冷的冬天整整“冬眠”了一个季节的、酷爱大自然、渴望阳光与自由的旅游者，则更喜欢沐浴在温暖的阳光下，尽情放松和舒展自己那几乎要僵硬的身体；而对于那些满头银发却依然精神矍铄的老年人，随着生活水平的不断提高和思想观念的不断改变，他们都十分重视自己的身体健康和注重自身的生活质量。因此，开发一种体验舒适、休闲以及以健康、健身为主的旅游产品，将成为阿尔魏勒市顺应新形势和当前旅游者需求的更新换代的旅游新产品。

二、多渠道营销策略的制定

通过对主要目标市场的定位和当前旅游者需求的分析，TSG 公司从 2001

年6月起，开始与杜塞尔多夫市的“微笑工厂”公司合作，围绕着“健康365”这一主题，制订了一系列周密的旅游计划和新的营销方案。

1. 外部营销的措施

为了让更多的旅游者了解“健康365”计划和阿尔魏勒市与之相应的一系列新的旅游产品，TSG公司展开了强大的促销攻势。

（1）广告媒体的宣传。为了扩大旅游产品的促销范围和加大宣传力度，该公司充分发挥了媒体的作用。其主要的促销方式有：

1）印制和散发宣传手册。将原有的宣传材料，根据现在的宣传政策重新整理编辑，出版一本宣传当地旅游的月刊杂志《魅力》和一些宣传小册子。小册子中详细介绍了阿尔魏勒市的概况、主要的旅游资源、接待设施、交通状况、每天的活动日程（主要以健身为主）等。这些材料在人流密集的火车站、码头、餐厅、酒店、面包房、加油站、诊所等处都可免费拿到。

2）广告媒体的销售推广。在德国具有影响力的报纸《星期日图片报》和《莱茵邮报》上宣传当地的旅游业，还根据经济情况，通过专业媒体，如德国旅游中心和旅行商等以每两周一次的频率，进行地区和跨地区的旅游宣传；通过广播电视的旅游节目，主要面向德语地区进行宣传；另外，还结合采用旅游信息新闻发布会和邀请旅游业的记者到当地做现场报道等形式丰富宣传内容、加大宣传力度。

3）设立旅游信息处。旅游信息处的德语全称是“Information”，它是由德国旅游协会于1961年第一次通过资格认证而任命的、专门为旅游者提供旅游信息和服务的机构，同时也是全德6000多个旅游城市、乡镇的利益代表人。它那醒目的红色底版、白色大写的“I”的标记，遍布全德各个城市和村镇。在阿尔魏勒市中心也有一个这样的机构，由那些经过专门培训的工作人员就当地及附近的旅游产品、酒店、旅游活动等，为旅游者提供权威性的咨询和指导。此外，还免费提供一些与旅游相关的小手册和资料，如一年的活动日程、葡萄酒信息、健身健康的信息、文物开放日等，还出售市内地图、漫步路线图、各种指南、与当地旅游有关的各种书籍等，而且还设有无障碍通道，为残疾人提供了极大的方便。只要与这个机构联系，无论是电话还是人员咨询，经过他们耐心、周到的服务，都会使旅游者了解到一切想了解的情况，为旅游者了解这座城市、合理安排旅游计划，起到了指点迷津的作用。当然，他们在为那些初到当地、对当地情况一无所知的旅游者提供便利的同时，也为扩大这里的知名度和宣传、促销当地的旅游产品发挥了积极的作用。

（2）互联网的利用。通过电子邮件查询和点击“KVV”（疗养与交通协会）和“TOUR”（阿尔河、莱茵河、埃费尔地区旅游协会）这两个机构的主页，就可进入该旅游网，极其方便地获得阿尔魏勒市几乎所有的旅游相关信息。归纳起来主要提供以下几种互联网信息和服务方式：

1）地图。在互联网上可以看到标明阿尔魏勒市的古迹、参观景点、停车场、桥梁、河流，甚至学校和幼儿园的电子地图；可以鸟瞰该市全景，也可将各个部分分解和放大来观看航拍图；可以看标有地形和海拔的测量图；还可观看各景点的图片等。作为旅游者，通过互联网在获得极大便利和多种选择的同时，也对该城市有了一个清晰的概念。

2）交通信息。在互联网上可查询乘坐汽车、火车、自行车或其他交通工具，从出发地到达阿尔魏勒市的行车路线、距离、所需时间、当地天气等信息以及到达该市的公路和高速路的情况，即 A61、B266 和 B267 这三条主要干线。另外，还有铁路、市内公交车、公共汽车公司的联系地址等信息。

3）旅游信息。该公司在莱茵兰-普法尔茨州的旅游门户网站上安装的旅游信息和预订系统，使旅游者能十分便利地了解到诸如旅游、周末集市、赌场开放时间，赌场规则、价格，以及葡萄酒、美容、疗养等方面的信息，还可查找到 1998—2004 年间该地区曾经举办过的活动的档案。

4）旅游预订服务。利用该网站上安装的旅游预订服务系统，旅游者不仅可以预订酒店和报名参加各种旅游活动，如“五日游”“三日游”“一日游”和“半日游”等，还可预订和购买当地的土特产。

旅游者可以随时在互联网上极其方便地查询和预订自己所需要的旅游产品和服务。而且，提供的产品也非常丰富，仅以阿尔魏勒市及其附近地区为主的“半日游”的行程就有 25 个之多（这些行程由专人每隔一段时间进行一番更新）。这些产品为旅游者提供了较多的选择机会，满足了他们的各种个性化需求。

这种通过互联网的新的营销方式，对开发远距离的国际市场和大幅度提高旅游者过夜量发挥了积极的作用。目前的统计表明，度假旅游的信息已超过以往有关书籍和音乐的信息，名列前茅。同时这也为所有属于 KVV 和 TOUR 的企业提供了一个良好的商机。当然，为了保持一个持续性的效果和赢得更多的旅游者，互联网工作人员必须加倍努力，不断更新网上的信息，提供更多、更完善的旅游服务。

2. 加强与旅游行业伙伴的合作

为了在市场竞争中占领优势地位，TSG 公司进一步加强了与旅游行业伙伴的合作关系。除了与“微笑工厂”公司的合作外，还与当地一些大企业结为联盟，如矿泉水公司、艾费尔旅游公司、“浪漫莱茵河”旅游协会等。通过与这些公司共同举办的许多大型活动，扩大了企业的知名度，密切了旅游行业各伙伴间的合作关系，使它们更加了解自己的企业及其产品，并乐意促销它们，从而实现较大范围的促销效果。

3. 参与展览会活动

展览会也是促销旅游产品和扩大企业知名度的最有效的方法之一。通过参加各种展览会，尤其是与旅游相关的展览会，扩大了TSG公司在旅游行业的影响和知名度，也为其旅游产品的促销开辟了一个新的、更广阔的途径。

4. 举办大型活动

积极参与、策划和资助一些大型活动，并突出当地优势和特色。例如，以当地著名的葡萄酒为主题，多次举办葡萄酒周、葡萄酒与美食、葡萄酒与健康、葡萄酒与爵士乐、艺术与葡萄酒、阿尔葡萄酒论坛等活动。同时还举办一些对当地旅游业产生广告效应的活动，如环莱法州国际自行车赛、贝多芬节、国际舞蹈巡演、高尔夫球周等。在举办这些活动的过程中，充分考虑各个活动的范围和内容，以开发和挖掘潜在的旅游市场和旅游者。

5. 绿卡制度的推行

为了进一步扩大促销，TSG公司还积极推行绿卡制度。作为旅游促销的这种绿卡，任何人只要在网上或绿卡销售网点就可免费并在很短的时间内获得申请。持卡者可享受在莱茵河、摩泽尔河沿岸各旅游景点乘车、游览、度假等优惠20%的待遇，并且网上已经注明接受这种绿卡的旅游公司的名称和联系地址。这种绿卡制度，对增加旅游者购买力，促进零售业、餐饮业和休闲设施的销售，起到了有力的推动作用。除了参加各项活动，积极向外提高知名度和促销旅游产品外，TSG公司还非常重视在市内的促销活动和加强企业内部的凝聚力。例如，举办讲座、企业咨询、旅行社开放日、与员工和有关负责人的座谈、交流等。通过这些活动，加强了内部员工间的交流、沟通与团结合作，同时也树立了他们对企业的荣誉感和责任感，为今后旅游产品促销工作的顺利进行奠定了坚实的基础。

以上分析了该市的旅游产品促销策略。归纳起来，其主要活动领域是会议旅游、旅行社和旅游相关企业、协会等合作伙伴，为了拓展业务，同时也加强了与其他行业、大企业的战略联盟。常用的促销手段有常客推销、直销、电话销售、利用媒体和网络建立新的销售渠道、利用当地各种各样的活动之机推销旅游产品等。

（资料来源：张丹宇、孙莅文、唐利文，《旅游产品营销策略的分析与研究——以德国阿尔魏勒市为例》，《学术探索》，2006年01期。经整理加工。）

第一节 旅游市场营销信息系统

20 世纪 50 年代，美国旅游企业出现连锁经营模式，全国性的广告宣传普及，推销作用大为加强。进入 70 年代，旅游业成为世界主要产业的同时，企业间的竞争加剧，大公司加入旅游企业，把营销技术运用到管理中，在建立营销信息系统的基础上展开市场调研。

一、旅游市场营销信息

旅游市场营销信息是关于旅游营销环境和营销活动的实际状况、特性及相互关系的各种信息、资料、数据和情报的总称。它具有涉及面广，包含内容多，并且总是在不断变化的特点。旅游市场营销信息主要包括两大组成部分：旅游企业外部市场环境信息和旅游企业内部条件信息。

（一）旅游企业外部市场环境信息

旅游企业外部市场环境信息主要来源于外部的宏观大环境和微观小环境的营销信息，它具有不可控制的特点，对旅游企业的市场营销活动起着很大的促进或阻碍作用。因此，旅游企业必须认识、了解和把握这些信息，并采取有效措施使本企业的营销活动适应外部营销环境的变化和发展。旅游企业外部营销环境信息具体包括以下几个方面：

（1）外部宏观营销环境信息。外部宏观营销环境信息主要是指所有旅游企业都必须共同面对的经济、政治、法律、技术以及社会文化等外部大环境的信息。

（2）外部微观营销环境信息。外部微观营销环境信息主要是指各旅游企业所面对的不同旅游目标市场的顾客、旅游供应商、旅游中间商、旅游企业竞争对手及社会公众等方面的信息。

（二）旅游企业内部市场条件信息

旅游企业内部市场条件信息主要是指来源于旅游企业的内部、影响本企业活动的各种信息，它具有可控制性的特点。旅游企业内部市场条件信息包括以下四个方面：

（1）旅游企业有形资产状况的信息。主要包括旅游企业的人力、物力、财力等有形资源方面的信息。

（2）旅游企业组织管理状况的信息。主要包括旅游企业的计划、组织、领导及控制等企业管理基本职能方面的信息。具体而言，它主要包括管理者决策的有效性、企业组织结构的设置、领导者的综合素质、企业管理制度与企业文化等方面的信息。

(3) 旅游企业的市场营销组合状况。主要包括产品的开发与组合、产品定价、分销渠道以及促销宣传等方面的信息。

(4) 旅游企业有形和无形资产状况的信息。主要包括企业的品牌价值、美誉度、信誉等级以及产品或服务的差别利益等方面的信息。

二、旅游市场营销信息系统的组成及作用

一个完整的旅游市场营销信息系统由四个子系统构成：内部报告系统、营销情报系统、营销调研系统和营销决策系统。这些子系统从旅游企业的市场营销外部环境和企业内部收集各种营销信息，通过加工处理，把信息传送给旅游企业的营销决策者，为其作出科学的营销决策提供依据。

（一）旅游市场营销信息系统的组成

1. 内部报告系统

在旅游企业的营销实践中，该子系统提供的信息主要包括销售、成本、投资、资金流向与流量、营收和应付款、预订数量等情报。例如：饭店企业的客房预订、入住率、客房及餐饮产品的销售状况以及客人投诉情况等；旅行社的团体预订、出团、回款以及重要客户的情况等。旅游营销决策者制定营销决策和营销计划必须认真考虑该子系统提供的信息。

2. 营销情报系统

该子系统为旅游企业提供其外部市场营销的环境信息，包括旅游市场消费趋势、旅游市场消费能力及旅游企业的最新生产技术、基础设施、地区经济水平、整体接待能力等。它与内部报告系统的区别在于观察对象不同，后者注重于旅游企业内部，而前者注重于旅游企业外部。旅游企业的销售人员、消费者、中间商和竞争者都成为旅游市场营销情报的来源。

旅游企业还可以通过电视、互联网、杂志、报纸和广播等媒体获得营销信息。此外，旅游市场营销部门也可向专业性的调研机构进行咨询。

3. 市场营销调研系统

该子系统就旅游市场营销的某一专题着手调查，收集信息，予以分析，最后得出结论。现代旅游企业的经营环境复杂多变，各种不可控因素逐渐增多，因而要求旅游企业对此类问题的反应具有较高的灵敏度，旅游市场营销需要具备专题研究系统。常见的营销研究对象包括确定市场特征，评估市场潜力，分析市场占有率，预测旅游企业的发展趋势，加强旅游企业的竞争产品研究、产品价格研究及新产品开发等。

4. 营销决策系统

该子系统由旅游市场营销分析时所采用的先进统计程序和模型组成，用一些

先进的技术或技巧来分析市场营销，以便从信息中发掘出更精确的调查、研究结果，促使旅游企业作出正确决策。营销决策系统是一个由资料系统、工具和统计技术、分析和决策模式等构成的集合。

5. 旅游市场营销信息系统的应用

旅游市场营销信息系统的具体应用分为三个阶段，分别为酒店管理系统（HMS）阶段、中央预订系统（CRS）阶段和全球分销系统（GDS）阶段。

（1）酒店管理系统阶段。酒店管理系统（Hotel Management System，HMS）的网络结构基于小型机系统和PC-LAN系统两种模型，其体系结构包括前台系统、后台系统、其他系统和接口系统（Interface——用于连接主机HMS系统和其他系统）。

（2）中央预订系统阶段。中央预订系统（Center Reservation System，CRS）是指旅游企业因为控制客源而采用的本企业内部的计算机预订系统。

美国希尔顿集团（Hilton Hotel Corp.）的CRS-HILTON中心设在纽约斯塔特勒-希尔顿旅游企业（Statler-Hilton Hotel），每日要办理15万客人的预订服务，旅游代理商可以随心所欲地预订希尔顿集团在全球各个国家的不同档次的客房。

（3）全球分销系统阶段。进入20世纪90年代，由于卫星通信和综合业务数据网（ISDN）的发展，全球分销系统（Global Distribution System，GDS）开始普及。究其原因：CRS的建立需要巨额资金，中小型旅游企业集团承担不起；与此同时，计算机的网络化大大降低了信息传递成本，GDS使中小型旅游企业集团与大型旅游企业集团处于同一竞争地位，GDS取代旅游企业的传统经营方式而成为最能盈利的经营方式。

（二）旅游市场营销信息的重要作用

（1）有利于旅游企业发掘新的市场机会，不断开拓市场，提高市场占有率。

（2）有利于旅游企业制订或及时调整营销计划，以保证营销活动更好地适应市场形势。

（3）有利于旅游企业不断完善营销管理，作出科学的营销决策。

第二节 旅游市场调研

随着经济的发展、科学技术的进步，市场调研无论在定性还是在定量上都有长足发展，调研方法日益成熟，在旅游市场营销决策中的作用越来越大。管理依靠预测，预测需要信息，信息来源于数据，数据只有通过调查才能获得。旅游企业的营销，也应该以调研为前提。

一、旅游市场调研的概念与内容

（一）旅游市场调研的概念

1. 市场调研的概念

市场调研就是运用科学的方法，有目的、有计划地搜集、整理和分析与企业市场营销有关的各种情报和资料，为企业营销决策提供依据的管理活动。市场调研的内容涉及消费者的意见、观念、习惯、行为和态度等方面。

2. 旅游市场调研的概念

旅游市场调研是运用科学的方法，有目的、有计划地收集、记录、整理分析和报告有关旅游市场的各种情况、信息和资料，以了解旅游市场发展变化的现状和趋势，解决旅游企业面临的市场营销问题，为旅游企业经营决策提供科学依据的活动。

3. 旅游市场调研的意义

旅游业发达的国家或地区以及非常成功的企业，都十分重视市场调研工作。科学有效的调研工作是旅游业和旅游企业可持续发展的重要法宝。好的营销决策来自更多的信息，而调研正好提供这些信息。企业进行市场调研有很重要的意义，主要体现在以下几个方面：

（1）了解顾客。

（2）确定竞争者。

（3）提升信心。

（4）增强可信度。

（5）应对变化。

进行市场调研最重要的作用是帮助旅游企业详细了解客户，包括现实的和潜在的客户。市场调研可以通过对市场进行可行性分析、试验性营销和其他产品测试，评价并检测新的服务和设施。竞争研究也是旅游企业进行市场调研必不可少的内容。调研能确定主要竞争者并明确知道其优势和劣势，降低本企业的风险。调研结果可以增加广告宣传的可信度。旅游服务业一直处于不断变化的状态中，旅游者的需求和预期同样在发生剧烈的变化。旅游企业必须了解这些变化，而调研则是执行的基本工具。

（二）旅游市场调研的内容

为了制定正确的市场营销决策，旅游市场调研人员必须有针对性地收集相关的资料和信息，这些资料和信息就构成了旅游市场调研的主要内容。

1. 旅游企业的外部调研

旅游企业外部调研主要是指对旅游企业的外部环境予以调查研究。主要分为：旅游市场环境调研、旅游市场需求调研、旅游市场产品供给调研、旅游市场营销调研等。

（1）旅游市场环境调研。对旅游企业而言，旅游市场环境是一项不可控因素，旅游企业的生产与营销活动必须与之相适应和协调。旅游市场环境调研主要包括与旅游企业有关的政治环境调研（国内外政治形势和国家旅游市场管理的有关方针政策）、法律环境调研（客源国或地区的有关法律法规及条例）、经济环境调研（经济特征和发展水平及世界经济发展趋势等）、科技环境调研（科技发展水平与发展趋势）、社会文化环境调研（价值观念、受教育程度与文化水平、职业构成、民族分布、宗教信仰与风俗习惯、社会审美观念与文化禁忌）、地理环境调研（区位、地质历史、自然景观、气候、季节以及物产方面）等。

（2）旅游市场需求调研。旅游市场需求是在一定时期内、一定价格上，旅游者愿意并能购买旅游产品的数量，即旅游者对某一旅游目的地所需求的数量。旅游需求是决定旅游市场购买力和市场规模大小的主要因素。旅游企业关于需求信息的调研主要包括以下三个方面：

1）旅游者规模及构成的调研。旅游者规模及构成的调研主要包括旅游客源地的经济发展水平和人口特点、旅游者的可自由支配收入和闲暇时间、旅游者的数量和消费构成、旅游者对旅游目的地产品的总体评价等。

2）旅游动机调研。旅游动机是维持和推动旅游者出游的内部原因和实质动力。综合专家和学者的观点，旅游者的旅游动机有：身体健康动机，包括休息、运动、游戏、治疗等消除紧张与不安的需求；文化动机，包括了解和欣赏异地文化、艺术、风俗、语言、宗教等求知欲望；交际动机，包括结识异地朋友、探亲访友、摆脱日常工作或家庭事务等、厌倦熟悉的东西，逃避现实和免除压力的愿望；地位与声望动机，包括考察、交流、会议、从事个人兴趣的研究等以满足自尊、取得个人成就和为人类作贡献的需要。

3）旅游者消费行为调研。旅游者消费行为调研就是调查客源地的旅游者何时旅游、去何处旅游、由谁决策旅游以及怎样旅游等方面。旅游消费者行为主要有：文化观光旅游，包括观赏自然风光、名胜古迹、社会风情、艺术博物馆、历史遗迹等；度假休闲旅游，包括疗养健身、娱乐购物等；专项旅游，包括体育运动、登山攀岩、科学考察探险等；会议旅游，包括奖励旅游等；特色旅游，包括民俗文化活动、节庆活动等。

（3）旅游市场产品供给调研。旅游产品从供给的角度可以划分为旅游吸引物、旅游设施、旅游服务、旅游商品和旅游通达性，旅游企业的调研应该包括这五个方面。

1）旅游吸引物调研。旅游吸引物是旅游活动的一个核心元素，它在很大程度上决定了旅游者对旅游目的地的选择。旅游吸引物是指凡是能够激发旅游者的旅游动机、吸引旅游者产生旅游行为的自然现象、人文景观和社会现象的总称。

2）旅游设施调研。旅游设施是指旅游目的地的旅游行业的人员向游客提供服务时，依托的各项物质设施和设备。它分为旅游基础设施和旅游接待设施。旅游基础设施是指主要服务对象是当地居民，但是同时也向外来旅游者提供的设施，包括供水系统、供电系统、供暖系统以及城市交通等；旅游接待设施是指主要向外来游客提供的设施，包括旅游饭店、夜总会、酒吧、旅游商品店等。

3）旅游服务调研。旅游服务是指旅游目的地的旅游行业的人员以一定的物质资料为基础，为满足旅游者在旅游活动过程中的各种需求而提供的服务。旅游服务调研的内容主要包括售前服务（旅游咨询、签证、入境手续的办理、保险等）、售中服务（为旅游者提供的食、住、行、游、购、娱等服务）和售后服务（送客到机场、港口，为其办理出境手续、托运等服务）。

4）旅游商品调研。旅游商品调研主要是指调研旅游商品的种类、质量、价格、游客满意度等。旅游商品发展的程度是旅游业发展成熟的重要标志之一。

5）旅游通达性调研。旅游通达性是指旅游者在旅游目的地之间来回移动的方便、快捷、通畅的程度，具体表现为进出旅游目的地的难易程度和参与旅游活动所付出的时间和费用。主要从以下几个方面进行调研：是否具有完善、发达的交通网络；是否有方便的通信条件；出入境签证的手续、出入境验关程序、服务和信息咨询是否便利。旅游通达性对旅游产品的成本、质量、吸引力等有较大的影响。

（4）旅游市场营销调研。旅游企业的市场营销组合是指旅游企业为了增强自身的竞争实力，在选定旅游目标市场的基础上，综合运用旅游企业可以控制的产品、价格、分销渠道和促销等因素，实现最优组合，最终实现旅游企业的目标。

1）旅游竞争情况调研。具体包括：现实的和潜在的竞争者数量；竞争者的所在地区及活动范围；竞争者的市场占有率及市场覆盖率；竞争者的销售组织形式、规模与竞争实力；竞争者的市场竞争策略与营销组合；竞争者的销售渠道、宣传手段与广告策略；竞争者的产品质量、数量、品种与价格；竞争者提供服务的种类、档次、质量、方式及其在旅游者心目中的声誉和形象；竞争者的不足以及未来竞争产品中体现出来的旅游者要求等。

2）旅游产品调研。具体包括：旅游资源与旅游设施相结合的旅游服务；旅游资源的品位、级别以及旅游产品的特色、优势、风格、声誉、组合方式；提供给旅游者的优惠条件和付款方式；旅游产品的生命周期、市场占有率和销售潜力；旅游者对旅游产品和服务的评价和接受程度；旅游者购买或接受服务的频率；旅游者对旅游产品未体现出来的要求和意见等。

3）旅游价格调研。旅游价格的高低与旅游需求息息相关，应随时摸清价格的变动趋势及其对旅游者的影响情况。具体包括：旅游产品或服务的定价是否合理；旅游者的价格心理状态如何；旅游产品价格的供给弹性和需求弹性；各种旅游产品的差价及优惠价水平是否合理；开发新的旅游产品如何定价等。

4）旅游分销渠道调研。分销渠道的选择对旅游企业能否迅速打开销路、占领市场、降低营销费用有着十分重要的作用。具体包括：旅游产品或服务销售渠道的数量、分布和营销业绩；现有销售渠道是否畅通；市场上是否存在经销此类旅游产品的权威性机构；市场主要的中间商销售渠道策略的实施、评估、控制和调整情况及其对旅游产品的要求和条件等。

5）旅游促销调研。旅游促销调研着重于促销对象、促销方法、促销投入和促销效果四个方面。具体包括：促销对象的类型、促销信息源的选择、信息发送方式与发送渠道；广告、销售促进、人员推销、公共关系等促销方式是否为促销对象所接受并取得信赖；促销投入预算；促销宣传的内容是否符合促销范围内的需求水平、知识水平和风俗习惯；促销是否能产生购买欲望；促销后的旅游企业销售业绩如何。

2. 旅游企业的内部调研

旅游企业内部的调研主要包括：企业的发展战略，如发展趋势、国内外市场的需求量、旅游企业地域分布特点、旅游企业的规模生产能力、服务规格及档次、旅游企业生产或服务的硬件及软件水平、人员素质等；产品，如旅游企业现有产品的市场占有率、产品竞争力、产品商标及包装、新产品的开发、竞争产品的比较研究以及对现有产品的改良等；价格，如旅游产品的成本、利润及价格弹性；促销，如新闻媒体、广告效果、旅游企业形象策划、促销策略与战略、促销人员的规模与素质等。

二、旅游市场调研的类型

旅游市场调研的类型有很多种，按照市场调研目标和要求的不同，旅游市场调研可以分为探测性调研、描述性调研、因果性调研和预测性调研四种类型。

1. 探测性调研

探测性调研是指在旅游企业对市场状况不甚明了或对问题不知从何处寻求突破时所采用的一种方式。其目的是发现问题所在，并明确提出来，以便确定调查的重点。探测性调研的方法主要有三个方面：一是现成材料，这是主要来源；二是向专家、产品设计者、技术人员和顾客作调查；三是参考以往的类似案例，从中找出一些有关因素，得到启发。

2. 描述性调研

描述性调研是一种常见的项目调研，是指对所面临的不同因素、不同方面现状进行的调研。其资料数据的采集和记录，着重于客观事实的静态描述，例如，市场占有率和潜力、产品的消费群结构、竞争企业的状况描述。与探测性调研相比，描述性调研的目的更加明确，研究的问题更加具体。对于旅游企业而言，如酒店目标市场的年龄构成、地理分布、收入状况、客人对本酒店的评价等，通常都属于描述性调研。

3. 因果性调研

因果性调研是指为了查明项目不同要素之间的关系，以及查明导致产生一定现象的原因所进行的调研。这种形式的调研具有一定程度的动态性，可以了解外界因素的变化对项目进展的影响程度，以及项目决策变动与反应的灵敏性。

在旅游企业调研实践过程中，一般把目标销售额、市场占有率和利润等设为因变量，而把旅游企业可控制的因素，如产品、价格、分销、促销及企业外部不可控因素设为自变量，通过定性和定量研究，帮助旅游企业营销决策者评价和选择活动方针。

4. 预测性调研

预测性调研是指专门为了预测未来一定时期内某一环节因素的变动趋势及其对企业市场营销活动的影响而进行的市场调研。一般而言，预测性调研以因果性调研的结果为基础，利用事物之间已知的因果关系或数学模型，用一个或数个事物的变化趋势推断另一个或几个事物的变化趋势。

三、旅游市场调研的程序

旅游市场调研是一项有计划、有组织的活动，必须遵照一定的工作程序，才能有条不紊地实施调查，取得预期的效果。旅游市场调研的程序一般分为以下四个步骤：

（一）明确调研专题与调查目标

调研应该有重点，在组织每次市场调研活动时，首先应找出需要解决的最关键的问题，选定调研的专题，明确调研的任务和目标。旅游企业在确定调研专题时，专题的界定不能太宽、太空洞，要避免专题不明确、不具体；同样，专题的界定也不可以太窄、太细微，这样会使市场调研不全面，不能反映真实情况。旅游企业在确定调研目标时，应当努力使需要调研的问题量化，提出具体的数量目标，以利于调研结果的审核和评估。

（二）制订调研计划

1. 确定资料来源

调研资料按其来源可分为第一手资料和第二手资料。第一手资料的采集常常来源于现场调查，所以费用一般比较高，但通常与解决问题更密切相关。第二手资料的来源非常广泛，既有内部资料来源，又可以利用外部资料来源。内部资料来源有旅游企业的财务报告、资金平衡表、销售统计及其他档案；外部资料来源有报纸、书刊、文件等。第二手资料的采集费用要比第一手资料低很多。

2. 确定调研方法

数据资料的采集有四种方法：文案调研法、访问调研法、观察调研法和实验调研法。

3. 确定费用

任何调研活动都是有一定费用的，如果没有充足的费用支持，调研活动就无法高效保质地进行。如果一项调研的费用大于实施调研后可能取得的收益，那么调研也就失去了意义。调研人员在制订调研计划时，必须仔细估算用于市场调研的费用，将费用列入计划向上级报批。

（三）实施调研计划

调研计划的实施包括三个步骤：数据资料的收集、加工处理和分析。

数据资料的收集阶段往往是费用最高也最容易出现错误的阶段。营销主管人员要密切监督调研现场工作，防止调研过程出现偏差，以确保获得的实验结果的客观性和可靠性。

采集到的数据资料必须经过科学的加工处理，才能去伪存真、去粗取精。数据资料加工处理的关键是保证信息的精确性与完整性，必要时可能不得不放弃已经获得的数据资料以免导致产生错误的结论。

对调研资料的分析是建立在对调研资料加工处理的基础上的。根据资料分析的方式不同，可分为经验分析和数学分析。利用先进的统计学方法和决策数学模型，辅以经验分析和判断，可以较好地保证调查分析的科学性和准确性。

（四）编写调研报告

调研报告分为技术性报告和结论性报告。技术性报告着重报告市场调研的过程，结论性报告着重报告市场调研的成果，提出调研人的结论与建议，供旅游营销决策者参考。

四、旅游市场调研的方法

旅游市场营销调研的方法比较多，旅游企业营销活动最常见的方法主要有文案调研法、访问调研法、观察调研法和实验调研法。

（一）文案调研法

文案调研法又称文献调研法、桌面调查法或室内调研法等，是一种获取二手旅游资料的调研方法，即根据一定的研究目的，通过对收集到的、与调查课题相关的各种旅游信息和情报资料等，进行分析、研究并获得调研成果的一种调研方法。文案调研法的信息来源渠道主要有以下几个方面：

（1）各级政府机关公布的有关国民经济发展计划、统计资料、政策、法规等，尤其是与旅游业发展有关的产业发展计划、统计资料、政策、法规等。

（2）旅游行业协会和其他旅游组织提供的资料。

（3）旅游科研院所、旅游专业情报机构、旅游咨询机构提供的资料和研究成果。

（4）旅游企业内部积累的资料等。

（5）旅游企业之间交流的有关资料和信息。

（6）国内外公开出版物刊登的新闻、报道、调查资料等。

文案调研法有很多优点，如：不受时空限制，信息资料多；信息获取较为方便、容易，能够节省时间和精力；调查的费用低；内容比较客观，适宜纵向比较。同时，文案调研法也有一些缺点，如：有一定的局限性，无法收集市场的最新情况、最新问题；不可预见性，所收集资料无法直接应用；缺乏直观感、现实感，对调查者能力的要求较高。

（二）访问调研法

访问调研法，即调查者通过口头交谈等方式向被访问者了解信息并进行分析研究的方法。根据营销调研人员与被调查者的接触方式，访问调研法有以下四种类型：

1. 面谈式访问

面谈式访问是指旅游营销调研人员直接当面访问被调查者以获得有关信息的方法。具体使用形式有个别交谈、小组交谈、一次性面谈或多次面谈等。其优点在于：方式灵活、启发性好；能直接获取被调查者的意见，得到第一手资料。缺点在于：调查的时间长、费用高；调查结论受调查者和被调查者的主观因素影响较大。

2. 电话式访问

电话式访问是指旅游营销调研人员根据抽样要求，选取样本，用电话访问被调查者，以获取有关信息的方法。这种方法的优点是：获取信息的速度快，经济省时。缺点在于：电话询问受通话时间的限制，提问不能太多，不能深入交谈，所以很难判断所得信息的真实性。

3. 邮寄式访问

邮寄式访问是指旅游营销调研人员将设计好的调查表邮寄给被调查者，请他们根据要求填写调查表，填好后按时寄回的一种获取有关信息的方法。这种方法的优点是：调查面广、成本低；可以避免调查人员的主观偏见；被调查者有思考、讨论的余地，比较适合敏感性问题的调查。缺点在于：问卷回收率低；信息反馈时间长；代表性和准确性难以把握；只适用于有一定文化程度的调查对象和对简单、易于回答的问题的调查。

4. 留置式调查

留置式调查是指旅游营销人员把调查表送交给被调查者，请他们填好再定期收回调查表，由此获取信息的方法。这种方法可以避免邮寄式访问回复率低的缺点，还可以克服面谈式访问的某些不足之处。

（三）观察调研法

观察调研法，即旅游营销调研人员在现场观察具体事物和现象的一种收集资料的方法。这种方法的主要优点是：被调查者出于“无意识状态”，没有感觉到自己正在被调查，没有相互交流，没有个人主观影响，因而所得调研资料的真实性较高。缺点在于：观察所需要的时间较长，并且只能观察到表面的信息，而很难了解其内在原因。

（四）实验调研法

实验调研法，即旅游营销调研人员通过特定的小规模实验以获取有关信息的方法。实验法来源于自然科学中的实验求证原理，它通过小规模的营销活动的实验来测试某一产品或某项营销实施的效果，以决定是否要进行推广。实验法的优点是：客观性较强，有很好的实际应用价值。旅游企业在改变其产品的品种、外观造型、包装装潢、价格、广告宣传、分销渠道和陈列方式等时，均可进行实验。实验法的主要缺点是：时间较长，费用较高，选择合适的实验对象较难。

五、旅游市场调研技术与问卷设计

（一）旅游市场调研技术

旅游市场调研不仅需要有明确的调查目标和科学的调查方法，还必须应用一定的调查技术。问卷技术和抽样技术是旅游市场调研最常用的技术。

1. 问卷技术

问卷调查是收集第一手资料的最常用的方法之一，了解和设计问卷是旅游市场调研人员必备的知识技能。

（1）问卷的结构。问卷的基本结构包括：问卷标题、问卷说明、被调查者基本情况、调查主体内容和编码五个部分。问卷标题的确定要简明扼要，易于引起被调查者的兴趣。问卷说明目的是向被调查者说明调查的目的和意义，以引起被调查者对问卷的兴趣。被调查者基本情况一般包括：性别、年龄、民族、文化程度、职业、单位、收入等主要特征。调查的主体内容是问卷的主体和核心部分，通常是以一系列问句的形式提供给被调查者，主体内容设计的好坏关系到调研所能获得资料的数量和质量。编码的目的是为了方便整理和统计分析。

（2）问句的类型。调研问句的基本类型有：开放式问句、事实问句、意见问句、解释问句、二项式问句、多项选择式问句、顺位式问句和过滤式问句。开放式问句，即自由回答式问句，不需要事先拟定答案，让被调查者根据提问自由回答，充分发表意见，从中可以获得较为广泛的信息资料。事实问句，即要求被调查者依据事实回答问题，不必提出主观看法。意见问句，即用于了解被调查者对有关问题的看法、意见，不究其原因，为调查决策提供信息。解释问句，即用于了解被调查者的行为、意见及看法产生的原因，为解决问题提供依据。二项式问句，即问句的回答结果只有两种选择，二者必选其一。多项选择式问句，即对一个问题的答案事先列出三个或三个以上，让被调查者从中选出一个或几个作为答案。顺位式问句，即要求被调查者对各种可能答案，按其重要程度或喜爱程度，排出先后顺序。过滤式问句，即采取投石问路，一步一步地深入，最后引出被调查者对某个所要调查问题的真实想法。

2. 抽样技术

在现实生活中，大部分市场调研的调查对象很多，分布面很广，还有调查费用等限制，非全面调查成为许多旅游市场调研的选择。而其中抽样调查是非全面调查的重要方式之一，被广泛应用于国内外的市场调研过程中。

（二）旅游市场调研问卷设计

1. 问卷设计的步骤

问卷设计通常包括如下几个基本步骤：

（1）确定调查主题。分析调查目的和调查结果的用途，并在对其全面分析的基础上，确定调查主题，由此确定所要收集的特定范围内的第一手资料信息，以及调查问卷应侧重的方面和对大量信息资料的取舍。

（2）设计问卷初稿。根据确定的调查主题或变量设计相应的问题，并将零散的问题按照一定的结构组织成一份问卷初稿。组织编写问卷时，需要考虑到各种问题的前后顺序、逻辑结构、对回答者的心理影响、是否方便被调查者回答等多方面因素。

（3）预调查和修改。设计好的问卷初稿需经过试用或预调查，以便发现和修改问卷中的问题，如用词是否恰当等。请数据处理人员对最终设计的问卷进行审核也是十分重要的，有助于尽量减少数据录入和编辑阶段可能出现的问题。

（4）效度和信度检验。通过效度和信度检验来评价问卷的质量。

2. 问卷设计应注意的问题

问卷设计是一项专业性、技术性和检验性很强的工作，应注意下面一些问题：

（1）避免多重含义解释的问题。即避免对一个问题可能出现多重理解，这会导致应答者难以作出准确回答。

（2）避免用词不当。即尽量不使用含糊不清的词，同时避免使用专业术语、俗语、缩写词等。

（3）避免诱导性提问。这类提问会增加某些回答的概率，从而产生误导。最好采用中性的提问。

（4）避免抽象性提问。这类提问一般难以回答。问卷如果涉及抽象概念的提问，最好给出一些具体的看法，让回答者来选择。

（5）对于敏感问题强调保密。如涉及政策、社会规范、伦理、个人隐私等问题，应充分强调保密性问题，并用假定法来提问以提高问卷的应答率。

3. 问卷的信度与效度

（1）信度。信度是指对同一事物进行重复测量时，所得结果一致性的程度，即测量工具的稳定性或可靠性。影响调查结果可靠性的主要因素包括：

1）调查问题设计不合理，如问题不明确或难以回答。

2）调查实施过程存在问题，如不同调查员所用指导语不同、被调查对象相互交流等。

3）被调查者主观因素的影响，如应答动机等。

（2）效度。效度是指测量结果与试图要达到的目标之间的接近程度，它反映了调查的真实性。效度高，则表示调查结果真实地测量到了调查对象的实际情况和特征。效度可分为以下几种：

1）表面效度。即从表面上看，问卷能否测量研究者想要了解的信息。这是一个由专家评价的主观指标。

2）内容效度。即问卷所涉及的内容能在多大程度上覆盖研究目的所要求达到的各个方面和领域。这也是一个主观指标。

3）结构效度。即用两个相关的、相互可以取代的测量尺度对同一概念交互测量，如能取得同样的结果，则可认为有结构效度。

4）准则效度。即评价问卷测量结果与标准测量间的接近程度。

第三节 旅游市场预测

一、旅游市场预测的概念与内容

（一）旅游市场预测的概念

旅游市场预测就是在旅游市场调研所获取的各种资料与信息的基础上，运用科学的方法，根据旅游企业的需要，对旅游市场未来一段时期内的发展规模和趋势作出分析和判断。例如，旅游企业市场客源流向和流量预测、旅游企业的市场营销预测、旅游者人均消费额预测、旅游企业产品的价格和利润预测等。

（二）旅游市场预测的内容

旅游企业市场预测的内容十分广泛，凡是影响旅游企业营销的各种因素都可以成为预测内容。但考虑到实际操作的可能性及预测的时效性，一般对旅游营销具有直接影响的因素进行预测，主要包括以下内容：

1. 旅游市场环境预测

旅游业是一个高度依托性的行业，受环境因素的变化影响较大，因此，在制定营销计划和进行营销决策之前，需要用定性预测的方式对国内外的政治、经济形势及产业结构的变化趋势作出估计与推断，同时也要对旅游业相关行业的发展变化趋势作出预测。

2. 旅游市场需求预测

旅游市场需求预测主要是从旅游市场需求总量预测、旅游需求结构预测和旅游客源预测三个方面进行的。

（1）旅游市场需求总量预测。旅游市场需求总量是指在一定区域和一定时间内，以及一定的营销环境和一定的营销费用水平条件下，旅游者可能购买的旅游产品的总量。

测量旅游市场需求总量的公式为

$$Q = \sum_{n=1}^{n} p_n v$$

式中 Q——市场需求总量；

n——特定产品的可能购买人数；

p_n——第 n 个旅游者的平均购买数量；

v——特定产品的平均价格。

（2）旅游需求结构预测。旅游者的需求主要是在餐饮、住宿、交通旅游、游览、娱乐和购物等方面，旅游企业需要在这些方面作出预测。

（3）旅游客源预测。旅游客源预测包括：旅游者数量变化、旅游者季节变化、旅游者的地区分布状况、旅游者构成变化和旅行游览时间的长短变动等。

3. 旅游容量预测

旅游需求与供给是旅游市场的两个主要因素。在预测市场需求的同时，也应对旅游容量或旅游承载力进行预测。只有准确地测定旅游目的地的现有旅游容量并预测旅游极限容量，使旅游目的地的接待能力处在一个合理的容量之内，维持供需的相对平衡，才能在满足旅游者需要的前提下，保持旅游资源的吸引力并维护自然生态环境的稳定。旅游容量预测一般包括对旅游心理容量、旅游资源容量、旅游生态容量、旅游经济发展容量和旅游地域社会容量等的预测。

4. 旅游价格预测

旅游价格是旅游市场波动的主要标志和信息载体。旅游价格预测主要包括以下内容：

（1）旅游行业价格的变化趋势及其供求关系产生的影响。

（2）旅游企业的主要竞争对手的价格策略及其对旅游市场价格的影响。

（3）旅游企业价格的变化对市场需求、企业效益的影响。

5. 旅游效益预测

（1）市场占有率预测。市场占有率是指一个旅游企业的产品销售量与该产

品在旅游市场上的销售总量的比例。计算公式是

市场占有率 = 本企业的产品销售量/该产品在旅游市场上的销售总量 × 100%

对旅游市场占有率的预测，有利于旅游企业了解其在行业中的竞争地位。通过预测，旅游企业可以采取不同的竞争策略。

（2）旅游效益预测。旅游企业经营的目的就是要获得适当的经济效益、社会效益和生态效益，因此，必须对旅游企业的经营成本和收益进行预测。只有对旅游的效益有一个较准确的判断，才能够确定正确的营销战略和投资决策。

二、旅游市场预测的类型

根据不同的标准，旅游市场预测可划分为不同的类型。

（一）按照旅游市场预测的范围划分

根据旅游市场预测的范围，旅游市场预测可以分为旅游宏观市场预测和旅游微观市场预测。

1. 旅游宏观市场预测

旅游宏观市场预测是指对影响旅游营销的总体市场状况的预测。主要包括旅游消费者的收入水平、购买力状况、价格水平，旅游消费者的需求及构成，以及目标市场的经济政策对供求的影响等方面的预测。其目的是了解旅游市场的总体供求状况，为旅游企业确定经营方向、制定营销战略和策略提供依据。

2. 旅游微观市场预测

旅游微观市场预测是指从旅游企业的角度出发，对其经营的旅游产品的市场发展前景的预测。主要包括旅游企业经营的具体商品的需求和销售预测，旅游企业的市场占有率和经营效果等情况的预测，促销效果预测等。其目的是为旅游企业制定相应的营销计划提供依据。

（二）按照旅游市场预测期的长短划分

根据旅游市场预测期的长短，旅游市场预测可以分为长期预测、中期预测和短期预测。

1. 短期预测

短期预测是指 1 年以内的预测。其目的是使旅游企业及时调整营销策略，迅速适应市场需求的变化。

2. 中期预测

中期预测是指对 1 年以上 5 年以下的旅游市场动态所作的预测。其任务是为制定中期发展规划提供依据。

3. 长期预测

长期预测一般是指 5 年以上的预测，主要用于宏观预测。其任务是为制定长期规划提供依据。

（三）按照旅游预测采用的方法划分

根据旅游预测采用的方法来划分，旅游市场预测可以分为定性预测和定量预测。

1. 定性预测

定性预测是指根据旅游营销调研资料和主观经验，通过对预测目标性质的分析和推断，估计未来一定时期内旅游市场商情变化趋势的一类预测方法的总称。

2. 定量预测

定量预测是指根据营销调研的数据资料，运用数学和统计方法，找出其变化规律，并依此规律对其前景作出量的评估的一类预测方法的总称。

三、旅游市场预测的程序

旅游市场预测是一个复杂的、系统的工程。要使旅游预测结果正确，具有科学性，旅游预测就必须有计划、按步骤地进行。其基本程序如下：

1. 确定预测目标

不同的预测目标，需要选择不同的预测对象并选用不同的预测方法，从而拟订预测计划。因而旅游企业的市场预测首先要明确目标，预测计划要解决为什么预测、预测什么、什么时候预测、在什么地方预测和什么人预测等问题。

2. 搜集整理资料

资料是预测的基础，预测所需要的资料必须具备针对性、准确性、系统性和可比性。因而要对收集的资料进行审核、整理、分析，以尽量减少预测过程中因资料引起的误差。

3. 选择预测方法，建立预测模型

合适的预测方法是提高预测质量的重要因素。应在预测目的确定、预测费用确定、统计资料的分析、整理的综合基础上，选择合适的预测方法。同时，在对数据变化的分析中，建立与之相适应的预测模型。

4. 实施预测

在已有资料和数据的基础上，确立了合理的预测方式，就可以具体地计算，作出定性或定量分析，从而归纳、总结、推测、判断未来市场的发展方向和趋势。

5. 分析预测误差

误差是指预测值与实际值的差额。预测误差的大小反映预测的准确程度，若误差过大，则失去了预测的意义。因此，在每一个预测结果产生之前，应分析误差产生的原因，测定误差的程度，尽量把误差控制在允许的范围内。

6. 提交预测报告

对预测结果进行评价、修正之后，确定预测值，并以书面报告的形式反映预测结果，供旅游企业决策时作参考。

四、旅游市场预测的方法

(一) 定性预测

定性预测是指预测者根据自己挖掘的实际情况，结合实践经验、专业水平，对旅游企业发展前景的性质、方向和程度作出的判断，也称为判断预测或调研预测。这种方法的准确程度取决于预测者的经验、理论、业务水平、掌握的情况和分析判断能力。定性预测的综合性强，需要的数据较少，能考虑到无法定量的因素。具体方法有：

1. 经营管理人员意见调查预测法

这种方法是由旅游企业针对熟悉市场情况的各业务部门主管人员召开座谈会，将与会人员对市场商情的预测意见加以归纳、分析和判断，制订企业的预测方案。其优点是：有利于调动业务管理人员进行市场预测的积极性；预测结果比较准确可靠；预测成本低；对市场的变动较为敏感。其缺点是：对市场变化了解不深的人，主观因素影响大。

2. 销售人员意见调查预测法

这种方法是对旅游企业销售部人员进行调查，征询其对产销情况、市场动态及未来销售额的估计，并加以汇总整理，对旅游企业市场前景作出综合判断。其优点是：销售人员熟悉市场预测，经过多次审核、修正，预测结果较为接近实际。缺点是：对经济发展和市场变化全局不够了解，致使预测结果有一定的局限性。

3. 旅游交易会、博览会调查预测法

这种方法是通过对参加旅游交易会、博览会直接向旅游者或中间商进行调查，以了解消费者对旅游企业产品的质量、价格的意见和需求量，加以汇总分析，从而综合判断旅游企业产品的销售前景。

4. 旅游消费者购买意向调查预测法

采用随机抽样或典型调查方法，从住店客人中抽选一定数量的消费者，通过表格、询问等方式进行调查，然后将消费者的购买意向加以汇总分析，推断旅游企业产品的未来需要。

5. 专家意见预测法

这是在旅游市场营销预测中应用广泛的一种定性方法。它是通过发函询问的方式进行预测的。具体做法如下：

第一步，确定预测目标。这是专家意见预测法首先要做的事情。

第二步，选择专家。在确定预测目标之后，就要选择一些在预测问题方面的专家参与预测。一般要求人数适当，结构合理，具有代表性。

第三步，发送预测问卷。问卷要介绍预测的目标、所要解决的问题和要求，以及相关的情况，并附有填表说明。

第四步，预测反馈。请专家们以不记名的形式在规定的时间内将预测表格或问卷寄回，由预测组织者统计汇总后，再将所得结果反馈给专家，使他们有机会参考其他人的意见并对自己的预测作出修改。按照这种形式，经过几轮征询专家意见后，预测结果一般会趋于集中。

第五步，汇总专家意见。对众专家的预测结果进行处理，得出预测结论，完成本次预测过程。

（二）定量预测

定量预测是指根据准确、及时、系统、全面的调查统计资料和经济信息，运用统计方法和数学模型，对旅游企业经济现象未来发展的规模、水平、速度和比例关系的测定。定量预测有时间序列预测和回归预测法两种。

1. 时间序列预测

时间序列预测是将预测目标的历史数据按照时间的顺序排列为时间序数，然后分析其随时间的变化趋势，预测目标的未来值。在时间序列预测中，最常用的预测方法是移动平均法和指数平滑法。

（1）移动平均法。移动平均法是根据时间序列资料，逐项推移，依次计算一定项数的序时平均数，边移动边平均，最后得到一个由移动平均数构成的新的时间序列，以反映长期趋势的方法。当时间序列的数值由于受到周期变动和不规则变动的影响，起伏较大，不易显示发展趋势时，可以用此法消除这些因素的影响。

其计算公式是

$$\text{当前预测值} = \frac{\text{前 1 期实际值} + \text{前 2 期实际值} + \cdots + \text{前 } n \text{ 期实际值}}{\text{期数}}$$

即

$$M_{t+1} = \frac{X_t + X_{t-1} + \cdots + X_{t-n+1}}{n} = \frac{1}{n}\sum_{i=t-n+1}^{t} X_i$$

式中 M_{t+1}——预测值；

X_i——第 i 期数据；

n——移动平均期；

t——期数序号。

（2）指数平滑法。指数平滑法是利用过去的资料，用平滑系数进行预测的一种方法。相对于移动平均法，指数平滑法减少了对历史数据存储量的要求，同时，根据数据离预期的远近分别赋予不同大小的权数，也较为合理。其计算公式是

$$M_{t+1} = ax_t + (1-a)M_t$$

式中 M_{t+1}——预测值；

x_t——第 t 期实际数据；

M_t——第 t 期预测值；

a——平滑系数。

根据平滑次数的不同，指数平滑法可分为一次指数平滑法、二次指数平滑法和三次指数平滑法等。

2. 回归预测法

回归预测法是通过研究自变量与因变量的相关关系，建立表达两者关系的数学模型，通过输入自变量数据，预测因变量的发展趋势。根据自变量与因变量之间的关系拟合的直线或曲线称为回归直线或回归曲线，表现这条直线或曲线的数学公式称为回归方程。

如果研究的因果关系只是涉及两个变量，并且变量间存在着确定的线性关系，则被称为一元线性回归。一般一元线性回归在旅游市场预测中应用比较多。

【关键概念】

营销信息系统；旅游市场营销调研

【复习与思考】

1. 旅游营销信息要反映哪些方面的状况？
2. 旅游市场营销调研的主要内容有哪些？
3. 总结旅游市场需求预测的内容和方法。

【项目实训】

选择一家你关心的旅游企业进行市场营销调研，试指出现阶段该旅游企业经营的优点和不足，以及是否有优化的方法。

第二篇

营销策略与管理

第五章

旅游市场细分及目标市场定位

【本章学习目标】

通过本章的学习，熟悉旅游市场细分的概念和作用，掌握旅游市场细分的原则、标准和方法，掌握旅游目标市场的含义、选择过程和策略，掌握旅游产品市场定位的概念、步骤和方法，能针对实例进行市场细分、运用目标市场选择法并提出市场定位的策略。

◆【案例导入】

李明的旅游新目标市场

李明生活在一个比较著名的风景名胜区，他的公司专门服务于那些在这里旅游度假或开会的旅游者。在度假或开会过程中，带孩子的父母需要参加会议或其他活动时，李明就去照看他们的孩子，他可以组织孩子们一整天或半天的娱乐和学习，可以带着些孩子们到当地动物园和博物馆游玩、徒步旅行或参加其他户外活动。李明同当地的多家宾馆都签有协议，当客人们需要看管孩子时，这些宾馆会向客人提供他的姓名和电话号码。李明公司的口号是：“不用担心度假或开会时没人照料孩子，把他们交给我。”当然，这肯定是需要支付服务费用的。但对于带孩子的旅游者来说，有人提供这样的服务有时真解燃眉之急，所以，李明公司生意一天天红火起来。

在旅游服务这个大市场中，李明通过自己的市场细分，找到了一个新的目标市场，从而能为这个目标市场提供相应的服务。不管我们需不需要这种服务，都不得不佩服李明这种发现市场的能力。

（资料来源：中国学网，2008-11-9，http：//www.xue163.com。经整理加工。）

第一节　旅游市场细分

决定在某一广阔旅游市场开展业务的任何旅游企业都会意识到，在通常情况下，无法为该市场内的所有旅游者提供最佳服务。因为潜在旅游者人数众多、分布广泛，而且他们的旅游需求差异很大。旅游企业要想取得竞争优势，就要识别自己能够有效服务的最具吸引力的细分市场，服务于特定的旅游细分市场，而不是到处参与竞争。

现代旅游者市场战略营销的核心是细分市场、选择目标市场和产品定位，这是为了给营销提供更广阔的空间，争取在该旅游市场上取得战略性的成功。

一、旅游市场细分的含义与作用

市场细分的概念最早是由美国的市场营销学家温德尔·斯密斯（Wendell R. Smith）于20世纪中叶提出的一个市场营销学的新概念。市场细分是企业根据消费者需求的不同，把整个市场划分成不同的消费者群的过程。其客观基础是消费者需求的异质性。进行市场细分的主要依据是异质市场中有着需求一致的消费者群，其实质是在异质市场中求同质。市场细分的目标是聚合，即在需求不同的市场中把需求相同的消费者聚合到一起。

市场细分是目标市场选择和市场定位的基础，是企业实施相关的营销组合的前提。

在经济全球化的大背景下，世界已经成为“地球村”的今天，旅游目的地与旅游企业所面临的市场广阔而复杂多变。任何旅游目的地与旅游企业很难以单一的旅游产品适应不同国家或地区的各类旅游消费者的各种各样的需求；同时，旅游目的地与旅游企业也很难想象能以自身有限的资源和力量，设计各种不同的旅游产品及营销组合，全面满足各类旅游消费者的所有旅游需求。旅游市场细分的目的，就是通过市场细分，找到市场空白点，迅速开发旅游新产品以满足目标旅游消费者的旅游需求。

（一）旅游市场细分的含义

由于旅游是一种综合性很强的高层次消费活动，因此旅游市场不言而喻属于典型的异质市场。随着社会经济文化的发展和旅游活动内容的增加，旅游市场的异质程度还将进一步提高。旅游市场的异质性特征还表现为明显的集群偏好，这就是旅游市场细分的客观基础。旅游市场细分又称旅游市场分割、旅游市场区隔，是指旅游市场营销者通过旅游市场调研与分析，依据旅游消费者的需要和欲望、购买行为和购买习惯等方面的差异，把某一旅游产品的市场整体划分为若干旅游消费者群体的过程。经过市场细分后，每一个具有相似需求特点的旅游者群体就是一个细分市场，以便旅游企业采用相应的营销组合尽可能地满足不同消费群体的需要。

（二）旅游市场细分的作用

旅游市场细分为旅游企业的营销活动提供了一种新的思路，是分析旅游与消费需求的一种手段。实践证明，旅游企业进行市场细分有非常积极的作用，具体体现在以下几个方面：

1. 有利于旅游企业寻找潜在的市场机会

由于旅游产品的差异性及旅游企业固有的客观局限性，旅游企业在市场上取得的优势都是暂时的、相对的，而非永恒的、绝对的。市场客观存在着未被满足或未被全部满足的消费需求，这些需求便成为旅游企业的潜在机会市场。通过市场细分，旅游企业可了解不同消费群体的需求状况及满足程度，迅速占领未被满足的市场，扩大市场占有率，取得市场营销的优势。

2. 有利于旅游企业制定和调整旅游营销方案和策略

通过市场细分，旅游企业会发现旅游者需求有新的变化，现有产品已难以满足其需要，必须对现有产品进行改良或开发新产品才能适销对路。同时，通过市场细分，可以比较直观、系统、准确地了解目标市场的需求，旅游企业可以针对不同的旅游细分市场制定各种各具特色的市场营销组合策略，并根据旅游者对各营销因素的反应和市场需求特征的变化，及时调整旅游产品或服务的价格、方向及促销方式，以更加贴切和灵活地满足目标市场中旅游者的需求。例如，假日集团在市场细分的基础上，推出了高档商务旅馆及低档的经济型旅馆，很好地满足了不同旅游者的需求，因此假日集团生意兴隆、发展迅速。

3. 有利于旅游企业集中使用资源，提高竞争力

旅游市场的细分化有助于旅游企业营销资源的合理配置。通过市场细分，旅游企业了解到市场的消费特征后，可以根据市场需求的程度，结合自身条件和市场竞争状况扬长避短，集中力量对一个或几个细分市场进行市场营销，突出旅游企业产品和服务的特色，制定灵活的竞争策略，提高旅游企业的竞争力，并且使旅游企业由粗放型经营转变为集约型经营，从而更好地应对市场竞争，提高企业经济效益。

二、旅游市场细分的原则

旅游市场细分要能真正有效地发挥作用，还必须符合以下原则：

1. 可衡量性原则

可衡量性原则是指旅游市场经过细分后具有明显的差异性，即各细分市场的需求特征、购买行为等要能够被明显地区别开来，细分后的市场购买力大小和规

模大小是可以衡量的。这就要求做到细分旅游市场所选择的标准要能够被定量的测定，以能够明确划分各细分市场的界限。另外，所选择的标准要与旅游者的某种旅游购买行为有必然的联系，这样才能使各细分市场的特征明显，才能为有效地针对不同细分市场制定营销组合提供可能。

2. 可盈利性原则

可盈利性原则是指细分市场的大小必须具备一定的规模，达到值得单独经营的程度，并且能够保证旅游企业获得较好的经济效益。旅游企业必须在市场细分所得收益与市场细分化所增成本费用之间作权衡，即旅游细分市场必须有适当的规模及现实与潜在的需求，旅游企业选择其作为目标市场由此提供给旅游者适销对路的旅游产品，从而可以从中获利，且有一定的发展潜力，能保持较长时期的经济效益。

3. 可进入性原则

可进入性原则是指对于细分出来的市场，旅游企业可以利用现有的人力、物力和财力去占领，并能进行有效促销和分销的程度。这些细分市场中的旅游者，必须在易于接触和沟通方面具有充分的相似之处，便于企业能够较经济而有效地与其接触沟通。这些旅游者可能在地理位置上比较集中，也可能经常接触相同的广告媒体，这样旅游企业便可通过采用相应的促销手段，经济而有效地向他们进行推销。

4. 稳定性原则

严格的旅游市场细分是一项复杂而又细致的工作，因此要求细分后的市场应具有相对的稳定性。如果变化太快、太大，则会使指定的营销组合很快失效，导致营销资源分配不得不重新调整，并造成企业市场营销活动的前后脱节和被动局面。

【营销实例 5-1】

美国西部航空公司的细分妙招

一位旅游者走进西部航空公司的售票厅，对售票员说："我要两张去旧金山的机票。"

"好的，不过，先生，这种机票有多种优惠价格，不知您适合哪一种？"售票员答道。

"哦，优惠？"旅游者漫不经心地说，"我早听说过，可不知道有些什么优惠？"

"您是美国印第安人吗？"

"不是。你问这干吗？"

“那太遗憾了，先生。因为如果您是印第安人并在清晨4点起程，又在次日清晨返回的话，我们可以给您30%减价优惠，但现在只剩下8%了。”

“唉，我的上帝，请问你们还有其他优惠条件吗?”

“嗯，如果您已经结婚50年以上没有离婚，并且去参加您的结婚纪念活动的话，我们给您减价20%。”

“这对我不合适，还有吗?”

“有的。这里有一种票，如果您是一个度假国家的驻外使馆的人员，那可以给予15%的优惠。”

“那我又错过了，我正和我太太一起旅行。”

“哎呀，先生您怎么不早说呢？您太太还不到60岁吧？如果她不到60岁，且你们又不赶在周末旅行，那么可以享受20%的优惠价。”

“可我们只有周末才有空呀!”

“嗯，别灰心。请问您和您夫人中有仍是学生的吗？如果你们中有在上大学的，且又在星期五（星期五在美国属周末，却又因耶稣在星期五遇难而被视为不祥日子）乘飞机，我们可给您45%的减价优惠。”

“我的天，差不多便宜一半啊！可惜我已早两年念完大学了。这样吧，女士，您还是给我那8%的优惠吧，谢谢您的介绍。”

这是带有美国式幽默的市场细分产品，但其高明之处在于这些细分产品往往多有限制，旅客很难符合其条件，但同时却在心理上感到这家航空公司有很多优惠，“只是不凑巧我不在优惠对象中而已”。

三、旅游市场细分的依据

旅游市场细分的依据是旅游者需求的差异性。从旅游业的具体情况来看，旅游者需求的差异性表现在很多方面。根据市场营销学的一般原理，可按照地理区域、人口、购买行为及心理因素四个方面对旅游者市场进行细分。

1. 地理区域细分

地理区域细分是指旅游企业按照旅游者所在的地理位置以及其他地理条件（包括城市、农村、地形、气候、交通运输、人口密度等）来细分旅游市场，以便企业从地域的角度研究各细分市场的特征，将旅游市场分为不同的细分市场。其主要理论依据是：处于不同地理位置的旅游者，对企业的产品各有不同的需求和偏好，对企业所采取的市场营销战略、市场营销策略也各有不同的反应。例如，我国北方人饮食口味偏重，而南方人口味偏清淡，所以餐饮企业应“因地而异”提供不同口味的产品。

按地理区域进行市场细分又有三种具体形式：

（1）按主要地区细分。世界旅游组织将国际旅游市场划分为六大区域：欧洲区、美洲区、东亚及太平洋区、南亚区、中东区、非洲区。据有关统计，欧洲区和北美区的出国旅游者及所接待的国际旅游者最多，国际旅游收入也最高。而近20年来，旅游业发展和增长最快的地区则是东亚及太平洋区。

（2）按国家、地区细分。这是旅游业最常用的一个细分标准。通过把旅游者按其国别划分，有利于旅游企业了解主要客源国市场的情况，从而针对特定客源国市场的需求特性，制定相应的市场营销策略，以收到良好的市场营销效果。

（3）按气候细分。各地的气候不同会影响旅游产品的消费及旅游者的流向。例如在冬季，对于我国的国内旅游市场而言，南方旅游者外出旅游的热点常常是北京、哈尔滨等地，而许多北方旅游者则把海南、桂林、云南等地作为外出旅游的首选。从国际旅游市场看，凡气候寒冷、缺少阳光地区的旅游者一般趋向于到阳光充足的温暖地区旅游，这也是地中海地区、加勒比海地区旅游业发达的主要原因。

根据气候特点的不同，企业可以把旅游市场细分为热带旅游区、亚热带旅游区、温带旅游区和寒带旅游区等。

2. 人口细分

人口细分是指旅游企业按照人口统计学变量，如年龄、性别、职业、受教育程度、社会阶层、种族、宗教、收入、国籍、血缘关系等来细分市场。这种细分方法较为常用，因为这些指标与旅游者的欲望、偏好、出游频率等直接相关，而且旅游者的特点比其他因素更容易测量。因此，对旅游企业而言，这些指标是非常重要的细分依据。

（1）按年龄细分。人们在不同年龄阶段，由于生理、性格、爱好的变化，对旅游产品的需求往往有很大的差别。因此，可按年龄范围细分出许多各具特色的旅游者市场，如儿童市场、青年市场、中年市场、老年市场等。年龄对旅游项目的选择、购买决策以及提供相应的服务等方面都有影响。

（2）按性别细分。在对产品的需求、购买行为、购买动机、购买角色方面，两性之间有很大的差别。如参加探险旅游的多为男性，而女性外出旅游时则更注重人身财产安全。公务旅游以男性为主，家庭旅游的时间和旅游目的地的选择也一般由男性决定；在购物方面女性通常有较大的发言权，在购买旅游产品时，男性通常对价格反应较迟钝，而女性则较敏感。

随着女性旅游者数量的增加，针对女性需求而推出的专项服务也开始增加，比如女性楼层。福特酒店为女性专用客房提供熨烫衣板、窥视孔和封闭门锁、特殊衣架、女性杂志以及新鲜的水果篮。假日酒店为女性客人提供了10项绝对标准的服务，包括行李托运帮助、快速酒吧服务、餐桌和客房位置的选择等。

（3）按收入细分。收入水平的不同，不仅决定人们购买旅游产品的性质，还会影响其购买行为和购买习惯。如：收入高的人往往喜欢到高档饭店消费，愿意选择豪华型旅游；收入低的人则往往倾向于普通饭店消费，更愿意选择经济型旅游。

(4) 按民族细分。不同的民族有不同的传统习俗、生活方式，因而呈现出对旅游产品的不同需求。按民族进行细分，可以更好地满足不同民族的不同需求，从而进一步扩大旅游企业的产品市场。

(5) 按职业及受教育程度细分。从事不同职业的人由于职业特点及收入的不同，消费需求差异很大。旅游者受教育程度不同，其兴趣爱好、生活方式、文化素养、价值观念、审美偏好等方面也会有所不同，这些都会引起对旅游产品的需求、购买行为及购买习惯的差异。

(6) 按家庭生命周期细分。家庭是休闲旅游的重要市场，因此家庭旅游者对旅游企业来讲意义重大。了解家庭旅游者的行为，需借助家庭生命周期这一概念。家庭生命周期建立在这一假设上：不同阶段的家庭有着不同的活动和消费模式。家庭生命周期通常可以划分为：单身、新婚或尚无子女的夫妇、满巢Ⅰ（最小的孩子为5岁以下的夫妇)、满巢Ⅱ（最小的孩子为6~11岁的夫妇)、满巢Ⅲ（中年、孩子为11~18岁独立时期的夫妇)、空巢Ⅰ（中年夫妇、家中无子女、主要成员仍在工作)、空巢Ⅱ（老年夫妇、家中无子女、主要成员退休在家)、丧偶但仍有工作能力以及丧偶退休九个阶段。当今社会随着离婚率的升高，单亲家庭数量呈增长趋势，丁克家庭、同性恋也在呈增长趋势。

3. *购买行为细分*

购买行为细分是指旅游企业根据旅游者对产品的理解、态度、购买过程及方式等方面的不同，把整体旅游市场细分成不同的群体。具体来说包括下列五种细分方法：

(1) 按购买目的细分市场。按一般旅游者外出旅游的目的来细分市场，大体上可划分为以下几种：度假旅游、观光旅游、公务会议旅游、奖励旅游、探亲访友、购物旅游、美食旅游、探险旅游、体育保健旅游等细分市场。在这些细分市场中，由于旅游者的购买目的不同，对旅游产品的需求特点也各有差异。

(2) 按旅游者的利益需要细分市场。一般来说，旅游者购买某种产品，都是在寻求某种特殊的利益，因此企业可以根据旅游者对所购产品追求的不同利益来细分市场。如为新婚旅游者设计浪漫、舒适、愉快、安静的旅游产品，为商务人士提供优质快捷的旅游服务，为工薪阶层和学生提供质优价廉、经济实惠的旅游产品等。只有充分了解不同类型的旅游者寻求的利益时，企业才能通过为旅游者提供最大的利益来实现营销目标。

(3) 按旅游产品的使用情况细分市场。使用情况是指旅游者从前是否有使用过某种产品或服务的经历。按照这一标准，旅游市场可细分为潜在使用者市场、初次使用者市场和经常使用者市场，如从未光顾的客人、初次光顾的客人、饭店的回头客等。旅游企业对潜在使用者、初次使用者和经常使用者应分别采用不同的营销方法。

(4) 按旅游者的出游时机细分市场。这是指按旅游者购买和使用旅游产品的特定时机细分市场。例如，某些旅游产品和服务项目主要适用于某个特定时机，如五一劳动节、国庆节、春节、寒暑假等。企业可以把特定时机的市场需求作为服务目标。例如，我国各民族有着丰富多彩的节庆日，其中泼水节是傣族最隆重的节日，也是云南少数民族中影响力最大、参加人数最多的节日，吸引了来自世界各地的旅游者。

(5) 按旅游者忠诚程度细分市场。旅游者忠诚程度是指一个旅游者坚持购买某一品牌商品的一种持续信仰和约束的程度。例如，通过调查旅游者外出时对特定的航空公司、特定的旅行社、特定的酒店的忠诚程度，来辨别出本企业的忠诚顾客。旅游企业发现并留住这类旅游者是十分重要的，应该为他们提供更好的服务。旅游企业可以通过给旅游者某种形式的回报以鼓励其对本企业的忠诚。不少饭店管理集团，如凯悦国际酒店集团、假日酒店集团、喜来登酒店与度假村集团等纷纷报出各种奖励项目。较为典型的一种形式是吸收那些多次购买本企业产品并忠实于本企业的顾客为会员，按购买数量的多少给予不同程度的奖励，以增强客源的稳定性。该类旅游市场细分的目的，就是要寻找那些忠于本企业产品且购买频率及规模程度都很高的旅游者作为本企业的目标市场。

4. 心理因素细分

心理因素细分是指旅游企业按旅游者的社会阶层、生活方式、态度和个性特征等心理因素进行旅游市场细分。旅游者的欲望、需要和购买行为不仅受人口的社会统计特征影响，而且受心理因素影响，企业可根据这些因素将旅游市场细分为不同的子市场。其细分方法主要有：

(1) 按社会阶层细分。人们所处的社会阶层不同，旅游需求也会不同。在西方，一般把旅游者分为六种阶层，这些阶层的细分市场需求各有不同特点，如表5-1所示。

表5-1 旅游者所处社会阶层与旅游需求特点

所处社会阶层	旅游需求特点
上层	享受、豪华、品味
次上层	享受、高档、品味
中上层	享受、中高档
中层	享受、中档
中下层	享受、中低档
下层	放松、低档

表5-1中的“旅游需求特点”反映了不同社会阶层中旅游者的平均取向，但并不等于该阶层的所有旅游者都是如此。因为，上层社会中不乏有人追求体验平民化旅游，白领阶层中选择“当一天农民，体验真正农民生活”旅游项目者大有人在。

（2）按生活方式细分。生活方式是人们生活和花费时间及金钱的模式，是影响旅游者的欲望和需要的一个重要因素。目前，越来越多的企业按照旅游者的不同生活方式来细分旅游市场，并且针对生活方式不同的旅游者群体来设计不同的产品和安排市场营销组合。例如：家庭观念强的旅游者，外出旅游更多是家庭旅游；事业心强的旅游者，外出旅游则以公务旅游、修学旅游为主。对于生活方式不同的旅游者群体，不仅设计的产品不同，而且产品价格、经销方式、广告宣传等也有所不同。许多企业从按生活方式细分中发现了更多、更有吸引力的市场机会。

（3）按态度细分。它是指旅游企业根据旅游者对该企业及其产品的态度进行分类并采取相应的营销措施。例如：对待“我曾听说过某品牌，但我并不真正了解它”之类持中间态度的旅游者，企业应通过提供详细的资料，大力开展有说服力的促销活动；对待“某品牌是市场上最好的产品”之类持积极态度的旅游者，企业应利用持续的促销活动和与旅游者签订合同的办法加以巩固；对“某品牌比另外某品牌差”之类持消极态度的旅游者，要改变其态度是较困难的，企业应把促销工作做细，并进一步改进产品质量，提高企业形象。一般说来，企业放弃“消极态度”的细分市场是合适的，因为企业进行市场细分并不是要利用一种营销努力来满足所有旅游者群体的要求。

（4）按个性特点细分。个性不同的旅游者，需求差异也较明显。如个性孤僻的人更偏爱自助旅游，情感丰富的人更关注情感服务等。根据个性特点细分旅游市场，旅游企业可以提供个性化的产品和服务。

四、旅游市场细分的方法

1. 单一变量细分法

单一变量细分法即根据影响旅游者需求的某一种因素进行旅游市场细分，这一变量一般是与旅游者需求差异相关的某一最重要的变量因素。如游乐园依年龄变量可细分为成人市场和儿童市场。这种方法只适用于产品通用性较强、选择性较弱的市场。大多数情况下，此方法只能作为对市场细分的起点，即先期用此方式对市场作比较粗略的划分。

2. 多元变量细分法

多元变量细分法即根据影响旅游者消费需求差异紧密的两种及两种以上的并列变量对旅游市场进行细分的方法。如可同时以假期、家庭收入等变量细分度假旅游市场。这样可以细分出比单一变量细分法多很多的旅游市场。运用这种方法时，要注意选择与一定旅游产品消费需求有关并且影响突出的变量因素来综合分析。

3. 系列变量细分法

系列变量细分法即将与旅游者需求差异相关的各种因素按照由大到小、由粗到细的顺序对一定旅游产品市场进行系列细分的方法。这种方法适合对旅游者需求差异大、市场竞争比较激烈的旅游产品市场细分。运用这种方法的要点是把握各变量之间在内涵上的从属关系，合理排序，否则会造成细分工作的混乱，增加成本。

4. 完全细分法

完全细分法是一种极端形式的市场细分方式，即根据每一个旅游消费者需求的差异，最终将每个旅游者分割为一个特定的细分市场。采取这种细分法的目的就是要针对每个旅游者的不同需求，为他们定制满足其特殊需求的产品和服务。由于定制营销的成本太高，在绝大多数情况下企业都不可能采用。但在某些特殊市场上，此方法的有效性就突显出来。如上海锦江饭店，专门研究掌握每一位高级贵宾的需求特点，为其建立服务档案，由此采取个人针对性很强的特殊服务方式以满足其需求。

【营销实例 5-2】

曼谷东方饭店的定制营销

企业家李先生到泰国出差，下榻于曼谷东方饭店，这是他第二次入住该饭店。

次日早上，李先生走出房门准备去餐厅，楼层服务生恭敬地问道："李先生，您是要用早餐吗?"李先生很奇怪，反问道："你怎么知道我姓李?"服务生回答："我们饭店规定，晚上要背熟所有客人的姓名。"这令李先生大吃一惊，尽管他频繁往返于世界各地，也入住过无数高级酒店，但这种情况还是第一次碰到。

李先生愉快地乘电梯下至餐厅所在楼层，刚出电梯，餐厅服务生忙迎上前："李先生，里面请。"

李先生十分疑惑，又问道："你怎么知道我姓李?"服务生微笑着答道："我刚接到楼层服务电话，说您已经下楼了。"

李先生走进餐厅，女服务员殷勤地问："李先生还要老位子吗?"李先生的惊诧再度升级，心中暗忖："上一次在这里吃饭已经是一年前的事了，难道这里的服务小姐依然记得?"女服务员主动解释："我刚刚查过记录，您去年 6 月 9 日在靠近第二个窗口的位子上用过早餐。"李先生听后有些激动了，忙说："老位子！对，老位子！"于是女服务员接着问："老菜单？一个三明治，一杯咖啡，一个鸡蛋?"此时，李先生已经极为感动了："老菜单，就要老菜单！"

给李先生上菜时，服务生每次回话都退后两步，以免自己说话时唾沫不小心飞溅到客人的食物上。这样的服务，即使在美国最好的饭店里李先生都没有见过。

一顿早餐，就这样给李先生留下了终生难忘的印象。

此后三年多，李先生因业务调整再没去过泰国，可是在李先生生日的时候，突然收到了一封曼谷东方饭店发来的生日贺卡："亲爱的李先生，您已经三年没有来过我们这里了，我们全体人员都非常想念您，希望能再次见到您！今天是您的生日，祝您生日愉快！"

李先生当时就热泪盈眶，激动不已……

五、旅游市场细分的步骤

旅游企业要正确地对旅游市场进行细分，必须掌握细分的程序。作为旅游市场营销的一个前提，市场细分并没有一个定势，通常先确定细分的依据，以此作为基础分割市场，然后对分割的市场进行分析，最后确定目标市场。美国市场营销学家麦卡锡提出了市场细分七步法，而市场细分的步骤因市场类型不同而各有差异，具体操作有以下几个步骤：

1. 选定旅游产品市场范围

首先需要确定旅游市场营销产品的范围，如旅游市场营销是什么类型的，它的定位是什么等。确定旅游市场营销产品的市场范围及经营的大方向，部分依赖于旅游企业自身的生产能力和特点，但更为主要的还是以市场的需求为基础，这不能由旅游产品的特性决定。

2. 分析潜在顾客的需求

在确定了旅游产品市场范围的前提下，旅游企业可从人口、地理、行为、心理、经济等方面，大致估算潜在旅游者的需求，以了解市场需求状况。同时进一步进行更深入细致的分析与研究，以了解该市场范围内旅游消费者的现实需求和潜在需求。

3. 列出细分依据

在初步分析的基础上，旅游企业以罗列的各种需求为调研的依据，对不同类型、具有鲜明特征的潜在顾客进行调研，了解他们较为迫切的需求，然后加以总结，选出两三个因素作为市场细分的依据。

4. 进行市场细分

旅游企业对各个细分市场剩下的需求作进一步分析，结合细分市场的消费者特点，为各细分市场暂时取名，以划分相应的市场群。

5. 进一步分析各细分市场的具体特点

旅游企业深入考察细分市场的特点，分析各市场的不同需求和购买行为，了解影响细分市场的新的因素，决定各细分市场有没有必要再细分或重新组合，以不断适应市场的变化。

6. 评估各细分市场

基本确定各细分市场的类型后，旅游企业应该测量每一个细分市场潜在顾客的数量，因为它决定旅游企业产品的潜在销售量，影响旅游企业的获利机会。

【营销实例 5-3】

带上护理去旅行

德国的药房并非单纯销售药品的地方，还提供免费大众医学杂志，提供咨询服务。当然，药房最主要的功能还是销售药品，做生意的理念占据主导地位。现在，它们又发现了一个新的服务路径，就是向客户提供旅行服务。药房直接面对客户，掌握着客源，这一点正符合旅游公司的心意。德国科隆有一家叫加护旅行（Mediplus Reisen）的旅游公司，6 年前开发了带有医疗护理的旅行服务，专门面向 60 岁以上的老年人。

德国的老年人口不仅越来越多，而且比较富有，也有时间。由于他们的身体状况因人而异，因此在旅行，尤其是远距离旅行时，总是有些心理障碍，怕万一体力不支发生意外。加护旅行开发的带有医疗护理的旅行项目就是为了帮助上了年纪的旅游者排除这层心理障碍。他们组织的旅行既有德国国内以疗养修养为主的旅行项目，也有到国外的长途旅游。从开办这个项目 6 年来的经验看，到中国的旅游特别受欢迎。到中国、印度旅游的旅游者并不是为了看病、治病，他们在当地一般没有治疗内容。

整个加护旅行的意义在于让上了年纪的旅游者放心大胆地饱览风光，一旦出现小毛病，随团医生会及时采取措施。假如突发病情严重，当地导游都受过专门培训，可以以最快的速度将病人送到最近的医院救治。

加护旅行开创以来，公司的员工已从开始的 10 人增加到目前的 45 人，国外业务还有继续扩大的趋势。为了扩大客源，加护旅行同药房合作，2007 年春季，德国大约有 1500 家药房加入加护旅行的推销与出售，它们打出的旗号为“药房健康旅行”。这个项目启动后很成功，又有药房联合会率领大约 300 家以出售自然药品为主的独立药房参与进来。

第二节 旅游目标市场的选择

一、旅游目标市场

旅游目标市场即旅游企业的目标消费群体，也就是旅游企业旅游产品的销售对象。它是旅游企业在整体旅游市场上选定作为营销活动领域的某一或某些细分市场。在市场细分的基础上，旅游企业根据自己的资源和目标选择一个或几个细分部分作为自己的目标市场，这样的营销活动称为目标营销或市场目标化。企业的一切营销活动都是围绕目标市场进行的，选择和确定目标市场，明确企业的具体服务对象，关系到旅游企业任务和目标的落实，是旅游企业制定营销战略的重要内容。

市场细分与选择目标市场，二者既有区别又有联系。市场细分是按不同的消费影响因素划分消费群体的过程；选择目标市场则是在细分市场的基础上，挑选少量细分市场作为营销对象的选择过程。市场细分是目标市场的前提和基础，目标市场则成为市场细分的目的和归宿。科学合理的目标市场只有通过深入的市场细分才能产生。

二、旅游目标市场的选择原则

1. 目标市场必须与旅游企业的经营目标和企业形象相符合

高档次、集团化的旅游企业不适宜打入中低档、大众化的客源市场；同样，中低档的旅游企业对经济收入较高、社会地位较高的消费者不具有吸引力。因而旅游企业选择目标市场时，应考虑到企业形象和经营目标。美国假日集团在旅游业巨子希尔顿和喜来登之后进入市场，它采用大众化的汽车旅馆经营方式，以平民大众作为目标市场，因此能在日益激烈的竞争中站稳脚跟并一跃成为世界最大的旅游企业集团。

2. 目标市场必须与旅游企业所拥有的资源相匹配

旅游企业拥有的资源条件是选择目标市场的重要依据。目标市场的选择应该能使旅游企业充分地利用自身优势和资源，扬长避短，突出自己的特色，才能使营销获得成功。

3. 目标市场必须具备结构性吸引力

如果一个细分市场具备众多竞争者，则该细分市场对于旅游企业而言吸引力下降。一方面，旅游营销的市场进入几乎没有壁垒，资本和劳动力自由流动，因而目标市场的吸引力并不高；另一方面，替代品会限制该细分市场的潜在收益，同时，买方市场的吸引力也有限，除非旅游企业有独特竞争优势，有足够的力量将顾客争取过来。因此，旅游企业选择目标市场时，不仅要注意结构性吸引力，同时还要预测目标市场是否具备潜在效益；不仅要注重销售量，更应该重视利润，应选择盈利的细分市场为目标市场。

三、旅游目标市场的模式选择及营销策略

（一）旅游目标市场的模式选择

旅游企业评估细分市场后，对目标市场的选择是“由面至线、由线至点”的战略，逐渐缩小目标市场的范围，最后确定旅游企业的目标市场。一般来说，企业选择目标市场的模式有以下五种：

1. 单一市场集中化

单一市场集中化也称产品-市场集中化，即旅游企业的目标市场无论从产品还是从市场角度都集中在一个细分市场，针对某一特定的消费者群体，只生产一种产品，以此展开的市场营销。许多小企业由于受资源限制，往往采用这种模式。一些新成立的企业，由于初次进入市场，缺乏生产经营经验，也可能采用该模式。

2. 产品专业化

产品专业化即旅游企业生产一种旅游产品，并向各类旅游消费者同时销售这种产品。这一模式的前提在于旅游企业拥有资源优势，并充分利用这一资源开发出不同档次的产品，以满足不同的细分市场需求。

3. 市场专业化

市场专业化即旅游企业向同一旅游消费群提供各种性能有所区别的或者系列化的旅游产品，以最大限度地满足该类消费者群体的需求，从而使企业在这个消费者群体中获得良好的声誉。实施这种策略要求旅游企业有较强的产品开发能力，且自身资源较丰富。

4. 选择专业化

选择专业化即选择若干个客观上都具有吸引力并且符合旅游企业目标和资源的细分市场，为不同的旅游消费者群提供不同类型的旅游产品。各细分旅游市场之间很少或没有任何联系，然而每个细分市场都有可能盈利。实施这种策略要求旅游企业的资源非常丰富，综合生产能力非常强，规模较大，有较高知名度且有特色。

5. 市场全面化

市场全面化即旅游企业决定以整个市场作为目标市场，全方位进入各个细分市场，为所有消费者提供他们所需要的性能不同的系列产品以满足整个市场的需求。这一模式有一定难度，它要求旅游企业实力雄厚，在旅游市场中占据领导或垄断地位，能够实行多方位经营。现代旅游市场营销开展的连锁、联号经营便是采用此种策略。

（二）旅游目标市场的营销策略

旅游企业在选择目标市场的范围时，可采取由面到线、由线到点的战略，而

在市场营销中采取由点到线、由线到面的原则，稳扎稳打，步步为营，进入整个旅游市场。其具体营销有以下三种策略：

1. 无差异营销策略

无差异市场战略是指旅游企业不考虑市场内消费者的潜在差异，将整个市场看成一个巨大的同质的目标市场，不进行市场细分，只以单一的产品，运用单一的营销组合，力求适合尽可能多的消费者需求，如图 5-1 所示。当企业断定各个细分市场之间的差异很小时，可以采用无差异市场营销战略。如早期的麦当劳，其生产的主要食品都是适合美国人口味和生活节奏的产品，所有生产企业的生产质量标准都是一样的，餐馆的建筑风格也是一样的，广告语都是统一的。

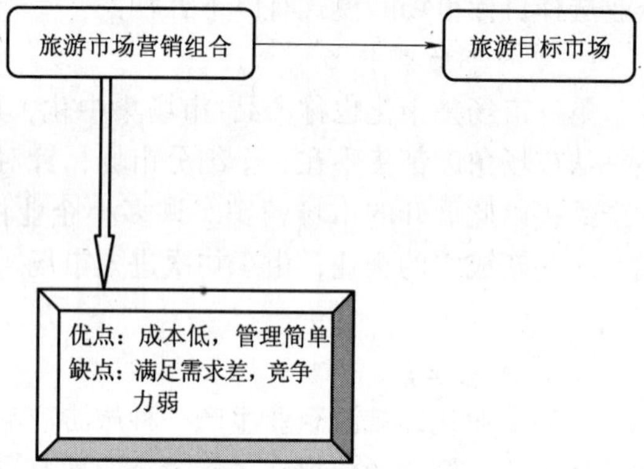

图 5-1　无差异营销策略

旅游企业采用无差异市场战略要具备以下条件：有大规模的单一产品生产线；有广泛的销售渠道；产品在消费者中有很好的口碑；产品用于满足人们的基本需求。

采取这一战略，优点是：能让旅游服务标准化和批量生产，有利于降低生产和服务成本，提高服务技巧和劳动效率；同时，单一的市场能减少营销费用和成本。缺点是：容易忽略市场需求的差异，从而带来较大的风险。

2. 差异性营销策略

差异性营销策略是指旅游企业同时为几个细分市场提供服务，针对不同细分市场的需求特点设计不同的产品，并实施相应的营销组合战略，如图 5-2 所示。如美国的马里奥特公司，从经营啤酒馆到进入餐饮业，随后又进入旅游市场营销行业。1937 年，它成为首家提供飞机饮食的公司；第二次世界大战初，它又从事工厂内饮食服务和住宿业。

选择这一类战略的旅游企业必须具备以下条件：有一定的规模，人力、物力，财力雄厚；旅游企业的技术水平、设计开发能力与之相适应；旅游企业有较好的营销能力，具有鲜明的企业形象；市场的需求差异较大。

这种策略的优点在于：小批量、多品种经营，能较好满足不同顾客的需求，竞争力强，有利于扩大销售，可以分散旅游企业的风险。缺点是：资源分散经营，不能产生理想的经济效益，增加了旅游企业的营销费用和成本。

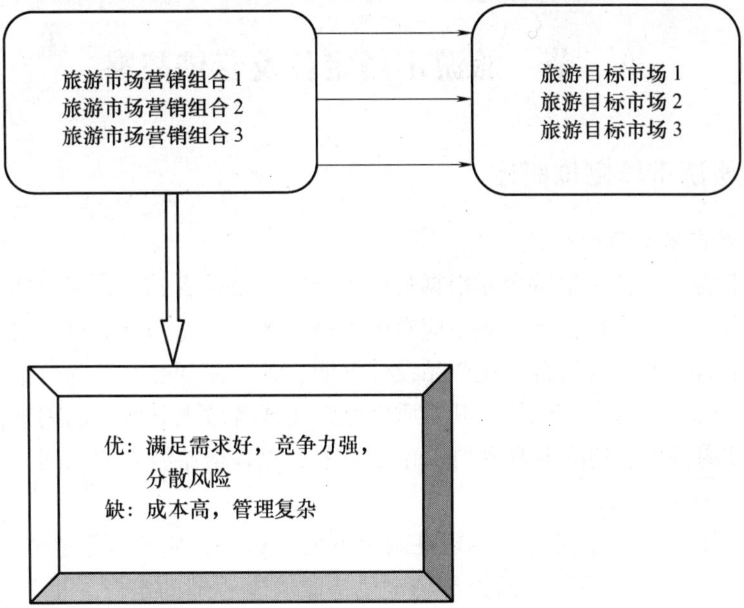

图5-2 差异性营销策略

3. 集中性营销策略

集中性营销策略又称为密集性营销策略，是指旅游企业将自身的资源和营销集中在某一个或少数细分市场上，实行专业化生产和销售，使旅游企业在目标市场中有较高的市场占有率，从而弥补其在较大市场中较小的市场占有率，如图5-3所示。

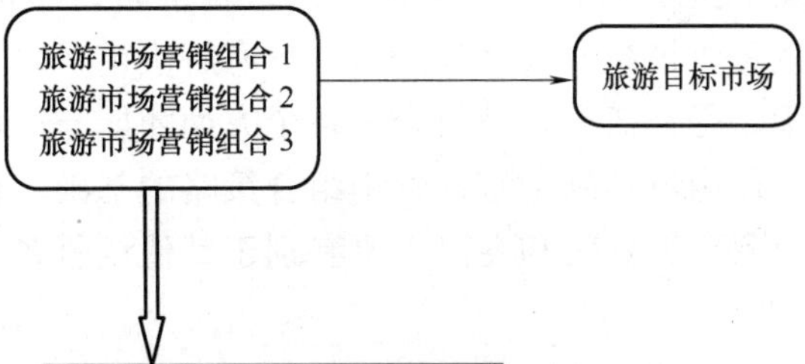

图5-3 集中性营销策略

资源有限的中小旅游企业多采用这一策略。这种策略的优点是可以集中力量迅速进入和占领某一特定细分市场，如某些经济型酒店将目标市场集中于青年学生、背包客，从而取得明显效益。营销的集中性使企业经营成本降低，但该策略的风险较大，如果目标市场突然变化，如消费者兴趣转移、价格猛跌，或突然出现强有力的竞争对手，或出现新的更有竞争力的替代品，企业就可能陷入困境。

第三节 旅游市场定位及营销战略

一、旅游市场定位概述

1. 旅游市场定位的含义

旅游市场定位是指旅游企业根据目标市场中的旅游者偏好、竞争状况和自身优势，确定自身产品在目标市场中应有的竞争位置。即专门针对目标市场旅游者中某一特定的位置，为旅游企业产品设计鲜明、独特而深受欢迎的营销组合，以形成旅游企业产品的竞争优势。其实质就是强化或者放大某些产品因素，寻求建立某种产品的特色和树立某种独特的市场形象，以赢得旅游者的认同。

2. 旅游市场定位的意义

旅游市场定位的意义可以体现在两个方面：第一，它是旅游企业用来与竞争者进行竞争的一种手段。因为市场定位是旅游者心理的定位，也是旅游企业用来区别竞争者的产品乃至企业形象的方法。企业要想使自己的品牌获得普遍认同，使品牌形象深入人心，令人持久不忘，就需要准确地为自己的产品进行有效的定位，使旅游者产生深刻、独特的印象和好感，进而对该产品和该企业品牌形成习惯性购买，这样该企业的市场就会得到不断巩固和发展。第二，在旅游企业的营销策略中，营销组合策略是非常重要的内容，然而市场定位应在制定营销组合策略前进行。只有解决市场定位后，旅游企业才能决定营销组合策略是什么，营销组合的各个方面才能与市场定位策略相互配合。富有创意的定位构思是制定有效营销组合策略的基础，行之有效的营销组合策略将使定位形象更加鲜明和突出，更有别于其他竞争者，从而使企业获得更多的竞争优势。

3. 旅游市场定位的前提及原则

旅游企业进行市场定位最主要的依据是产品的差异化，以体现自己与众不同的特色从而使本企业的产品同竞争者产品区分开来。具体包括：

（1）产品差异化，主要体现在产品的质量、特色及产品形式等方面。

（2）服务差异化，包括服务的种类、规格及质量等方面。

（3）人员差异化，主要体现在人员的能力、品德、知识和礼仪等方面。

（4）渠道差异化，包括渠道策略、渠道设计、渠道建立、渠道管理、渠道维护、渠道创新等方面。

（5）形象差异化，通过名称、颜色、标识、标语、环境、活动等方面塑造企业与众不同的形象。

二、旅游市场定位的步骤

市场定位的主要任务就是在市场中让企业的产品与竞争者的产品有所不同。旅游市场定位就是通过集中旅游企业的若干竞争优势，将自己与其他竞争者区别开来。市场定位是一个企业明确其潜在的竞争优势、选择相对的竞争优势以及显示独特的竞争优势的过程。旅游市场定位具体有如下几个步骤：

（一）识别潜在的竞争优势

这是市场定位的基础。美国学者迈克尔·波特在《竞争优势》一书中指出："竞争优势来自企业能为顾客创造的价值，而这个价值大于企业本身创造这个价值时所花费的成本。"通常，企业的竞争优势表现在两方面：成本优势和产品差别化优势。成本优势使企业能够以比竞争者更低廉的价格销售相同质量的产品，或以相同的价格销售更高质量的产品。产品差别化优势是指产品独具特色的功能和利益与顾客需求相适应的优势，即企业能够向市场提供在质量、功能、品种、规格、外观等方面比竞争者更好地满足消费者需求的产品的能力。

旅游企业的竞争优势取决于其旅游产品开发设计与经营管理方面的成本优势以及其旅游产品的创意设计能力与吸引力程度。为实现此目标，旅游企业首先必须进行规范的市场研究，切实了解目标市场需求的特点以及这些需求被满足的程度。一个旅游企业能否比竞争者更深入、更全面地了解消费者，是其能否取得竞争优势、实现产品差别化的关键。另外，旅游企业还要研究主要竞争者的优势和劣势，知己知彼，方能百战百胜。

（二）选择相对的竞争优势

选择相对的竞争优势，是一个企业能够胜过竞争者的能力。旅游企业相对的竞争优势，是在对其服务质量、服务设施、管理水平、产品特色、产品质量、价格成本等一系列因素逐项评估的基础上产生的。这种相对的竞争优势，有的是现有的，有的是具备发展潜力的，包括潜在的竞争优势和可以通过努力创造的竞争优势。

（三）显示独特的竞争优势

所谓独特竞争优势，是指与主要竞争对手相比（如在产品开发、服务质量、销售渠道、品牌知名度等方面），企业在市场上可获取明显的差别利益的优势。旅游市场定位的最终目的是将区域旅游业或者旅游企业的独特优势成功地展示给旅游者，并在其心目中有效地树立鲜明而富有吸引力的形象。旅游企业选定的竞争优势不会自动地在市场上显示出来，要进行一系列活动，使其独特的竞争优势映入目标消费者的脑海。企业应通过自己的一言一行，表明自己的市场定位。

1. 建立与旅游市场定位相一致的形象

使旅游市场目标消费者知道、了解和熟悉企业的市场定位，并且接受和认可旅游企业有关的市场定位的信息，是市场定位的意义。旅游企业必须积极主动地与目标市场进行沟通，引起旅游者的兴趣与注意，使目标市场的旅游者了解与熟悉旅游区或旅游企业的市场定位，并逐渐对其旅游市场定位产生认同、喜欢和偏爱。

2. 巩固与旅游市场定位相一致的形象

首先，旅游企业必须强化目标市场。旅游者对旅游企业的市场定位及其形象的认识，是一个持续的过程，即不断由浅入深、由表及里和由偏到全的深化过程，有明显的阶段性。

其次，保持目标消费者对旅游企业的了解。旅游者对旅游区或旅游企业的产品的态度或认识不是一成不变的，由于竞争者的干扰或者信息的沟通不畅，旅游区或旅游企业必须有应变能力，始终保持与相关环境之间的动态平衡。在这个过程中，纵然企业的市场定位无须调整，但构成其市场定位的相对优势在内容、形式上则可能发生变动。只有促使旅游者的认识与这些变化同步发展，始终保持他们对企业及其市场定位的了解，其形象才能巩固。

再次，旅游区或旅游企业还应不断向目标市场的旅游者提供新信息，稳定其对该旅游市场的态度，防止其态度向中间或反向转化。

3. 矫正与旅游市场定位不一致的印象

旅游区或旅游企业在进行市场定位时，可能会出现定位过低、定位过高或定位模糊与混乱的种种偏差。这些情况都会使旅游者无法准确地了解旅游区或旅游企业的竞争优势。旅游区或旅游企业必须对这种与市场定位不一致的形象加以矫正。

显然，这些优势的获取与企业营销管理过程密切相关。所以，企业识别核心优势时，应把企业的全部营销活动加以分类，并对各主要环节在成本和经营方面与竞争者进行比较分析，最终定位和形成企业的核心优势。

三、旅游目标市场定位战略

一种旅游产品在目标市场上应如何定位，如何塑造形象，即根据什么标准来定位，是旅游企业在市场定位工作中首先遇到的问题。市场定位的战略有很多，大致可分为以下几种类型：

1. 市场领先战略

旅游企业在目标市场中始终保持第一位的优势，无论在产品质量、价格和服务上都先声夺人，始终以领袖身份引导着消费需求的发展方向。采用这一战略的旅游企业应在以下几个方面作出努力：扩大总的旅游消费需求；寻找新的消费者；通过扩大或缩小经营范围来保持现有市场份额；继续提高市场占有率；增加服务数量等。

2. 市场调整战略

采用这一战略的旅游企业致力于改善自己的市场地位，争夺领先者市场。在具体实施中可采用如下方法：正面进攻——集中力量向竞争者的主要强项挑战；侧面进攻——集中优势力量攻击竞争者的弱点；围堵进攻——当进攻者比竞争者更具有资源优势时，可深入到竞争者的领域，向市场提供更多的产品和服务；迂回进攻——发展无差异产品和服务。

3. 市场追随战略

这一战略是指旅游企业为避免在市场竞争中损失过大而自觉维持与领先者共存的局面。追随并不意味着单纯模仿，追随者需设法给自己的目标市场提供特殊利益，培养自己的优势，降低成本，保持较高的产品和服务质量，以便在时机成熟时完全占领市场。

4. 市场补缺战略

市场补缺战略是指精心服务于市场某些细小部分的专业性旅游企业，根据消费需求，寻找市场供给空白或供给薄弱环节，通过专业性经营占据有利的市场位置。

需要强调的是，旅游企业为了保证市场定位战略的成功实施，所用营销组合中的各项手段之间需要相互支持和配合。例如，如果是以大公司商务人员为目标市场的高档饭店，提供的是豪华饭店服务产品，宣传品就不能使用劣质纸张、浓烈的颜色和难以阅读的密集排版，并且不宜采用直接削价法开展销售，不宜将经营廉价产品的中间商纳入分销渠道，否则便会混淆消费者对产品的认知。总之，各项营销手段的应用必须协调一致，以创造本企业品牌的一致形象。

四、旅游市场定位中存在的问题

旅游企业在市场定位时常常会出现这样那样的失误，或是因为旅游市场环境发生重大变化，原先的定位已经不能适应新的市场需求。因此，旅游企业要对旅游市场进行重新定位。旅游企业普遍存在的市场定位问题主要表现在以下三方面：

1. 定位过低

市场定位使旅游消费者对旅游企业和旅游产品的印象低于其客观实际水平。例如：虽是好产品，但旅游者认为其质量一般；企业虽有较强经济实力，但在旅游者心目中却认为是一般的公司。如 2003 年 SARS 期间，一些五星级酒店打出“五星享受，工薪价格”的广告后，不但原有的客人去得少了，工薪阶层也不愿去。原因就是定位过低，高消费者认为在这家酒店消费会影响自身形象，而工薪阶层会觉得是虚假广告。

2. 定位过高

定位过高是指市场定位使旅游企业和旅游产品被认知形象超过其实际存在形象。如面向普通旅游者的旅游产品却定位为“豪华”“精品”之类，使目标消费者不敢问津。

3. 定位混乱

市场定位使旅游企业和旅游产品在目标市场上认知混乱不清。例如：原本针对老年人的旅游产品，老年人去消费得不多；原本针对年轻人设计的产品，年轻人无人问津等现象。

对于以上三类市场定位错误现象，旅游企业要认真分析其中存在的问题及原因，矫正定位偏差，重新确定本企业在旅游市场上的定位。

【关键概念】

旅游市场细分；旅游目标市场；旅游市场定位

【复习与思考】

1. 旅游市场细分的含义和作用是什么？
2. 现有旅游市场细分的依据是如何体现稳定性原则的？
3. 举例说明旅游企业目标市场选择的方法。
4. 三种目标市场战略各有何优缺点？
5. 什么是旅游市场定位？其意义何在？
6. 旅游市场定位策略有哪些？

【项目实训】

以小组为单位选取当地三家饭店（其中三星、四星、五星各一家）进行实地调查。回答以下问题：它们的目标市场有什么不同？市场细分和定位的依据分别是什么？定位是否准确？

第六章

旅游市场营销战略

【本章学习目标】

通过本章的学习，理解并掌握旅游市场营销战略的概念，熟悉旅游市场营销战略的特点，可以针对地方旅游市场的优劣势，为当地旅游企业制定一系列的市场营销战略。

◆【案例导入】

案例一：河南栾川的旅游市场营销战略

一位营销学家说：“一个不善于叫卖的商人，无论如何都不能称为高明的商人。”

河南省一个名不见经传的偏僻小县——栾川，在短短四五年的时间内，旅游产业的规模由2000年的不足500万元增长到10.8亿元，旅游总收入占全县GDP比重的23.9%。

该县旅游业缘何取得了如此骄人的业绩？其基本经验是：在“党政主导，部门联动，市场运作，产业化发展”的机制下，成功地实施了一个个颇有影响的宣传营销战略，通过“叫卖”，把栾川的美景展现在世人面前，为栾川旅游经济跨越式发展安装了一个“助推器”。

栾川县确定了“奋斗五年，把栾川建成国家优秀旅游县”的目标，并就各个旅游景区的宣传营销定位、宣传营销经费筹措办法做出了具体的规定，提出了旅游景区“捆绑式”联合营销的指导思想。县里出台的《栾川县旅游宣传营销经费筹措和使用办法》规定，各个景区每年的宣传经费不低于门票收入的20%。同时对全县的宾馆（饭店）下达宣传营销投入任务，并纳入单位年终的目标考核。这样，全县的旅游宣传营销经费得到了落实。由县旅游工作委员会牵头，实行资源、人才、资金、市场等“五整合”，开始了栾川旅游大规模、高密度的一系列营销战略活动。

县里连续组织的“六月潮”“七月风”系列宣传营销活动，打响了栾川旅游“第一炮”。领导分别带队，组织全县50多个县直行政、事业单位及旅游企业赴河南省周边的陕西、山西、河北、安徽、山东、江苏、湖北7个省及北京、上海两个直辖市共30多个城市进行轰轰烈烈的宣传营销。一时间，“栾川旅游风”吹遍大江南北，栾川旅游的知名度和美誉度大大提升。这一“重炮”也迅速打开了客源市场，使“七月风”宣传营销活动范围迅速扩展到周边的80多个城市。

“鸡冠洞一吻千年热吻大赛”，热遍大中原。活动吸引累计11万观众观看，有16家国家级媒体报道，各大网站共有133个专题报道。一时间，栾川鸡冠洞名扬大江南北。

郑州市民惊呼：“2010年绿城第一场雪——栾川造！”原来，这是第二届中原滑雪节前夕，栾川在郑州绿城广场现场造雪，向郑州市民送雪。省会媒体竞相报道，栾川再次火爆绿城。

老子归隐地栾川老君山景区联合老子出生地鹿邑和老子著经地灵宝函谷关，举办了声势浩大的“恭迎老子圣火·道德经”传递活动，圣火从鹿邑经函谷关挺进老君山，途经9市18个县，使栾川人赚足了“眼球”。

同时，请河南电视台到栾川扶贫，为栾川制作了为期8个月的旅游扶贫宣传广告。中央电视台精心策划的栾川旅游形象广告在央视黄金时段播出，在海内外形成了强大的冲击波。

几年来，栾川县先后组织了省内外2500多家旅行社、旅游公司进行了800多批次考察、踩线，并出台各项优惠政策，大大激发了旅行社向栾川发团的积极性。

栾川县的旅游市场营销战略实施短短几年，就取得了非常好的社会效益和经济效益。

（资料来源：《旅游市场营销战略》，2007-5-6，http：//www.wm114.cn/wen/61/120110.html。经整理加工。）

案例二　无锡镜花缘景区营销战略错误，最终导致破产倒闭

2005年“十一”黄金周，无锡旅游异常火爆。除了传统景区外，千年崇安古寺、蠡湖中央公园、马山欧洲嘉年华以及薛福成故居、东林书院、钱钟书故居等新景点，一齐吸引着旅游者的眼球。2010年10月1日至7日，全市接待旅游者达到210万人次，旅游总收入13.27亿元，同比分别增长23%和30%；日均旅游收入近2个亿，创出历史新高。

然而，就在城市旅游一片繁荣之际，开业不到四年的无锡统一嘉园景区，却在两个月前因资不抵债、经营难以为继而破产倒闭了。

该景区坐落于太湖之滨，跟央视无锡影视基地隔水相望，相距不过数百米之遥。景区依山傍水，气势恢宏。山顶上，高16.8m、耗费青铜80多吨的中华统一坛，庄严雄伟；山脚下，由“六桥六亭二坊一榭”组成的千米“缘廊”，曲迴绵延直至湖心，如金龙戏水。

这样一个占据了极佳山水资源的主题景区，在城市旅游环境日趋改善的今天，为什么会经营失败呢?

这是一个典型的跟风投资项目。当时央视无锡影视基地的旅游异常火爆，每年的客流量高达300多万人次。该景区的选址就在三国城景区的南侧。决策者采用了一种所谓“蝇随骥尾”的营销战略，希望借势于央视无锡影视基地，使景区的旅游发展起来。

但是，相关决策人在作出这项重大投资决定时，忽视了两个重要问题：一是镜花缘景区所依托的文化载体，跟三国城景区大不相同。《镜花缘》虽为清代著名小说家李汝珍的代表作品，书中描写的各种奇人异事和奇风异俗也颇具想象力，但是，《镜花缘》的历史文化内涵远不能跟《三国演义》相提并论。而且，相对于大多数旅游消费者而言，该书的故事较为冷僻，远不像《三国演义》那样家喻户晓。《镜花缘》中所描写的黑齿国、女儿国、两面国、豕喙国、跂踵国等，不仅名字晦涩，难以有效传播，而且很难用具体化的形式在景区充分展现出来。二是电视剧的生产，从剧本创作到拍摄发行，流程复杂，可变因素很多。比如央视无锡影视基地的唐城景区，本来就是专为央视电视剧《镜花缘》的拍摄而建的。后因《镜花缘》剧本“难产”，遂临时调整，改拍电视连续剧《唐明皇》。由于央视无锡影视基地的归属特性，这样的调整并非难事。但是，对于一个从未涉足过影视行业的民营企业来说，情况就大不一样了。《镜花缘》剧组也许会碍于情面，答应来无锡拍摄。但是，剧组既没有责任，也没有义务非来不可。而决策者据此投入巨大资金建设镜花缘景区，蕴含着极大的市场风险。这也导致了最终由于营销战略的失误进而使得整个企业破产倒闭的悲剧。

（资料来源：《景区营销分析：统一嘉园为何衰落?》2008-10-13，http://www.contour 2.com/viewnews/20081013/Management/20081013145136781.htm。经整理加工。）

第一节 旅游市场营销战略概述

我国有很多著名的旅游城市，拥有众多历史文化旅游资源，有些城市甚至成为单一旅游业发展的楷模，虽没有重工业、轻工业，也没有较繁荣的商业，但因为独具特色的自然人文资源，使其旅游业极为发达，是游客心驰神往的旅游目的地。例如，位于西南边陲的美丽古城丽江市，2011 年 10 月 1 日至 10 月 7 日黄金周，丽江市共接待海内外游客 31. 35 万人次，同比增长 21. 75%，旅游综合收入 3. 15 亿元，同比增长 22. 5%。但是即便拥有这么强的优势，丽江市政府每年也要制定详尽的旅游市场营销战略，进一步规范旅游市场的发展，为丽江旅游业的进一步腾飞锦上添花。

一、旅游市场营销战略的含义

“战略”一词，源于军事学，是指“战争的方略”或“用兵的谋略”。它包括适应战争目的的战略目标和战略计划，以及达到这一目标的战略措施、战略方案和战略部署。战略中的“战”就是指战争或战事，而今在和平年代，各行各业广泛应用这个词，正是体现出它的重要性，把它推举到有如战争一样的革命性地位。如果把战略和旅游业的市场营销学连结在一起，就能体现出旅游市场营销战略在全世界旅游发展中所起到的至关重要的作用。结合旅游业的内在关联性、旅游市场的地域组合性等特点，旅游市场营销战略有着更为丰富的内涵，可以包含宏观和微观两个层次。

在宏观层次上，旅游市场营销战略是指立足于国家、地区、区域的角度，在现代市场营销观念的指导下，为实现旅游业的宏远目标，把旅游业的发展纳入国民经济和社会发展之中，寻求旅游业发展同国民经济和社会发展的内在契合的一种有关市场营销发展的总体设想和谋略。

1998 年年底，中央经济工作会议决定把旅游业培育成为国民经济新的增长点。随着旅游业地位的提高，目前全国已有 24 个省、自治区、直辖市把旅游业确立为当地经济的支柱产业、先导产业来加以大力扶植和发展，实施政府主导型战略。从旅游业担负扩大内需的重任，“假日经济”兴起的机遇来看，宏观旅游市场营销战略应在调整区域产业结构的基础上，优化旅游业结构和旅游资源配置，在可以接受的风险范围内，与市场环境保持动态平衡，把握机会，削减威胁，实现旅游目的地旅游业发展的长远战略目标。

2009 年以来，在国际国内旅游产业极不景气的情况下，三亚采取“请进来，走出去”战略，积极开展旅游营销活动，取得了明显效果。例如：组团参加日本 JATA 国际旅游展，在东京、大阪、名古屋、北海道等地举办三亚旅游推介会，推动开通日本—三亚直达航线，争取日本市场取得突破性增长；在俄罗斯、中国香港、新加坡等国内外主要客源地设立三亚旅游办事处，邀请国内外媒体、旅行商来三亚采访考察；充分利用国内外知名旅行商的营销网络吸引境外高端游客，在国外国内树立良好形象，极大地提高了三亚的知名度、美誉度；同时，有针对性地组织旅游推介会，开展“清凉一夏·三亚度假”主题促销活动；大力开展香港—三亚一程多站式旅游合作。由于在旅游营销战略上取得诸多业绩，三亚越来越受到亚太地区乃至世界旅游行业的瞩目。

在微观层次上，旅游市场营销战略是指旅游企业高层经营者在现代市场营销观念的指导下，在准确把握环境变化趋势的基础上，为实现企业的营销发展目标，而对企业在一定时期内市场营销发展的总体设想和谋略。旅游市场营销战略是旅游企业战略管理的重要组成部分，它不同于旅游企业日常业务管理的“战术性”决策，而是为旅游企业的日常业务管理指明了方向和内容，作出了总体框架性规定。正确有效的“战略”指导，有助于战术性决策的实施和为提高企业经济效益取得良好效果。例如，株洲醴陵某酒店打出“高考状元可免费体验总统套房一晚”的广告来为企业赚得人气，正常情况下，该酒店总统套房每晚住宿费为 3 万 3000 元。酒店策划部介绍，由于参加升学宴的师生吃完饭后还可能涉及住宿，于是酒店在策划升学宴的活动时推出了免费体验活动。有些醴陵市民认为，这是酒店的一种营销战略，相当于对高考成绩优异者的一种奖励，没有什么不妥。确实如此，这种营销战略从微观层面上体现出旅游酒店企业贴近市民、赢得口碑，形成了良好的社会效益。

二、旅游市场营销战略的特点

1. 决定性

企业的战略规划与一般日常事务管理的根本区别在于，战略是关系企业兴衰存亡和决定企业整体利益的管理，而不是一般的局部利益的管理。作为一种高级决策，它是最大限度实现企业整体利益的根本保证。

旅游市场营销战略的决定性特征，要求旅游营销者在作战略规则时，要眼界宽阔，有大局观，对营销系统加以全面把握，使各个局部在营销战略的整体中得到协同发展。国内旅游企业三大巨头——中国旅行社（以下简称中旅）、中国国际旅行社（以下简称国旅）、中国青年旅行社（以下简称青旅），为了抢占国内旅游市场，使出浑身解数：首先设计并独创别有新意的旅游线路，抢夺游客的眼球；然后提供高品位的服务品质，提升旅游的舒适度和满意度；最后靠合理的价格机制，在激烈的市场竞争中立于不败之地。因此，要为企业赢得最大的经济效益，首要就是制定统领全局的营销战略，这也是旅游企业未来发展大计的重中之重。

2. 长远性

营销战略的制定是一种长期性的目标管理，旨在谋求企业长期的生存和发展。它要求营销人员要具有长远发展的战略眼光、高瞻远瞩，特别是不能为了短期利益，采用各种虚假和欺骗的手段，形成一时的消费热潮，而造成一种长期的危害。例如，宜昌旅游企业大力开展“告别三峡游”的宣传活动，形成了游三峡的高潮，很多企业争相购买豪华游轮、建宾馆和办出租车公司。很快高潮过后，便是长时间的低谷，这些企业普遍陷入了困境。可以看出他们的营销战略忽视了长远性这一重要特点，前期投入高而且覆盖面广，但却没有实现长期稳定的投资回报。现在，国家制定了“开发大西部”的宏观战略，西部有很丰富的旅游资源，在开发的过程中，一定要有长远的眼光，注意保护环境，保证长远发展。

3. 危机性

市场的不确定因素很多，并且总是千变万化的。因此，在作战略决策时，总会有一定的风险。风险主要来自以下几个方面：第一，决策者始终无法掌握全部的信息。正如克莱斯勒的总裁雅科尔所说：“你只能在掌握95%的情况下作出决策，否则当你又掌握了剩余的5%时，时机已过。”第二，由于决策者们自身的原因，如教育、经历、成长环境、个性等方面，在面对同一市场情况时，他们往往会作出不同的决策。很显然，最佳决策只有一个，其他的决策都存在一定的风险性。例如，银都水乡新华村，原名石寨子，位于大理鹤庆县，与丽江古城相距39km，属于“丽江2小时旅游经济圈”范围之中，是离丽江机场最近的4A级景区。早在唐代南诏国时期，石寨子匠人就开始从事金银铜等手工艺品的加工制作，世代相传，延续至今，小锤敲过已千年。此外，银都水乡新华村还有着万亩草海湿地，拥有极其丰富的水资源，家家户户甘泉簇拥，素有“泉潭之乡”的美誉。在这种历史资源的积累下，银都水乡的银器购物店的经营颇为红火。可是，随着大理旅游政策的调整和整个云南购物店格局的变化，其银器购物店的生意一落千丈。同时，银都水乡虽然已经申请到了4A级景区的资格，可是景区建设滞后，与“丽江2小时旅游经济圈”内的其他著名景区，如玉龙雪山、虎跳峡、拉什海等相比，无论是知名度还是消费者数量，都相距甚远。在这种情况下，银都水乡有了深刻的危机感，希望将4A级景区真正的建设起来，改变光靠购物店吸引消费者的单一模式。这就是市场营销战略定位的单一性引发的错误：只考虑银器购物，水乡开发又不全面理想，没有考虑周边其他旅游市场的竞争性，不成功的战略就体现出危机性的特点。

4. 调适性

战略一般是针对重大问题的中长期计划，在实施的过程中，不能一成不变，而要根据外部市场环境和内部条件的变化不断加以调整，抓住有利机会，消除不良影响和潜在威胁，以顺利实现企业的目标。例如，哈尔滨旅游局从20世纪80年代中期开始举办的哈尔滨国际冰雪节，至今已经举办了20多届，成为国际四大冰雪节之一的大型国际节庆。冰雪节举办之初，哈尔滨凭借冰雪节实现了旅游人数的翻番；20世纪90年代，滑雪项目的建设与兴起，再次实现人流翻番；2000年，冰雪大世界的建立，再次大幅拉动旅客量上升。但是直到现在，20多年来各种媒体对于冰雪节的报道，一直将冰灯冰雕作为重点表现内容，以至于每当提起“哈尔滨国际冰雪节”或者“哈尔滨的冬天”，人们就只会联想到“冰灯冰雕”。在旅游者心目中，俨然形成了“冰雪节=看冰灯”的一贯认识，而随之兴趣减弱。所以，哈尔滨旅游局认为，“欢乐”不应该只是某一届的主题，更是冰雪节的发展方向！要打破游客心目中“冰雪节=看冰灯”的认识，而建立起“冰雪节=冰雪欢乐盛会”的直观联想，让人惊叹，原来冰雪节这么热闹、这么好玩！只有如此，才能让不想来的想来，想来的马上来，曾经来过的重新再来，体现出这项长期战略的调适性——国际的、欢乐的、体验的。

三、旅游市场营销战略的制定与控制

旅游企业营销战略的制定是一个复杂的决策过程。战略制定包括确定旅游企业的使命和任务，识别旅游企业的外部机会与威胁以及企业内部的优势和劣势，建立长期目标，制定供选择战略以及选择特定的执行战略。战略制定过程所要解决的问题，也就是战略计划的内容。

旅游市场战略首先要进行企业战略分析，然后明确企业的总任务，依据总任务确定总目标，据此确定最佳业务组合并决定所拥有的资源在各业务单位的分配，最后制订各业务单位的营销计划。

1. 营销战略分析

营销战略分析是制定旅游市场营销战略的准备阶段。它包括三个内容，即企业地位分析、企业环境分析与企业能力分析。

（1）企业地位分析。旅游企业对本企业的地位进行分析，一般需要回答以下问题：国际市场中对本企业产品的需求前景如何？本企业独特而有利于销售的商品特点是什么？目前的旅游产品是否适销对路，应朝着哪个方向发展？本企业旅游产品的价格是否合适，价格构成是否合理？如何使旅游价格在国际市场具有竞争力？本企业旅游产品的销售渠道是否合理、畅通？拓宽、疏导渠道的方法是什么？等等。在制定战略前，首先要对企业的地位有正确的认识。一般根据企业在某一特定市场中所占的份额，而将其地位划分为主导地位、挑战地位、追随地位和利基地位。

（2）企业环境分析。企业营销环境各种因素的变化都会对企业营销产生直接和间接的影响，旅游企业必须适应营销环境的要求，及时进行环境分析。企业营销环境是一个多主体、多层次、发展变化的多维结构系统。在旅游企业面临的营销环境中，机会和挑战往往同时并存，营销者应能及时、准确地识别它们。

（3）企业能力分析。在对旅游企业的营销环境进行分析后，应对企业的能力进行分析评价。旅游企业内部能力的分析包括：企业组织效能与管理现状分析、企业资源分析和企业产品市场营销能力分析。企业资源分析包括对人员结构、资金结构、劳动生产率、资金周转率、资金利润率、设备利用率等内容进行分析。组织效能与管理现状分析包括对管理体制、管理方式、经营机制、领导体制、决策方式、职能部门设置与工作方式、总公司与分公司及子公司的关系等问题进行分析。

为了便于分析和发现问题，可以把旅游企业的市场营销能力分解为四种能力，即产品的市场强度、销售活动能力、新产品开发能力以及市场决策能力。这四种能力自成系统，彼此紧密联系并相互产生影响。

1）产品的市场强度分析。产品的市场强度分析是对企业当前销售的各种产品自身的市场地位、收益性、成长性、竞争性以及产品组合等方面进行分析。其分析的结果将为改进产品和产品组合、加强销售活动和开发新产品指明方向。

2）销售活动能力分析。销售活动能力分析是在产品的市场强度分析基础上，以重点发展的产品或销路不畅的产品为对象，对其销售组织、销售业绩、销售渠道、促销活动、销售计划等方面进行分析，发现销售活动中存在的问题及其原因，为制定销售战略、有效开展销售活动提供依据。

3）新产品开发能力分析。新产品开发能力分析是在现有产品的市场强度分析的基础上，着重从新产品开发组织、开发效果、开发过程和开发计划四个方面进行分析。其目的在于提高新产品开发的效果，改进企业的产品组合，增强企业的应变能力。

4）市场决策能力分析。市场决策能力分析是以产品的市场强度分析、销售活动能力分析以及新产品开发能力分析的结果为依据，对照企业的经营方针和经营计划，指出企业在市场决策中的不当之处，探讨企业中长期市场营销战略，以提高企业经营领导层的决策能力和决策水平。

以上对企业地位、企业营销环境和企业能力的分析可以统归为SWOT分析。

2. 营销战略制定

（1）制定营销战略目标。营销战略目标是指一个旅游目的地地区或旅游企业在未来某一时期内在其市场中所要占据的位置，通常是指未来的目标市场、产品范围、销售量、市场份额和利润额等方面的指标。

对于具体的旅游企业而言，其业务经营范围和领域是企业寻求和判断战略机会的活动空间和依据。企业确定市场营销战略目标，必须在确定市场营销发展机会的基础上，根据企业的宗旨和使命，建立一个具体可行的营销战略目标。

在确定市场营销战略目标时，旅游企业应考虑以下六个问题：①我们从事的业务是什么？②我们的消费者是谁？③我们将满足消费者的什么要求？④我们拥有的资源和具有的能力是什么？⑤我们怎样能最有效地满足消费者的要求？⑥我们对哪些环境力量以及变化要予以考虑？

（2）旅游企业营销战略目标的要求。确定旅游企业营销战略目标时，要求做到以下四点：

1）唯一性。旅游企业制定的营销战略目标只能有一个，即要有一个主攻方向，否则会分散企业营销力量。

2）测量性。旅游企业制定的营销战略目标要尽可能定量化、具体化，使旅游企业有明确的指标去衡量目标达到的程度。

3）一致性。旅游企业营销战略目标要与企业的总体战略目标及其他目标协调一致。

4）可行性。旅游企业制定的营销战略目标不可过高，应符合企业自身情况，是企业力所能及的。

3. 营销战略的监督与控制

营销战略的监督与控制要考虑现行营销战略的继承性；要考虑企业对外部环境的依赖程度；要考虑企业领导人的价值观及其应对风险的态度；要考虑企业内部和外部的实践因素；要考虑竞争者的市场地位。

第二节　旅游市场营销战略的基本类型

由于每一个现实的旅游企业面临的外部环境和自身营销能力各不相同，故可供选择和具体实施的营销战略也存在差异。旅游市场营销战略的类型多样，可以从不同的角度加以划分。

一、产品—市场战略

旅游企业抢占市场，一般有三种战术：进攻型、防御型和巩固型战术。进攻型战术是指借助市场有利条件，针对竞争者的弱点，充分发挥本企业的长处，主动出击，去占领市场的战术；防御型战术（包括积极防御和消极防御两种）是指采用暂时的防守性措施，力图保护市场目前的既得利益，以待将来东山再起的战术；巩固型战术是指采用多种措施，利用各种途径，力求巩固和加深用户对本企业的信任程度，以便长期牢固占领市场的战术。旅游企业应根据不同地点、不同时间的市场环境，以及企业的内部条件等要求，灵活运用各种战术。

例如久负盛名的环球泛太平洋饭店的营销战略：环球泛太平洋饭店集团建于

1993年，位于曼谷商业旅游地区之一的中心地带，是一座20层综合型大厦。环球泛太平洋饭店集团自己定位于一家提供四星级以上住宿、五星级服务的宾馆。在其销售与营销部经理卡林汗眼中，这座饭店如果在北美地区或欧洲早就晋升为五星级饭店了。但是由于曼谷地区市场竞争异常激烈，消费者的期望也很高，饭店降低半档的定位也是十分必要的。近年来，由于曼谷地区旅游业的迅速发展，许多新建饭店陆续开业。据统计，未来几年这一发展势头还将持续下去。因此，这给饭店带来了极强的挑战。目前，环球泛太平洋饭店集团的一位重要客户——某国际航空公司——很可能停止续签与饭店的订房合同，因此饭店的客房上房率会很快出现较大的下跌，这无疑更使饭店经营雪上加霜。环球泛太平洋饭店与目前这家航空公司客户之间进行的磋商，形势对该饭店极为不利，迫使环球泛太平洋饭店与其他航空公司加强联系，以便在该航空公司不履行续订房协议时，保证饭店的上房率不会受大的影响。卡林汗先生已经与其他几条国际航线就相关业务方面的合作问题进行过磋商，已经有一家航空公司有需求意向。

此外，环球泛太平洋饭店还存在其他选择方案。曼谷作为全球各国外交使馆最集中的地区之一，拥有约50多个国家的驻泰使馆和领事馆，其中一半左右距环球泛太平洋饭店的路程在3km以内。此外，曼谷作为泰国的首都，从各个省府来曼谷的各级政府官员络绎不绝，而且国家政府机关在诗丽吉皇后国家会议中心召开的各种会议的数量也很多。这些同时也为饭店发展提供了前所未有的机遇。尽管环球泛太平洋饭店周边有众多的饭店，形成了激烈的市场竞争环境，但该饭店前三年的经营可以说是业绩辉煌，十分成功。卡林汗先生在对饭店区域市场将存在更为激烈的竞争有了充分的了解后，目前必须决定如何通过产品-市场营销战略推动环球泛太平洋饭店的继续发展。

二、市场渗透战略

市场渗透战略是指在现有市场上采取多种措施以增加现有产品销售额的一种战略。具体可通过三种途径：一是增加老顾客购买频率，可采取对老顾客实施优惠价，赠送优惠券、折价券、礼品券以及情感交流等营销方式；二是刺激潜在顾客购买，可采取降低价格、加强宣传、增加销售网点、举办展销会等方式；三是争取竞争者的顾客。例如，红花餐馆走向成功之路采取的就是市场渗透战略。1935年，洛奇先生在日本开了一家餐馆，取名红花餐馆。1959年，他的儿子小洛奇来到美国，几年后继承父业，在曼哈顿中心建造了一个有40个座位的普通日本红花餐馆。由于红花餐馆采用地道的日本乡村客店风格，又由日本厨师当着客人的面烹调，独有的风格再加上洛奇成功的经营，使红花餐馆非常成功。小洛奇很快就开办了三家红花餐馆，每年盈利130万美元，到1970年他已经拥有了七家联营餐馆。

小洛奇经营红花餐厅的秘诀除了把握特色、加强组织领导和降低成本以外，很重要的一点就是广告宣传与公关。他在促销方面投入了可观的人力、物力、财力资源，广告费用占营业额的8%～10%。负责促销的董事格仑·西蒙善于别出心裁，他从不在报纸娱乐版登广告，因为那儿的广告太多，易被其他广告和其他餐厅的广告所干扰冲击而失去吸引力，不能使消费者记忆。因而他采用视像广告，配合新颖生动的说明词，引人入胜。他进行了大量市场调查工作，弄清顾客的消费动机和需求、有什么购买特征等。在《纽约时报》《纽约杂志》《妇女服饰》等杂志上面做的大量广告，虽无“餐馆”两字，却使红花餐馆拥有了极大的知名度。西蒙在每一个城市做广告，在每一个城市的娱乐指南上做广告。在人员促销方面，红花餐馆的营销人员直接追踪会议或访问旅游活动的组织者、发起者，与他们合作，并紧密联系团队和会议主办者等。这样，1964 年尚有赤字的小业主，到 20 世纪 70 年代就成为有 15 家餐馆的集团董事长，年盈利高达 1200 万美元，并且继续稳步发展、兴旺。这也是红花餐馆逐步渗透自己消费市场的结果。

三、市场发展战略

市场发展战略是指旅游企业以现有产品开发新市场，面向新市场销售，增加产品销售额的战略。具体有两种途径：一是开发新的地区和国际市场。如现在中国的旅行社在国家法律法规的约束和保护下，在设立地之外另设非法人的分社以及中外合资旅行社等，有利于在新的客源地和国际市场上打开局面。二是开发旅游产品新用途。例如麦当劳企业现已成为一种全球商品，几乎无处不在。截止到 1985 年，麦当劳公司已在美国领土以外开了 220 家餐馆，几乎占了所有麦当劳新餐馆的 40%。如今，麦当劳公司在 42 个国家有经营点，国外销售额占其每年总销售额 110 亿美元中的 1/5。

麦当劳公司之所以选择向国外扩展这条道路，主要原因是它将其看成是公司未来发展的重要环节之一。国内快餐市场已经饱和，每年只能以 1% 的比例增加，而汉堡王、温迪国际快餐连锁集团和其他连锁店又激烈争夺着美国的快餐生意。鉴于这些原因，麦当劳公司只得将新的重点放在了未经开发的、具有极大潜力的国际市场上。

又比如高星级酒店中的典范凯宾斯基饭店避实就虚，绕过大家都咬住不松口的国内旅游市场，先行一步进军商务客源市场，率先确定以接待商务客人和国际会议为主、辅以境外旅游客源的营销体系。同时大量优价出租公寓写字楼，以此带动客房的出租，并明确以高支付、高消费型客源为主攻方向，及时退出对中低档客源的争夺。开业第一年凯宾斯基饭店的客房出租率就已达 58.31%，营业收入高达 1.9 亿元，经营利润 7970 万元，位列全国行业 50 强。

四、产品发展战略

产品发展战略是指旅游企业向现有市场提供新产品，满足现有顾客的潜在需求，增加销售的战略。旅游产品开发是旅游业提高适应能力和竞争能力的重要手段。具体有四种途径：一是旅游创新新产品，也称科技新产品，如借助现代科技开发海底探险、太空遨游历险等旅游项目；二是换代新产品，如涉外星级饭店由原来的二星级经过提高服务质量和完善设施设备晋升为三星级饭店；三是仿制新产品，如上海现正在兴建的模仿香港迪士尼乐园；四是改进新产品，如酒店的客房服务在原有项目的基础上增加加床服务项目。旅游产品开发强调“新”，但“新”是相对的，即是相对于顾客的需求而言的。

例如，麦当劳公司为了适应国际市场中的不同文化和特点，对某些产品作了相应的调整，以符合特定的市场。在巴西的麦当劳快餐店，消费者能买到一种亚马逊浆果所做的软饮料；在东南亚地区的麦当劳快餐中，消费者能买到榴莲果制成的牛奶冰淇淋混合饮料。与此同时，大多数国际市场上的麦当劳出售点仍坚持主要销售曾使麦当劳公司闻名于世的食品。麦当劳公司还懂得尽力避免制作无法与当地产品媲美的某些食品，譬如在中国香港就不能制作鲨鱼翅食品，因为当地人制作的鲨鱼翅比他们的更精美，如果班门弄斧，销路必然不堪设想。麦当劳快餐店在全球经营所获得的成功表明，美国快餐食品在国外确实有着极大的市场，只要经营有术，成功是无疑的。这也是实施产品发展战略所带来的良好经济效益。

五、多元化经营战略

当企业所在行业市场的吸引力日渐衰退，其他行业已显露出更好的投资机会时，企业可以考虑实施多元化发展战略。多元化发展战略是指旅游企业利用现有资源和优势，向不同行业的其他业务拓展的一种战略类型。它主要包括以下三种形式：

1. 同心多元化战略

同心多元化战略是指开发与本企业现有产品线的技术和营销有协同关系，利用现有设备、技术等生产条件，生产与现有产品结构相似而用途不同的新产品，以吸引新的顾客，满足新的需求，就像从同心圆的圆心出发，向外扩大其经营范围与经营项目。例如，高速公路上的加油站既可以给汽车加油，也可同时经营食品店、小超市而给司机“加油”。20 世纪 70 年代，日本东京的一家中药店生意清淡，老板心生一计，把中药与茶结合起来，开设中药茶馆，经营“茶香药不苦”的中药茶，声名远扬。理发与照相都与人的容貌有关，中国台湾有一家美容院，购置了一次成像的照相机，给顾客理完发后，再为顾客拍张照片，从而顾客满意生意兴隆。旅游饭店也可从事家具的展示和销售。如美国有一家旅馆，内部装潢仍保持18世纪的风格，所有家具都是古董复制品，来此住宿的顾客如果看上任何家具和摆设，都可以买走，旅馆和家具的生意都很好。这种战略充分发挥现有产品线和营销协同的优势，因而投资少、风险小，容易获得成功。实施这种战略不是简单地将经营项目机械相加，而是相互渗透、完美结合，同时要求经营者能在不同的经营项目之间找到一个结合点，即产品之间存在技术关联性或者能使消费者产生心理关联性。

2. 横向多元化战略

横向多元化战略也称水平多元化战略，是指企业利用现有市场，根据现有顾客的其他需要，采用新技术、新设备，开发生产与现有产品在技术上关系不大的新产品，以扩大业务经营范围、寻找企业新的增长点的一种多元化战略。例如，德国汉莎航空公司除了经营航运业务，还多元化经营维修（每年为各国航空公司维修50多架飞机）、制造（凡与航空有关的物品都可制造）、旅游（开办多家旅馆、游乐场，甚至拥有铁路专线）等项目，在近年来国际航空业困难重重的情形下，汉莎航空公司却蒸蒸日上。实施这一战略，意味着企业进入一个新的行业，会给企业的经营增加难度，但企业生产的新产品一般只在同一市场上销售，以满足顾客的一种新需求，因而易于发挥企业现有的营销优势，有利于提高企业在市场上的地位。

3. 集团多元化战略

集团多元化也称混合多元化，是指企业通过联合、兼并等形式，把企业业务扩展到与现有技术、现有产品、现有市场毫无关系的其他行业，形成一个跨行业经营的企业集团。集团多元化战略在许多发达国家中早已被广泛应用。例如，美国的柯达公司除经营照相器材之外，还经营食品、化工和保险公司等。我国中旅集团成立以后，不但经营长、短旅游线路，而且从事商贸、信贷、快递、民航代理等，在商贸旅游领域积极拓展，经营绩效显著。实施集团多元化战略，一般可以增强企业对环境的适应性，获得更多的发展机会，减少单一经营的风险。但是它也带来经营管理的复杂化、资源配置分散化等问题。同时，这一战略实施过程中需要大量的资金，因此，并不是任何企业都可以随意采用这一战略的。一般来说，它适用于实力雄厚的大公司、大企业。

六、全方位创新战略

全方位创新战略是指从旅游产品、旅游市场、旅游营销等各个角度，全面发展、开拓、创新原有的、旧式的或已经老化的旅游企业生产经营活动，制订出更加新颖的、涵盖各个相关领域的战略计划，具有全局性、统筹性的重要作用。例如桂林的旅游业，从开始对外开放至今，已有了长足的发展，但与周边兄弟省份相比，又显得落伍了。特别是尽管旅游宣传促销费用不断增长、旅游接待设施不断完善、旅游景点不断丰富，旅游市场却一直滑坡，至今尚未走出低谷，不得不重新正视外部环境变化和消费者个性、习惯和偏好的改变。如何整合现有资源，提高桂林旅游市场的竞争力，是一个至关重要的问题。桂林旅游业需要一个全新的视角，应重新审视传统的营销观念。

【营销实例 6-1】

桂林旅游市场的全方位创新

纵观桂林旅游业发展历程，制胜的关键因素是桂林独特的山水风光。但是随着国内外温冷地区的崛起和促销宣传力度的加大，加上桂林旅游市场自身发育的不规范等因素的影响，使桂林的优势渐渐失去。这种以单一、粗放产品不变应万变的态势，较难长盛不衰地驰骋市场。接下来主要介绍通过全方位创新战略，如何对桂林旅游资源市场加以调试、重组。

1. 整合营销塑造形象力是桂林旅游走出困境的重要因素

尽管桂林是驰名中外的风景游览城市和历史文化名城，但由于整体资源整合不理想，使桂林城市的定位不清晰，难以给旅游者留下一个具体可感的印象。旅游者对桂林山水赞不绝口，但对桂林的城市形象不敢过多地恭维。社会在发展，人们的需求在不断变化，单一粗放的产品已没有吸引力。旅游的质量、安全、舒适、便利和更多的精神内涵及展示个性的服务，将是现代旅游业发展制胜的关键因素。因此，桂林旅游形象的建立应伴随着旅游业的发展不断丰富其内涵，确立明确的城市定位，从而实现与国际旅游城市接轨。

由于旅游业在时间和空间两方面的全面发展，旅游形象已成为旅游胜地竞争生存的重要因素之一。城市虽不是传统旅游者长期追逐的风景名胜类旅游地，但在全社会工业化、现代化和城市化的广泛进程之后，开发城市旅游资源，强化城市在旅游者心中的地位，突出城市的个性和独特性，提高城市吸引力和竞争力，是当今振兴城市旅游的新思维和有力工具。事实上，国际旅游发达地区斥巨资研究、设计、推广国家、省（州）或城市的旅游形象的实例不在少数。“无限的新加坡，无限的旅游”“魅力香港，万象之都”等形象已广为人知，若桂林能将旅游形象提升到战略高度，与桂林独特的山水有机地融合起来，将能在更大的国际旅游市场中分占一席之地，成为真正的国际旅游明珠。

2. 加强产品力的整合是桂林旅游发展不可缺少的因素

当前桂林的旅游产品主要有两大类：一类为山水风情旅游观光项目；另一类为文物古迹历史专题项目。近年来，桂林在产品开发上投入了一定的财力，在原有的“三山两洞一条江”的基础上，形成了当前的多元化格局。

漓江的泛光工程，极大地改变了桂林的夜间游览活动；新开发的冠岩景区打破了传统的岩洞游览模式，集观赏、娱乐、探险为一体，丰富了游岩洞的内容；民族风情表演在国内各旅游城市首开先河，漓江民俗民情园和“花园之夜”“桂山之秀”等场所已成为旅游热点；桂林新建的动物观赏项目也已初具规模，已有的“蛇大王”“鲜鱼世界”和新建的“桂林雄森熊虎山庄”，弥补了桂林过去无动物观赏项目的空白；新建成的尧山索道、滑道开辟了桂林市高山旅游新项目。

但是以上产品由于诉求点不清晰，与其他优势城市相比，特色不浓，难以形成产品力。因此，桂林的旅游产品在开发深度上有待进一步的提高，以适应现代旅游业的发展。

桂林是世界上最典型的喀斯特地区之一，构成了美丽的山水奇观，营造了一种诗境家园般的旅游氛围。若能抓住这一主题，借助高科技手段来开发和完善现代游、娱、博览的旅游项目，将会使桂林旅游更上一个台阶。如：修建桂林世界岩溶博物公园，集世界各地典型的喀斯特地貌奇观于桂林；采用高科技手段，动态模拟桂林山水的形成过程及生物演化进程，既是游览项目，又是青少年进行科普教学的内容，融科学性、知识性、趣味性为一体，将旅游者带回到1亿多年前的自然世界，从而形成桂林旅游产品的独特性。

3. 整合销售力是桂林旅游促销宣传的关键

多年来，桂林旅游促销的宣传一直在持续进行，如参加各种旅游博览会、交易会和自行举办山水旅游节，还在中央电视台上做过广告宣传、拍摄电视风光片，但效果都不显著。难道是桂林失去了魅力？答案自然是否定的。随着科学技术的迅猛发展，信息过量、媒体繁多，干扰大大增加，单项媒体的信息传播未能有效地实现与消费者的沟通，不能形成认知，也就达不到预期的效果。如何有效地促销宣传？首要任务是建立资料库，其实质就是通过对消费者类型的分析，进行接触管理。所谓接触管理，是指找到某一时间、地点或者某种状况，使传播者可以更有效地与消费者沟通，达到双向沟通的目的。因此，为提高桂林旅游产品销售力，应从以下几个方面入手：

第一，建立目标市场上旅游消费者的资料库，进行分类分析，决定如何及何时与消费者（潜在消费者）接触，以及与消费者（潜在消费者）沟通的诉求主题。

第二，根据传播目标，制定整合营销计划，决定用什么营销工具来完成，以达到营销目的。

第三，重视市场调查，以科学决策为依据。据美国《幸福》杂志预测，未来旅游消费动向集中在五个目标：时间、质量、健康、环境和家庭。这一信息表明了应与消费者沟通的内容以及桂林旅游市场未来发展的走势。

第四，不断挖掘直接营销诉求点，引导消费。如比尔·盖茨1996年乘船游漓江，游至兴坪，下船骑自行车到阳朔，这件事就是一个极好的诉求点。1997年比尔·盖茨在北京大学演讲，又一次轰动京城。可据此开发和包装出一条"比尔·盖茨旅游线路"向外促销，着重宣传沿着盖茨与众不同的游法，去寻找其独特的思维方式，将会引起计算机爱好者和计算机迷的兴趣。

第五，以政府为龙头的公关营销，是促使销售力提高的有效措施。如1997年珠海市举行的国际航空展，在短短的几天内就汇集了70万人光临。桂林市不妨借助桂林的优势，加大政府公关的力度，制造事件营销。

第六，采用高科技手段。充分利用国际互联网的优势，进行网上促销。已研制完成并发行的《桂林旅游》多媒体光盘，倡导了"把桂林带回家"这一主题。这一促销工具直达率高，有效地实现了与消费者的沟通。

第三节　旅游市场竞争战略

一、竞争者分析

竞争者分析是指企业通过某种分析方法识别出竞争者，并对它们的目标、资源、市场力量和当前战略等要素进行评价。

(一) 竞争者分析的目的

其目的是准确判断竞争者的战略定位和发展方向，并在此基础上预测竞争者未来的战略，准确评价竞争者对本组织的战略行为的反应，估计竞争者在实现可持续竞争优势方面的能力。对竞争对手进行分析是确定组织在行业中战略地位的重要方法。

(二) 竞争者分析的内容和步骤

1. 识别企业的竞争者

所谓竞争者，就是指那些与本企业提供的产品或服务相类似，并且所服务的目标消费者也相似的其他企业。通常从产业和市场两个方面将产品细分和市场细分结合起来综合考虑，从而识别企业的竞争者。这中间涉及两个概念：产业竞争观念和市场竞争观念。产业竞争观念就是提供同一类产品或可相互替代产品的企业，构成一种产业。市场竞争观念就是竞争者是那些满足相同市场需要或服务于同一目标市场的企业。企业最直接的竞争者就是为相同的目标市场推行相同战略的组织或个人。一个战略群体就是在一个特定行业中推行相同战略的一组企业。例如，中国旅游市场上的三大巨头企业中旅、国旅、青旅，它们彼此之间就是竞争激烈的旅行社竞争者。当然市场中还存在众多实力不强的中小型旅行社，也渴望在旅游市场这块大蛋糕中分得一块。

2. 确定竞争者的目标与战略

企业必须弄清每个竞争者在市场上追求的目标和实施的战略是什么，行为的动力是什么，这样可以弄清楚竞争者的走向及支撑思路。最初经营者推测，所有的竞争者都追求利润最大化，并以此为出发点采取各种行动。但是，这种假设过于简单。不同的企业对长期利益和短期利益各有侧重，有些竞争者更趋向于获得满意的利润而不是最大利润。尽管有时通过一些其他的战略可能使它们取得更多利润，但它们有自己的利润目标，只要达到既定目标就满足了。

也就是说，竞争者虽然无一例外地关心其企业利润，但它们往往并不把利润作为唯一的或首要的目标。在利润目标的背后，竞争者的目标是一系列目标的组合，对于这些目标，竞争者各有侧重。所以，企业应该了解竞争者对目前盈利的可能性、市场占有率的增长、资金流动、技术领先、服务领先和其他目标所给予的重要性权数。了解了竞争者的这种加权目标组合，就可以了解竞争者对目前的财力状况是否感到满意，以及其对各种类型的竞争性攻击会作出什么样的反应，等等。如一个追求低成本领先的竞争者对于其竞争者因技术性突破而使成本降低所作出的反应，比对同一位竞争者增加广告宣传所作出的反应强烈得多。很多旅行社都会在报纸上大打广告吸引游客，进行旅游线路的宣传促销，这些大家都心知肚明。但如果某家旅行社推出全新的旅游线路或更好的创意思维，那么某些旅游企业就会感到芒刺在背，非常有竞争压力。

3. 分析评估竞争者的能力，特别是企业的核心竞争力

竞争者的能力包括：企业规模和网络化经营程度、旅游设施的技术装备水平、从业人员的科技水平、多元化经营程度、服务质量与服务创新、成本控制能力及外部支持。

维系企业生存和发展的力量有两种：一般竞争力和核心竞争力。一般竞争力是各企业共有的，仅能维持生存；只有核心竞争力才是企业持续发展壮大的独特生命力。企业应较为准确地找到竞争者的优势和劣势，同时找到对手的弱点和盲点；搜集过去几年中关于竞争者的情报和数据，如销售额、市场占有率、边际利润、投资收益、现金流量、发展战略等；了解竞争者过去执行各种既定战略的情报以及是否达到了预期目标；注意发现竞争者对市场或对它们自己判断上的错误，如果发现竞争者的主要经营思想有某种不符合实际的错误观念，企业就可以利用对手的这一劣势，出其不意，攻其不备。

4. 判断竞争者的市场反应。

企业的任何动作都将引起竞争者不同程度的关注和反应。竞争者通常会有四种反应：

(1) 从容不迫。竞争者或实力强大、底气十足、沉着应对，或麻木失灵、无所知觉，或财力有限、顺其自然。

（2）选择性回击。竞争者会根据带给自己的威胁大小而选择反击某个方面。

（3）凶猛地全面反击。竞争者一旦受到挑战，就猛烈地全面反击。

（4）随机应变。竞争者对攻击的反应具有随机性，有无反应和反应强弱无法根据其以往的表现预测。

5. 选择企业应采取的对策

企业应进攻谁、回避谁，可根据三种情况来定：一是竞争者的强弱。“食弱强身”“灭强争霸”。二是竞争者与本企业的相似程度。同相近似者搏击，“逼至死路，放其再生”。三是竞争者表现的好坏。根据竞争者的表现好坏，选择相互关系（攻击或结盟）。

二、市场领导者战略

可以根据企业在目标市场中所扮演的角色对其分类，可分为市场领导者、市场挑战者、市场跟随者和市场利基者，从而进一步理解企业的竞争战略。

市场领导者是指占有最大的市场份额，在价格变化、新产品开发、分销渠道建设和促销战略等方面对本行业其他企业起领导作用的企业。

市场领导者为了维护自己的优势，保住自己的领导地位，一般会采取以下战略：

（1）扩大总体需求战略。

（2）保护市场份额战略。

（3）扩大市场份额战略。

许多行业中都有一个被公认为市场领导者的企业。该企业占据相关产品最大的市场份额，在价格变化、新产品推广、分销渠道覆盖和促销力度等方面领导着行业中的其他企业。那么在旅游行业当中，毫无疑问是国旅、青旅和中旅占据了市场当中的最大份额，现在还有一些发展态势非常好的民营企业，如中国康辉旅行社、上海春秋旅行社等。

营销人员认为，虽然著名品牌在消费者心中具有独一无二的地位，但是除非该优势企业享有合法的垄断性，否则还是需要时时保持警惕：产品创新可能紧接而来，危及市场领导者的地位；竞争者也可能出人意料地挖掘出全新的营销视角，或进行一次重大的营销投资；或者市场领导者发现其成本结构呈螺旋式上升。

下面分别详述每个战略：

1. 扩大总体需求战略

每种产品都有潜力去吸引那些尚不了解该产品的顾客，或是那些因为价格不合理、缺少某些产品特色而拒购的顾客。例如，据英国《华闻周刊》报道，英国内政部负责文化事务的大臣杰里米·亨特（Jeremy Hunt）对外宣布，为吸引更多的中国旅游者来到英国，内政部正考虑对来自中国的签证申请规则进行调整。而此次签证规则的调整也是奥运会后英国加大对中国进行旅游业推销的一部分。这一计划的最终目标是在今后 3 年把中国访英游客的数量增至目前水平的 3 倍。

据悉，英国此次打算大幅度的整改中国赴英国的签证申请政策，以此来鼓励更多的中国旅游者来到英国。据杰里米·亨特透露，调整后的签证制度将使中国旅游者造访英国变得“更容易、更高效、更便捷”。在被问及政府是否会考虑就此放松签证规则时，亨特表示，边境安全的保障是首要的，但是内政部和移民局会为此研究相关方案，有可能让英国的签证申请在申报签证申请时作为“平行流程”当中的一部分。

在伦敦举行的一次演讲中，内阁部长宣布：“我们在着手对签证政策调整的同时，也会进一步加强与航空公司的联系，增加来往中国的航班数量。”英国政府将与航空公司和民航主管部门合作，增加从北京、上海以外的中国城市直飞英国的航班，并解决缺少转机点的问题。

内政部负责移民事务的大臣达米安·格林（Damian Green）对此表示说：“中国是英国发展旅游业和商业的重点目标市场之一，为能够吸引更多的中国旅游者，我们会不断地改善我们各方面的服务。”据统计，目前每年前往英国的中国旅游者数量多达 15 万人次。内政部部长们希望能在 2015 年将这一人数增长到 50 万左右。中国旅游者数量的大幅增长预计会为英国多带来超过 5 亿英镑的收入；同时，会另创造出 1.4 万个新的就业机会。

2. 保护市场份额战略

在试图扩大整个市场容量的同时，市场领导者必须时刻注意保护自己的现有业务不受竞争者的侵犯。市场领导者如何才能保卫其领域不受侵犯呢？最有建设性的回答就是持续创新。市场领导者应该引领行业不断开发新产品，提供新的顾客服务，致力于资源的有效分配及成本的持续降低。只要能够提供全面的解决方案，企业就可以不断增加其竞争优势和顾客价值。例如，每年 8 月份起是新疆游的旺季，当地瓜果飘香，景色绚丽。从广之旅国际旅行社了解到，该旅行社前往喀纳斯的线路特别安排旅游者入住喀纳斯景区豪华酒店，自由选择二次进入喀纳斯景区，将停留时间最大化。与往年不同的是，除了南疆、北疆深度游线路，针对 2012 年重新开通的连接南、北疆重要通道的独库公路，该旅行社还特别推出了南、北疆联游的线路，让旅游者领略南、北疆美景，真正做到旅行无疆界，重磅推出新产品——南、北疆联游。

在满足顾客需求的过程中，应该把响应营销（Responsive Marketing）、预知营销（Anticipative Marketing）和创意营销（Creative Marketing）区分开来。响应营销是响应已存在的消费者需要并加以满足；预知营销是提前感知消费者未来的可能需要；而创意营销是发现和产生消费者并没有提出、但能使他们产生热烈响应的解决方案。实施创意营销的企业会主动推动市场需求，而不是被动地以市场为导向。例如，被誉为“北国玫瑰”的清迈，因歌唱家邓丽君而闻名国内。它不仅是邓丽君最爱的小城，而且因为佳人的到访而充满了传奇与诗意。2012 年 6 月中下旬，中山海外旅行社推出了我国澳门直航往返的“泰北探秘　清迈　清莱　直航　超值五天之旅”，吸引旅游者一起“慢游”拥有清静气质的清迈，让时间凝固在这一慵懒时刻。这也是该线路最富创意的一面。

据了解，清迈梅平酒店的 1502 房，是邓丽君三度到访清迈所入住的房间，昔日，邓丽君最爱坐在窗前的贵妃椅上，在阳光下看书。由此，清迈也被称为是“最有邓丽君气质的城市”。清迈曾长期作为泰王朝的国都所在地，气候凉爽，古迹众多，是著名的避暑胜地，拥有大大小小 300 多座寺庙。旅游者将前往香火最为鼎盛的双龙寺祈福，并乘坐清迈独特的交通工具嘟嘟车，开展一段古城之旅，见证兰纳王朝昔日的辉煌。此外，旅途中还特别安排旅游者探访神秘的金三角，游览泰缅边境的热闹城镇，顺道领略缅甸风情。

3. 扩大市场份额战略

在许多市场中，企业的市场份额每提高一个百分点就能带来数千万美元的收益。难怪在诸多市场中，市场份额的竞争会变得如此激烈。然而，在服务的市场上获取日益增长的市场份额，并不意味着自动就能产生更高的利润，特别是对于那些没有形成规模经济的劳动密集型服务企业而言，能否获取更高的利润在很大程度上取决于企业的战略。例如，2012 年的伦敦奥运会，对于目前低迷的英国经济来说，无疑是一剂强心剂。而在这剂强心剂中，来自中国的消费者则作出了巨大的贡献。在伦敦主要的商场和奢侈品店，中国人无疑是其中的主角。据英国一家统计公司的数据显示，中国消费者平均单笔消费的数额以 200 多英镑排名首位。在位于伦敦市中心的邦德街上，不满 2km 的距离云集了近 100 家来自世界各地的著名品牌，而在这里也随处可见黑头发、黄皮肤、讲中文的旅游者。一位中国旅游者告诉记者：“在伦敦买东西价格便宜，同款产品在邦德街的店铺中用一半的价格就可以买到。”由此看得出，中国旅游者之所以成为伦敦消费的主力军，主要原因还是在于这些商品在英国的价格优势。

同时这位旅游者还告诉记者，这里很多家店铺中都有会讲中文的店员，看来商家也认识到了中国消费者的重要性。据统计，中国在伦敦的奢侈品消费总额已经超过了日本。同时，在记者的采访中，也有不少中国旅游者对购买奢侈品持保留意见。他们觉得，符合自己的购买能力、买到自己最需要的东西才是最重要的，对奢侈品没有必要盲目跟风。不断增长的奢侈品消费量的确是国人生活水平提升的表现，但是购买时也需要适度和理性。也许这才是一个国家消费观成熟的表现。

三、市场挑战者战略

市场挑战者是指在行业中占据第二位及以后位次，有能力对市场领导者和其他竞争者采取攻击行动，希望占据市场领导者地位的企业。许多市场挑战者能够逼近甚至赶超领导者。

现在让我们来细数可为市场挑战者所用的竞争性进攻战略：

1. 确定战略目标和竞争对手

市场挑战者首先必须明确其战略目标。绝大部分企业的目标是扩大市场份额，挑战者必须从中确定攻击对象：

（1）攻击市场领导者。这是一种高风险、高回报的战略，特别是领导者在该市场做得并不好的时候，选择此种方法非常明智。它通常可以使挑战者获得额外效益，即拉开与竞争者的距离。另一种方法是在整个细分市场上的创新能力超过领导者。

（2）攻击与自己规模相同、但是不善经营或者资金短缺的企业。一般这些企业的产品老化、价格高昂或不能在其他方面满足顾客需求。

（3）攻击小的、地方性或者区域性企业。

2. 选择一种普遍的攻击战略

针对明确的目标和竞争对手，市场挑战者可以采取什么样的攻击战略呢？可以识别以下五种攻击策略：正面攻击、侧翼攻击、围堵攻击、迂回攻击和游击战。

（1）正面攻击。在纯粹的正面攻击中，挑战者在产品、广告、价格和分销方面与对手进行正面比拼。这种力量比拼意味着拥有更多资源的一方会取得最终胜利。而如果市场领导者不反击，或者挑战者能让市场相信其产品可媲美领导者的话，一种改良的正面攻击，如降价等将会起作用。

（2）侧翼攻击。敌人的弱点就是天然的靶子，侧翼攻击可以遵循两个战略维度——地理维度和细分市场维度。在一次地理性攻击中，挑战者要识别出领导者表现逊色的区域范围。另一种侧翼攻击战略是去满足那些未被覆盖的市场需求。侧翼攻击也意味着识别细分市场中的转变，因为这些转变可能导致市场缝隙的形成，企业可冲入这一市场缝隙进行填充，进而将其发展为优势细分市场。侧翼攻击其实是现代营销中最传统的一种战略，其秉持的营销目标就是发现需求并设法满足它。对于资源比对手少的挑战者来说，这种战略尤其具有吸引力，其胜算的可能也比正面攻击更大。

（3）围堵攻击。这种战略试图通过闪电战获取敌人的大片领土，它意味着从多个正面发动浩大的进攻。当挑战者掌握了更上等的资源，并认为迅速的围堵能摧毁对手的意志的时候，这种攻击方式就是明智的。

（4）迂回攻击。这种最间接的攻击战略是绕过所有的对手，进攻最易夺取的市场来扩大企业的资源基础。这种战略提供了三种方针：多样化发展不相关产品、多样化发展新的地理市场以及跃进式发展新技术来排挤现有产品。技术跃进是一种应用于高科技行业的迂回战略，即挑战者耐心研究开发出下一代新技术，据此发动一场攻击，将对手占据优势的战场据为己有。

（5）游击战。这种战略由小型的、断断续续的攻击组成，不断骚扰对手使其士气低沉，从而最终赢得企业持久的立足之地。采取游击战的挑战者同时使用常规和非常规的进攻方式，其中包括选择性降价、频繁的广告促销战以及不时的法律行动。尽管花费可能会少于正面攻击、围堵攻击或者侧翼攻击，但是游击战的成本还是不菲。其实比起真正的战役，游击战更像一场大战的准备战。如果挑战者希望打败对手的话，最终还是要以一次更强的进攻作为后盾。然而，进行游击战式营销绝不能跨越法律和道德的底线。

3. 选择特定的攻击战略

挑战者必须超越这五种通用战略，开发出更加具有针对性的战略。营销方案的任何方面都可能作为攻击的基础，如低价或打折的产品、新的或改良的产品和服务、更加多样化的产品或者新颖的分销战略。挑战者的成功取决于如何结合各项战略来逐渐提升自身地位。

四、市场跟随者战略

市场跟随者是指愿意维持原状，通常害怕得不偿失而在营销中使用模仿战略的企业，或者说是那些在产品、技术、价格、渠道和促销等大多数营销战略上模仿或跟随市场领导者的企业。一个市场跟随者必须了解如何掌握现有的消费者，并且在新的消费者群中争取更多的消费者。跟随者并非被动地跟随，而应该具有自身的战略。跟随战略可分为以下三类：

（1）紧密跟随市场新趋势（复制者）。即尽可能地在各个细分市场和市场营销组合领域内模仿市场领导者，但不采取激进手段阻挡领导者的发展。

（2）距离跟随市场领导者（模仿者）。即与领导者企业的产品保持一定的差异性，但可以在产品革新、几个营销渠道等方面全力跟随领导者企业。

（3）选择性跟随领导者（挑战者）。只在某些方面紧随市场领导者，但必须经常进行产品革新，以避免与领导者发生直接竞争或只是模仿市场领导者的行之有效的策略。

多年前，西奥多·莱维特（Theodore Levitt）写了一篇题为《创新性模仿》（In no-Native Imitation）的文章。他在其中强调，产品模仿战略可能跟产品创新战略一样有利可图。创新者承担了开发新产品、使之进入分销渠道、告知并培育消费者的大量成本。所有这些工作和风险带来的回报就是通常其会成为市场领导者。但是，另一个企业能追随其后复制或者改良新产品。尽管不太可能赶超领导者，但是这个追随者也能获取很高的利润，因为它没有承担任何创新成本。

但这并不是说市场跟随者缺乏战略。一个市场跟随者必须清楚如何保留现有消费者和如何赢得相当份额的新消费者。每个跟随者都试图在选址、服务或者财务等方面为其目标市场创建独特性优势。跟随者必须时刻保持低廉的制造成本、优质的产品和服务质量，因为它通常是挑战者攻击的首要目标。当挑战者有所行动时，跟随者必须准备随时进入新的市场。跟随者需要设计一条成长路线，但前提是这条路不会带来竞争性报复。这里区分了四种主要的战略：

1. 伪造者

伪造者完全复制领导者的产品和包装，在黑市或者通过声名狼藉的经销商出售。

2. 克隆者

克隆者效仿领导者的产品、名字和包装，但会加以少许变动。

3. 模仿者

模仿者从领导者的产品中复制一些东西，但是会在包装、广告、定价和选址等方面保持差异性。只要模仿者不展开激烈攻势，领导者就不会太过介意。

4. 改良者

改良者对领导者的产品进行调整或者改良。它们可能会选择在不同的市场销售产品，但往往很可能成长为未来的挑战者。

跟随者能赚取多少利润呢？正常情况下，会少于领导者。比如，一项对食品加工企业的调查显示：最大的企业平均投资回报率是16%，位列第二的企业是6%，第三位是-1%，第四位是-6%。这就意味着只有前两名的企业才可能盈利。难怪通用电气公司的前首席执行官杰克·韦尔奇（Jack Welch）告诉他的业务部门，每个项目都必须达到市场的前两名。市场跟随者战略通常不是一种可盈利的途径。

五、市场利基者战略

“利基”一词是英文“Niche”的音译，意译为“壁龛”，有拾遗补缺或见缝插针的意思。利基战略是以专业化战略为基础的一种复合战略。如果针对中国企业，可将利基理解为一种企业成长战略。它是指企业选定一个特定的产品或服务领域，集中力量进入并成为领先者，从当地市场到全国再到全球，同时建立各种壁垒，逐渐形成持久的竞争优势。它强调的是竞争战略中的集中与后发，以及职能战略中的市场细分。

市场利基者是指一些中小企业或大企业的小业务部门，专门经营某些细小的细分市场，它们不与主要的企业竞争，而只是通过特色经营、专业化经营来占据市场的小角落，为那些可能被大企业忽略或放弃的市场进行有效的服务，并通过出色的补缺战略来获取高利。

利基者企业应特别注意在市场、消费者、产品或营销组合系列方面的专业化。作为市场利基者，要完成三个任务：创造补缺市场、扩大补缺市场以及保护补缺市场。

一些企业除了在一个巨大的市场中成为跟随者外，另一个选择就是在小市场中成为领导者，或称之为利基者。小企业通常都要避免与大企业竞争，因而它们会选择大企业不感兴趣的小市场作为目标。但即使是大的、盈利性很高的企业，也可能为一些业务部门或旗下公司选择利基战略。

那些只有较小市场份额的企业还可以通过明智的市场利基来获取高额利润。这些企业往往倾向于提供高价值，收取溢价，降低制造成本，以及营造强势的公司文化和愿景。

在对数百家营业单位进行调查后，战略计划机构发现小市场的平均投资回报率为27%，而大市场只有11%。为什么市场利基策略如此有利可图？主要原因是市场利基者最终可以深入了解目标消费者，从而能够比其他随意进入该市场的竞争者更好地满足消费者的需求。因此，市场利基者能够在成本之上收取实在的价格，获得了高边际收益，而大市场的领先者则是获取大额销售量。

市场利基战略带来的主要风险在于，这一市场利基可能会枯竭或者遭遇攻击，此后，企业可能会陷入困境，因为它所拥有的高度专门化资源可能没有其他高价值的替代使用方法。

企业必须不断创造新的市场，因为利基市场可能会逐渐变弱。企业应该坚持它的市场利基战略，但不必坚守它的某个利基市场。这就是多重市场利基战略比单一利基战略更可取的原因。在两个或者多个利基市场中形成实力，企业就能提高存活的几率。因此，企业进入某市场应该首先将目标对准一个利基市场而非整个市场。

第四节　旅游品牌战略

旅游品牌战略是对旅游品牌全局的筹划和指导，是以企业品牌和产品品牌的营造、使用和维护为核心，在分析研究自身条件和外部环境的基础上所制订的总体行动计划。其价值应体现在品牌认知度、品牌美誉度、品牌联想度和品牌忠诚度上，而品牌忠诚度是品牌价值的核心。品牌战略的目的就是要建立一种信念，一旦这种信念形成，就能让消费者明确、清晰地识别并牢记一个品牌，成为驱动消费者认同、喜欢乃至眷恋一个品牌的主导力量。

一、旅游品牌概述

旅游品牌就是一种名称、术语、标记、符号或图案，以及上述各项的相互组合，是用以识别企业的旅游产品或服务并使之与竞争者的旅游产品和服务相区别的一种个性化标识或排他性的品类符号，是旅游者得到的功能价值、关系价值和情感价值等全部价值的总体体现。

旅游品牌实质上是能给旅游者带来独特精神享受的一种利益承诺，它建立在旅游资源或旅游地域的独特性之上，同某个具体的旅游产品或旅游产品群相关联，并且表明了此项承诺的来源与标准。

狭义地说，旅游品牌是指某一种旅游产品的品牌。

广义地说，旅游品牌具有结构性，包含某一单项产品品牌、旅游企业品牌、旅游集团品牌或连锁品牌、公共性产品品牌、旅游地品牌等。

通常意义上的旅游品牌按照层次来划分，包括旅游公共品牌、旅游企业品牌和旅游产品品牌。三个层次相互作用、相互影响，共同构成了旅游品牌系统。

旅游公共品牌是指不为某个特定的旅游景区、旅游企业所占有，而是为某地区和其境内的所有旅游景区、旅游企业所共享的品牌。旅游品牌的竞争首先是旅游目的地之间的竞争。一个地区的旅游品牌获得市场青睐，其境内的所有旅游景区、旅游企业都会受益，因此旅游公共品牌有其公益性，这也是旅游景区、旅游企业不愿意为旅游公共品牌投入资金和人力的原因。这就需要当地政府为旅游公共品牌的塑造提供支持。例如，河北旅游公共品牌包括河北省省域品牌和河北省地区品牌，省域品牌如河北的“五色旅游”品牌、“环京津休闲旅游产业带”品牌，地区品牌如石家庄的红色旅游品牌、秦皇岛的海滨度假旅游品牌、承德的皇家文化和草原风光旅游品牌及张家口的滑雪度假品牌等已经深入人心，在消费者心目中树立了良好的形象。

旅游企业品牌包括旅游景区品牌、饭店品牌和旅行社品牌等。景区是旅游的核心吸引物，景区品牌也是一个地区品牌的核心。景区品牌获得市场青睐，就会带动整个区域旅游的发展，故其具有很强的外部性。如西柏坡旅游品牌、野三坡旅游品牌、白洋淀旅游品牌等，对当地旅游业的带动作用都非常明显。而作为旅行社品牌，更多的是一种经销商的品牌。相对于旅游景区品牌来讲，因其经营产品的广泛性（地域上的广泛性和行业上的综合性），它对当地旅游的贡献更多依赖于旅游景区品牌的建设。饭店品牌因其经营场地的固定性，相对于旅行社品牌来讲，对区域旅游业的贡献较高。

旅游产品品牌是指一个具体的旅游企业可以向客源市场销售一个或多个旅游产品，这些旅游产品可以采用同一个品牌战略。旅游产品是指旅游经营者为了满足旅游者在旅游活动中的各种需求，而向旅游市场提供的各种物质产品、精神产品和旅游服务的组合。比如承德坝上草原二日游、秦皇岛海滨二日游等都是成熟的旅游产品，在旅游市场中有很高的知名度和美誉度。

二、旅游品牌的塑造

品牌驱动经营，是旅游企业资产价值的真正体现，品牌战略是科学的管理系统。旅游品牌的塑造主要包括以下环节：

1. 进行正确的旅游市场定位

这是一个城市或者地区旅游形象的核心价值。构筑城市或者地区旅游形象，是旅游品牌建设的中心问题。它要求整合旅游形象因子，将旅游形象信息综合地表现出来，呈现在旅游消费者面前，使目标受众对城市或者地区旅游产生清晰、明确的印象，激发其感知和参与的欲望。如潮州市政府根据《潮州市旅游发展总体规划》，将潮州市旅游总体定位为：世界潮州文化之源、广东东大门、粤东文化生态休闲旅游地。潮州市旅游品牌的塑造和宣传就要围绕这个定位开展工作。主要以如下几个方面为基础：一是明确旅游者的需要和动机，依托潮州市已开发和潜在的旅游资源优势，寻求同类产品的差异化特征；二是从文化方面进行定位，深入挖掘潮州旅游资源的文化内涵，充分展示独特的潮文化资源，从而为旅游者提供丰富多彩的精神和文化享受。通过采用先进的营销理念与潮州市旅游业的实际情况密切结合起来，运用整合营销传播理论，整合各方力量，开展统一的旅游品牌传播。

2. 塑造品牌的内涵

几十年前，旅游企业价值的将近80%由有形资产，如厂房、设备和存货等组成；如今，旅游企业价值的将近50%由无形资产决定，这些内容通常不会直接显示在账目上，相对难以测算。但是，在这些资产中，最重要的一项就是旅游企业的品牌。更为现实的是，消费者对任何一个品类能记忆的品牌有限，所以，企业必须使其品牌在消费者的记忆系统中占据数一数二的位置，也就是在这个品类中形成差异化的认知。这是品牌塑造的关键。

从消费者的角度来看，降低消费者的搜寻成本和选择成本是品牌塑造的关键。品牌塑造的核心是在消费者心目中形成独特的认知和排他性的符号，所以在品牌塑造中，正确认识品牌的内涵是品牌塑造的关键。只有形成了排他性的符号，在降低搜寻成本和选择成本的驱动下，消费者才会作出选择。

塑造品牌的品质和内涵、提高客户的忠诚度，是许多旅游企业的一个发展趋势。对“软实力”的认知越充分、重视程度越高，一个城市或者地区的旅游产品和服务就越能够为人们所需要。品牌可以说是集“软实力”之大成，是企业“软实力”的一个重要表现。如今，旅游消费者已不仅仅只是简单地购买旅游产品，而是在选择一种观念和态度。据悉，2012 年山西旅游启用的新口号“晋善晋美”赋予了山西旅游全新的品牌内涵。其取义于“尽善尽美”的谐音，也是将山西人文的厚重——“上善”与山西的自然天成——“大美”进行融合，将山西的悠久人文与自然景观予以统一完美阐释。“晋善”蕴含了山西人善良、朴实、诚信的品格；“晋美”褒奖了代表着山西五千年历史文化的历史景观与壮美的自然风光、传统的民俗艺术，以及新兴的城市发展、和谐的生活、美好的未来。同时，“晋”不仅代表山西，更有晋升的意思，以此表达出一种期许，寓意着山西的旅游业及其带给旅游者的体验均会越来越好。

3. 理顺各方管理——有限型政府主导模式

有限型政府主导模式追求政府主导有限性，期望利用政府的能力以低成本来满足社会对公共物品的需要。其核心内涵为“政府主导、企业主体、市场导向”。其主要是通过强化政府宏观调控来实现资源的优化配置，通过培育市场主体来避免市场的畸形发展，并通过更多地让市场主体参与旅游资源的保护和开发来促进旅游业的可持续发展。旅游品牌营销离不开各相关管理部门的间接调控管理，提供公共服务产品，但也要求管理部门在参与旅游产业发展过程中，应规范自身的行为，尊重市场规律，着重在建立和完善旅游法规体系、规范旅游市场竞争秩序、加强市场监管、促进部门协调等职能上发挥作用，实现对旅游企业的服务和支持。

4. 通过选择主流媒体，进行网络化经营，实现品牌扩张

旅游企业提供的产品是旅游服务，是无形商品，产品的生产过程也就是消费过程，旅游者对所购买的产品无法马上接触到。相对于工业产品的品牌而言，它是软性的，是需要消费者在享受服务的过程中感受的。因此，一家旅行社或者酒店能否吸引到更多客源，也在于其品牌对旅游者的影响力。不仅如此，旅游产品生产和消费的同时性，决定了旅游品牌的推广无法像其他工业企业的品牌那样，通过产品的流动来实现，而只能通过消费者——旅游者的流动来实现。因而对于旅游企业而言，必须通过网络化经营，才能实现品牌的有效扩张。

“要想成功把旅游品牌打造出来，选择主流的、权威的、传播力强的媒体很重要。传播的介质如今非常丰富，平面的、影视的、广播的、网络的，等等，都能够把旅游景区宣传出去。但要想走品牌营销之路，主流是第一重要的。”中央电视台广告经营管理中心副主任何海明先生说。

5. 打造多项旅游品牌，减少市场竞争带来的冲击

开拓国际市场的旅游企业是否应该只拥有一个全球品牌？从表面来看，答案显而易见应该是肯定的。中国怎样打造全球品牌呢？上海奥美广告资深企划人员张洁认为：“广告并不是建立品牌的唯一手段，一个强劲的品牌能否给消费者带

来一个瞬间的记忆，而这个记忆的价值是无法衡量的，越来越多的企业将关注的焦点集中于客户的质量而不是客户的数量。”

北京大学广告学院陈刚院长认为，中国旅游正全面进入品牌竞争时代，全国95家5A级景区、185家4A级景区以及其他众多的A级景区，消费者的可选择性很强。山东旅游资源众多，但特色不鲜明。10年前，当“好客山东”出现在中央电视台时，人们开始觉得勉强，仅仅认为是山东旅游的一种简单的捆绑，只是找了一个“好客”的由头而已，却没有从中看到“好客山东”的品牌营销实践的力量。在现代传播学中，有一种成功叫做坚持。“好客山东”喊了10年，喊到了人们心里头，慢慢开始接受和认同。它逐渐成为人们内心深处的东西，变成一个耳熟能详的品牌。

“走遍四海，还是威海”是另一个典型的成功案例。威海旅游只是中国普通滨海旅游的一部分：相比大连，它不够时尚大气；相比青岛，它不够典型洋气。如何把威海旅游的品牌打出去？策划者选择把威海旅游放在“好客山东”的最后面，用“走遍四海，还是威海”进行总结，既恰当、贴切、自然，又方便记忆。

数年来，广西、云南、内蒙古、福建、浙江等地的风景旅游区也都推出多种旅游产品，打造各自的旅游品牌。在我国滇西北，有一条与美国科罗拉多大峡谷相媲美的东方大峡谷——怒江大峡谷，贡山独龙族怒族自治县充分发挥境内优势资源，把旅游与民族文化有机结合，欲打造“三江明珠”“怒江大峡谷”世界级旅游品牌；2006年，青藏高原宣布打造以文成公主入藏传说、昆仑山神话、茶马古道、唐蕃古道等轶事为主题的“七大品牌”工程；福建也着力打造鼓浪屿音乐文化、福州船政文化、武夷山世界遗产、莆田湄洲妈祖信仰、泉州海上丝绸之路、漳州天福名茶、永定土楼七大旅游品牌。

6. 开展大型旅游品牌研讨会，寻求“知名品牌”震撼效应

中国旅游品牌营销研讨会自2011年创办以来，已经在国内、国际旅交会期间成功举办两届。作为2012年中国国内旅游交易会的重要配套活动之一，该届品牌营销研讨会以“传播品牌，联动营销”为主题，围绕旅游市场发展变化趋势，以前瞻性的视角审视和探讨了当前旅游、营销等方面的热点问题，多角度剖析了品牌营销面临的实际问题，深化了品牌联动营销推广的核心理念，增加了业界对品牌营销价值的认知和了解。中国旅游品牌营销研讨会的目的是建立健全旅游形象宣传渠道，拓宽旅游形象宣传途径，实现旅游品牌和产品的联动营销，促进旅游品牌的成熟和壮大。通过旅游业界和传媒业界的共同努力，探索一条旅游品牌推广和联动营销新模式，发挥各自优势和长处，推动我国旅游品牌发展，实现良性发展和互动，促进旅游产业更好更快发展。

三、旅游品牌营销战略

旅游目的地营销的根本目标就是，采取卓有成效的营销战略和策略，着力打造旅游目的地知名度、美誉度和忠诚度完美统一的强势品牌。旅游市场营销已经进入品牌竞争时代，品牌力成为现代旅游业的核心竞争力。

在现代营销理念当中，品牌可以说是营销的核心和灵魂。品牌作为吸引消费者购买的重要因素之一，应该全面简洁地向消费者传递本身所代表的独特形象和旅游产品的吸引力。品牌是产品和服务与消费者各种关系的总和。它既是某种标志、符号，又是消费者消费某种产品的体验和感受。每个品牌的背后都有一种产品和服务支撑品牌的形象和理念，但同时品牌又必须超越这种产品或服务而相对独立存在。

旅游是一种预消费产品，消费者不能像传统型的消费活动一样可以直观地挑选商品并在付款后形成快速消费。因此，购买过程中旅游产品的品牌对消费者购买决策的影响就显得尤为重要。在当今激烈的旅游市场竞争中，形象塑造已成为旅游景区占领市场制高点的关键。美国广告研究专家莱利·莱特有一句名言："拥有市场将会比拥有工厂更重要，拥有市场的唯一办法是拥有占市场主导地位的品牌。"旅游产品的不可移动性决定了旅游产品要靠形象的传播，使其为潜在旅游者所认知，从而产生旅游动机，并最终实现出游计划。品牌真正要做的也就是细节，把每一个标志、每一句口号、每一种色彩甚至每一处细小的字间距都做得恰到好处、分毫不差。

例如我国香港的品牌营销，专门制定了目的地品牌营销战略。香港每过几年就推出一个主题，成功地吸引了大量旅游者。从2001年开始到2003年，香港的旅游主题是"动感之都，就是香港"，展示出一个充满机会和活力、东西方文化汇聚的都市形象，既树立了自己的旅游形象，又张扬了城市个性。

南岳衡山是一个老牌景区，自古有"五岳独秀"的美誉。但随着新景区的不断增多，全国旅游市场竞争日趋激烈，如何使老品牌焕发出新活力便成为南岳发展旅游业的最大问题。五岳中衡山以秀见长，但南方的众多名山大多也是清秀之山，衡山的秀难以突显出突出的比较优势。针对世界旅游发展已进入休闲时代的新趋势和人们普遍追求健康长寿的新要求，结合南岳寿文化源远流长的资源特征，南岳区于2000年提出了"旅游品牌强区"的发展战略，在品牌上进行了大胆创新，将南岳衡山的品牌形象重新定位为"中华寿岳"，确定了打"中华寿岳，天下独寿"这张王牌，以品牌树立形象，以形象扩大影响，以影响促进发展，取得了显著成果。

总之，我国旅游业要长期稳定的发展，在市场营销方面，必须完成一个重要的转变，即由"点子"营销转向战略营销，由单点策划转为战略策划。

例如，昆山市大力推进旅游品牌营销战略。2011年4月1日至4月3日，由昆山市旅游局组织邀请，旨在为昆山旅游整体宣传包装策划的南京麦肯趋势品牌策划公司摄影、编辑一行来昆山市进行旅游摄影采风。摄影组在三天的时间里，分别对昆山市的水乡古镇、阳澄湖水上公园、巴城老街、星期九生态农庄等旅游景点进行全景拍摄和采风活动。借助麦肯趋势专业的品牌包装和推广策略，昆山大力推进品牌营销战略，把旅游营销由传统的资源产品营销转向更高层次的品牌营销，树立强烈的品牌意识，以品牌引领产品更新，以品牌推动形象推广。

又如广西虽旅游资源丰富，但是多年来，除了桂林山水、北海银滩、德天瀑布外，缺乏更多在国内外打得响亮的旅游品牌。要想做大，必须有一个展示形象的平台，展示企业的产品，形成有竞争力的品牌，通过品牌化推广，提升资源的价值，提升在国内外的知名度。因此，广西旅游局实施了发展性品牌营销战略。自2010年中国东盟自贸区建成后，又使广西成为与东盟旅游交流的平台，届时广西和东盟的旅游产品将在这里汇集交流，来自世界各地的游客可以大饱眼福，把广西之秀、东盟各国之美尽收眼底。

第五节　旅游市场营销战略组合

一、旅游市场营销组合的概念及意义

市场营销组合通常指用“4P”来描述产品在市场上的战略位置。市场营销组合的一个版本起源于1948年。James Cullion认为市场营销决策应该是一个像食谱一样的东西。1953年，美国哈佛大学教授尼尔·博登（Neil Borden）在美国市场营销协会主席的就职演说中用到了这个版本，并将这个食谱的说法进一步引申，创造了“市场营销组合”（Marketing Mix）这个词。伟大的市场营销专家、美国密歇根州立大学市场学教授杰罗姆·麦卡锡（E. Jerome McCarthy）于1960年提出了“4P”的概念，这个概念现今已得到了广泛应用。

（一）旅游市场营销组合的概念

旅游市场营销组合是指旅游企业的综合营销方案，即旅游企业对自己可控制的各种营销因素（产品质量、包装、服务、价格、渠道、广告等）进行优化组合和综合运用，使之协调配合、扬长避短、发挥优势，以便企业更好地实现营销目标。

市场营销组合是指一系列可控的、战术性的市场营销工具，它们共同作用，以达到公司的目标。它们是：产品、价格、促销和渠道。尽管其他的市场营销专家增加了其他的“P”，例如Magrath为服务业增加了人事、包装和实物证据，科特勒增加了公共关系和政治权利，YS Chin增加了包装，但市场营销的基本概念

通常仍将“4P”作为其要素。它们分别是指：

（1）产品（Product）。产品是指定量大规模生产或制造的可触摸的物品或不可触摸的服务。不可触摸的产品通常是指服务，例如旅游业和饭店业。大规模生产的可触摸的物品的典型例子有汽车和可抛弃型刮胡刀。一个比较不明显但是无处不在的大规模生产的服务是计算机操作系统。旅游产品决策是指根据目标市场的需要，开发出适销对路的旅游产品。

（2）价格（Price）。价格是指顾客为产品支付的金额。它由一系列因素决定，这些因素包括市场份额、竞争、材料成本、产品身份和顾客认知的产品价值。因此价格是波动的，不是一成不变的，旅游产品更是如此，无形的服务占很大比重。同时，旅游产品由很多不可再生资源组成，它的市场价格相对昂贵，不确定性因素多。旅游价格决策是指企业根据目标市场上旅游者和竞争者的状况，制定出具有竞争力的价格。旅游产品的价格一般包括成本、税金和利润，其中成本是旅游定价的基础。但在买方市场条件下，还要根据市场需求和市场竞争状况，制定出旅游者和旅游经营者都可以接受的价格。

（3）地点（渠道）（Place path）。地点是指可以买到产品的地方，通常是指分销渠道。旅游产品分销渠道决策是指旅游产品进入市场的最佳渠道，保证旅游产品顺利地销售。

（4）促销（Promotion）。促销是指市场人员可以在市场上运用的各种传播手段。它包括四个不同的因素：广告、公共关系、口碑和销售点。旅游市场促销决策是指向目标消费者提供各种信息，进行沟通，树立企业形象，使之正确认识旅游目的地及其产品的价值，促进产品的顺利销售。

从广义上来说，市场营销的主要职能是找到最好的市场营销组合。通过提供“4P”搭配得很好的产品，市场人员可以得到很好的结果和市场营销效率。市场营销组合的小变化统统被认为是战术性转变，而“4P”中任何一个大的变动都可以被认为是战略性转变。例如，价格大幅变动。比如一个商品的价格从19美元到39美元，将被认为是产品定位的战略性转变；而从131美元到130.99美元的变化则算一个战术性转变，可能是由于促销的原因。

“市场营销组合”这个词并不表示“4P”是不同的选项，它们不是需要权衡的方面，而是需要时刻注意的基本的市场营销问题。无论是默认的还是明确决定的，它们都是市场营销所必需的基本行为。

【营销实例6-2】

洪雅——五颗珍珠连一线，串成璀璨旅游链

一谈起旅游，一般人们想到的或是巍峨的名山，或是绚丽的美景，或是厚重

的文化，抑或是惊世奇观。而四川洪雅是一个独揽旅游产品四大要素（知名、美景、文化、奇观）旅游资源异常丰富的宝地。但是单独来讲，论名山，它略逊五岳、普陀、九华；论美景，较“甲天下”之称的桂林山水、杭州西湖，它也略显不足；论文化，它亚于十三朝古都西安、大漠宏歌敦煌莫高窟；论奇观，它又略逊于景色奇冠中外的“四绝”黄山。但是，这里的很多旅游特色又是以上这些知名旅游胜地所不具备的，是洪雅所独有的，只是受到地理位置、历史与开发等因素的影响，不那么广为人知而已。

旅游行业竞争者众多，大多早已名声在外，加之地理位置等优势，对洪雅的旅游产品造成了巨大的压力。如何发挥自身独特的差异性优势，在众多强大的竞争者中脱颖而出呢？最终，洪雅打出了整合优势资源、强强联纵的组合牌营销战略：把当地各种特色的资源像串珍珠一样串到一起，打造一条一站游遍壮丽名山、绚丽美景、厚重文化及惊世奇观的旅游之链。

第一颗珍珠：天地灵动——瓦屋山国家森林公园

瓦屋山国家森林公园是中国生态旅游重点森林公园、国家3A级景区，公园主体为中国历史文化名山——瓦屋山。瓦屋山集雄、奇、险、秀、幽、珍于一体，以原始、古朴、神奇闻名天下，素有“春看杜鹃，夏观飞瀑，秋赏红叶，冬睹南雪”之美赞。其最高海拔3522m，古称居山、蜀山、老君山，早在唐宋时期就与峨眉山并称“蜀中二绝”。现在提倡生活的高质量与健康，在经历了狂热的跟风、猎奇、盲目的旅游过程后，人们冷静下来，开始客观地选择旅游目的地。现在长途旅游结束后旅游者出现的综合征越来越多，主要表现为没有精神、注意力不集中、失眠、头晕、厌食等。出现这一情况的首要原因就是旅游地的空气质量差、温差大（和旅游者的居住地相比温差过大）、细菌过多等。这些对于人们正常生活不会造成太大的影响，但对于长途旅行，体力严重透支的旅行者就很危险。虽然表面上旅游者似乎容光焕发、神采奕奕，但这主要是由于情绪兴奋造成的假象，此时身体状态已经很糟糕，一些危害物乘虚而入，如粉尘、细菌等，待到旅游结束，情绪放松后，这些危害就开始体现出来。由于五岳、黄山、峨眉山、九华山、普陀山等地成名已久，旅游资源已经被过度开发，自然生态也遭到了严重的破坏，空气质量较差，失去了原生态的特质。而瓦屋山的自然生态保护完好，其所在位置的海拔高度适中、气候宜人、空气清新，绿地面积超过95%，原生态率93%（旅游区的平均原生态率为76%），并且未受到任何污染与破坏，山中泉水源自地下几千米深处，经过千百年积淀净化，堪称极品矿泉。综合来看，瓦屋山是最适合健康游的旅游目的地。

第二颗珍珠：佛影空幽——槽渔滩

槽渔滩风景名胜区位于洪雅境内青衣江上游，景区面积18km^2。风景区内古老的桫椤树群映着碧绿的水面，秀丽的自然风光和丰富的文化历史交相辉映，构成了独特的江峡风光，饮誉中外。槽渔滩风景名胜区利用得天独厚的自然人文景观，开发出六大景区40处景点。苍山翠岭中的“雅江书院”，完全依照原清代建筑风格而建；“千塔佛国”依山而建，错落有致，利用天然岩石开凿建造了一尊长45.3m、高12.5m的大型卧佛，描绘雕刻了80多幅释迦牟尼生平佛传故事和摩托车岩造像壁画，仿建国内108座名塔于一处，构成千塔佛国；金船山的悬崖峭壁上，“天然笑佛”“金山飞瀑”“通天云栈”被誉为槽渔滩“三绝”；金舟寺内，“十八罗汉”形态各异，“四大天王”气宇轩昂；桫椤峡内峰回水转，景色宜人，两岸峭壁穿空，雄奇险峻，植物活化石——桫椤树遍布山野，“两岸翠色连天秀，一江碧水遍地幽”。神奇瑰丽的槽渔滩集山水秀色于一体。云屿楼、披风榭、瑞莲亭、百坡亭、碑亭、抱月亭、快雨亭、式苏轩、景苏楼、绿州亭、半潭秋水一房山、采花舫、南堂、疏竹轩、绿筠轩、西门等各具特色。正殿、启贤堂、瑞莲亭为清康熙年间所建，近现代所建和修葺都以清代康熙四年的建筑为参照，使之成为一组典型的完整的四川清代古建筑群。除了怪石嶙峋、飞瀑悬挂、鹰翔山谷、鹤立江畔，这里还有传说中二郎神斩妖治水留下的“砍断山”“龟都府”，古代南方丝绸之路通道之一的“竹箐关”古栈道，以及许多明、清时代遗留下来的古石刻和寺庙。槽渔滩兼具了文化之灵韵，美景之秀雅，有刚有柔，在整条“项链”中是能和瓦屋山进行互补的一颗重要的“珍珠”。

第三颗珍珠：渊源厚重的文化留痕——高庙古镇

洪雅县中的高庙古镇始建于清咸丰年间（公元1704年），属于山岳型古镇，占地约3.2万m^2，依山傍水，为两溪所夹，镇内遍布石梯小街，民居沿河而建。古镇布局奇特，迄今保存完好的古建筑尚有125座，其中绝大部分建于明末清初，全是穿斗式构架。古镇由三条长100余米，宽3~6m的老街组成，青石街面，滴檐紧靠，仅容一线天光泄入，靠近河坎的房后，均为各种形状的吊脚楼，别具一格。古镇三街分为上街、下街、横街。横街和下街矗立着两座雕梁画栋、檐牙高啄的万年台，戏楼前有近500m^2青石海漫的坝子，街面全由青石板铺成，石板上长着绿绿的青苔。古镇长年被云雾所缭绕，雨量充沛。古朴的老街、悠闲的老人、挂在檐下的老玉米，这一切显得格外幽静、神秘。完整的清代民居在高庙随处可见，历史的足迹就在人们面前。在镇中小店尝尝当地独具特色的腊肉火锅、冷竹笋，来一杯高庙白酒，或品品独有的云雾茶、老鹰茶，可以真实地享受这里带给人们的完整的古镇风韵体验。

第四粒珍珠：红色的铭记——七烈士纪念馆

洪雅还有红色文化，如“烈士桥”和高庙“七烈士纪念馆”。其中，“七烈士纪念馆”是为纪念在解放战争中在高庙乡征粮而牺牲的中国人民解放军62军93征粮工作队指导员赵银忠、战士张更寿、孙炉娃等七烈士修建的。来到这里，可以感受到半个多世纪前的那段峥嵘岁月。

看过名山，游过古镇，再感受一下红色的记忆，缅怀那些创造了人们今天美好生活的先烈，也让旅游者心中多了一份肃穆敬仰的情怀。

第五颗珍珠：枢纽、核心、驿站——林海度假村

玉屏森林度假村距成都162km，距乐山90km，距峨眉山40km，距瓦屋山45km，距洪雅县城38km，处于四川旅游线的必经要路，以地理之优势，广纳八方来客，可以说是四川旅游的中心与枢纽。一幢幢别致的小木屋错落在密林之中，有吊脚楼、风车房、园丁楼、小木屋等，恍若童话世界。房间内部现代化设施齐备，可以满足旅游者的各种需要。度假村有豪华套房、标准套房、标间、经济间等各种档次，能满足不同层次旅游者的需要。其风景独特，服务上乘，故被誉为“四川第一村”。

这里还是回归自然，寻幽觅静的绝佳场所。20多亩的人工林海，无边无垠，绿浪接天，层层叠叠，青翠欲滴；林中飞瀑流泉，花香鸟语，美不胜收；折耳根、蕨菜、花斑竹、白质巅等野菜遍布林间，芬芳扑鼻；林下泉眼丰富，形成多姿多彩的磨子沟阶梯瀑布和气势浩荡的海汇棠水库。在这充满生机与自然野趣的环境中，当旅游者从繁华的大都市风尘仆仆来到这清凉胜地下榻，远眺林海，涉足清泉，林下漫步，林中拾趣，伴着山风、松涛与野花绿草的芳香，在古朴的小木屋里进入梦乡，的确是一种其乐无穷的享受。

这里作为四川旅游的重路，“进”可以夺取周围景区的旅游者，“守”可以方便到洪雅的旅游者便捷地去其他旅游区，是整个旅游链中具有战略性的一颗珍珠。新营销思维创造强大的竞争优势：旅游行业的营销水平相较起竞争激烈的消费品市场还显得不够成熟，大多是只在现有的自然资源上下工夫，缺乏营销创新与价值创新。但这也正是一个突破的机会。洪雅从产品角度对资源进行了合理的整合，串起了一条“旅游项链”，并从三个角度打造特色旅游产品。从洪雅这个成功案例中人们可以发现，单纯靠一个知名的自然资源吃老本的情况将慢慢失去竞争力，导入先进的管理理念与营销手段，站在战略的高度整合资源、运作市场，将是未来旅游企业的制胜之道。

（二）旅游市场营销组合的意义

（1）使旅游企业营销活动能够统一规划、整体部署，而又富于多样性和灵活性。若没有统一规划组合，只是单方面的市场营销活动搞得出色，对于提高企业市场营销活动的成效，可能毫无意义。

（2）提高经营的稳定性。旅游市场不断变化，旅游企业的具体营销活动也需相应地不断变化。组合营销战略的制定就使营销策略在市场的导向下，通过灵活的战术、策略，实现全局的既定目标，减少盲目调整营销策略产生的混乱，使企业临变不惊、稳步前进。

（3）提供了一种科学地分析和运用各种营销因素的思路和方法，指导企业经营者把影响营销效果的各种因素有机地结合起来，从而达到企业整体营销效果最优化。

（4）为企业参与市场竞争提供了有力的手段。企业不再只有价格竞争，而是可以采取更为合理灵活的营销组合，充分利用非价格因素来形成差别优势，提高企业的竞争能力。

二、旅游市场营销组合因素

对旅游企业的市场经营能力具有影响的外部因素，称市场营销环境因素；旅游企业自身可以控制的各种经营手段，称市场营销组合因素。旅游企业提供给旅游消费者的产品，本质上是一种服务。旅游服务营销组合是“7P”组合，即包括产品、价格、渠道、促销、人员、有形展示以及过程七个要素。以下结合旅游业的行业特征，分别介绍旅游人员要素、旅游有形展示要素以及旅游过程要素的特点。

1. 旅游人员要素

对于旅游服务营销来说，这里的“人员”不仅包括旅游服务的提供者——员工，还包括旅游服务的消费者——旅游消费者。

旅游企业的员工（特别是一线员工）参与旅游服务的“生产”过程，是旅游产品的重要组成部分。尽管可以有这样或那样的质量标准和服务程序，但企业员工不同的精神状态、服务热情会给旅游者带来截然不同的心理体验。在旅游者眼中，他们代表企业；在企业眼中，他们还是“兼职”的营销人员。比如，虽然旅行社的每一位导游都可以把讲解词说得一字不差，但一个富有活力和感染力的导游能够使旅游消费者产生很高的满意度，对这次经历和体验会留下美好和深刻的印象，在旅游服务结束后就会将这种感受传递给其他人。相反，一个呆板和心不在焉的导游会使旅程变得乏味，行程中的风光景色和文化经典只是像流水线上的物品一闪而过，旅游消费者无法体验到旅行的趣味和魅力。正因为员工的素质影响旅游营销的效果（见图6-1），越来越多的旅游企业开始重视员工的服务素质培训，并在企业内部开展内部营销管理活动，希望通过提高员工的满意度来提高旅游者的满意度。

旅游者的行为、参与度以及旅游者之间的接触，也会影响旅游者满意度。比如，在同一个旅行团里，不遵守时间安排的旅游消费者会延误总体的旅行计划，降低其他旅游消费者的满意度。因此，旅游企业也需要加强对旅游者的引导和必要的规范。

2. 旅游有形展示要素

旅游有形展示是指旅游企业为提高产品的吸引力，将自身的服务特色进行有效的实物化，并通过展示使产品更容易被旅游者把握和感知。旅游环境、旅游信

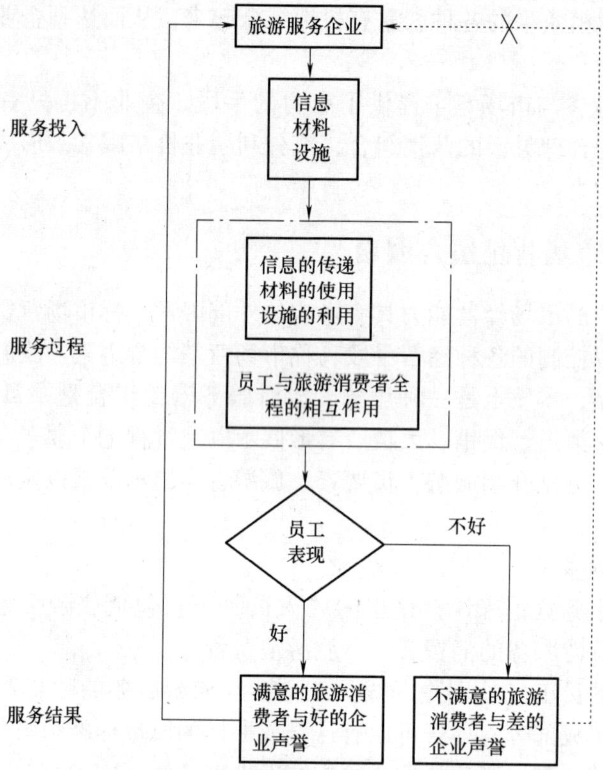

图 6-1　旅游服务投入—产出图

息以及旅游结果所涉及的一切有形载体和设施都可以划归为有形展示的范畴，比如，文字、图片、旅行地图、宣传片等。

通过“西双版纳——人类共有的生态家园”这段文字，人们可以了解到西双版纳景点的特色；图片可以将旅游服务产品的特色通过视觉方式展示出来；而旅行地图和宣传片则是一个模拟的旅游体验过程。旅游有形展示的方式多种多样，一句动人的广告词、一首经典的旅游景点歌曲、一张详细的旅行地图、一套精美的景区图片、一部风景怡人的旅游宣传片，都可以达到吸引游客的目的。

旅游企业在设计营销组合时，应根据自身资源的特点，制定科学、有效的有形展示策略，将旅游服务的特色展现出来，以吸引目标消费者。

3. 旅游过程要素

旅游产品的过程性是旅游服务的本质特性。由于旅游者参与服务的生产过程，服务过程通常被认为是服务产品的组成部分。旅游者对服务的满意不仅来自于旅游产品的实物组成，同时也来源于服务的传递过程。旅游过程要素是旅游服务营销组合中的重要要素。

旅游企业为提供旅游服务所进行的所有工作活动都是服务过程，包括交付给旅游者的程序、任务、日程、结构、活动和日常工作等。比如旅行社提供“大连三日游”服务，从旅游者的购前信息咨询，到旅程中的吃、住、交通、游览、娱乐、购物等各项服务，再到旅游结束后的客户关系服务，都是旅游过程要素的组成部分。旅游过程设计规定了每个环节的行为规范、服务标准、参与协作的前、后台以及支持人员的工作任务，最终归结到旅游者对服务质量的反馈。

服务过程的设计在一定程度上关系到一线服务人员提供服务的成本、效率、质量以及难易程度。旅游过程设计中，旅游者的参与度越高，服务人员提供满意服务的可能性就越高。

三、旅游市场营销组合战略

旅游市场营销组合战略是有效地涉及和实现各种营销手段的综合运用，即在组织营销活动时，针对不同的旅游市场环境和内部条件，将以上因素进行最佳组合，使它们相互配合产生协同的综合作用，而不是相互矛盾甚至起相互抵消作用。

旅游市场营销组合是旅游企业可控制的经营手段的组合。旅游企业可以根据自己的调研分析，设计具体独特的旅游产品、制定合理的价格、选择适合的营销渠道、进行适度的营销促进等，形成自己具有竞争优势的组合战略。但因为旅游企业处于不可控的外部营销环境中，种种不可控的因素会对旅游的正常经营产生制约和影响。因此，旅游企业在进行营销组合时，应时时关注外部环境的变化，以便能及时调整内部可控因素，使内、外部因素相协调，从而适应外部环境的变化。

例如，河南省的旅游市场营销组合战略包括：第一，产品策略。制定旅游产品组合策略，充分研究河南省的旅游产品组合中核心的产品线是什么，并不断地以核心产品线为依托，全面实施旅游产品组合策略。第二，价格策略。在金融危机影响下，旅游业更应突出低价优势，吸引游客。第三，渠道策略。旅游市场应扩宽国内国际的渠道，与旅行社联合营销，扩宽发展的路径。第四，促销策略。应综合公共关系和广告策略，不能单一地使用营业推广战略，而要考虑到促销策略的长远性，不能只注重眼前利益。

【关键概念】

旅游市场营销战略；旅游品牌；旅游品牌营销战略；旅游市场营销组合；旅游市场营销组合战略

【复习与思考】

1. 旅游市场营销战略的特点是什么？应如何制定与控制旅游市场营销战略？

2. 旅游市场营销战略的基本类型有哪些？

3. 旅游市场竞争战略中，市场的领导者、挑战者、跟随者、利基者分别应采取哪种竞争战略？

4. 如何在竞争激烈的旅游市场中塑造强有力的旅游品牌？

5. 旅游市场营销组合因素有哪些？

【项目实训】

请利用旅游市场营销组合战略知识，针对丽江丰富的旅游资源，制定并推出一个整合丽江旅游市场的营销组合策略。可以涵盖当地著名的旅游景区，极具特色的旅游产品，代表纳西族的东巴文化，自然与人文并重，突出民族与民俗，打造一个全新的旅游品牌。注意结合自己的带团实践经验，有理有据，图文并茂，不可任意篡改或拼凑，制定出理想的营销组合战略。

第七章

旅游产品策略

【本章学习目标】

通过本章的学习，掌握旅游产品的基本内涵，并能在实践中灵活运用；了解旅游产品生命周期原理，并能够依据产品生命周期特点将不同的旅游产品归类；了解旅游新产品的概念和类型，掌握旅游新产品开发的基本策略。

◆【案例导入】

丽江玉龙雪山景区营销成功案例分析

玉龙雪山，这座全球少有的城市雪山，既是丽江旅游的核心品牌，又是云南现有的两个5A级景区之一。根据丽江打造世界级精品旅游胜地的发展目标，玉龙雪山旅游开发区先后投资10亿元，在$50km^2$范围内，开发了甘海子、冰川公园、蓝月谷、云杉坪、牦牛坪等景点以及雪山高尔夫球场和《印象·丽江》大型实景演出。10年间，丽江玉龙雪山景区的客流量从2000年的72.25万人次，发展到2009年的230万人次，年均增长超过25%。

玉龙雪山景区在品牌打造、产品整合、市场营销、文化建设和节目创新等诸多方面，均有极为出色的卓越表现。其领导班子团结有力，管理人员具备优良素质和国际视野，以及营销策略运用得精准细腻，都令人印象深刻。可以说，玉龙雪山景区的成功并不是偶然的，其营销管理体系所形成的综合竞争力，已使其成为中国旅游景区行业的市场领跑者。

一、做大品牌：整合产品集群发展

玉龙雪山景区在2007年成为全国首批66家5A级景区之一，其升级后

的第一个动作就是整合周边六个景区的经营权，做大丽江旅游核心品牌景区。从2008年1月1日起，游客只需手持一票，就可在两天内游览大玉龙旅游区。2009年4月，全国重点文物保护单位白沙壁画景区加入。自此，玉龙雪山从单一景区扩展为旅游产品集群。大玉龙旅游区包含八个景区，分别是玉龙雪山（5A级）、玉水寨（4A级）、东巴谷（3A级）、白沙壁画（3A级）、玉柱擎天（2A级）、东巴万神园（2A级）、东巴王国（2A级）和玉峰寺（2A级）。其中，大多数景区原来都是独立经营，大玉龙旅游区形成之后，全部由玉龙雪山景区投资管理有限公司统一经营和管理。

从景区营销角度看，玉龙雪山的这种做法，本质上是一种品牌扩展策略。品牌扩展策略有利有弊，好处是可以放大品牌效应，提高市场认知度，降低市场导入成本，但也存在一定的市场风险。由于不同景区的品质不同，景区之间的市场关联性有强有弱，因此，如果这种策略运用不当，就有可能损害景区的品牌价值形象，降低旅游者的旅游品质体验。为了避免出现这种情况，玉龙雪山景区采取了三项措施：

1. 以“大玉龙”作为主品牌

在成为5A级景区之前，玉龙雪山跟周边其他景区相比，虽然存在品质差异，但品牌关系却是平行的。这就带来一个很大的问题：当旅游者以玉龙雪山为旅游目的地时，面对众多的景区品牌，常常无法作出选择。而小景点的不规范经营行为，使玉龙雪山的核心品牌地位不断遭受冲击。2006—2007年间，在小景点高额回扣的诱导下，冲着玉龙雪山而来的团队旅游者被劝说改线的竟达150万人，使玉龙雪山损失了1.2亿元门票收入。更有甚者，某旅行社以“远眺玉龙雪山”的方式运作市场，2007年招徕游客到丽江9.5万人，但实际进山人数只有56人。

解决这一问题的根本途径，一是做大玉龙雪山品牌，二是整合周边旅游产品。然而，这其中有一个矛盾：如果八个景区仍旧独立经营，却统一使用玉龙雪山品牌，则还会出现如前所述的景区品质下降，有损玉龙雪山的品牌形象；如果八个景区实行合并，又有销售捆绑之嫌，招致旅游者反对和旅行社抵制。

如何解决这一市场难题呢？景区管理层巧妙地设计了一个“大玉龙”的新概念，将大玉龙旅游区作为主品牌，将包括玉龙雪山景区在内的八个景区作为子品牌。这样，既放大了玉龙雪山的品牌效应，使人产生良好的品牌联想，又使八个景区所形成的产品序列清晰可辨，凸显了大玉龙旅游区内景区的高品质和产品的多样性。同时，在经营权整合的基础上，对大玉龙旅游区内的所有景区实行统一经营管理，有利于提升景区品质和服务水平。更为重要的是，这种互利共赢的方式，将景区之间多年来为了争夺客源而展开的激烈竞争消弭于无形。

2. 联票和单票双轨制

对于八大景区的整合，旅游者和旅行社最担心的就是变相涨价和捆绑销售。为了消除市场疑虑，管理层采取了两个具体措施：一是大玉龙旅游区的联票价格定为 190 元，与八个景区单独购票共计 285 元相比，大幅下降 33%；二是联票和单票双轨制，旅游者如果想去单个景点，仍可以单独购票。这种灵活机动的价格策略，在推出之后很快被市场所接受。在全国景区涨声一片的情况下，玉龙雪山景区的门票价格调整却波澜不惊，几乎是悄无声息，足见其市场运作的沉稳老练。

玉龙雪山景区将联票价格定为 190 元，还有一层更深的市场意义。国内著名风景名胜区的门票价格上涨，一直是大众旅游市场的敏感话题。通常而言，旅游者对景区门票的价格敏感度，一是跟绝对价格有关，二是源于相对价格比较。作为国内旅游业的一线品牌景区，九寨沟门票价格 220 元，黄山门票价格 202 元，可谓是中国景区行业的两个标杆。玉龙雪山将联票价格定为 190 元，说明景区管理层清醒地认识到，200 元的门票价格是一道“大众心理红线”，一旦逾越将会引发市场争议。而跟国内同类型的单一景区相比，大玉龙旅游区将八个景区的联票控制在 200 元以内，可以提高性价比，钝化价格敏感度。

3. 构建景区绿色交通

大玉龙旅游区范围达 $50km^2$，为了让旅游者获得更好的旅游体验，活动策划景区着手解决三个问题：一是旅游线路的合理设计；二是构建生态环保的便捷交通；三是做好游客旅游的安全保护。

（1）设计旅游环线。以玉龙雪山为轴心，设计大玉龙旅游环线。大玉龙旅游区内的多数景区都在玉龙雪山的山脚下，八个景区点与点之间的距离最远不到 30km。在这条旅游环线上，旅游者可根据自己的时间和需求，自主选择旅游方式和路线：既可将玉龙雪山与其他景区组合，也可去玉水寨、玉峰寺和东巴谷等景点感受纳西文化，还可选择白沙壁画景点感受多元宗教文化的融合。

（2）修建雪山栈道。为了既能使旅游者充分领略雪山美景，又能使该区域的冰川资源、草甸植被得到有效保护，玉龙雪山景区投资 1000 多万元，修建了冰川公园总长 5400m 的栈道、云杉坪栈道和牦牛坪栈道。

（3）开通环保专线。自2006年起，景区实施“绿色交通”工程，购置85辆达到“欧Ⅲ”标准的环保大巴，建立辐射冰川公园、蓝月谷（白水河）、牦牛坪景点的环保专线车线路，极大改善了玉龙雪山景区的环保条件和管理水平。

（4）增加索道运力。为了分流景区客源、提高游客满意度，景区分别对云杉坪、冰川公园和牦牛坪三条索道进行技术改造，使云杉坪索道运力达到1500人/h，冰川公园索道运力从420人/h提升到1200人/h，牦牛坪索道运力达到420人/h。这样，三个景区每小时能接待2340人，每天接待量达2万人。此外，专为《印象·丽江》大型实景演出而建的甘海子剧场，以及新开发的玉龙雪山水域景区蓝月谷，分别可容纳游客4000人和15000人。

（5）加强安全监控。为了做好安全救援工作，景区开发建设了数字玉龙信息化管理系统，将网络信息技术应用于景区管理和安全救援，形成集事务管理、景区监控和安全救援于一体的综合应用平台。这样，既可以将游客从客流稠密区合理引导到其他景点，又能在大玉龙旅游区50km^{2}范围内做到安全无死角。

大玉龙旅游区完成产品整合之后，2008年1月1日正式面向市场。从丽江地接旅行社和昆明旅行社的对外报价看，费用虽有一定的增加，但由于丽江的酒店放开价格，把原来暗中的自费景点转变为直接报价，所以旅游者在丽江旅游的整体消费反而有所下降。

从一年多的市场实践来看，玉龙雪山景区的品牌扩展策略是成功的。2009年1—11月，大玉龙旅游区接待旅游者251万人次，玉龙雪山景区接待旅游者230万人次，同比增长23%；《印象·丽江》大型实景演出接待旅游者130万人次，同比增长137%。接下来，大玉龙旅游区将从经营权整合逐步过渡到产权整合，并按5A级景区来打造。

二、细分市场：精耕细作渠道创新

从玉龙雪山景区的三份材料中（一是《玉龙雪山党旗红》，记叙景区动态和企业文化；二是《质量管理参考》，涉及质量监督和服务规范；三是《丽江玉龙雪山景区客源市场分析》，活动策划是景区营销中心撰写的营销计划），可发现玉龙雪山算不上是规模最大的，但其景区综合管理水平基本是最高的。根据玉龙雪山景区所提供的翔实数据，对丽江市的客源市场结构及其变化趋势，以及玉龙雪山景区的营销策略创新活动策划，可进行以下分析：

（1）客源结构：国内为主，国际为辅。丽江市和玉龙雪山景区的来源一直以国内市场为主。2007年，丽江市接待国内旅游者490万人次，接待海外旅游者40万人次，国内旅游者占接待总量的92.45%。国内市场分为传统客源市场和新兴旅游市场，前者又细分为六大客源市场，分别是珠三角、长三角、京津唐、云南省（以昆明和玉溪为主）、四川省和重庆市。根据2007年丽江市旅游局对本地旅行社的调查统计，团队接待人数超过10万人次的有广东、四川、北京、上海，超过5万人次的有天津、云南、浙江、江苏、深圳、重庆、河北。上述地区构成丽江旅游的一级目标客源市场，占国内旅游者总数的60%以上。

（2）高端市场显现，客源结构多样化。近年来，随着丽江城市旅游环境的优化和提升，客源结构逐步呈现多样化，并且形成了一定范围内的高端客源市场。在丽江，高星级酒店，尤其是国际联号酒店虽然房价不菲，但入住率极高。不过，玉龙雪山景区目前的旅游消费主体人群，还是以月收入3000~5000元的中等收入阶层为主。丽江城区的三星级以上客房也最为抢手。

（3）新兴市场和境外市场快速增长。在客源结构方面，广东和上海等传统客源市场近年来有所下降，天津、河北、湖南、湖北、内蒙古、甘肃、新疆和东三省等新兴市场迅速增长。其中，天津和河北的团队旅游者近年来增长最快。2004—2007年，来自天津的团队游客分别为24387人次、39636人次、68478人次和92759人次，四年时间增长3.8倍。在周边市场，自驾游人数增长明显。在入境市场，我国港、澳、台地区的旅游者继续保持增长，日本和西欧的旅游者也明显增加。2004—2007年，丽江市接待外国旅游者分别为56500人次、108231人次、153782人次和273690人次，四年时间增长4.8倍。但境外旅游者占接待总量的比例，目前仍只有8%左右。

从上述分析可以看出，丽江市和玉龙雪山景区在国内市场开拓方面成效卓著，境外市场虽然增长速度较快，但仍有较大潜力。针对丽江市的客流结构及其变化趋势。其中，景区重点加强了对境外市场的宣传促销力度。

1. 分众传播

在市场细分的基础上，景区针对每个具体市场的特性，选择最适合的媒体，采用该市场的潜在消费群体容易接受的方式，开展促销宣传活动。

（1）国内市场。面向全国市场，重点与中央电视台和新浪、搜狐等知名门户网站建立常年合作关系；面向北京、上海、广州、深圳等大城市，主要在机场、火车站和高速公路出入口进行广告宣传；面向省内和周边市场，重点加强在城际列车、城际飞机和高速公路旁的宣传力度，竖立制作精美的大型广告牌。

(2) 我国港、澳、台市场。重在建立与旅游代理商、旅游网站和当地媒体的合作关系，主推“云南最神圣的雪山”品牌，突出神秘的东巴文化和原生态的雪山风光。其中，针对港、澳、台地区的中产阶级人士，着重宣传玉龙雪山与新马泰阳光沙滩截然不同的冰雪奇迹，主推“北半球最南的雪山”品牌，策划“东巴文化旅游节”“雪山天籁”音乐会等活动，设计“东巴神山与世界奇峡”“非常东巴·非常雪山”（Very Dongba，Very Snow Mountain）等主题产品。活动策划媒体选择以旅游杂志、重要社区、娱乐场所和俱乐部为主。

(3) 欧美市场。通过玉龙雪山国际摄影大赛、中瑞姊妹峰节等文化交流活动，吸引和邀请欧美国家的外事人员和国际组织人员、媒体人员和专业人员。同时，策划“徒步虎跳峡”“南国雪山探秘”“雪山高尔夫”等探险旅游活动，吸引具有冒险精神的国际旅游者。其中，针对欧洲旅游者享受自然、重视在旅游过程中增长知识的心理，主打“原生态的东巴文化，原生态的玉龙雪山”品牌；针对美国旅游者喜欢探险和多样性旅游项目的心理，以“壮丽的雪山、神奇的虎跳峡”为诉求，在美国《国家地理》定期开设专栏，介绍玉龙雪山的自然风光、民俗风情和资源保护。此外，借助丽江国际东巴文化旅游节、世界遗产论坛、纳西族“三朵节”等民族节庆与会展活动，吸引海外媒体、旅行商和国际旅游者，并在飞往主要客源地国家的国际航班上免费赠送多语种的玉龙雪山旅游资料。

(4) 日本市场。重点加强与日本旅行社和观光协会的联系，主推丽江古城世界文化遗产和东巴文化世界记忆遗产。其中，面向日本的银发市场，针对日本旅游者求新、爱动、追求高质量旅游的心理，主推“神秘东巴，古老神山”品牌；面向日本的高端客源，加强对玉龙雪山东巴文化特色商品、纳西特色餐饮的宣传力度。

(5) 东南亚市场。针对泰国中青年旅游者喜欢刺激和创新、热爱登山滑雪的心理，以“彩云之南，玉龙雪山”为品牌，突出东巴神山的资源独特性和神秘性，以及包价旅游的价格优势；针对新加坡旅游者重视旅游品味、服务质量、旅游知识含量的心理，以“神秘的东巴文化，壮丽的玉龙雪山”为品牌，突出玉龙旅游的知识含量、生态环境和民俗风情。

2. 特色活动

景区与有实力的策划公司建立长期合作关系，保证新的活动创意层出不穷。综观玉龙雪山景区的特点，主要体现为“三个结合”：一是与民族文化相结合，比如“中国国际东巴文化旅游节”。二是与体育赛事相结合，比如利用北京奥运会的机遇，加强与各类体育代表团的联系，展开“雪域高原，牵手奥运”的宣传攻势，筹建高原体育训练基地，吸引运动健儿到丽江进行体育集训。再比如为了吸引企业中高层管理人员，与高尔夫协会、自驾车协会和俱乐部合作，策划国际雪山高尔夫大赛等。三是与影视作品相结合，比如利用《印象·丽江》《一米阳光》《千里走单骑》和《茶马古道》等影视作品及其名人效应，以城市白领阶层为主要促销对象，策划和设计各种话题。

此外，玉龙雪山景区在活动策划过程中，比较注重大型旅游文化活动的国际性、时尚性和学术性。比如在“东巴神山”促销活动中，同时举办国际摄影大赛、中瑞姊妹峰节等国际性活动。再比如通过策划“国际东巴文化论坛”“重回女儿国”等国际性的学术论坛，吸引国外专家学者，扩大玉龙雪山的海外知名度，进而拓展国际会议市场。

3. 渠道拓展

在本地市场，主动联合相关机构，共建全市旅游营销联合体，实行丽江旅游目的地的共生式营销，强化对地接旅行社的影响力和主导力；在省内市场，与其他景区建立契约式联合营销体系，比如与昆明石林、大理三塔和楚雄恐龙谷景区结成“云南精品旅游线景区联盟”。

在外地市场，建立完善的旅游分销体系，在北京、上海、广州成立旅游办事处，与当地龙头旅行社合作，联合开展旅游促销。同时，与各种社会团体建立联系，活动策划适时推出针对细分市场的旅游产品。此外，深入中高档社区和大型企事业单位，开展社区营销和单位直销等。

在周边市场，与四川景区联合促销，活动策划与旅行社合作设计“丽江古城—玉龙雪山—三江并流”、“九寨沟—黄龙—都江堰—青城山—玉龙雪山—丽江古城—三江并流”等线路产品。在媒体和渠道选择方面，重点聚焦于区域市场内的专业媒体和渠道，锁定高端细分市场，选择时尚类杂志发布广告，并与专注于商务旅游的旅行社开展合作。此外，加强与大香格里拉旅游区内热点景区的联谊与合作，共同推出新的旅游线路，利用区域合作力量拓展市场。

通过以上介绍可以看出，玉龙雪山景区的市场营销工作做得很扎实。无论是媒体宣传、活动策划还是渠道拓展，都是建立在深入细致的市场调查分析基础上的。首先是细分目标客源市场及其旅游消费者群体，其次是逐一分析每个客源市场的不同类型的旅游消费者群体的消费习惯和旅游偏好，然后再针对每个具体市场的不同情况，分别提炼宣传主题和品牌广告语，设计旅游产品和旅游线路，策划旅游文化和体育活动。这种建立在细分市场基础上的营销战术，具有精细化营销的显著特征。精细化营销对管理人员的素质提出了更高要求，对营销执行力也是一个全面考验。尤其是针对境外市场开展精细化营销，还要具备国际化的开阔视野和广泛的人脉关系资源。作为一个拥有八个景区、全年客流量超过250万人次的大型旅游区，精细化营销不仅必要，而且是市场发展的重要保证。

（资料来源：《商品定价八大策略打造竞争武器》，2011-6-2，http：//www. Chinavalue. net//Management/Blog/2011-6-2，/776170. aspx。经整理加工。）

第一节　旅游产品概述

旅游产品作为旅游企业的经营对象，遍及旅游产业，同时也存在于旅游行业以外的相关行业。饭、菜作为饮食服务业的主要产品，满足的是旅游者旅游时对吃的需求；酒店的客房作为一种直观的旅游产品，满足的是旅游者对住的愿望；旅游交通满足的是旅游者外出旅游时对行的需求；旅游景点、旅游商品、娱乐设施满足的是旅游者游、购、娱的需求；邮电、通信、金融、医疗等都可以作为一种旅游产品供应于旅游市场，从而满足旅游者的多种需求。旅游产品不仅包括有形实物，而且还包括无形服务。随着现代旅游产业的发展，旅游产品中实物部分的比例越来越小，无形服务的比例越来越大。

一、旅游产品的概念

1. *以旅游消费的角度看*

旅游产品是指为满足旅游者的愉悦需要，而在一定地域上被生产或开发出来供销售的实物形态和劳务形态商品的总和。第一，旅游产品的生产包括两种方式：一是依托旅游资源开发出来的，即资源依托型旅游产品，二是凭借拥有的人、财、物资源仿造或创造出来的，即资源脱离型旅游产品；第二，旅游产品主要是供旅游者购买，功能上具有可观赏性，空间上具有地域性；第三，旅游产品可以是实物形态，也可以仅仅是某种现象；第四，旅游产品都或多或少地含有人类专门为旅游目的而投入的劳动；第五，各种媒介要素（饭店、交通设施等各种接待产业要素）虽不是旅游产品，但它们可以构成旅游产品利益的追加组成部分。

2. 从旅游供给的角度看

李伟（2006）从旅游开发的角度定义为：旅游地的旅游资源经过人为开发生产出来的旅游吸引物，具体表现为有形的空间活动场所和无形的旅游项目组织。旅游产品主要由旅游吸引物、旅游设施、旅游服务和可进入性等构成。其中旅游服务是旅游产品的核心，旅游设施、旅游吸引物是旅游产品的外延，而可进入性是其中介。

3. 从旅游产品结构的角度看

1994年史密斯提出把旅游产品分解成五个同心环层次，从内到外依次是：物质实体，即位置、自然资源、野生动物、度假区、陆地、水体、建筑物和基础设施等构成旅游产品的物质基础；服务，即旅游者所必要的交通、餐饮、住宿、商业函电、照管儿童等服务；好客，即服务人员表现出来的态度与风格等；选择自由，即旅游者对各种服务、产品有一定的自由选择的机会；直接参与，即在接受服务时，游客有直接的参与机会。

二、旅游产品的构成

旅游产品是指旅游企业向市场提供能满足人们旅游活动需要的一切物品和劳务，包括有形的物质产品、无形的服务产品、旅游企业的人员素质及理念、包装和品牌的价值、游客的期望等一系列因素的综合体。菲利普·科特勒认为，旅游产品可以分解为五个层次：核心产品（Core Product）、形式产品（Generic Product）、期望产品（Expected Product）、延伸产品（Augmented Product）和潜在产品（Potential Product）。

1. 核心产品

核心产品是旅游者购买产品所追求的基本效用和核心价值，满足顾客最主要的需求。旅游者通过对核心产品的体验，能够获得各自所需的愉悦。具体是由食、住、行、游、购、娱这旅游六要素构成了整体旅游产品的核心层次。

2. 形式产品

形式产品是指核心产品借以实现的形式或方式。它主要表现在五个方面：品质、特色、样式、品牌及包装。旅游产品的形式产品主要是指旅游资源的形象、知名度、品牌、特色等。旅游产品的形象、知名度、品牌、特色是产品依托旅游资源及旅游设施而反映出来的外在价值，是激发旅游者旅游动机、引导和强化旅游消费行为的具体形式。不同旅游产品，由于其旅游资源和旅游设施等方面的不同，会导致旅游产品的品位、形象、特色和声誉的不同，进而产生产品差异性。

3. 期望产品

期望产品是指旅游者在购买产品时，通常所期望得到的与产品相关联的匹配的条件。例如，入住星级酒店的消费者期望客房整洁、安静，餐厅的食品美味可口，服务人员热情、周到。

4. 延伸产品

延伸产品是指超出旅游者所预期的附加利益的总和。旅游企业为了在激烈的市场竞争中获得最大利益，不断使自己的产品呈现更多的优势，使消费者得到更多的额外服务、超值享受和意外收获。

5. 潜在产品

潜在产品是指产品在未来可能会出现的变化，如拓展、演变、升级、精锐，用以满足旅游者未来的、长远的需求。随着科技的日新月异、人类创意的无穷无尽，旅游资源的内涵被无限放大，潜在旅游产品也将源源不断地出现。

三、旅游产品的特点

1. 无形性

无形性是服务产品的共同特点，而旅游产品主要是由无形服务组成的集合体。旅游产品的无形性主要体现在两个方面：第一，旅游产品是旅游者通过旅游活动体验一系列旅游服务并获得感受的过程；第二，旅游产品的无形性表现在其价值和使用价值不是凝结在具体的物上，而是在无形的劳务活动中，只有当旅游者享受了服务后，才能体会到旅游产品的价值和使用价值。所以，旅游产品的深层次开发和对市场需求的满足较多地依赖于无形产品的开发，也就是要不断地提高旅游服务的质量和水平。

2. 生产与消费的同步性

多数旅游产品的生产和销售是同时进行、不可分割的，所以这一特点称为生产与消费的同步性，也是服务产品的共性。旅游产品尽管有预付等形式的非生产地交易，但旅游者只有到旅游产品产地才能真正购买到旅游产品，并拥有其使用价值。因此，旅游产品交易的最终完成必须在产地实现。

3. 不可转移性

旅游产品是一种特殊产品，其购买、消费与使用是一种信息的交流和传播，产品不发生位移。旅游者购买的是特定时间、特定地点的产品使用权，如特定班次的火车票、船票、飞机票、景点门票等，所以旅游者只能到旅游产品生产地消费。旅游产品的不可转移性还体现在销售后所有权的变更上。一般物质产品通过买卖交换，所有权发生转移；但旅游产品买卖的是旅游者在特定时间和地点拥有产品的使用权，而不是永久性的所有权。

4. 不可储存性

旅游产品由于具有生产与消费的同步性和时空上的不可分割性等特点，因此任何时间、任何地点的旅游产品都不可能先生产出来，再等待旅游者前来购买，只有当旅游者购买并消费时，以服务为主体的旅游产品才会体现出来。所以，旅游企业十分关注旅游产品的不可储存性，在淡季时努力争取客源，尽可能地减少因为销售不出去而导致旅游产品价值的损失。

5. 综合性

旅游产品的综合性表现在：第一，旅游产品的构成内容具有综合性，它是旅游资源、住宿、交通、服务、旅游环境等因素的综合体；第二，旅游吸引物具有综合性，包括自然风光、历史遗迹、民俗风情、现代都市风貌等多重内涵；第三，旅游产品的生产和销售部门具有多样性。

6. 需求弹性大

旅游产品满足的是人类较高层次的精神需求，它不是一种生活必需品，从而决定了旅游产品具有较大的需求弹性，容易被替代。人们对旅游产品的需求强度小，而且不稳定。如果旅游产品不尽如人意或其他产品的吸引力更强的时候，旅游产品被其他消费品替代的可能性就很大。

第二节　旅游产品的生命周期与营销策略

宗教旅游、商务旅游、上层游历，慢慢被休闲度假、疗养旅游所取代。从文人墨客游山玩水，到现代社会的各种专项旅游，旅游产品在市场上一直体现出一种周期性，只是这种周期对于不同的旅游产品有长有短。由于这种市场的周期性，使人们有必要深入探究旅游产品生命周期的理论与实践。

一、旅游产品生命周期理论

（一）旅游产品生命周期的概念

旅游产品生命周期是指旅游产品从投放市场到退出旅游市场的全过程。与产品生命周期不同的是，旅游产品生命周期不是指旅游产品使用价值的存在和消失，而是指旅游产品是否被旅游市场接受以及接受的程度。旅游产品生命周期理论是旅游学中一个重要理论，对于旅游企业或有关部门在激烈的市场竞争中，根据现代旅游消费的特点，有效利用旅游资源，开发具有特色的旅游产品，制定各发展阶段的营销策略，发现导致旅游产品衰退的各种因素，采取有效措施减缓衰退期到来，从而延长旅游产品生命周期，实现旅游经济的可持续发展，具有重要的实践意义。

（二）旅游产品生命周期的特点

1. 引入期

引入期是旅游产品上市后，销售成长缓慢的时期，如新旅游景点、饭店、娱乐设施的建成，旅游新线路的开通，旅游新项目和服务的推出。在这个阶段，旅游产品尚未被旅游者了解和接受，潜在旅游者对此持观望态度，购买不够踊跃，只有少数追求新奇的消费者尝试购买。为了使消费者了解和认识产品，旅游企业需要做大量的广告宣传，开展促销活动。由于广告费用和其他营销费用支出较多，所以利润较低，甚至存在一定程度的亏损。这一阶段，旅游企业尚未建立理想的营销渠道和高效率的分销模式，承担的风险最大，但是由于市场竞争者较少，因此市场机会也较大。企业应该尽量缩短引入期的持续时间，以求迅速进入和占领市场。

2. 成长期

在成长期阶段，随着旅游市场逐步打开，新的旅游产品逐渐被消费者接受，旅游产品的设计和生产基本定型，主题明确。旅游者对产品的了解和认知程度提高，产品销售额快速增长。销售渠道被打开，众多中间商愿意加入到旅游产品销售队伍中。由于经过一段时间磨合以及各项质量保证措施的落实，旅游产品的质量日趋稳定并不断提高。随着旅游产品销售量的增长，单位成本下降，企业盈利增长。同时，由于经济效应的示范作用以及市场准入门槛不高，旅游企业难以保护知识产权，导致大量新的投资者不断涌入，使市场竞争压力加大。

3. 成熟期

成熟期是旅游产品销售的主要阶段，旅游产品成为名牌产品或老牌产品，如热点旅游线路、特色旅游服务项目等，在市场上享有较高的知名度和美誉度，消费者趋于大众化，拥有较高的市场占有率，销售额达到高峰而增长趋缓，利润也达到最高水平，市场开始饱和。此时期旅游产品的质量已经很稳定，单位旅游产品的成本稳定但有上升趋势，利润较高但有下滑迹象。市场上的竞争者大量涌现，竞争日趋激烈，企业可能为了对抗竞争者而增加营销支出。

4. 衰退期

衰退期是旅游产品销售急剧下降的时期。此时企业利润有可能大幅滑落，是旅游产品逐渐退出市场的阶段。旅游产品的内容和形式都不能满足旅游者的需求，旅游者的兴趣发生转移，只有一些怀旧型客人才肯光顾，销售量急剧下降，单位成本快速上升，利润迅速下降甚至发生亏损，同行竞争者纷纷退出市场。而某些旅游企业因为对衰退期缺乏足够的认识，随着现有旅游产品的衰退而走向灭亡。

二、旅游产品不同生命周期阶段的营销策略

（一）引入期的营销策略

在引入期，由于旅游产品尚不为人们所认识，所以旅游企业需在促销程度与价格之间进行组合选择。根据旅游企业对产品定价和促销的力度不同，可采取以下四项基本营销策略：

1. 缓慢采取策略——高价格水平低促销力度

企业以较高的价格树立产品形象，弥补促销力度上的不足，从而把旅游产品

投放到市场。这种策略在短期内可以获得高额利润，以收回旅游产品的生产成本。采用此策略必须具备下面的条件：第一，潜在旅游消费者愿意并有能力出高价；第二，旅游产品高度垄断市场，产品规格档次高，服务质量好，基础设施齐全；第三，旅游市场规模相对有限；第四，旅游市场基本了解这类产品；第五，潜在竞争者少，威胁弱。这类旅游产品具有很大的垄断性，如近年推出的“大陆居民赴台湾旅游”等。

2. 迅速采取策略——高价格水平高促销力度

企业以较高的价格树立旅游产品的市场形象，同时支付大量的促销费用，加大促销力度，在市场上树立良好的产品形象，以弥补高价格的不足，从而扩大对市场的占有率。采用这种策略应具备下面的条件：第一，潜在市场的大部分消费者还不了解该产品；第二，市场上有一批重质量、轻价格的成熟消费者，了解该产品后很希望购买，并有足够的支付能力；第三，旅游产品特色较为突出，与同类产品相比有比较明显的优势；第四，旅游企业需要尽快培养消费者的品牌忠诚度。这类产品包括高端的异国游，如“美国东海岸 15 日游”、邮轮游艇旅游，以及众多运动项目，如露宿、潜水、帆船等。

3. 缓慢渗透策略——低价格水平低促销力度

企业以一种低姿态进入旅游市场，目的在于促进市场尽快接受这类产品，随着知名度的提高，慢慢提高产品的价格，收回企业投资。采取该种策略的条件是：第一，旅游产品的价格弹性较大，消费者对价格比较敏感；第二，市场开拓空间较大；第三，基础设施能稳步配套建设；第四，有相当数量的潜在竞争者存在；第五，产品的知名度较高。如滨海旅游、宗教旅游、乡村旅游等为广大消费者所熟知的旅游产品在某地区开始发展的时候，都可以采取这种策略。

4. 迅速渗透策略——低价格水平高促销力度

企业以较低的价格搭配较高的促销，全力推出该产品。这种策略常使产品在最短的时间内进入市场，迅速提高产品的市场占有率。采取该策略应具备以下条件：第一，市场规模大，潜在消费者众多；第二，消费者对旅游产品的特色还不了解；第三，大部分旅游消费者对产品价格比较敏感；第四，潜在竞争的威胁大；第五，旅游产品因规模生产或采用新技术而使生产成本大大降低。如自驾游、滑雪游、高尔夫游和一般的出境游等，由于市场上同类产品数量的增加和产品生产成本的不断降低，过去高不可攀的价位，如今一般百姓也可以参与消费。

（二）成长期的营销策略

成长期旅游产品的营销策略包括两个方面：一方面，巩固已有的销售成果；另一方面，进一步扩大市场占有率尽快提高销售量。企业在成长期的销售策略为：

1. 提高产品服务质量，增加旅游产品特色

改进旅游产品，进一步完善基础设施建设，提高旅游地的可进入性；做好各行业之间的协调，增强企业接待能力；增加产品的功能和品种，以系列化的产品满足不同目标市场的需求；不断完善产品品质，并跟进产品的服务，获得更好的市场声誉，以吸引更多的潜在旅游者。

2. 开拓并采用新的销售渠道

在巩固原有市场基础上，开拓新市场；通过加强销售渠道管理，做好成员之间的协调工作，以挖掘市场深度为主，将市场更加细化；采取多种销售形式，增加新的销售渠道。

3. 加强旅游宣传力度和增加促销方式

把产品宣传中心从介绍产品转移到建立产品形象上，树立产品品牌，培养忠实客户，吸引新客户。一方面，在适当的时候开展促销活动，吸引对价格比较敏感的消费者购买产品；另一方面，借助媒体对外宣传，重点由介绍旅游产品转为树立产品形象，宣传产品特色，提高产品知名度，走品牌产品的销售策略。

4. 培养产品品牌

旅游企业要努力在产品成长期改进产品的生产设计，突出产品特色，形成鲜明的产品特色，从而在旅游消费者心目中建立良好的品牌形象。

5. 开拓新市场

旅游企业在分析市场价格发展趋势和竞争者价格策略的基础上，努力提高旅游产品的规模生产能力，以此降低单位产品成本，可适当降低原有价格，以吸引对价格敏感的潜在购买者，主动开拓新市场。

（三）成熟期的营销策略

在成熟期旅游产品已经基本定型，市场营销也日趋成熟，市场已趋于饱和状态，产品销售量也基本稳定，而同类产品的生产企业却在不断增加，由此市场竞争异常激烈。企业为了保持产品的优势地位，可采取以下几种营销策略：

1. 市场改进策略

为了寻找机会市场，争取新的消费者，企业应进行新的市场开发，进一步挖掘市场潜力，稳定和扩大产品的销售量。

2. 产品改进策略

旅游产品的改进主要集中在两个方面：一方面是产品质量的改进。应增加产品的独特性、新颖性、技术的先进性、时代感等，以吸引不同需求的旅游消费者。根据旅游者的反馈信息，了解哪些旅游活动较吸引人，哪些活动单调，现有的基础设施能否满足需要，给旅游地带来怎样的影响，以及如何改变这种影响等，这些都是旅游产品质量改进的基本内容。另一方面是服务质量的改进。应规范服务技巧，使旅游接待服务标准化，以此来稳定服务质量；同时，尽可能增加

服务项目，以此来吸引旅游消费者。

3. 营销组合改进策略

旅游企业应对原有的营销组合产品、定价、渠道、促销等因素进行调整、变革，稳定市场、刺激销售量回升、继续提高市场占有率，如降价或增加销售过程中的服务内容、开辟多种销售渠道等。但是这种策略如果使用不当，容易为其他企业所仿效而加剧市场竞争，也可能因促销费用增加而导致利润减少。

4. 新产品的研制和开发

产品的市场营销进入成熟期，即意味着市场营销工作开始下降。旅游消费者日益变化的旅游需求，使企业无法确认现有产品的衰退期何时到来。为使企业永远居于市场主动地位，旅游企业应着手研发新的旅游产品和项目。

（四）衰退期的营销策略

市场营销一旦进入衰退期，对于旅游企业而言，面临着一次严峻的考验，企业能否果断地调整产品营销策略，直接关系到企业未来的生存和发展。一般而言，企业应尽可能地缩短产品的衰退期，其主要措施有：

1. 立刻放弃策略

产品一旦在衰退期已无生命力，就意味着到了淘汰阶段。如果旅游产品的市场售价和销售额都急转直下，甚至连变动的成本也无法补偿，那么企业应采用立刻放弃策略，果断将产品撤出市场。如果旅游企业勉强坚持让产品继续存在于市场，企业的经济效益和社会效益都会受到损失，最终陷入被动局面。

2. 撤退和淘汰疲软产品

对于疲软产品，维持其生产成为企业发展的一个包袱，会使企业的人、财、物得不到及时转移，同时疲软产品也会影响到企业的市场声誉。因而对于此类产品，企业应果断撤退和予以淘汰。

3. 逐步放弃策略

滞销的旅游产品面对同类产品或其他替代产品的竞争，市场销售量有所下降，但在旅游市场上仍有一定的潜力可挖。对于这类产品，企业不应盲目放弃，毕竟打开一块市场不是一件容易的事情。企业应分析产品销售量下降的原因，改善和扩充滞销旅游产品，对症下药，扩充产品用途，提高产品质量，把企业资源集中在最有利的细分市场和分销渠道上，使产品销售量得以回升。

4. 自然淘汰策略

旅游企业不主动放弃某一产品，而是依据旅游产品的生命周期，继续使用过去的市场细分、销售渠道、价格策略和促销手段，直至旅游产品完全衰竭。因为虽然竞争者纷纷退出，但市场上仍有一批“怀旧型”旅游者，企业可坚守一段时间后再退出，或等待新的复苏。

第三节 旅游新产品开发

一、旅游新产品开发的内容和意义

（一）旅游新产品开发的内容

旅游新产品的内容，可从产品与市场关系的四个层面来理解：第一，在现有市场中第一次出现的、填补空白的是新产品；第二，现有产品进入一个对其完全无了解的新市场，则这个产品相对来说也是新产品；第三，在结构、功能、形态上得到改进，与原有产品形成某些差异，同时能够为现有市场旅游者带来新利益的产品，也是新产品；第四，旅游企业对现有产品进行重新定位，确立新的目标市场，此类产品也属于新产品。

（二）旅游新产品开发的意义

1. 使旅游产品多样化，激发人们的旅游需求

对旅游需求的市场细分，产生不同系列、品种丰富的旅游产品。针对不同旅游目的、不同客源国、不同年龄、不同性别、不同职业等旅游者设计的各种旅游产品，构成了一个庞大而完整的旅游产品体系。这对旅游行业的长远、持续发展有着重要的意义。

2. 有利于对旅游产品深层次内容的挖掘

除了在产品设计上注重创新和开发外，对旅游产品的开发应更注重产品内部深层次内容的挖掘，更倾向于民俗、文化、科学知识上的开发。与此同时，旅游需求的个性化促使旅游经营商推出更多适应散客消费的旅游产品。

3. 旅游产品参与性的开发，有利于增加旅游者的消遣内容

参与性与消遣性的增强是现代旅游产品生产的一个明显的发展趋势。参与性越强的产品，旅游者的体验就越生动、深刻。随着旅游产品日益大众化，各阶层的旅游消费者都期望从旅游中获得轻松、愉快的消遣。

二、旅游新产品及其种类

旅游新产品是指旅游生产者初次设计生产的，或者原来生产过，但又作了重大改进，在内容、结构、服务方式、设备性能上更为科学、合理，更能体现旅游经营意图，与原有旅游产品存在显著差异的产品。旅游新产品按其自身所具有的创新程度，可以分为以下四类：

1. 创新型旅游新产品

创新型旅游新产品是指在现代科技进步的背景下，采用新原理、新设计、新方法等创造出来的具有新功能、新形式、新内容的产品。这类产品能够满足旅游

者新的需求，无论对企业或市场来说都属于绝对的旅游新产品，如“太空游”等。

2. 换代型旅游新产品

换代型旅游新产品是指对现有产品进行较大革新，使产品结构向高级阶段发展，产品功能更适合目标市场的需求，并对原产品形成较大的压力和威胁的产品。这类产品是相对新产品中创新程度最高的一种，如饭店星级和景区 A 级的提升，观光线路设计提升为休闲体验线路，中国优秀旅游城市和最佳旅游城市的创建等。

3. 改进型旅游新产品

改进型旅游新产品是指旅游企业对原有旅游产品不进行重大革新，只进行局部形式上的改变，使其形象、性能、结构、功能、用途、配套设施及服务等方面有所优化的产品。改进型产品是相对新产品中创新程度居中的一种，它和原有产品形成一定的差异，各自针对的细分市场需求也是不同的。例如，自助餐厅根据客人的口味变化调整部分菜肴，饭店对客房、餐厅等空间进行装潢，原有旅游行程中景点、服务数量和种类的增删，对旅游目的地的形象进行优化，对基础设施进行改造等。

4. 仿制型旅游新产品

仿制型旅游新产品是指对市场上已有的产品进行模仿，将其局部改进或加以革新的产品。开发这类型的新产品不需要太多的研发资金和尖端技术，风险较小，是相对新产品中创新程度最低的一种。旅游企业应注意对被模仿产品的某些缺陷和不足加以改造，而不应全盘照抄。大部分旅游产品因科技含量不高或缺乏专利保护，很容易被其他企业仿制。随着国家对知识产权保护力度的加强，企业在仿制旅游新产品时应避免侵权。从长远考虑，仿制，特别是亦步亦趋地仿制没有出路。一些学习型企业在实践中逐步认识到，只有创新才是永葆活力的关键。

三、旅游新产品开发策略

在旅游新产品开发中，有四种主要因素影响到开发策略的选择，分别是：产品、市场、开发途径和控制协调。这四种主要因素又包括许多具体内容和类别，如果排列组合起来，将有数百种开发策略。企业在选择策略时，应审时度势，根据具体情况，选择切合实际的策略。

（一）资源重组策略

资源重组策略一般包括两种具体策略：

1. 依据市场需求组合资源

即将目标市场所需求的资源进行整合，对资源的特点给予最大限度的发挥，使资源在吸引力、利用率上达到最大化，并使之具有更强的灵活性，易于新产品开发。

2. 以文化为纽带组合旅游资源

旅游新产品开发要以文化为纽带，对旅游资源进行更科学的组合，以推动旅游者的购买力。文化组合既可以是以自然要素为对象的生态文化，也可以是以宗教与民俗为主题的传统文化；既可以是以高科技和新文化为代表的现代文化，也可以是传统文化和现代文化相结合的多元素文化等。企业通过多种类型的文化组合来组织开发旅游产品。

（二）产品升级策略

1. 提升产品的主题形象

产品的主题形象是旅游产品的生命，个性鲜明的主题可以形成较长时间的竞争优势，使旅游新产品在市场中快速获得市场认知，从而吸引更多的潜在旅游者。因此，越来越多的旅游新产品在开发过程中开始注重对产品主题的提炼和总结，并用更形象化的表达方式进行有效传播。通过对旅游资源特色的充分挖掘，针对目标市场的需求特征，概括出旅游新产品最核心的卖点，即形象化的产品主题。

2. 提升旅游产品的品质

旅游产品品质提升的一个重要途径是保持对旅游产品设计、生产和管理的不断完善与改进，对产品所依托的资源进行深度开发，丰富产品的功能和内容，同时以高质量的服务提升产品的知名度和信誉度。优美的环境、免费的景点、便利的交通，尤其是完善的大型商务设施，都是提升旅游产品品质的重要因素。例如，海外公司的会议奖励团来中国的旅游目的地，以前多是北京和上海，但由于杭州旅游服务、旅游品质的提升，杭州成为旅游目的地的概率大大增加了。

3. 提高旅游产品的科技水平

高科技可促进旅游资源的内涵不断延伸，使一些过去不能被开发的潜在旅游资源被利用起来，如深海、太空、动漫资源等。在旅游新产品开发中也要促进高科技转化为现实的旅游生产力，重视高速铁路等新型交通技术，包括遥感、全球定位系统、地理信息系统等技术，以及防污染和污染处理技术、循环经济技术、3G 通信技术等在旅游新产品开发中的运用。

（三）主导产品策略

一个成熟的旅游企业或旅游地都应有自身的主导旅游产品。主导产品是指在资源条件与客源市场两方面均有较大优势，能够在旅游市场中保持一定的占有率，持续获利的旅游产品。目前，在我国资源特征和市场竞争影响下，我国旅游业的主导产品仍是高品位、垄断性的观光型旅游产品。

（四）高档与低档产品相结合策略

旅游新产品开发应满足市场不同消费层次的需求，扩大企业经营的覆盖面。

例如一家旅行社开发的游览线路，为满足不同旅游者的消费水平，可在保留主要景点的同时，设定不同的交通、住宿、餐饮水平，以不同的价格和服务标准吸引不同的旅游人群。在对海滨浴场、冰雪乐园和高尔夫球场等旅游的开发中，也应兼顾各种不同档次的消费需求，力求让社会更多阶层的消费者享受到这些类型的旅游产品。

（五）系列式新产品开发策略

旅游企业可围绕某一主导产品向周围延伸，开发出一系列虽类似但又各不相同的产品，形成不同类型、不同规格、不同档次的产品系列。采用该策略开发新产品，企业可以尽量利用已有资源，设计开发更多的相关产品。如：旅游饭店根据季节不同，适时推出各种主题餐饮；旅行社在开发一般产品的基础上，开发海滨度假、热带雨林、民族风情、佛教朝拜、高尔夫球场、温泉、海洋运动休闲等系列式新旅游产品。

（六）定制式新产品开发策略

旅游企业可根据消费者的个性化需求，设计研制满足其特定需要的新产品。显然，这种策略能充分体现以消费者为中心的经营理念。传统上，我国消费者习惯团体旅游，旅游企业也习惯开发针对团队的旅游产品。但随着时代的发展，散客旅游、背包旅游和自驾游等已经成为旅游市场的主流趋势，这也就要求旅游企业能够更好地针对个别消费者的需要，提供个性化的产品与服务。

（七）差异化新产品开发策略

旅游产业已经逐步进入到充分竞争阶段，各家旅游企业要想更好地持续发展下去，就必须要有自己的特色。对于有实力的大企业，可以开发全新旅游产品占据竞争制高点；对于主要依靠模仿而生存的实力较弱的中小企业，也不能一味模仿，而要在模仿中有所创新，充分利用“船小好调头”的特点，在服务等软实力上下足功夫。

总之，对于旅游企业而言，无论选择哪种策略，都要根据消费者的需要、企业的资源、市场环境等条件进行周密计划方可采用和执行。

【阅读材料】

中国旅游品牌十大批判

21世纪，品牌经济已经席卷全球，入世后的中国必须与世界潮流同步，中国旅游必须与品牌同行。但放眼我国的旅游品牌，其运作还显得十分稚嫩，其生命还十分脆弱，这不能不令人担忧。本文试列举当前中国旅游品牌生存中应予批评的十种现象，以警醒国人，同时希望我国旅游界立即行动起来，加强旅游品牌的经营和管理，全力打造中国旅游强势品牌，坦然应对国际旅游挑战。

批判之一：品牌认识模糊不清

当今社会，人们已生活在一个品牌经济时代，我国的许多旅游景区和旅游企业越来越重视品牌建设。但“品牌”这个看起来时髦、经常被人们挂在嘴边的词，事实上却没有几个人真正理解它的内涵，对它只停留在模糊的认识上。我国许多旅游经营者把旅游品牌视为旅游产品，而忽视品牌的创立，对品牌的核心价值不明确，对品牌的角色关系理不清，对品牌认同的设计不重视。更有甚者，某些旅游经营者的品牌意识淡薄，不学习、不钻研，对品牌经营一窍不通，简直就是一个“品牌盲”。因此，我国旅游景区和旅游企业必须在服务、质量、危机等方面重塑品牌意识，否则，将会被无情地淘汰，等待它们的将是悲惨的结局。

批判之二：品牌定位脱离实际

好的品牌定位是成功的一半，旅游品牌定位的目的就是创造鲜明的个性和树立独特的形象，最终赢得市场客源。然而我国旅游景区和旅游企业在品牌定位中往往脱离实际，常常忽视市场调研，不作调研就盲目作出品牌定位。为了显示决策的果断与英明，许多旅游区的行政官员和旅游企业的老总们习惯于一拍脑袋就作决定，他们总是怀疑为考证一句话而投入大量经费去作市场调研是否值得。脱离调研就是脱离实际、脱离市场、脱离消费者，没有市场调研的品牌定位就像空中楼阁，市场无法稳定。这已是中国旅游品牌建设中的致命伤。总之，定位不准、脱离实际的旅游品牌，必定是经不起市场考验的，即使一时异常火爆，但也无法长命百岁，这种品牌经济最终将成为泡沫经济。

批判之三：品牌策划毫无创意

创意是品牌的灵魂，良好的创意是品牌成功的关键。近几年来，中国旅游品牌的策划最缺的就是创意，有新意的策划可谓寥寥无几，更多的则是陈旧雷同、策划抄袭成风，甚至到了无以复加的地步：你飞长江，他飞黄河；你穿山洞，他穿桥洞；你策划一个文化节，他也策划一个文化节；你策划一个旅游节，他也策划一个旅游节。目前全国的文化节、旅游节多如牛毛、难以计数，千节一面，万节一腔，内容重复、单调乏味、毫无新意。

批判之四：品牌制造疯狂克隆

人们只要留意就会发现，中国的旅游景区、旅游城市越来越相像了：一样标识的旅游饭店、星级宾馆；一样的旅游商品、主题公园；一样中不中、洋不洋、今不今、古不古的模式……旅游品牌毫无个性可言，看到的尽是一张张似曾相识的脸庞、一个个相差无几的景点。所有这些，都是各地在旅游品牌制造过程中疯狂克隆而造成的恶果。正因为如此，导致克隆出来的旅游品牌毫无特色，缺乏竞争力，产生不了品牌效益。这一点在主题公园建设方面表现得尤为突出。例如，自从深圳世界之窗取得成功之后，北京、长沙先后克隆了一个世界之窗，但由于只是简单的复制，没有创新，两地的世界之窗远远没有深圳的那样火爆，与预期目标相差甚远。特别是长沙世界之窗加之建筑粗糙、位置偏僻，除当初开业后几个月火爆一阵外，之后大部分时间都门可罗雀，成为了一个沉重的包袱。

批判之五：品牌形象苍白无力

品牌形象是指消费者怎样看待企业的品牌，反映的是当前品牌给人的感觉。它早已成为消费者作出消费选择时最重要的一项指标。坚持清晰易辨、鲜明有力的品牌形象，是国际知名品牌走向成功的不二法门。但纵观我国的旅游品牌形象，大多数显得苍白无力。首先，表现在品牌核心价值不突出、形象定位不准确、形象口号不鲜明，有的旅游品牌形象甚至朝令夕改，月月新、年年变。其次，品牌的图案设计、广告传播力度等方面均存在致命的弱点。旅游品牌形象的设计尤其要注重视觉的冲击和心灵的震撼，品牌形象的冲击力和辐射力一旦被塑造出，品牌就会鲜活地呈现在人们的眼前，消费者才会在众多的信息之中，时刻感觉到品牌的存在，这就是形象使然。譬如：人们只要一提起“动感之都”的形象，自然就会想到中国香港；一提起熊猫的形象，就会想到四川；一提起“万绿之宗，彩云之南”的口号，就会想到云南。这就是旅游品牌形象的魔力所在。中国旅游品牌必须尽快塑造出鲜明有力的形象，如果品牌形象还是贫乏无力，那么在国际旅游市场中便无法立足。

批判之六：品牌营销手段单一

目前，我国的旅游区和旅游企业在旅游品牌营销中，仍然依靠降价、广告、推介会等单一的营销手段来参与市场竞争。大打价格战，成了各大旅行社和宾馆酒店营销的一张“王牌”。由于价格竞争有限，无止境地降低价格，导致旅游行业的利润越来越低，服务质量大打折扣，特别是旅行社成了名副其实的微利行业，处境越来越艰难。而旅游景区近几年来在品牌营销方面，动不动就组织一支大篷车队跨省兜风。自从广西的大篷车队旅游促销取得空前成功后，这一营销方式迅速在全国盛行，各旅游景区纷纷加入其中。于是，各地的旅游促销大篷车队南来北往，穿梭于全国各省之间，停留在各大都市，大开旅游产品推介会。这种单调的“一窝蜂”式的营销，究竟能收到多大的效果？人们不得而知。

批判之七：品牌经营盲目跟风

当今，“两权分离”“租赁经营”在中国旅游景区成为最热门的话题。随着1998年四川省碧峰峡景区率先在全国转让经营权并实现成功运作后，租赁和转让经营的做法在全国旅游区大为流行。2001年年底，湖南省湘西凤凰景区八大景点的经营权以8.3亿元的价格被黄龙洞股份有限公司成功受让，在全国引起强烈反响。目前，转让经营之风在全国愈演愈烈。转让经营本来是一件好事，但盲目跟风、一哄而上，势必就会带来麻烦。2002年传出四川新希望集团10亿元买断桂林山水的消息，在社会上引起许多误会，最后真相是新希望集团只是买下阳朔一个小小的遇龙河景区而已。虽然桂林山水只卖了极少一部分，但却生出许多事端来，这说明转让经营并非什么地方都行得通，旅游景区进行品牌经营也并非一“让”就能了之。

批判之八：品牌评选泛滥成灾

因为利益的驱动，近年来我国旅游行业中的品牌评选活动越来越多，评选形式五花八门，评选内容是无所不包。基本上只要肯花钱，便会有一个耀眼夺目的“头衔”。于是，“最佳酒店”遍地是，“最佳景区（点）”满天飞，“金钥匙”随处可见，“最佳导游”到处可寻，甚至有过多、过滥之嫌。“品牌”滥评现象，尽管国家采取过措施，制定过政策，但下面总有“对策”，“换汤不换药”地照样评选。这种泛滥成灾的品牌评选活动，并不能提高整个旅游行业的服务质量，只不过是满足了部分旅游区和旅游企业领导的虚荣心而已，其直接后果是造成旅游品牌大大贬值，“金钥匙”沦落到连“铁钥匙”都不如的境地。

批判之九：品牌延伸信马由缰

“东方不亮西方亮”，这一想法使得不少旅游企业认为多元化发展战略是防范风险和增加效益的制胜法宝。于是，它们在品牌没有形成核心价值前，就迫不及待地进行品牌延伸，盲目扩张，最终掉入多元化经营的泥潭，陷入品牌延伸的误区。例如，当前某些大型酒店集团，除了不断兼并中小型酒店在本领域进行资本扩张外，还大办旅行社、组建旅游车队，甚至大搞房地产开发，全面实施多元化发展战略，结果是费力不讨好，拖累了整体的企业运转，损害了母品牌的形象，严重的甚至出现危机四伏、一蹶不振。这些旅游企业在多元化发展中，犯了一个通病，就是舍本逐末，忽视核心主业和核心竞争力，一味追求规模效益，在主业尚未真正做大、做强、做实时，就盲目涉足并不熟悉或者难以操作的行业，战线拉长加大，使人、财、物和管理各方面资源分散，结果顾此失彼。通用电气公司前 CEO 杰克·韦尔奇说过：如果在一个领域不能做到前两名，就不要进入这个领域。可见，品牌进行延伸应慎之又慎。

批判之十：品牌建设缺乏规划

我国旅游景区和旅游企业在旅游品牌建设过程中作过很多努力，但往往是想到什么就做什么，没有进行全面系统的品牌规划，而只是一些片面的、补漏式的努力，哪儿有问题就往哪儿去，不断为解决问题而奔波。看上去没完没了，忙个不停，但最后仍然没有建成一个成功的品牌。因为它们只是片面地理解品牌，忙忙碌碌，做的只是品牌的一个方面、一个局部，或广告，或包装，或渠道，都强调自认为重要的环节，但很少把品牌的各个方面都做到位。突出的有两种表现形态：一种是“有牌无品”，即虽然创出了一个响当当的牌子，但没有一系列的旅游产品；另一种是“有品无牌”，即形成了一系列的旅游产品，却没有一个响亮的牌子来统帅。这两种形态都是旅游品牌建设缺乏整合规划的表现。所谓品牌，必须是既有品又有牌，二者兼而有之、缺一不可。因此，在旅游品牌的建设中必须合理规划，重视品牌的全面建设，在每一个细节上都竭尽全力。

中国旅游品牌的建设还刚刚起步，基础薄弱在所难免，其发展任重而道远。面对经济全球化的挑战，我国的旅游品牌只有迅速融入世界潮流，克服种种弊端，朝着市场化和国际化的方向勇往直前，才是唯一的出路。

【关键概念】

旅游产品；旅游产品生命周期

【复习与思考】

1. 解释旅游产品的概念。
2. 针对不同的旅游产品生命周期，应该采取什么样的营销策略？
3. 阐述旅游新产品的开发策略。

【项目实训】

如果你是某个旅游公司的新产品开发人员，在进行旅游产品策划时，你会考虑哪些因素？具体如何操作？

第八章

旅游产品价格策略

【本章学习目标】

通过本章的学习，掌握旅游产品价格的概念、种类与作用，了解影响旅游产品定价的因素，重点掌握旅游产品定价方法以及在制定旅游产品价格的时候，灵活采用不同的策略与技巧。

◆【案例导入】

一个美国商人从国外购进了一批做工精细、质量上乘的礼帽。为了增加竞争力，他把价格定在和其他一般礼帽一样的水准，可销路并没有比别人的更好，这让他很奇怪，因为这批礼帽真的是非常精致、漂亮，于是他降低价格来销售，但是销路也没有明显提升。一天，这个商人生病了，他委托同样做小生意的邻居帮他代卖这些礼帽。但是，这个邻居在销售时把那个商人写的价格 12 美元错看成了 120 美元，结果礼帽被一抢而空。原来，高价吸引了大家的目光，而精美的商品让大家觉得值这个价钱，这个价格又使大家更相信商品的品质——物有所值。还有一点就是，他们销售的地点是在富人区，这里的顾客对商品的价值更感兴趣，而非价格。于是，合适的商品在合适的地点以合适的价格顺利地卖出了好价钱。

从这个例子中可以看出，商品的定价并不是越低越好，有时不但赚不到应得的利润，还可能费力不讨好，让顾客低估了商品价值。因此，把降价当成促销杀手锏的商家应该反思一下，因为降价的同时可能失去的不仅仅是利润，还有宝贵的品牌形象。可能很多人会反驳：不少企业都是以低价来获得市场份额及竞争力的，如格兰仕、纳爱斯、神舟等。没错，它们是以低价取胜的，但是它们的低价也是以企业经营战略为基础的，因此，它们低价并没有失掉利润，也没有损伤到品牌形象。比如格兰仕，其低价是因为其成本控制得好，即使低价也有足够的利润空间。同时格兰仕在其他方面，如产品质量、宣传推广等方面都做得很成功，因此并未对品牌形象造成损伤。低价是其企业经营战略中的一部分，是经过深思熟虑的，而非盲目定价。因此，价格成了格兰仕有力的竞争武器。

现在许多商家多注重产品定位、品牌塑造、传播方式等，却忽视了商品价格的制定，其实，商品定价是很有学问的，合理的定价可以让商家获得更高的利润与市场认同。

第一节　旅游产品价格概述

一、旅游产品价格的概念

旅游产品价格实际上就是人们通常所说的旅游价格，即旅游者为满足旅游活动的需求而购买单位旅游产品所支付的货币量。它是旅游产品价值、旅游市场供求关系和货币币值三者的综合反映结果。在市场经济中：一方面是旅游活动的商品化，旅游者的食、住、行、游、购、娱等需求必须通过交换活动，通过支付一定的货币量才能获得满足；另一方面，旅游经营者在向旅游者提供旅游产品时，必然要求得到相应的价值补偿。于是，在旅游者与旅游经营者之间围绕着旅游产品的交换而产生了一定货币量的收支，这就是旅游价格。从旅游经营者的角度看，旅游价格又表现为向旅游者提供各种服务的收费标准。

价值规律是市场经济条件下产品定价的基本规律，旅游产品价格也不例外。但旅游产品价格有其特殊性，旅游产品价格与有形产品的价格构成有所差异。一般商品的价格由原材料价格、劳动力价格和利润三部分组成，而旅游产品的价格则由旅游者的实际花费、服务费用和利润三部分组成。

（1）旅游者在旅游过程中各个环节的享用费或使用费，如吃、住、行、游、玩的实际花费。

（2）旅行社收取的服务费用。一般由以下几个方面的费用构成：一是导游的服务费，包括地陪和全陪的费用，尤其是地陪，要全程陪同、讲解、服务全团，是一种体力与脑力结合的服务，导游服务费是对导游的智能、体能付出所应有的肯定和回馈；二是旅行社的其他人工成本，如旅游计划调度、财务等后台人员虽然没有直接为某一个团队服务，但却是旅行社运作旅行团、推销旅游产品所必需的人员；三是向国家上交的税收；四是旅行社联络交际费用，如通信费、商业场地的租赁费、旅游企业与业务伙伴的业务联系费用、旅游企业开发旅游新产品的开发费用等；五是旅行社扩大再生产所需费用。

（3）旅游企业的利润。旅游企业从事旅游业务应该获取合理的利润，如果没有利润，旅游企业不要说扩大再生产，就是连简单地再生产也无法维持。追逐利润是资本的天性，否则就没有投资者愿意投资旅游业了。

因此，为了旅游业的健康发展，完整的旅游产品价格至少应包含以上三方面的内容，缺少任何一个方面都不能体现旅游产品的价值，都不是一个完整的价格结构。旅游产品价格理所当然地包括以上三部分。一些旅游企业背离正常的价格机制，开展所谓的"零团费"旅游业务，显然已经完全背离了旅游价格以价值为基础的定价原则，破坏了价值规律在旅游行业的运行，打乱了旅游产品价格的正常构成，不仅是一种不正当竞争、不公平竞争的做法，甚至是一种非法的和违法的价格欺诈行为，只能导致旅游业的畸形发展。

二、旅游产品价格的种类与作用

（一）旅游产品价格的种类及其现状

我国旅游产品的价格大致分为三类：一是入境旅游产品的价格；二是国内旅游产品的价格；三是出境旅游产品的价格。

（1）入境旅游产品的价格。改革开放后的头 10 年，入境旅游产品的价格比较合理。但 20 世纪 90 年代以后，境外旅行社对我国旅行社的报价一压再压，价格低得令人不可想象，作入境接待的旅行社几乎无法承受价格之轻。例如，从美国到北京 8 日游（包括往返机票）的最低价格仅为 489 美元。我国入境旅游业被压得喘不过气来，形成了"万户萧疏"的局面。长此以往，将无法调动旅行社的接待积极性，低利润使入境旅游业得到的是有市无利的结果，这绝不利于我国旅游业长期持续的发展。"微利加热闹"成为入境旅游业的真实写照，正是由于入境旅游产品价格的极度不合理，造成全行业不再把它作为利润增长点，也不再把它作为工作的重点，真可谓"全是价格惹的祸"。在目前入境旅游一片肃杀的境况下，国家（旅游行政管理部门）应采取积极的鼓励政策，以刺激入境旅游的持续发展，提高旅游企业做入境旅游工作的积极性。

（2）国内旅游产品的价格。20 世纪 90 年代初国内旅游刚刚兴起时，旅游产品的价格尚较合理，但随着导游私拿"回扣"的信息的广泛传播，随着旅游者对旅行社"黑幕"的小道消息的膨胀性传播，国内旅游产品越来越难做，价格越来越低，利润率大约在 3% ~5% 徘徊，有的甚至低于成本在做，大有不惜血本大打"跳楼价"之势。国内旅游出现了零团费、负团费的问题，其旅游产品的利润只能建立在靠旅游者购物、看表演拿"回扣"的基础上。

（3）出境旅游产品的价格问题。目前，我国可以出境旅游的国家和地区大约 60 多个，如东南亚、日本、韩国、西亚（如土耳其、以色列）、欧洲各国、南美部分国家、非洲八国等。我国最先开通的东南亚国家，尤其是泰国旅游的价格问题最为严重，零团费、负团费问题十分突出，令旅游界头痛。到新加坡和马来西亚旅游的价格甚至不到一张往返机票的价格，组团社和地接社全靠旅游者在当地的购物、看表演等自费项目所拿到的“回扣”来充抵旅游者团费的不足或获取利益，强迫旅游者参加自费项目、强迫旅游者购物的现象不一而足、屡禁不止，旅游者投诉不断，成为出境游的重灾区，也成为旅游界的一块心病和痼疾。与此同时，东南亚旅游产品的低价竞争大有向其他出境国家蔓延之势，担心欧洲、日本、非洲的出境旅游染上与东南亚同样的毛病成为旅游界共同的“恐惧”。

众所周知，目前旅游业大打“价格战”绝对不是一种正常现象，它是我国消费市场发育不完善、旅游业还处于初级阶段和发育不完善阶段的一种产物，是低层次和低水平的竞争，已经给旅游业造成很大的危害。

（二）旅游产品价格的作用

在市场营销的四个策略要素中，价格是唯一能够带来收入的营销要素，其余的要素都是成本支出。旅游产品价格在旅游业的市场营销活动中有其独特的作用。旅游产品价格的作用集中表现在以下几个方面：

1. 通过旅游产品的定价，为旅游企业收回成本和投资，并实现旅游企业的利润目标

价格是市场营销因素中唯一的收入要素，而产品、渠道和促销都是成本要素。其他三要素所支付的成本，都要通过合理的价格策略进行回收，并获取预期的利润。因此，对旅游企业来说，价格具有至关重要的作用。即使其他营销策略使用得再好，价格策略不适当，整个营销的效益也无法体现，因此它对营销策略具有“一票否决”权。

2. 调整旅游产品的供求关系

旅游产品和其他有形产品制造业不同：制造业可以提前制造产品，储存待售，以此来调节市场供求关系；而旅游产品的特殊性，注定其只能与市场销售、消费同步进行。旅游产品的供给量取决于旅游企业某个时点的接待能力，而无法满足超过接待能力的旅游需求。旅游企业只能利用价格机制，提高旅游产品的价格来抑制旅游者的需求，达到供求平衡的目的。例如，淡旺季的旅游价格就是非常明显地利用市场的供求能力，引起价格的升高或降低。旺季的时候，旅游者出门旅游的需求量大增，旅游价格就会出现飞涨的趋势，甚至比淡季价格高出 4 ~ 5 倍，而淡季的旅游价格则明显回落。比如云南省的边境城市河口，利用这个边界口岸，每年的越南游都非常繁荣，但是往往淡、旺季的旅游差价能达到 2000 元人民币，可以看出旅游价格要随旅游市场的供求关系而有所变化。

3. 利用价格来进行市场区隔

旅游企业要针对不同的细分市场，推出不同档次的旅游产品来满足不同目标消费者的特殊需求。由于旅游产品的无形性，不同档次的旅游产品质量很难被旅游者辨识清楚，旅游企业可以通过不同档次旅游产品的价格差异来体现旅游产品的档次，这样就可以把不同的细分市场进行有效区隔。比如豪华游、标准游、经济游之间就有较大的价格差异，旅游者可以根据价格差异，选择自己适合的类型进行出游。例如印度尼西亚经典的旅游路线——巴厘岛之旅。巴厘岛是世界上最负盛名的海岛之一，不仅可以休闲度假，还能领略印度尼西亚丰富的宗教文化资源。它的旅游市场细分就很灵活：有自助类，价格偏低；有纯玩团，价格适中；还有个性化服务，如蜜月之旅或者私密小团，价格偏高，档次也最豪华。这就能看出由于价格机制产生的市场区隔。

4. 应对市场竞争

在企业市场营销的四个要素中，价格是其中最具灵活性、艺术性和策略性的竞争要素。价格具有可以微调和快速反应的特点，最能被企业得心应手地应用于瞬息万变的市场竞争当中，可以随时针对旅游市场上供求关系的变化状况以及竞争对手的市场策略，及时调整作出回应，服务于企业的营销目标，使企业保持市场竞争中的主动地位。而其他营销要素的利用都有较长的时间滞后才能反映出来，如改变销售渠道、调整产品结构都需要较长的时间周期才能见到成效。如现在日渐火爆的台湾宝岛游，从最初走入大陆市场的上万元团费，现在降低到一半——只需五六千元的八天团费，就可以成功玩转台湾岛，就是因为旅游企业的竞争日益激烈，使得它们调整价格机制，以确保在竞争中仍能保证稳定的客源。

第二节　旅游产品定价的影响因素

一、旅游企业内部因素

旅游企业内部因素包含成本因素、产品特点因素、营销目标因素、旅游营销组合因素等。以下将进行逐一介绍：

（一）成本因素

旅游产品的成本是构成旅游产品价值和价格的主要组成部分，它是由旅游产品的生产过程和流通过程所花费的物质消费和支付的劳动报酬而形成的。旅游企业在确定旅游产品的价格时，要使总成本得到补偿，价格不能低于平均成本费用。当旅游产品的售价大于产品成本时，旅游企业就可能形成盈利；反之，旅游企业的销售收入不能弥补其劳动消耗，旅游企业的生产将出现亏损。显然，旅游产品的成本是旅游企业核算盈亏的临界点，它是影响旅游产品价格最直接、最基本的因素。例如眼下的中国景区，“申遗”（即申报世界遗产的简称）似乎成了涨价最冠冕堂皇的理由。景区申遗成功了，门票要涨价；景区准备申遗了，门票也要涨价；即便申遗不成，前期投入砸下去了，门票价格还是要涨起来。总之一个字——“涨”。也确实如此，申报世界遗产需要进一步投入，就增加了该景点的成本，那么以后在制定该景区的产品价格时，就会考虑到曾经为申遗所付出的成本因素。

（二）产品特点因素

旅游产品具有需求弹性这一重大特点，所谓旅游产品的需求弹性是指旅游产品的价格弹性，即旅游产品价格的变化对市场需求量变化的影响程度。用公式表示为

需求的价格弹性 = 需求量变化的百分比/价格变化的百分比

当结果大于1时，表明旅游产品的需求弹性较大；当结果小于1时，表示旅游产品的需求弹性较小。因此，不同类型旅游产品的市场需求量对价格变化反应的敏感程度也是不同的。一般说来，旅游景点产品、旅游购物、旅游娱乐的需求弹性相对较高，而旅游餐饮、旅游住宿、旅游交通的需求弹性相对较低。但是从总体说来，旅游产品的需求弹性整体上是比较高的。

（三）营销目标因素

旅游企业营销目标的实现与旅游产品的价格紧密相关。营销目标主要有利润导向目标、销售导向目标、竞争导向目标和社会责任导向目标四种类型。其实，在现实操作中，旅游企业在市场营销中总是根据不断变化的市场需求和自身实力状况，调整自己的营销目标和产品价格。如果旅游企业追求短期收回投资成本，往往制定较高的产品价格，以便在短期再获取利润；如果旅游企业追求长期利润最大化，则应制定企业可以接受的最低价，以排挤竞争对手，提高产品的市场占有率，争取在较长时期有更大的发展。

（四）旅游营销组合因素

价格只是旅游企业借以达到营销目标的诸多营销组合工具中的一种，价格一定要与产品设计、分销以及促销等手段相互协调，构成一个统一而有效的营销计划。其他一些营销变量的决策，也会影响到价格决策。例如，马里奥特看到了经济旅馆这一市场当中潜藏的机会，于是开发了集市客栈，并使用价格策略将该产品定位在汽车旅馆连锁店市场当中。因此，旅游企业在制定营销决策时，必须全面考虑各种营销组合决策。

二、旅游企业外部因素

旅游企业外部因素包含目标市场因素、旅游产品市场竞争状况因素和政府宏观管理环境因素。

（一）目标市场因素

市场细分是旅游企业选择目标市场的依据，选择目标市场是市场细分工作的延伸。旅游经营者需要根据自己的条件，从细分的市场中选择出一个或几个子市场作为自己从事市场营销活动的对象，这一过程就被称为目标市场的选择。一般来讲，影响目标市场选择的客观因素有以下几种：

（1）旅游企业自身实力条件。这包括人员的素质、可支配的资金、管理水平、产品及营销组合设计能力以及关系网络等。这些条件对于确定目标市场经营范围的大小起决定性的作用。如果经营者实力强、各种资源丰富，可以采取差异性目标市场策略；反之，如果实力不足且规模不大，则应采取密集性目标市场策略。

（2）旅游产品特点。不同的旅游产品在满足旅游者需求方面有很大的差异。对于特色旅游产品、旅游餐饮服务等性质差别较大的旅游产品，可能需要很多档次来满足不同旅游者的需求；而有些以单一的产品就能满足所有旅游者的需要，如航空客运服务、标准间客房服务这类性质接近、替代性强的旅游产品。

（3）旅游市场特点。当旅游产品市场的需求异质程度很低，以及旅游者的兴趣爱好及其他特点很相近时，可采用无差异目标市场策略。如一些名胜古迹、风土人情项目等即可以采用此策略。相反，对于需求异质程度很高的旅游产品市场，则采用差异性或集中性目标市场策略。

（4）旅游产品生命周期。应根据产品生命周期的不同阶段采取相应的目标市场策略。对处在引入期或成长期的旅游产品，应采用无差异目标市场策略，因为此时对市场需求不甚了解，并且没有竞争者或竞争者很少；当产品进入成熟期或衰退期后，应采用差异性目标市场策略，以利于开拓新的目标细分市场，尽力延长产品生命周期，或者采用集中性目标市场策略，使企业集中力量对少数有利可图的细分市场进行营销推广

（5）旅游市场竞争特点。如果企业的产品垄断性强，竞争者数量少或实力弱，则可以采用无差异目标市场策略；反之，则采用差异性或集中性目标市场策略。企业采用何种策略，往往视竞争对手的策略而定。比如，竞争者采用无差异目标市场策略，企业就应当针对细分市场采用差异性或集中性目标市场策略，争取占领几个有利市场。

目标市场的选择是一个系统性的工作，不但需要旅游经营者作好充分的市场调查，还要全面考虑各种影响因素。只有这样，才能选择一个准确有效的目标市场。从整个旅游营销活动来看，目标市场的选择仍属于前期工作，这一工作的成功与否会直接影响后面的工作效果。例如，乡村旅游是建设社会主义新农村的重要途径，也是中国旅游业发展的重要方向，这也是旅游目标市场的一个新选择。

（二）旅游产品市场竞争状况因素

旅游产品市场竞争状况是指旅游产品市场竞争的激烈程度。旅游产品市场的竞争越激烈，对旅游产品的价格影响就越大。在完全竞争中，旅游企业是被动地接受市场竞争中形成的价格，而没有定价的主动权，只能依靠提高管理水平与服务质量去扩大市场占有率。在垄断市场上，某种旅游产品只是独家经营，那么其价格往往也是具有垄断性的。某些旅游企业对旅游资源具有独占性，例如对一些著名名胜风景区的垄断性经营，其制定的价格基本上也是垄断性价格；在寡头垄断市场上，少数几家大型旅游企业控制与操纵旅游产品的生产与经营，它们之间相互制约与限制，因而旅游产品的价格是由寡头企业控制和协议制定的。

（三）政府宏观管理环境因素

政府对旅游市场产品价格的宏观管理主要通过行政、法律手段来进行调节。为维护市场秩序、规范市场行为，政府往往会通过对旅游产品价格的干预来反对不正当竞争或者牟取暴利的旅游价格，既要维护消费者的利益，也要维护旅游企业的正常利益和效益。例如，政府对娱乐业乱收费的整治，以及对旅游开发的税收政策，都属于政府宏观管理的范畴。

第三节　旅游产品的定价方法

旅游企业在进行旅游产品定价时，一般遵循的原则是：成本是价格的最下限，竞争者与替代产品是定价的出发点，消费者对旅游产品特有的评价是价格的上限。因此，形成了成本导向、需求导向和竞争导向三种最基本的定价方法。

一、成本导向定价法

成本导向定价法是一种传统的“将本求利”的定价方法。这种定价方法的实质是以价值为导向的，它有利于旅游企业维持简单再生产与进行经济核算。但是这种定价方法忽视了市场需求、竞争、旅游消费者心理等因素，因而也具有保守性、被动性和局限性等特点。

（一）成本加成定价法

成本加成定价法是指在产品成本的基础上，加上一定的毛利润（税前利润率），就构成了产品的价格。成本加成定价法在实际运用中，又可分为总成本加成定价法和变动成本加成定价法。它们主要运用于制定旅行社产品、饭店餐饮产品方面的价格。采取这种方法制定旅游产品价格，其核心内容在于：一方面一般以平均成本为准对产品的成本进行核算；另一方面根据产品的市场需求弹性及不同产品确定适应的利润百分比。

1. 总成本加成定价法

总成本是旅游企业经营旅游产品所有的费用支出，包括固定成本和变动成本两部分。单位产品总成本加上一定比例的利润，就是单位产品的价格。其计算公式为

单位产品价格 = 单位产品总成本 + 单位产品预期利润

2. 保本定价法

保本定价法又称盈亏平衡定价法，是指旅游企业根据产品的成本和估计销售量计算出产品价格，使销售收入等于生产总成本。其计算公式为

单位产品价格 = 单位产品的变动成本 + 固定成本总额/估计销售量

例如：某饭店有客房100间，饭店每天应摊销的固定成本为10000元，预计客房的出租率为50%，每间客房日平均变动成本为50元，不考虑纳税，饭店客房的保本价格可以这样确定

50元 + 10000元/50 = 250元

根据计算公式则可得出，每间客房的售价为250元。

保本定价法是企业对各种定价方案进行比较选择的参考标准。以其他方案制定出来的价格如果高于盈亏平衡价格，企业就有钱赚；如果低于盈亏平衡价格，则企业亏损。

3. 变动成本加成定价法（生存定价法）

变动成本加成定价法也称边际贡献定价法。这种方法在定价时只计算变动成本，而不计算固定成本，它是在变动成本的基础上加上预期的边际贡献。所谓边际贡献，就是销售收入减去补偿变动成本后的收益。预期的边际贡献即补偿固定成本后企业的盈利。这种定价法对于旅游企业相互竞争十分激烈、产品必须降价出售的情况有意义。只有价格大于单位产品变动成本，企业才不至于亏损，其计算公式为

单位产品价格 = 变动成本 + 预期边际贡献/预期产品产量
= 单位产品变动成本 + 单位成本边际贡献

例如，某一旅游产品的总成本为200元，其中，变动成本为60元，固定成本为140元。现在，产品销售十分困难，企业为了减少亏损，只能采用生存定价法来确定产品的价格。那么，产品价格至少要定在高于60元的水平，如70元。因为，如果产品价格是70元，企业每售出一单位产品只亏损130元，还有边际贡献10元；如果产品不销售，企业在每单位产品上就要亏损140元。因此，企业还是要选择继续经营。同理，也可计算出如果产品的定价已经低于60元达到30元，企业就应该停止经营。

可见，生存定价法是企业在特殊时期，不以盈利为目标、希望尽量减少亏损的一种定价方法。

（二）投资回收定价法

投资回收定价法是指旅游企业为了确保投资按期收回，并获取预期利润，根据投资生产旅游产品的成本及预期的生产旅游产品或服务的数量，确定能够实现营销目标价格的定价方法。这种定价方法所确定的价格，在投资回收期内不仅包括了单位旅游产品或服务应摊的投资额，同时也包括了单位旅游产品新发生或经常性的成本。投资回收定价法一般用于新建酒店客房日收费标准定价和大型娱乐场馆门票的定价，但是这种方法要求产品销售或服务设施利用率得到保证，否则难以按预期回收投资。

（三）目标收益定价法

目标收益定价法是饭店业常用的定价方法。其计算公式为

$$\text{单位产品价格} = (\text{总成本} + \text{目标利润}) / \text{预期销售量}$$

此外，饭店业中经常使用的定价方法还有千分之一法，它是目标收益定价法的特殊形式和具体应用，主要用来制定饭店的客房价格。其计算公式为

$$\text{平均每间客房的售价} = (\text{建造成本总额} / \text{客房间数}) / 1000$$

例如：某饭店有客房 250 间，饭店总造价是 10000 万元，则

$$\text{每间客房的价格} = \frac{\dfrac{100000000\text{ 元}}{250}}{1000} = 400\text{ 元}$$

二、需求导向定价法

需求导向定价法是指以消费者对旅游产品的需求和可支付的价格水平为依据的定价方法。它以消费者对产品的需求程度和对产品价值的理解而形成的心理价格为定价依据，是一种伴随营销观念更新所产生的新型定价方法。这种定价法主要包括需求差别定价法和理解价值定价法。

（一）需求差别定价法

需求差别定价法又称为价格区别对待法，主要根据产品的需求强度和需求弹性的差别来制定产品的价格。需求差异定价法的具体形式在现实生活中具有多样化的特点，一般说来，主要有以下几种类型：

1. 根据旅游者的收入状况不同而进行的差别定价

旅游者的经济水平不等，所以他们对旅游产品的价格敏感程度也大不相同。一般情况下，低收入消费者市场对产品价格的变动较为敏感；而高收入阶层购买旅游产品注重品牌、质量，对价格变动的敏感程度较低。例如，旅游景点的门票针对学生、老年人实行特殊优惠价格，就是采用这种定价方法。

2. 根据旅游产品的不同产品形式而进行的差别定价

这种方法并不完全按照各种形式产品的成本差异比例规定不同的售价。但一

般情况下，新颖的产品一般比传统的旅游产品价格要高。这种定价方法常见于旅游商品定价。

3. 根据地理位置的不同而进行的差别定价

旅游企业在不同地点出售相同的旅游产品或服务，旅游企业的边际成本可能没有差别，但可以根据不同的地理位置所造成的需求强度差异而制定不同的价格。

4. 根据时间的不同而进行的差别定价

人们在不同的季节、不同的日期甚至不同的钟点，对产品和服务的需求程度有明显的区别。旅游企业综合性的线路产品可以根据旅游淡旺季、双休日、黄金周制定不同的价格。

（二）理解价值定价法

理解价值定价法是指以消费者对产品价值的理解和认识程度作为依据来制定产品价格的方法。旅游企业采用这种方法的关键在于利用各种手段，在心理上增加旅游者所购旅游产品的附加值，至少是使旅游产品的价格符合旅游者的理解价值。这就要求旅游企业定价时首先要确定好产品的市场定位，拉开本企业产品与竞争者的差异，突出产品的特征，并综合运用各种营销手段，树立鲜明的市场形象，使消费者感到购买这些产品能获得更多的相对利益，从而提高他们接受价格的限度。

理解价值定价法可采取以下途径：

首先，用产品定位策略取得较大数量旅游者的理解价格。这主要因为产品定位就是旅游企业针对某一特定的目标市场，从符合消费者的价值观念、消费观念、审美情趣出发，设计与开发旅游产品。因而旅游企业所制定的价格也易于被消费者接受。

其次，重视对旅游产品特色的宣传与介绍，使旅游者充分了解该产品的价值。

最后，运用品牌策略影响与吸引消费者，从而使旅游者建立对产品品牌忠诚。这主要是因为品牌既是产品质量的象征，也是消费者社会身份与消费个性的体现。例如，某咖啡厅临海而建，客人进入此咖啡厅不仅可以欣赏到海边美景，而且可以在浪漫的氛围内享受优质服务，因而此咖啡厅的咖啡价格可能高于一般咖啡厅的咖啡价格。这就是采用的理解价值定价方法。

三、竞争导向定价法

竞争导向定价法是指以同类产品或服务的市场供应竞争状况为依据、以竞争者的价格为基础的定价方法。采用这种方法定价，要求旅游企业在竞争的同时结合自身的实力状况、发展战略等因素。在实际运用中，它主要表现为随行就市定价法、率先定价法、密封竞标定价法和拍卖定价法等。

（一）随行就市定价法

随行就市定价法也称为通行价格定价法，它是以同行业的市场平均价格为基础，来制定本企业产品的市场价格。这种方法的优势在于：平均价格在人们的观念中被认为是“合理价格”，易于被接受；可以避免竞争，使企业获取稳定的市场份额。实践表明，不论是完全竞争市场，还是少数寡头垄断的市场，同类产品的价格都趋于实行随行就市的价格。

（二）率先定价法

率先定价法是指旅游企业根据市场竞争状况，结合自身实力，率先打破市场原有的价格格局，制定出具有竞争力的产品价格的方法。采取这种定价方法的旅游企业，一般在某个区域内具有较强的规模与实力，或者在产品上具有竞争者无法比拟的特色优势，在竞争中处于主动地位，能够成为当地旅游企业的榜样。

（三）密封竞标定价法

密封竞标定价法是采用招标和投标的方式，由一个卖主（或买主）对两个以上并相互竞争的潜在买主（或卖主）的出价选优成交的定价方法。企业采用密封竞拍定价法定价时，是以设想竞争者的定价为基础，而不是以自己的成本或需求为基础。企业能否中标，在很大程度上取决于与竞争者在实力、价格等方面的综合较量。企业要想在投标过程中取胜，就必须制定出比其他企业更低的价格。这种定价法主要用于投标交易方式。一般情况下，在同类产品之间，价格相对低的产品更具有竞争力。

即使迫切希望中标的旅游企业，除了个别特殊场合，一般也不愿自己的标价低于单位产品的边际成本，因为那样旅游企业不但不能回收固定成本，连变动成本也补偿不了。同时，旅游企业也不能只顾盈利而标价过高，那样中标的可能性太小。由于利润的高低与中标概率的大小成反比，旅游企业便可用这两种相反因素的净效应作为定价的依据。这个净效应就是利润与中标概率的乘积，称为期望利润。

（四）拍卖定价法

拍卖定价法是指在经营拍卖业务的特定时间、场所，按照特定的规程有组织地进行，其价格高低由参与拍卖的买主竞价确定的定价方法。具体的出价方法有两种：一是增价拍卖法，也称买方叫价拍卖法或有声拍卖法。即在拍卖时，由拍卖人宣布预定的最低价格，然后由竞买者相继叫价，竞相加价，直到拍卖人认为无人再出更高的价格时，则用击槌动作表示竞买结束。二是密封递价法，也称招标式拍卖定价法。即先由拍卖人公布每批产品的具体情况和拍卖条件等，然后由各买主在规定时间内将自己的出价密封递交给拍卖人，以供拍卖人审查比较，决定将商品卖给谁。

第四节　旅游产品定价策略与技巧

一、新产品定价策略

在中国这个对价格敏感度较高的市场中，一旦定价失误，再好的产品也逃脱不了失败的命运。人们有时会发现，一个产品，品质、包装、渠道、广告都非常不错，但就是发展不起来。原因何在？就因为价格不当。

对新产品的定价，尤其值得重视。一般来讲，企业为新产品定价，有三个层次：一是产品定价的前瞻高空层次。所谓的前瞻高空，就是企业在为新产品定价时，努力使自己的产品具有一定的前瞻性，保持产品线的长度和广度，使其有可能持续延伸的空间和潜力。这种从品牌管理角度出发的定价方式，既能使产品拥有一定的价格优势，有利于引领市场消费潮流，同时也使企业的品牌形象更加完整。二是产品定价的务实就虚层次。这是说产品的定价既要符合产品线的整体结构，又要能够赋予产品一些新的内涵。比如在某一市场中，中档层次以下的产品价格连续走低，短时间内没有恢复的可能，企业就要考虑推出一款新的产品，用于弥补产品价格整体走低之后留下的市场空当，同时通过借助广告宣传和推广，赋予新产品足够的市场活力，将恢复产品市场销售价格作为新产品定价的主要目的。三是产品定价的随行就市层次。在这一层次中，产品定价一般较为随意，价格多变，调整频繁。这种层次基本上就是产品定价的最低层次。企业在推出新产品时，首先将面临一个定价挑战。价格是营销组合中最灵活的因素，价格策略是应对竞争及扩大销售的重要手段。一个企业的兴旺发展不仅需要有优质的产品，更需要给产品一个合理的定价。

一般来讲，新产品定价有三种策略可供选择：撇脂定价策略、渗透定价策略和满意定价策略。

（一）撇脂定价策略

撇脂定价策略是指在产品生命周期的最初阶段，把产品的价格定得很高，以攫取最大利润，有如从鲜奶中撇取奶油。企业之所以能这样做，是因为有些消费者主观认为某些产品具有很高的价值。从市场营销实践看，在以下条件下企业可以采取撇脂定价策略：市场有足够的消费者，他们的需求缺乏弹性，即使把价格定得很高，市场需求也不会大量减少。高价使需求减少一些，因而产量减少一些，单位成本增加一些，但这不致抵消高价所带来的利益。在高价情况下，企业仍然独家经营，别无竞争者。有专利保护的产品就是如此。某种产品的价格定得很高，会使人们产生这种产品是高档产品的印象。索尼公司（Sony）经常使用这一策略。1990 年索尼公司在日本市场推出世界上第一台高清电视时，这种高技术含量的产品定价是43000美元，只有那些能够为新技术支付高昂费用的消费者才能买得起。索尼公司在接下来的几年迅速降低价格来吸引消费者，到1993年，一台28in高清电视机只需消费者花6000美元就能买到，再到2001年，2000美元就能购买到40in的高清电视，这个价格很多人都能支付。通过这种方法，索尼公司从各个细分市场上获得最大的利润。撇脂定价策略只有在特定的条件下使用才有意义。首先，产品的质量和形象必须能支撑高价位，并且有人愿意在这个高价位上购买；其次，生产小批量产品的单位成本不能高到抵消高价位带来的利润；最后，竞争者不能轻易进入市场和影响高价位。

（二）渗透定价策略

渗透定价策略即企业把它的创新产品的价格定得相对较低，以吸引大量顾客，提高市场占有率。从市场营销实践看，企业采取渗透定价策略需具备以下条件：市场需求显得对价格极为敏感，因此，低价会刺激市场需求迅速增长；企业的生产成本和经营费用会随着生产经营经验的增加而下降；低价不会引起实际和潜在的竞争。例如，戴尔公司采用市场渗透定价法，通过低成本的邮购渠道销售高质量的计算机产品，销售量直线上升，而此时通过零售店销售的IBM、康柏、苹果和其他竞争者根本无法和戴尔的价格相比。沃尔玛、家庭仓库和其他折扣零售商也采用了市场渗透定价法，它们以低价格来换取高销售量，高销售量导致更低的成本，而这又反过来使折扣商能够保持低价。

（三）满意定价策略

满意定价策略即在新产品投放市场时制定适中的价格，既保证企业获得一定的初期利润，又能为广大消费者所接受。满意定价策略是一种介于高价策略和低价策略之间的、简便易行的定价策略。

当前我国旅游业进入重大调整、升级转型时期，正在从旅游大国向旅游强国转变。但旅行社的发展与我国旅游业的发展不相适应，旅行社总体数量上升，但总体利润却在下降。多数旅行社为了扩大或保持市场份额，降低旅行社的产品价格，出现“价格战”，而“价格战”导致零费用、负团费的出现。旅行社旅游线路产品的定价策略决定旅行社的利润。

1. 价格调研

企业要制定出适合目标群体的价格，非常有必要深入地了解他们。例如关于旅游线路的定价，如果时值暑假，针对学生和家长消费群体，旅游企业就会相应制定出极有特色的亲子游、留学游等旅游线路，而且也符合他们所能承受的旅游价格。

2. 品牌影响力调研

企业应调查新产品的生产企业或使用的品牌是否具有一定的影响力。有影响力的品牌推出的新品，价格就可以定得稍高点；否则，就要考虑将价格定得低一点。例如，全国的旅行社虽然比比皆是，但对于同一旅游线路，不同的旅行社推出的价格也有差别，有的追求品质，有的追求自由，但是大的旅行社往往推出的价格比较高，这就是一种名牌效应，有名气的旅行社也是旅游质量的一种保证。

3. 竞争者价格调研

企业要研究竞争者产品的定价状况，并找出价格空白点与制高点，在价格缝隙中寻找出路。有些旅行社专门接待散客拼团旅游，有些旅行社又专门接待大型会议旅游，就是为了避免同一旅游市场的竞争，也确保自己的市场份额能够带来最大利润，尽量躲开与竞争者打价格战。

4. 消费者心理价位调研

企业要研究消费者对同类产品的最佳心理价位及最高心理价位。一般而言，每类产品都会有一定的价格范围，超出这个范围便会让人难以接受。如出境游的旅游线路通常都比国内游的旅游线路定价要高，由于距离远及目的地国家的消费水平高，导致旅游成本增加，而选择此种旅游线路的人群也多是高薪或收入水平比较高的群体。旅行社制定旅游价格时，也要考虑消费者的心理承受力。

5. 产品成本调研

企业应通过调研了解与同类产品相比，自己的新产品是否具有成本优势。如果有，则应以低价快速占领市场；否则，就应考虑以高品质的形象去支撑高价位。像“新西兰南北岛八日游，萤火虫洞观景，古董汽船游湖”，就是途牛旅游网新推出的旅游线路，重点突出新西兰的特色：皇后镇的标志性轮船—TSS 古董蒸汽船及世界七大奇景之一——蒂阿瑙萤火虫洞。那么制定该产品价格时，就会考虑传统新西兰游的价格档位：不能太高，还需考虑最终的成本预算；不能趋同，否则体现不出新产品的价格优势。

二、心理定价策略

心理定价策略是针对顾客心理而采用的一类定价策略。每一件产品都能满足消费者某一方面的需求，其价值与消费者的心理感受有着很大的关系，这就为心理定价策略的运用提供了基础，使得企业在定价时可以利用消费者心理因素，有意识地将产品价格定得高些或低些，以满足消费者生理的和心理的、物质的和精神的等多方面需求，通过消费者对企业产品的偏爱或忠诚，扩大市场销售，获得最大效益。旅游行业是最容易受消费者心理影响的行业之一，因为旅游本身就是追求一种美好的愉悦的心理感受，那么揣摩旅游者心理因素也是旅游企业必做的功课之一。知己知彼，百战不殆，如果能够制定出最佳的旅游价格，就能吸引旅游者，为旅游企业回报利润。

心理定价策略通常表现在零售行业，在旅游行业中也很适用，主要有以下几种形式：

1. 尾数定价策略

尾数定价也称零头定价或缺额定价，即给产品定一个以零头数结尾的非整数价格。大多数消费者在购买产品，尤其是购买一般的日用消费品时，乐于接受尾数价格，如0.99元、9.98元等。消费者会认为这种价格经过精确计算，购买不会吃亏，从而产生信任感。同时，这种价格虽离整数仅相差几分或几角钱，但给人一种低一位数的感觉，符合消费者求廉的心理愿望。例如，新品旅游线路优中选优——香港迪士尼双飞4日游，2799元起，就比2800元或3000元更易于被消费者接受。

2. 整数定价策略

整数定价与尾数定价正好相反，即企业有意将产品价格定为整数，以显示产品具有一定的质量。整数定价多用于价格较贵的耐用品或礼品，以及消费者不太了解的产品。对于价格较贵的高档产品，消费者对质量较为重视，往往把价格高低作为衡量产品质量的标准之一，容易产生“一分价钱一分货”的感觉，因而整数定价有利于销售。例如，马尔代夫伊露薇丽岛（The Beach House at Iruveli Maldives）4晚6日自助游，暑假大促，15390元起。这种整数价格虽然是促销，依然令人感觉品质非常有保证。

3. 声望定价策略

声望定价即针对消费者“便宜无好货，价高质必优”的心理，对在消费者心目中享有一定声望、具有较高信誉的产品制定高价。不少高级名牌产品和稀缺产品，如豪华轿车、高档手表、名牌时装、名人字画、珠宝古董等，在消费者心目中享有极高的声望价值。购买这些产品的人，往往不在乎产品价格，而最关心的是产品能否显示其身份和地位，价格越高，其心理满足的程度也就越大。例如，什刹海周围的酒吧，一杯咖啡标价50元，一壶普通龙井标价200元；如果想坐人力三轮车绕着什刹海兜一圈，至少要30元，而这段距离乘出租车也不过起步价，步行也就20分钟。然而每天什刹海的酒吧都人满为患，“人力三轮车胡同游”项目也红火得不得了，2005年还被评为中国十大城市民俗胜地之一。就是因为游客对此地一种声望的认同，觉得这个地方能够感受老北京那种原汁原味的民俗文化，所以高价也是他们追求旅游声望的一种表现。

4. 习惯定价策略

有些产品在长期的市场交换过程中已经形成了为消费者所适应的价格，成为习惯价格。企业对这类产品定价时要充分考虑消费者的习惯倾向，采用“习惯成自然”的定价策略。对消费者已经习惯了的价格，不宜轻易变动。降低价格会使消费者怀疑产品质量是否有问题；提高价格会使消费者产生不满情绪，导致购买的转移。在不得不需要提价时，应采取改换包装或品牌等措施，减少抵触心理，并引导消费者逐步形成新的习惯价格。

5. 招徕定价策略

这是适应消费者“求廉”的心理，将产品价格定得低于一般市价，个别的甚至低于成本，以吸引消费者、扩大销售的一种定价策略。采用这种策略，虽然几种低价产品不赚钱甚至亏本，但从总的经济效益看，由于低价产品带动了其他产品的销售，企业还是有利可图的。例如，湖北荆门市京山县绿林景区实行“门票买断制”营销模式，绿林景区的旺季全票价格是188元。因为每位组团旅游者可得到20～30元的优惠，旅行社通过游客量的积累，一方面可以得到更低的折扣，另一方面超额的人数会赚取更多利润，所以旅行社积极性普遍较高。不少与绿林景区签约的旅行社也尝到甜头，因为有价格优势，客源相对而言更好组织，除了赚取门票差价之外，还有其他方面的利润。同时，还带动了旅行社其他线路的销售。

6. 分档定价策略

分档定价是指把同类商品比较简单地分成几档，每档定一个价格，以简化交易手续、节省顾客时间。例如，现在争议很大的景区联票制度，就是没有好好区分旅游产品和价格的档位。现在实行联票的景区多是名气和地域较大的景区，单个门票的价格偏高，联票具有很大的市场潜力。所以说，联票的出台是一项好制度，但在运作过程中却出现了很多问题。主要问题在于景区没有做好市场细分，应针对老人、学生等不同群体推出不同组合的联票，还应有满足个别群体的单票。这样，既有单票，又有灵活多样的联票可供选择，不降低旅游品质，让旅游者在省钱、省力、省时的同时，真正能够享受到组合创新带来的高效、便捷、无障碍旅游。

三、价格折扣策略

价格折扣策略就是销售者为回报或鼓励消费者的某些行为，如批量购买、提前付款、淡季购买等，将其产品基本价格调低，给消费者一定比例的价格优惠。具体办法有：数量折扣、现金折扣、功能折扣和季节性折扣等。

在网络市场中，价格折扣是经常采用的一种价格策略。例如，各在线旅游网站暑期大促销的“战火”从7月开始蔓延，艺龙旅行网、芒果旅行网等“老将”先后发起低价促销活动。芒果旅行网宣称，投入8000万元现金补贴酒店预订，最高返现50%。淘宝旅行等新秀也不甘落后，一时间，国内主要的在线旅游网站都打出了“低价促销”的招牌。携程旅行网更是一连抛出“自由行返现金”“一元接机”“半价门票”“租车首日0租金”四大“优惠炸弹”，将价格促销战门槛升级，并以进攻姿态抢占“新地盘”，瞄准国内休闲旅游大市场。另外，散客的三大出行方式——国内自由行、短途巴士游和自驾游也成为在线旅游网站争夺的焦点。

优惠卡也是网络营销中常用的折扣方式。优惠卡也称折扣卡，是一种可以以低于商品或服务价格进行消费的凭证。传统的促销方式中，常常使用一次性的优惠券，但在网络营销中，很难多次给某些消费者寄赠优惠券，因此大多采用电子优惠卡的办法。消费者可凭此卡获得购买商品或享受服务的价格优惠。优惠卡的折扣率一般从5%～60%不等。优惠卡的适用范围可由网上商店规定，如可以是一个特定的商品或服务，也可以是同一品牌的系列商品，甚至可以是商家的所有商品；有效期可以是几个月、一年或更长时间。

我国的中国酒店预订网就采用了优惠卡的促销方法。消费者可以通过网络进入这一酒店预订系统，登记注册后，在该系统内的所有酒店住宿均可享受4～6折的优惠。还有的网上商店为了培养忠实消费者，对每一位有意消费的消费者发放一张积分优惠卡，该优惠卡按消费者在网上消费金额的多少打分，再按分数的多少赠送礼品。这样做不仅可以把消费者牢牢吸引在自己的网站上，而且还可以加深网上商店与消费者之间的感情。

影响折扣策略的主要因素有以下几种

（1）数量：产品数量。

（2）季节：也称季节差价，一般在有明显的淡、旺季商品或服务的行业中实行。

（3）折扣率：折扣率的高低会影响消费者对折扣产品的兴趣。

（4）品牌的影响力：比如路易·威登（LV）皮包打两折，一定会刺激消费者的购买欲。

（5）产品用途：产品实际的作用。

（6）时间：假期和非假期。

四、区分需求价格策略

1. 互补商品价格策略

互补商品是指两种（或以上）功能互相依赖、需要配套使用的商品。互补商品价格策略是指企业利用价格对消费连带品需求的调节功能全面扩展销售量所采取的定价方式和技巧。具体做法是：把价值高而购买频率低的主件价格定得低些，而对与之配套使用的价值低而购买频率高的易耗品价格适当定高些。例如，传统的市场营销观念总是把竞争者视为“敌人”，这往往导致竞争双方两败俱伤。其实，“你死我活”并不是市场竞争的唯一“出路”。现如今“共存共荣”的合作营销，把对手当成朋友和合作伙伴，在市场竞争中共同发展，在如今的旅游市场上越来越多见。

旅游是线状的，旅游目的地的产品组合包装在一起营销，会卖得更好。比如，在桂林《印象·刘三姐》剧场门口竖块大牌子，做一条旅游线路——阳朔西街、漓江百里画廊、桂林两江四湖。旅游者看到后，若是自助旅行，便可能会在看完演出后游历其他的三个景点；同样，在阳朔西街也有这样的牌子，这就是合作营销。作为多目的地的旅游线路，还可以进行跨区域宣传合作，可达到“1 +1 >2”的效果。国内有中国四大佛教名山营销联合、泛珠三角旅游联合、中部地区旅游联合的诞生，有长三角旅游圈的逐步形成，而那些知名度较低、影响力较小的旅游目的地，其合作营销旅游的要求更为迫切、责任更大。

又比如湖北神农架林区与北京市旅游发展委员会在北京签署战略合作协议，双方将立足互补性的旅游资源，推出“北京 + 神农架”特色旅游线路，共同开拓国际旅游客源市场。

据了解，合作协议内容包括：统筹编制两地旅游发展规划，将神农架纳入北京旅游发展战略；共同打造国际品牌资源，将北京市旅游产品和线路延伸到神农架，推出“北京 + 神农架”特色旅游线路；推进两地宣传资源共享，推动神农架景区同北京市知名景区的联动促销；北京帮助神农架解决旺季外部大交通运力不足问题；北京协助神农架开展旅游人才培训。

神农架党委书记钱远坤表示，神农架机场即将通航，神农架将借助北京作为中国游客集散地、海外游客中转地的辐射力和影响力，扩展国际客源市场。

2. 替代商品价格策略

替代商品是指功能和用途基本相同，消费过程中可以互相替代的产品。替代产品价格策略是企业为达到既定的营销目标，有意识安排本企业替代产品之间的关系而采取的定价措施。例如，世界杯是球迷的挚爱，在 2006 年夏季旅游的“黄金假期”里，“德国世界杯游”的确让德国旅游好好地火了一把。欧洲的其他旅游目的地国也不落下风，据报道，瑞士的一则旅游广告独树一帜，做起了球迷之外的女性旅游者的生意。这则片名为《女孩，我的爱》的广告在德国、法国电视台黄金时段亮相，片中是身材魁梧的农场工人、性感的火车列车长、健美的登山运动员、强壮的伐木工等一系列美男的镜头，展现着独特的男性魅力，阳光而性感。“亲爱的姑娘们，为什么不离开世界杯看台，到瑞士来，这里的男人不爱足球爱佳丽!”煽情的广告词会激起女性前往瑞士旅游的欲望。通常人们一想到世界杯便想到德国，足球之旅自然非德国莫属，其他欧洲国家旅游如果说沾“世界杯”的“光”，充其量也只是“德国之旅”的附加目的地，得到的只是极小的辐射效应。这则广告把自己的受众直接抛向那些对足球不感兴趣的女性，创造性地“借题发挥”，唤起那些受到冷落，打算放弃一年一度家庭休假的女性出游的愿望，结果却得到了一大块新市场客源。创新往往能出奇制胜，旅游业也是靠创新激活的行业。

五、价格变动和企业对策

企业处在一个不断变化的环境中，为了生存和发展，有时候需要主动地削价或提价，有时候又需要对竞争者的变价作出适当的反应。

（一）削价与提价

1. 企业削价的原因

在现代市场经济条件下，企业削价的主要原因有：

（1）企业的生产能力过剩，因而需要扩大销售，但是企业又不能通过产品改进和加强销售工作等来扩大销售。

（2）在强大竞争者的压力之下，企业的市场占有率下降。

（3）企业的成本费用比竞争者低，企图通过削价来掌握市场或提高市场占有率，从而扩大生产和销售量，降低成本费用。

例如，随着部分海外航空公司与重庆相关部门的合作日益密切，重庆直飞海外的国际直航航班数量呈上升趋势。受此影响，重庆不少出境游线路价格开始走低，一些原本价格在8000元左右的旅游产品如今已降至6000余元。从重庆新亚国际旅行社等旅行社获悉，卡塔尔航空公司开通重庆至多哈直航航班后，首先影响到“迪拜6日游”旅游产品的价格。该产品价格最初由8000元左右降至约7000元，目前该产品的最新报价为6280元。据悉，“迪拜6日游”旅游产品的降价，还带动了重庆部分旅行社“南非精华8日游”“埃及8日游”等相关旅游产品的价格下调。近日，亚洲航空、韩亚航空等国际航空公司先后与重庆相关部门签署了战略合作协议，由于客源市场良好，一些国际航空公司除计划新增对渝直航航班外，还打算延长已有国际航班的航线。业内人士预测，重庆至日本、重庆至韩国的多类旅游产品价格可能都会受到影响。

2. 企业提价的原因

虽然提价会引起消费者、经销商和企业推销人员的不满，但是一个成功的提价可以使企业的利润大大增加。引起企业提价的主要原因如下：

（1）由于通货膨胀，物价上涨，企业的成本费用提高，因此许多企业不得不提高产品价格。在现代市场经济条件下，在通货膨胀条件下，许多企业往往采取种种方法来调整价格，应对通货膨胀。例如，2012年从广州首场暑期出境热卖会上了解，随着伦敦奥运会举办以及欧元“破8”国人购物更加实惠的利好，国内旅游者纷纷将暑期的旅游目的地定在欧洲，2012年暑期赴欧旅游者同比上升五成。现场旅行社新推出的团队游产品在酒店选择、行程安排上“下足工夫”，如：“法国、意大利10天”，串游法国巴黎、意大利米兰两大时尚之都；“法国、瑞士10天”更是首次安排连住巴黎三晚，旅行社特意选择了交通便利的酒店，让旅游者观光、购物两不误。某旅行社出境游中心人员介绍：“欧元下跌，对赴欧旅游者来说，酒店、餐饮、交通、购物等支出都会因为汇率浮动变得更划算，6 月份欧洲商场也开始进入打折季，在欧洲消费、购物性价比更高。从目前的形势看，2012 年暑期欧洲游人数同比至少升五成。”

在这种情况下，企业进行提价时，可采用以下具体定价战略：

第一，采取推迟报价定价的战略，即企业决定暂时不规定最后价格，等到产品制成时或交货时方规定最后价格。在工业建筑和重型设备制造等行业中，一般采取这种定价战略。

第二，在合同上规定调整条款。即企业在合同上规定在一定时期内（一般到交货时为止）可按某种价格指数来调整价格。

第三，采取不包括某些商品和服务定价战略。即在通货膨胀、物价上涨的条件下，企业决定产品价格不动，但原来提供的某些服务要计价。这样一来，原来提供的产品的价格实际上就提高了。

第四，减少价格折扣。即企业决定削减正常的现金和数量折扣，并限制销售人员以低于价目表的价格来拉生意。

第五，取消低利产品。

第六，降低产品质量，减少产品特色和服务。企业采取这种战略可保持一定的利润，但会影响其声誉和形象，失去忠诚的顾客。

（2）企业的产品供不应求，不能满足其所有的顾客的需要。在这种情况下，企业必须提价。具体提价方式包括：取消价格折扣；在产品大类中增加价格较高的项目；或者直接提价。为了减少消费者的不满，企业提价时应当向消费者说明提价的原因，并帮助消费者寻找节约途径。例如，伦敦奥运会在进入倒计时的时候，前往伦敦的机票和酒店成为稀缺资源。就广州地区而言，7、8 月份前往伦敦的机票价格比 6 月最高上涨了 50%。此外，伦敦不少酒店的价格甚至翻了四五倍，还订不到房。中国驻英国大使刘晓明透露，奥运会前后中国内地及港澳台地区赴英观赛、旅游人数将达 25 万，这也致使北京、上海、广州等各大城市赴伦敦的机票价格全面上涨。数据显示，7 月伦敦方向的机票价格同比最高上涨达 50% 以上。从广州出发前往伦敦的机票，7 月中旬至 8 月中旬的价格较平稳，不过基本都是全价票。但在 6 月份及更早的时候，同一航线还有部分低至五折左右的折扣票出售。由于奥运会导致伦敦酒店爆满，旅行社已经无法预订伦敦的酒店，在线旅游网站上也基本难觅房源，“不少知名酒店的客房几个月前已全部被订满”。

（二）消费者对价格变动的反应

企业无论提价或削价，这种行动必然影响消费者、竞争者、经销商和供应商，而且政府对企业变价也不能不关心。在这里，首先分析消费者对企业变价的反应。消费者对于企业某种产品的削价可能会这样理解：

（1）这种产品的式样老了，将被新型产品所代替。

（2）这种产品有某些缺点，销售不畅。

（3）企业财务困难，难以继续经营下去。

（4）价格还要进一步下跌。

（5）这种产品的质量下降了。

企业提价通常会影响销售，但是消费者对企业的某种产品提价也可能会这样理解：

（1）这种产品很畅销，不赶快买就买不到了。

（2）这种产品很有价值。

（3）卖主想尽量取得更多利润。

一般地说，消费者对于价格高低不同的产品价格的反应有所不同。消费者对于那些价值高、经常购买的产品的价格变动较敏感，而对于那些价值低、不经常购买的小商品，即使单位价格较高，也不大注意。此外，消费者虽然关心产品的价格变动，但是通常更为关心取得、使用和维修产品的总费用。因此，如果企业能使消费者相信某种产品取得、使用和维修的总费用较低，那么，它就可以把这种产品的价格定得比竞争者高，以取得较多的利润。

（三）竞争者对价格变动的反应

企业在考虑改变价格时，不仅要考虑到消费者的反应，而且还必须考虑竞争者对企业的产品价格的反应。当某一行业中企业数目很少且提供同质的产品，消费者颇具辨别力与知识时，竞争者的反应就越显重要。

企业如何估计竞争者的可能反应呢？首先，假设企业只面临一家大的竞争者，竞争者的可能反应可从两个不同的出发点加以理解：其一是假设竞争者有一组适应价格变化的政策；另一个假设是竞争者把每一次价格变动都当成单一挑战。每一种假设在研究上均有不同的含义。

假设竞争者有一组价格反应政策，至少有两种方法了解它们：通过内部资料和借助统计分析。内部资料的取得方法有多种，有些是可以接受的，有些则近乎刺探。有一种方法是从竞争者那里挖来经理，以获得竞争者考虑程序及反应形式等重要情报。此外，还可以雇用竞争者以前的职员专门建立一个单位，其工作任务就是模仿竞争者的立场、观点和方法思考问题。关于竞争者想法的情报，也可以由其他渠道，如消费者、金融机构、供应商、代理商等获得。

（四）对竞争者发动的价格变动的反应

在同质产品市场上，如果竞争者削价，企业也必须随之削价，否则消费者就会购买竞争者的产品而不购买自己的产品。如果某些企业提价，其他企业也可能会随之提价（如果提价使整个行业有利），但是如果一个企业不随之提价，那么最先发动提价的企业和其他企业也不得不取消提价。

在异质产品市场上，企业对竞争者发动价格变动的反应有更多的自由。在这种市场上，消费者选择卖主时不仅考虑产品价格高低，而且考虑产品的质量、服务、可靠性等因素。因而在这种产品市场上，消费者对于较小的价格差额无反应或不敏感。

企业在对竞争者的价格变动作出适当的反应之前，须调查研究和考虑以下问题：

（1）为什么竞争者要变价？

（2）竞争者打算暂时变价还是永久变价？

（3）如果对竞争者的变价置之不理，将对企业的市场占有率和利润有何影响？其他企业是否会作出反应？

（4）竞争者和其他企业对于本企业的每一个可能的反应又会有什么反应？

在现代市场经济条件下，市场领导者往往会遇到一些较小企业的进攻。这些较小企业的产品比得上市场领导者的产品，它们往往通过侵略性的削价和市场领导者争夺市场阵地，提高市场占有率。在这种情况下，市场领导者有以下几种选择：

（1）维持价格。因为市场领导者认为：如果降价就会使利润减少过多；保持价格不变，市场占有率不会下降太多；以后能恢复市场阵地。

（2）保持价格不变，同时改进产品、服务、沟通等，运用非价格手段来反攻。采取这种战略比削价和低价经营更合算。

（3）降价。市场领导者之所以采取这种战略，那是因为其认为：第一，降价可以使销售量和产量增加，从而使成本费用下降；第二，市场对价格很敏感，不降价就会使市场占有率下降；第三，如果市场占有率下降，以后就难以恢复。但是企业降价后，应当尽力保持产品质量和服务水平，而不应降低产品质量和服务水平。

（4）提价，同时推出某些新品牌，以围攻竞争对手的品牌。受到竞争者进攻的企业必须考虑：产品在生命周期中所处的阶段；它在企业产品投资组合中的重要性；竞争者的意图和资源；市场对价格和价值的敏感性；成本费用随着销售量和产量的变化的情况。

在变动价格时，花很多时间分析企业的选择是不可能的。因为竞争者可能花了大量时间来准备变价，而企业可能必须在数小时或几天内明确果断地作出适当的反应。缩短价格反应决策时间的唯一途径是：预料竞争者可能的价格变化，并预先准备适当的对策。

【关键概念】

旅游产品价格；旅游产品定价方法；新产品定价策略；心理定价策略；价格

折扣策略；区分需求价格策略

【复习与思考】

1. 旅游产品价格的种类与作用有哪些？
2. 影响旅游产品定价的因素有哪些？
3. 旅游产品定价方法有哪些？
4. 旅游产品定价的策略与技巧有哪几类？

【项目实训】

丽江旅游市场即将推出一款新型代表云南纳西民族特色的旅游产品，集纺织手工业、民族文化、高端材质于一体，不同于以往的单一类商品，比如服装披巾、资源类产品玉器、银器，以及保健食品类，如螺旋藻、牦牛肉、茶叶等。先就此产品作好市场调研，为它制定出合理优越的市场价格。请从影响旅游产品定价的诸多因素考虑，写出详细的产品定价策划书。

第九章

旅游产品销售渠道策略

【本章学习目标】

通过本章的学习，熟悉旅游产品销售渠道的基本概念，掌握旅游产品销售渠道的类型与特点，掌握旅游中间商的分类，熟悉影响旅游产品销售渠道选择的因素及销售渠道管理模式的发展趋势。

◆【案例导入】

案例一　后携程时代的酒店多渠道管理

全球酒店业的权威杂志《HOTELS》发布了全球酒店业300强的2007年度排行榜，南京的金陵连锁酒店以10318间客房、酒店43家名列第73位，跻身全球酒店100强。金陵连锁酒店辉煌的背后，并没有号称“中国酒店业第一渠道商”——携程旅行网的身影。国内酒店管理集团只有金陵连锁酒店一家没有与携程旅行网建立合作关系，不禁要问金陵连锁酒店哪来的底气？答案是源于旅游销售渠道的多渠道合作！与国内一些酒店高达30%的客源来自携程旅行网或艺龙旅行网的渠道商不同，金陵连锁酒店通过IT平台整合了多种订房渠道，“冲淡”了一家独大的旅游销售渠道格局，任何一家渠道商的退出都不会对酒店的业务造成影响。

（资料来源：《后携程时代的酒店多渠道管理》，搜狐旅游，2007-11-26，http：//travel. sohu. com/20071126/n253472381. shtml。有改动。）

案例二　希尔顿与Booking. com达成销售合作

2009年2月23日：全球在线酒店供应商Booking. com今日宣布，与希尔顿酒店集团签署了一项销售合作协议。根据协议，希尔顿集团的全球酒店品牌将直接通过 Booking. com 及其超过 4500 位销售合作伙伴组成的网络进行销售。希尔顿旗下酒店每月将可以触及 Booking. com 的超过 3000 万独立用户组成的客户群体。

Booking. com 酒店总监 Gillian Tans 表示："希尔顿的优质品牌在全球得到肯定，向我们的客户销售其酒店令我们感到振奋。希尔顿酒店遍布 77 个国家，我们热切希望在继续全球扩张的过程中进一步发展与对方的互惠合作关系。"

希尔顿酒店集团销售高级总监 Philippe Garnier 补充说："我们很高兴与 Booking. com 建立全球战略合作伙伴关系，它是帮助我们触及全球数以百万的更多旅游者的理想合作伙伴。我们相信，Booking. com 将在全球范围内促进我们的酒店销售。"

（资料来源:《希尔顿与 Booking. com 达成分销合作》，环球旅讯，2009-2-25，http：//www. traveldaily. cn/article/28562. html。经整理加工。）

第一节 旅游销售渠道的含义与类型

一、旅游销售渠道的含义与功能

旅游销售渠道是一个完整的体系，通过一定的销售渠道实现将旅游产品从旅游企业传递给目标市场旅游者。只有旅游企业的销售渠道畅通，旅游产品才能在适当的时间、地点，以适当的方式提供给旅游目标市场。在渠道的流程中，可以看到各方参与者，即生产者、中间商和旅游者之间的相互关系。

旅游产品从旅游企业转移到最终的旅游者手中，有多种不同的途径可以选择。旅游企业可以凭借自己的设施和资源直接向旅游者出售旅游产品，而不与旅游中间商合作；也可以借助于旅游中间商向旅游者间接销售旅游产品。所以，旅游销售渠道通常包括直接销售渠道和间接销售渠道。旅游销售渠道又称为旅游分销渠道或通道，是指旅游产品从生产企业向旅游消费者转移的过程中所经过的路线和环节，这个路线和环节是由一系列取得使用权或协助使用权转移的个人或市场中介机构所组成的。理解旅游销售渠道要把握以下要点：销售渠道的起点是生产者，终点是消费者；销售渠道的环节是指在旅游产品流通过程中的中间商；旅游销售渠道在销售转移过程中，只有使用权的转移，旅游者和旅游企业之间是一种契约关系。

旅游销售渠道是由生产者、中间商和消费者等构成的一个较为完整的体系，对旅游产品的销售发挥着巨大的推动和制约作用。其功能表现如下：

（一）旅游销售渠道提供了方便的销售网络和信息交流的平台

旅游企业设计开发旅游产品，制定价格，并辅以广告、宣传等促销手段。当旅游者对旅游产品产生购买欲望时，可以让旅游者及时购买或以提前预订的方式满足消费需求。旅游者对于旅游产品的认识和了解需要部分地借助于旅游销售来实现，同时销售渠道也可以将旅游者对产品的反应和感受反馈回来，供旅游企业考虑，并作出适当的策略调整。旅游销售渠道可以向消费者提供多种服务，满足旅游市场的需求，促进产品销售；同时，在旅游产品的销售过程中，为供需双方提供了信息交流的平台。

（二）旅游销售渠道是旅游企业生产过程顺利进行的保证

旅游企业所生产的旅游产品需要在较短的周期内转移到消费者手中，才能实现产品的价值。如果销售渠道受到约束、不通畅、产品搁置，就会影响到旅游企业的再生产过程和销售的战略目标，同时也不能满足消费者的需求。

（三）合理的旅游销售渠道是提高旅游企业经济效益的重要手段

旅游销售渠道的长度和宽度直接影响着旅游企业的经济效益。旅游销售渠道的长度是指旅游产品从生产者到消费者所经过的中间环节的数量。中间环节越多，销售渠道就越长；反之，销售渠道就越短，旅游企业直销渠道最短。旅游销售渠道的宽度是指一个时期内销售网点的数量，包括旅游企业自设的销售网点和旅游中间商网点的数量。销售网点越多，渠道就越宽；反之，销售渠道就越窄。因此，旅游企业要根据自身情况和产品特点，选择适合的渠道，加强对中间环节的管理，降低流通成本，提高经济效益。

（四）旅游销售渠道策略直接影响其他市场销售的实施效果

旅游销售渠道涉及企业销售的各个方面，与其他市场销售策略密不可分。因此，旅游销售渠道一经建立，无论是销售价格还是销售方式都不能轻易改动。因为一经变更，企业的总体销售策略都得作出相应的调整。旅游销售渠道是企业其他销售策略的基础。

二、旅游销售渠道的类型

在现代旅游销售实践中，旅游销售渠道的种类很多，不同的旅游企业和产品选择的销售渠道是不一样的，即使是相同的旅游产品，其销售渠道也有一定的差异性。根据旅游产品在销售过程中是否涉及中间环节，可将旅游销售渠道分为直接销售渠道和间接销售渠道两种基本模式。同时，也可根据旅游销售中间环节的数量将其分为零级销售渠道、一级销售渠道、二级销售渠道和三级销售渠道四种结构类型，如图 9-1 所示。

零级销售渠道：旅游企业（生产者）→→→→→→→→→→→→→→→→→旅游消费者
一级销售渠道：旅游企业（生产者）→→→→→→→→→旅游零售商→→→旅游消费者
二级销售渠道：旅游企业（生产者）→→旅游批发商→→旅游零售商→→→旅游消费者
三级销售渠道：旅游企业（生产者）→→旅游代理商→→旅游批发商→→旅游零售商→→旅游消费者

图 9-1 四种结构类型的销售渠道

（一）直接销售渠道

直接销售渠道，即旅游企业将旅游产品直接出售给旅游消费者而不经过任何一个中间环节。这种销售渠道没有旅游中间商的介入，也不需要经过许多层次环节，通常也称为零级销售渠道。从目前国内外旅游企业的销售实践来看，直接销售渠道分为三种情况：

（1）旅游企业在经营场所将旅游产品销售给旅游者。在这种情况下，旅游企业在其生产经营地点扮演了零售商的角色，等待旅游者上门购买。主要表现为旅游者通常以散客的形式出现，直接到酒店、景区、旅游交通企业等处购买旅游产品。常见的有旅游景点、旅游超市、餐馆、出租车等。

（2）旅游者通过各种直接预订方式购买旅游产品。旅游企业通过预定系统来扮演零售商的角色。随着现代信息技术的推广和发展，旅游企业越来越多地采用网上预订、电话预订等方式直接销售旅游产品。这种方式极大地方便了旅游者，也使旅游企业提高了旅游产品的技术含量和服务水平。常见的有酒店预订、机票预订、门票预订等。

（3）旅游企业通过自设的零售网点、系统将产品销售给旅游者。旅游企业在客源相当集中的地方设立自己的销售网点向目标市场销售产品，仍然属于直接销售模式。如很多景区、酒店都在机场、市内旅客服务中心、旅客接待点等地设立自己的销售网点。

直接销售渠道的优点是：直接交易，节省中间环节；减少了旅游企业的佣金支出，加快了资金周转；便于旅游企业控制旅游产品价格；能够及时掌握市场信息，了解市场需求，及时调整销售策略；有利于提高旅游产品质量，改善企业的形象。

直接销售渠道的缺点是：旅游企业（生产者）承担了产品销售的全部工作及相关费用；在销量不稳定时，旅游企业的销售成本增加，经营风险较大；当销售面广、消费者分散时，旅游企业难以把产品全部出售给消费者。

（二）间接销售渠道

由于旅游企业生产规模的不断扩大，需要销售出更多的旅游产品与之相匹配；旅游消费者的地理分布范围越来越广泛，使得他们直接上门购买旅游产品变得越来越不现实；旅游市场竞争越来越激烈，旅游企业要努力争取市场份额。在这些因素的共同影响下，旅游企业必须在经营场所之外建立更广泛的销售网络、销售网点以满足消费者的购买需求，同时创造、引导旅游者对旅游产品更多的潜在需求，这样就产生了所谓的间接销售渠道。间接销售渠道是指旅游企业（生产者）通过一个或多个旅游中间商把旅游产品销售给旅游者的销售渠道。这种方式有助于拓宽销售网点，减少销售及管理费用，但同时降低了旅游企业对产品销售的控制力和信息反馈速度。根据所经过中间环节的多少，间接销售渠道具体有三种渠道模式：

1. 一级销售渠道

一级销售渠道又称为单层销售渠道，是指旅游产品生产者与旅游消费者之间还有一层旅游零售商中间环节的渠道。旅游产品生产者把旅游产品交给零售商代售，需要向旅游零售商支付佣金或手续费，有时旅游零售商还可以从旅游消费者处获得代办手续费。例如，航空运输公司、铁路运输单位请旅行社代理销售其客票，景点请酒店、旅行社代理销售门票，都属于这种形式。零售商一般不买断旅游产品的所有权，只是进行简单的代理销售。一级销售渠道在销售中环节较少有利于将旅游产品快速推向市场，但是零售商的规模及数量将直接影响到旅游产品的销售规模与销售范围。

2. 二级销售渠道

二级销售渠道又称为双层销售渠道，是在一级销售渠道的基础上加入了旅游批发商这一中间环节的渠道。这种销售模式是旅游产品生产者将产品交由旅游批发商销售，再由旅游批发商委托旅游零售商或通过其自设的销售网点，将旅游产品销售给旅游者。所以在这种模式中，旅游产品生产者只与旅游批发商发生关系。

这里的旅游批发商，通常是从事团体报价旅游批发业务的旅游企业和旅行社。它们大批量地购买各种旅游产品，按日程加以组合、包装成包价旅游线路或包价旅游产品，再通过旅游零售商将旅游产品销售给旅游者。例如，现在许多旅游批发商通过大批量地购买航空票务、酒店、旅游景点等各项业务，根据旅游市场消费者的需求加以组合，设计出具有吸引力的包价旅游产品，再通过旅游零售商或自设的旅游网点进行销售。在这种销售模式下，旅游产品生产者可以借助旅游批发商规模大、网点遍布广的优势，将旅游产品销售到更大的目标市场。但是生产规模小或供给能力有限的旅游企业采取这种销售渠道模式，会增加渠道费用和降低运营速度。

3. 三级销售渠道

三级销售渠道是在二级销售渠道的基础上加入了旅游代理商这一中间环节的渠道，即旅游企业（生产者）——旅游代理商——旅游批发商——旅游零售商——旅游消费者。在此销售渠道中，旅游代理商通常是一些区域代理商或经纪人，其经营规模较大，需要通过旅游批发商转手旅游产品来实现销售目标。

这种模式在我国国际旅游市场经营中表现较为突出。受政策因素和市场熟悉程度因素的影响，我国旅游生产企业与国外的旅游批发商、零售商接触有限，一般很少直接在国际市场进行销售，而是通过旅游代理商将旅游产品销售给国外的旅游批发商，再经过受委托的国外旅游零售商转卖给客源地的旅游消费者。采用这一销售渠道模式可以有效地扩大销售范围，但是销售渠道越长，渠道费用就越高，销售流程和周期相对较长，旅游企业信息反馈及销售控制难度较大。

第二节 旅游中间商

一、旅游中间商的概念

由于受旅游市场销售环境因素的影响，旅游企业在旅游产品销售的过程中需要经过多重销售环节来完成销售目标，这样就形成了旅游中间商体系。旅游中间商是指处于旅游产品生产者与旅游者之间，专门从事旅游产品交互、流通的中介组织或个人。其主要是由旅游批发商、旅游零售商、旅游代理商和旅游经销商所组成的。旅游中间商的存在，可以减少旅游产品流通过程中的交易次数，节省旅游企业（生产者）在产品销售上所花费的时间与精力；提升了旅游产品销售空间的广阔性，解决了旅游产品生产和旅游产品消费空间上的矛盾；同时充分发挥了旅游企业（生产者）和旅游中间商在产品生产和销售方面的特长，还有利于旅游者购买，节省交易成本，从而形成旅游产品生产者和经营者的“共赢”局面。

二、旅游中间商的类型

旅游中间商可以从两个方面进行分类：按照旅游中间商的业务性质，可将其分为旅游批发商和旅游零售商两类；按照旅游中间商是否购买旅游产品所有权，可将其分为旅游经销商和旅游代理商两类。

（一）旅游批发商

旅游批发商是指经营包价旅游批发业务的旅行社或旅游公司。旅游批发商在旅游销售渠道中居于旅游企业（生产者）和旅游零售商之间的中间环节。由于旅游批发商的直接客户是旅游零售商，因此以旅游零售商的需求为市场导向。旅游批发商大量订购景点观光门票、旅游交通工具、酒店客房、餐饮产品等，然后组合成包价旅游产品向旅游零售商批发出售，再由零售商销售给旅游者。少数情况下旅游批发商可以直接向消费者出售旅游产品。由于旅游批发商的实力、规模不同，经营范围和项目也存在差异。

在旅游产品销售过程中，旅游批发商的作用有：

1. 整合旅游产品

旅游批发商根据旅游市场调研及旅游零售商的需求大量购买旅游企业的产品，充分考虑日常、价格、对旅游者的吸引力等因素整合出的包价旅游线路，再以批量形式销售给旅游零售商，由旅游零售商将旅游产品提供给旅游者。

2. 空间销售

借助有旅游批发商的销售渠道，旅游产品可以实现在一定跨度空间上的大规模、远距离销售。

3. 分摊风险

旅游批发商拥有旅游产品的所有权，而旅游产品是具有时效性的，如果销售不出去，将会导致旅游产品价值的损失，因此承担的风险较大。要降低经营风险，就要准确把握市场动态及旅游者需求变化，通过市场调研及信息反馈达到信息对称目标，对批量采购的旅游产品进行整合，组成适销的包价旅游产品。

（二）旅游零售商

旅游零售商又称为旅游零售代理商，是从事旅游产品零售业务的中间商，从旅游产品生产企业或旅游批发商处批量代理销售旅游产品，再以零售价格出售给旅游者。旅游零售商是旅游产品销售渠道的最终环节。其主要业务是帮助旅游批发商招徕旅游者、提供旅游咨询服务、安排交通食宿、观光服务，并及时处理旅游活动期间的问题。根据旅游市场的变化及需求及时调整策略，为旅游者提供接待服务。旅游零售商在旅游销售渠道中具有以下作用：①旅游零售商给旅游者带来了极大的便利；②旅游零售商对旅游者选择旅游产品有直接的影响；③旅游零售商是旅游产品销售信息的主要传播者。

（三）旅游经销商

旅游经销商是买进旅游产品再转卖出去的旅游中间商，是拥有产品所有权的旅游中间商。旅游经销商基本上是旅游批发商，也包括直接面向广大消费者的旅游零售商，其利润来源于旅游产品购进价和销出价的差额。由于旅游经销商取得了旅游产品的所有权，因此产品再转卖的所有利益和风险都由其独立享受和承担。

（四）旅游代理商

旅游代理商是指受旅游企业（生产者）或提供者的委托，在一定的区域及权限内销售其产品的旅游中间商。它通过与买卖双方的沟通，促成旅游产品销售的实现。其特点是：旅游代理商没有旅游产品的所有权，同时也不承担旅游产品销售的市场风险。其收入来自被代理旅游企业根据代理销售量的多少所支付的佣金。旅游代理商的经营范围包括代办预订、代办旅行票据证件以及向旅游企业反映消费者意见和要求。

三、旅游中间商的功能

1. 市场调研，完善信息沟通

旅游中间商利用直接面向旅游者的机会及其地位，可以客观、真实、全面地调查、掌握消费者的意见和需求，通过供求双方的信息沟通，为旅游企业（生产者）或供应者提供准确、及时的信息，帮助旅游企业（生产者）或供应者对市场的变化作出及时的反应，使旅游产品的生产和服务不断地适应旅游消费者的需求。为旅游消费者提供快捷、优质的服务。

2. 组合加工，开拓市场

旅游中间商是旅游企业（生产者）和旅游者之间的重要环节，将众多的旅游企业（生产者）和供应商的旅游产品集中在一起，根据产品特点和市场需求进行组合加工。它推出不同方式、价格、内容、线路、时间、交通等的包价旅游产品，不仅开拓了市场，满足了旅游者的消费需求，而且获得了较好的经济效益。同时，旅游中间商通过自身对市场需求信息的掌握和对发展趋势的较强敏感性，能够很好地与旅游企业（生产者）进行优势互补，使旅游企业（生产者）与旅游中间商都能在激烈的竞争中发展壮大。

3. 促进销售，激发顾客的潜在需求

旅游中间商一般都拥有自己的销售网络和目标群体，并在长期的购销实践中与旅游消费者和社会各方都形成了良好的公共关系，可以借助广告、宣传、咨询服务和促销活动等方式将潜在需求转化为现实的旅游需求。

4. 合作共赢

随着现代信息技术的不断发展、网络应用的普及，旅游企业（生产者）和旅游消费者可以通过互联网直接交流沟通。这就要求旅游中间商必须转变其职能，适应信息技术和电子商务的发展调整相应的经营策略。例如，旅行社、酒店、景点、交通票务普遍都与携程旅行网、艺龙旅行网等网络预订合作，进行网络宣传和彼此提供优惠项目。

四、旅游中间商的选择

从旅游企业（生产者）的角度出发，评价旅游中间商的标准一般有两点：一是看中间商是否能为旅游企业带来实际利益，即销售量或销售额；二是看旅游企业自身维护产品销售渠道所必须支付的费用的高低。为此，在选择旅游中间商时，应本着经济、实效、可控及适应性的原则。在选择旅游中间商时，旅游企业要考虑如下几个要素：

（1）旅游中间商的销售能力和市场信誉。这是指中间商的经营规模、营销能力和在消费者及同行业中的信誉。

（2）旅游中间商的历史背景和发展状况。

（3）旅游中间商的合作意愿和目标市场。在选择旅游中间商时，必须看其是否具备与本旅游企业合作的诚意，工作是否有积极性；中间商的目标市场及活动范围最好与旅游企业销售产品所针对的目标市场一致。

（4）旅游中间商的市场经验和发展潜力。要选择经验丰富的中间商，如果旅游中间商的发展潜力巨大，对旅游企业及中间商的发展都有好处。

旅游企业要对上述几个要素进行综合分析，全面考察，最终确定中间商。

对旅游中间商的评价包括：中间商历年销售指标的完成情况和利润大小；中间商为企业提供的利润额和费用结算情况；中间商为企业推销产品的积极性；中间商为企业的竞争对手工作的情况；中间商对本企业产品的宣传推广情况；中间商对客户的服务要求满足的程度；中间商与其他中间商的关系及配合程度；中间商占企业产品销售量比重的大小。

第三节　旅游销售渠道的选择与管理

旅游企业怎样选择合适的销售渠道，要依据企业自身的具体情况来定。一个旅游产品从生产到最终销售给消费者，可以选择多种、多层次、多环节的销售渠道。基于旅游企业自身产品的特点、市场的差异性、旅游企业的利润目标等因素，大多数旅游企业经过筛选确定符合自己的产品销售渠道，并按最佳渠道标准选择和调整销售渠道。

一、最佳旅游产品销售渠道的主要特征及销售渠道的选择原则

（一）最佳旅游产品销售渠道的主要特征

1. 理想的经济效益

对于旅游企业（生产者）而言，最佳的销售渠道就是低成本、高收益的渠道。渠道费用省，意味着交易成本的降低。不过渠道费用也不是越省越好，而是对生产者实现规模经济效益越高越好。总之，最佳的销售渠道就应该以最快的速度、最低的成本和最少的管理费用销售产品，并获得最大的经济收益。

2. 便捷性

这是针对旅游消费者而言的，是指方便目标市场旅游者购买、尽可能节省消费者的时间成本和精力成本。目前旅游市场竞争十分激烈，新产品、新企业、新模式层出不穷，为旅游者提供了极大的选择余地。谁能给旅游者提供便捷优质的服务，谁就掌握了旅游销售渠道的主动权。

3. 辐射面广

最理想的销售渠道是销售渠道间衔接紧密、环环相扣，渠道各成员配合默

契，有利于顺利实现旅游产品从旅游企业（生产者）到旅游者的转移。其特征是覆盖范围广、市场渗透力强，能带来一定数量的、稳定的客源。

4. 连续性明显

这是指将旅游产品源源不断地销售出去。销售渠道要有相当的稳定性，只有保持长期的连续性，才能获得更多的便利和优惠，无论对于旅游企业、旅游中间商还是旅游者都是十分重要的。

（二）销售渠道的选择原则

根据最佳销售渠道的特征，要使本企业的旅游销售渠道达到最佳，旅游企业在选择销售渠道时，应综合考虑各方面因素，遵循以下原则：

1. 经济原则

鉴于销售渠道对旅游企业有着重要作用，是旅游企业提高经济效益的主要手段，旅游企业所选择的销售渠道一定要能够保证有较高的销售收入和较低的销售成本。要做到这一点，企业就必须缩减渠道环节，同时，渠道一经确定就要保持相对的稳定性，尽量减少不必要的开支。

2. 时间原则

时间是金钱，效率是生命。旅游企业选择渠道必须要以时间短、效率高为中心，在最短的时间内、以最短的距离将产品送到消费者手中。

3. 游客导向原则

与其他行业营销的基本原则一样，旅游企业也要坚持以旅游消费者的需求为企业生产经营活动的出发点，在选择旅游渠道上，要遵循方便消费者购买的原则，让消费者在适当的时间、适当的地点都能购买到企业的产品，这样，才能扩大本企业产品的销售量，给消费者更大的选择空间。

二、影响旅游产品销售渠道选择的因素

（一）环境因素

旅游企业对旅游销售渠道的选择受宏观环境、经济形势、各国政府针对旅游制定的相关法律法规政策等因素的影响，在此统称为环境因素。比如，在经济不景气的情况下，旅游企业（生产者）要求以最快、最经济的方式把产品推向市场，就要运用短渠道营销，减少中间环节，提高市场竞争力。又如，2009 年 5 月 1 日新颁布实施的《旅行社条例》扫除了我国旅行社在国内客源地设立分社的制度性障碍，为旅行社建立直接销售渠道系统提供了积极的销售环境。旅行社要充分抓住这一有利机遇，调整产品销售渠道策略，整合渠道销售优势，从而提高经营利润、实现市场销售目标。

（二）旅游产品因素

旅游产品因素包括旅游产品的性质、种类、档次、服务、价格、等级、季节

性、产品所处的生命周期阶段特征等，这些因素都直接影响和制约着旅游销售渠道的选择。对于大众化的旅游产品，宜采用间接销售渠道、较宽的渠道；而对于档次高、非大众化的旅游产品，则宜选择较窄的销售渠道。一般情况下，旅游景点、餐馆、汽车旅馆、旅游汽车公司等旅游企业主要采用直接销售渠道来销售自己的旅游产品；而豪华游艇、高档酒店、包机公司、国际旅行社等则往往采用间接销售渠道来销售产品。

（三）旅游市场因素

市场因素包括目标市场规模、消费者特点、消费水平、消费习惯、地理分布、需求的季节性及市场竞争状况等，这些因素都不同程度地影响着旅游销售渠道的选择。当旅游者地理分布集中时，可以选择在客源地建立直接销售网点；当旅游者地理分布较分散时，可以利用中间商进行销售。在目标市场范围大、需求旺盛、人口相对集中的情况下，适宜选择直接销售渠道；相反，需求受季节性影响、购买力小的市场，适宜选择较长的销售渠道。

（四）旅游企业自身因素

旅游企业在选择产品销售渠道时，应充分考虑企业自身状况，包括企业的规模、财力、形象、服务能力、发展策略及管理水平等，可概括为企业的经营实力和管理能力。旅游企业的经营实力越强，对选择旅游销售渠道的灵活性就越大；旅游企业的形象和社会信誉越高，就越有可能选择各种更有利的销售渠道。如果旅游企业对旅游市场产品营销活动的管理能力较强，就可以自己直接组织销售渠道系统，建立自己的销售机构；相反，则需要借助中间商的力量来开展销售活动。

（五）旅游中间商及经济效益因素

旅游中间商的性质、功能及其销售服务也会影响旅游销售渠道的选择。理想的中间商应具备以下条件：能提供便捷的服务，功能与生产企业相符，熟悉生产企业所提供的旅游产品，有良好的市场形象，有极强的把控市场的销售能力，且成本费用合理。旅游企业还应考虑不同的旅游销售渠道带给自己的经济效益，以衡量选择哪种旅游销售渠道。作为旅游企业，应以低投入、高产出为选择旅游销售渠道的首要标准。

三、旅游销售渠道的选择策略

旅游销售渠道的选择是旅游企业产品销售工作中最重要的决策之一。旅游企业生产的产品只有通过适当的销售渠道，才能及时、有效地把产品销售出去，实现企业的经营目标。所以，销售渠道的选择是否合理、中间环节的多少，都会直接影响到产品的成本、价格乃至竞争力。对旅游销售渠道的选择，可根据行业特征、市场需求、企业实力等要素进行考虑。

（一）直接销售渠道和间接销售渠道的策略

在选择直接还是间接旅游销售渠道方面，旅游企业必须了解两种销售渠道的利弊。

直接销售渠道策略的优点：服务具有快捷性、成本低，有利于旅游企业（生产者）以相对低廉的价格出售产品，满足消费者求廉的心理；有利于加强旅游企业对市场的控制，了解市场信息，及时调整营销策略；渠道的中间环节较少，有利于旅游企业与消费者直接沟通信息，提高企业和产品的信誉。直接销售渠道策略的缺点：在与消费者进行面对面的宣传、销售过程中，会增加人力、物力、财力的投入。

间接销售渠道决策的优点：有利于节省流通领域的人力、财力、物力资源；加速旅游企业产品和资金的流转速度；扩大旅游产品的辐射面。间接销售渠道决策的缺点：销售过程中的中间环节较多，会花费企业的部分利润，影响企业的经济效益；若选择的中间商不合适，会给企业带来极大的麻烦和市场风险。

（二）长渠道和短渠道策略

旅游产品销售渠道的长短通常是指旅游产品从开发到销售给最终旅游者的转移过程中所经历中间环节的多少。所经历的中间环节越多，则销售渠道越长；反之，则越短。一般实力强的旅游企业可以建立强大的销售网络，减少对旅游中间商的依赖性，可选择短渠道销售；实力较弱的旅游企业对旅游中间商的依赖性大，可选择长渠道销售。通常来说，在旅游销售过程中，短渠道销售比长渠道销售效果更好。在价格方面，短渠道节省了中间环节，避免了由于中间环节增加而导致最终产品价格的提高；在服务质量方面，短渠道也优于长渠道销售，因为中间环节的增加会影响供给者和旅游者之间的沟通速度，甚至会因为错误的信息影响到企业的社会信誉。但是，短渠道销售也存在着不足之处：销售范围较窄、销售量有限、生产企业不得不把部分精力转移到直接销售上。而长渠道销售范围广，可以借助中间商的网点进行销售。旅游企业要充分考虑市场特征、限制因素及自身情况等因素，择优选择长短适宜的旅游销售渠道。

（三）宽渠道和窄渠道策略

旅游产品销售渠道的宽度是指旅游产品销售的每一层次利用相同类型的旅游中间商数目的多少。旅游企业在确定所需中间商的数目时，主要有三种策略：密集型渠道策略、选择型渠道策略和独家型渠道策略。

1. 密集型销售渠道策略

密集型销售渠道策略又称广泛性销售渠道策略，是指旅游企业（生产者）不受限地吸收中间商销售其产品，以扩大旅游产品与旅游市场的接触面。数量广泛的旅游中间商能使旅游产品更接近目标消费者，便于旅游者购买，还可以充分展示产品。由于密集型销售渠道不会依赖少数中间商，因此，个别中间商的经营业绩不会影响整体销售状况，渠道经营风险较为分散。密集型销售渠道策略的特点是：可以扩大旅游产品的销售面及销售量，但销售成本较大；渠道成员较为复杂，旅游企业（生产者）不易控制，易造成渠道混乱；旅游中间商因竞争激烈而降价，从而影响服务质量和企业形象。旅游企业在采用密集型销售渠道策略时，要综合权衡作出选择。

2. 选择型销售渠道策略

选择型销售渠道策略是指旅游企业（生产者）根据自身的实力，在一定市场区域内，选择几家信誉好、销售水平高的旅游中间商经销或代销自己的旅游产品。这种销售渠道适合于价格较高、服务质量要求高的旅游产品。选择型销售渠道策略的特点是：旅游企业只与少数优秀的中间商进行合作，可以加强对销售渠道的控制；有利于形成良好的产销关系，可以节省销售费用，提高旅游产品的销售量；挑选的中间商有较强的经营能力和良好的信誉，有利于旅游企业提高经济效益，树立良好的产品形象。

3. 独家型销售渠道策略

独家型销售渠道策略是指旅游企业在一定的旅游市场区域内，只选择一家旅游中间商来销售自己的产品。这种类型的销售渠道是选择销售渠道的极端形式，是最窄的一种销售渠道。独家型销售渠道策略的特点是：便于旅游企业与中间商的沟通协作；旅游企业易于控制中间商和产品的价格；中间商与旅游企业共担风险、共享利益，能调动中间商的积极性，有利于旅游企业开拓市场和提高信誉；风险大、灵活性低、销售面窄，是独家型销售渠道策略不可回避的缺点。

对于不同的旅游产品，在选择宽度时所用的销售策略可能不同（见表9-1），应根据实际需求来决定。

表9-1　宽窄销售渠道的优劣比较

项　　目	成本最低	销售量最大	信誉最佳	销货率最高	控制最强	冲突最低	合作程度最高
密集型销售渠道		√		√			
选择型销售渠道							
独家型销售渠道	√		√		√	√	√

四、旅游销售渠道的冲突与解决方法

因为旅游营销渠道是由各个独立的旅游中介组织和机构组成的，它们的经营目标不同，追求的利益也有差异，因此，在合作过程中难免出现冲突。旅游营销渠道的冲突是指渠道中的一个企业认为另一个企业的活动妨碍或阻止了其目标的实现，因此二者发生矛盾。适度的渠道冲突是一种积极的力量，而过度的渠道冲突则会影响整个渠道系统的和谐发展。

（一）旅游销售渠道的冲突类型

旅游销售渠道的冲突主要有以下三种表现形式：

1. 水平渠道冲突

水平渠道冲突是指同一渠道模式中，同一层次的旅游中间商之间的冲突。例如，某一地区经营 A 企业旅游产品的中间商，认为同一地区经营 A 企业旅游产品的另一家中间商在定价、促销和售后服务等方面过于进取，抢了他们的生意，这便是水平渠道冲突。

2. 垂直渠道冲突

垂直渠道冲突是指同一渠道中，不同层次企业之间的冲突。这种冲突较之水平渠道冲突更常见。例如，某些旅游批发商可能会抱怨旅游企业在产品价格方面控制得太紧，留给自己的利润空间太小；或旅游零售商对旅游批发商或旅游企业也存在类似不满。

3. 多渠道冲突

多渠道冲突又称交叉冲突，是指旅游生产企业建立多个营销渠道后，不同渠道形式的成员之间的冲突。例如，某旅游景区既向旅游者直接销售旅游门票，同时又请旅行社代理销售其门票。当这两者的销售对象相同时，就会发生多渠道冲突。

（二）旅游营销渠道冲突的原因分析

为了能够更加清晰地分析出旅游营销渠道冲突的原因，可将原因分成两大类：直接原因和根本原因。直接原因是指引起旅游营销渠道冲突的直接因素，即导致冲突的“导火索”；根本原因则是指渠道成员之间冲突的内在原因。

1. 旅游营销渠道冲突的直接原因

（1）价格冲突。旅游产品是一种典型的季节性产品，在淡、旺季，旅游需求的差别很大。对于旅游企业来说，为了保持其品牌形象，希望旅游产品的价格保持相对的稳定；但是旅游中间商出于自身利益的考虑，会在旅游淡季时大幅度地降低销售的旅游产品价格。这样就引起了价格上的冲突。

（2）争占同一目标市场的冲突。旅游企业在开发同一旅游市场时，会选择几家旅游中间商，这样就形成了几家中间商抢占同一目标市场的局面。特别是面对旅游大客户时，旅游企业和各个旅游中间商都希望能够直接为他们服务，形成稳定的联系，此时，冲突形式更为复杂。

（3）咨询、服务与促销的冲突。旅游产品是以服务为主的无形产品。在销售旅游产品时，要配合很多的旅游服务。旅游企业和旅游中间商出于自身利益的考虑，都希望对方能够投入更多的服务人员，提供更多的旅游服务，这样就形成了咨询、服务冲突。在开展促销活动时，也存在类似的冲突。

（4）交易或付款方式冲突。旅游企业在与旅游中间商进行交易时，旅游企业希望中间商在预定旅游客房或门票等产品时，能够支付预付款；而旅游中间商则希望得到从旅游者那里的产品价款之后再向旅游企业付款，这样就产生了交易或付款方式冲突。

（5）销售竞争者的产品。旅游企业为了树立旅游品牌形象，加强与旅游市场的联系，希望旅游中间商能够独家销售自己的旅游产品；而旅游中间商从自身的利益考虑，则是希望更多地销售各个企业的旅游产品，以降低销售风险。这样就形成了销售竞争者产品的冲突。

（6）环境因素变化引发的冲突。在互联网出现之前，大多数旅游企业都是利用各种旅游中间商帮助销售自己的旅游产品；互联网出现之后，旅游企业可以通过网络直接和旅游者联系。而且有一个有趣的现象：对旅游产品经常产生需求的人，一般是那些对新鲜事物感兴趣的人，而这些人大部分恰好也正是互联网的用户。这样，对于旅游企业来说，直接接洽旅游者变得更加方便。因此，现在很多的旅游生产企业都纷纷在网上建立旅游产品的直接销售渠道，但这样的行为损害了其固有中间商的利益，因此二者之间产生冲突。

以上提到的六种直接原因是旅游营销渠道冲突原因的主要表现形式。如果进一步分析这些冲突发生的深层次原因，可以归纳为四个方面，它们都是旅游营销渠道冲突的根本原因。

2. 旅游营销渠道冲突的根本原因

（1）渠道企业之间的利益差异。以上种种冲突形式之所以会产生，其根本原因就是各个类型的旅游渠道企业都有自己的经营利益，都从自身的利益考虑，希望自己能够获得最大的收益，而不顾其他渠道成员的利益，从而产生了冲突。

（2）渠道企业之间经营目标的差异。各类型的旅游渠道企业之间经营目标的差异也是产生渠道冲突的根本原因。比如，旅游企业希望树立自身品牌形象，增强渠道的竞争力，因此希望中间商独家销售自己的产品；而旅游中间商的经营目标是增加企业的销售收入，降低销售风险，因此就要销售多个企业的产品。这种目标的差异引起了企业之间的各种矛盾。

（3）渠道企业之间任务分工的不明确。旅游营销渠道成员之间之所以会产生咨询、服务的冲突，促销的冲突，争占同一目标市场的冲突，大客户的冲突等，究其根本原因是渠道成员之间的市场区域划分不明确，各自的分工、责任和权利划分不明确。

（4）渠道企业信息不对称造成市场知觉的差异。旅游企业主要掌握旅游产品开发生产的信息，而旅游销售商则更加了解旅游者的需求信息。由于二者掌握信息的差异，导致二者对市场状况的理解不同。旅游企业可能认为某种旅游新产品会具有很大的市场潜力，因此希望旅游中间商积极销售这种产品；但是旅游中间商从目前的市场状况出发，认为产品市场没有发展到那个程度，因此不愿意积极销售，从而引起冲突。

3. *解决旅游营销渠道冲突的方法*

（1）建立合理的利益分配机制。上述种种冲突的表现形式都说明了，旅游渠道成员之间的利益不一致是渠道成员之间冲突的最根本原因。因此，为了解决这些冲突，就要在渠道成员之间建立合理的利益分配机制，用机制促成渠道成员的利益共同化，这是解决冲突的根本出路。

（2）进行渠道企业之间的目标管理。渠道成员之间经营目标的分歧也是导致旅游营销渠道成员之间冲突的根本原因，因此就要在渠道成员之间进行目标管理。目标管理的主要方法就是建立超级目标。一个良好的超级目标应该具有两方面的特点：第一，应该是各个渠道企业为之努力的共同目标；第二，应该是各个渠道企业共同努力的长期目标。满足以上两方面的目标才能够真正地将旅游渠道成员团结在一起，解决矛盾冲突。

（3）细化各个渠道成员的责任和权利。明确渠道成员之间的责任、权利也是解决渠道冲突的一个有效方法。通过明确权利，可以明确不同中间商的市场范围，明确大客户的归属；明确责任则可以明确各个渠道企业在广告、促销、服务等方面的责任，从而解决上述冲突。

（4）加强渠道企业之间的信息交流，进行人员互换。信息的不对称导致了渠道企业之间对市场理解的差异，从而引起一些渠道冲突。因此，加强渠道成员之间的信息交流，是解决信息不对称引起的冲突的主要方法。而渠道成员之间进行交流，一个有效方法就是人员互换，特别是企业中层管理人员的互换。人员互换让不同企业的领导者进入合作企业中，有利于他们理解对方的处境，更容易站在对方的角度考虑问题，因此更有益于彼此交流和解决冲突。

五、旅游销售渠道管理

构建旅游销售渠道的目的在于通过销售渠道运作销售旅游产品。要达到销售产品的目的，就必须做好对旅游销售渠道的管理工作，具体如下：

（一）平衡销售渠道各方利益，构建长期的战略合作伙伴关系

具体措施一是利益分配合理，确保各中间商都能得到既定的销售利润；在旅游市场中对旅游中间商制定统一的实施标准，做到优惠政策统一、价格统一，严格控制窜货现象的发生；建立严格的财务结算制度，保证各销售环节的财务通畅，加快资金周转，减少财务纠纷；加强对中间商的培训，建立统一化、标准化

管理，提高其在生产上的信誉度。

（二）加强对旅游中间商的绩效考评

在销售渠道中，旅游中间商并不是旅游企业的从属机构，它们之间没有所有关系，因此，对中间商进行考评是非常必要的。它可以直观地反映出旅游中间商对旅游企业的信赖程度，有助于增强旅游企业对中间商的控制能力。考评标准一般包括：销售指标、定额的完成情况；对企业促销与培训计划的合作情况；款项结算的情况；对经销商提供的服务；对旅游者的交货服务情况。通过考评，旅游企业可以及时发现问题从而采取相应的措施进行调控。

（三）运用激励措施激发旅游中间商的积极性

旅游企业需要对旅游中间商不断地进行激励，才可以使其尽职。要使各中间商的销售工作达到最佳状态，旅游企业必须先了解中间商的想法和愿望，从它们的观点来看待整个问题，并据此采取有效地激励手段。常见的激励方式主要有：给予资金支持、提供市场信息、协助合作管理；分摊推销费用，给予较高的折扣、返利、利润提成，减少或免收预订金；邀请中间商免费考察旅游线路等。反之，对完成任务较差的中间商则可扣减返佣、减少利润提成以及取消合作等。

（四）加强销售渠道的调整和维护

旅游企业对旅游中间商在销售中出现的各种问题和市场变化应及时地进行干预，如果仍然不能解决问题，就需要及时调整旅游产品分销渠道。具体措施包括对渠道环节及各环节的旅游中间商进行增减，特别是对那些缺乏忠诚度、不认同企业经营理念，跟不上发展速度、急功近利、扰乱市场的中间商要坚决予以清理出局。

（五）控制与中间商之间的冲突

在旅游产品销售的过程中，旅游企业会与中间商可能在各方面产生分歧，发生冲突。对可能出现的冲突可以采取以下对策：加强产销双方的深度沟通，是解决冲突的最好方式；冲突双方的相互信任和对彼此的尊重、承诺，是化解冲突矛盾的有效途径；冲突双方经过谈判，达成协议，互利双赢，是促使双方利益都得以满足的主要手段。

六、旅游销售渠道的发展趋势

（一）旅游销售渠道的联合趋势

20 世纪 80 年代以来，随着商品经济的不断发展，旅游销售渠道的类型也发生了很大的变化，销售渠道突破了由生产者、批发商、零售商和消费者组成的传统模式和类型，有了新的发展。许多国家出现了销售渠道的联合，包括纵向联合、横向联合以及集团联合等形式，我国近年来在大城市、大企业也出现不少。旅游企业产品销售渠道策略也将随着渠道类型的变化，适时地加以调整和改善。

1. 销售渠道的横向联合

销售渠道的横向联合又称为水平销售渠道系统，是指由两个以上的旅游企业（生产者）联合起来，共同开发销售渠道的策略。这种横向的联合方式又可以分为暂时的松散式联合和永久的固定式联合。旅游销售渠道的横向联合可以很好地集中各联合企业的力量，发挥群体作用，实行优势互补，共担风险，更好地开展产品的销售活动，获取最佳效益。

2. 销售渠道的纵向联合

销售渠道的纵向联合又称为垂直销售渠道联合，是指由生产企业、批发商、零售商组成的统一系统。纵向联合的特点是：联合各方采用一定的方法和手段实行专业化管理，集中计划，统一行动，协调发展，以提高这个联合体的共同利益为目标。销售渠道的纵向联合又分为以下两种：

（1）契约型的产销联合。它是指旅游产品的生产者与其销售渠道上各环节的中间商以契约的方式进行的联合。它的好处是联合双方责权利清晰，目标一致，互利双赢，协调行动。比如现在国内的许多旅游景点开发企业与各地旅行社以一种契约的方式联合起来，共同开展旅游产品的销售工作。

（2）紧密型的产销一体化。它是指旅游企业（生产者）将旅游业务向前或向后延伸，以兼并、入股、新建等方式建立起来的统一的产、供、销联合体，使旅游产品生产者同时具备生产、批发和零售的全部功能，以实现对营销活动的全面控制和管理。销售渠道的纵向联合与横向联合相比，在一定程度上避免了联合各方因各自的利益而形成的矛盾冲突，减少了内耗；同时，由于产、供、销一体化，可以使企业统一管理，共同提高。

3. 集团联合渠道

集团联合渠道是指旅游企业（生产者）以组建企业集团的形式，联合多个企业销售产品的策略。由于是多个企业组成的企业集团，因此具有计划、生产、销售、服务、信息和科研等多种销售功能，核心层与非核心层的内外协调能力很强，分工明确，协调运作，大大提高了产品销售的整体实力和企业效益。但这种渠道联合策略规模太大，容易产生信息流动慢、沟通不畅的现象，导致“大企业病”。

（二）旅游销售渠道的发展趋势

1. 销售渠道逐步“扁平化”

旅游产品的销售渠道随着我国旅游营销发展的整体趋势，逐步减少旅游产品到最终消费者的中间环节，也就是所谓的扁平化发展。旅游销售渠道扁平化通过对流通环节的压缩，使得代理层次减少，直销的销售方式增多。渠道的扁平化对于旅游产品的生产者或供应者来说，可以减少中间环节，提高效率，节约成本，但也会给企业带来管理难度。这就需要企业不断加大其营销的影响力，与中间商寻求最佳的平衡点，以控制渠道和零售终端。

2. 销售渠道逐步“宽化”

扁平化的渠道减少了中间的冗余环节，使得渠道宽度增加。最终消费者可以方便地通过若干途径获得旅游产品的信息和对产品的消费，而不必依赖于单一的信息来源和渠道成员。旅游消费者在进行消费前，通过多渠道获得需要信息的同时，还可以对不同的渠道进行比较。

3. 由总经销向以终端市场建设为中心转变

渠道的扁平化使零售终端的位置日益突出。旅游企业（生产者）通过大力建设终端市场，可以更直接地接触市场，获得市场信息，降低产品价格，方便消费者购买，加强与消费者的沟通并达到吸引最终消费者的目的。

4. 网络营销日渐风靡

进入21世纪，蓬勃发展的互联网对传统的旅游产品的销售渠道产生了巨大的冲击，网络营销日益风行，如网上旅游信息咨询、旅游景区在线预订、网上预订景区门票、预订酒店等。

网络营销可以使旅游企业准确地掌握市场信息；使旅游企业与消费者之间的沟通更加方便；降低了旅游企业的交易成本和流通成本，提高了产品竞争力；可以最大限度地降低产品的积压和浪费；有助于旅游企业提供个性化的产品。

【营销实例】

《印象·丽江》：实景演出成功探秘

大型山水实景演出《印象·刘三姐》自2004年3月20日正式公演之后，引起了巨大轰动。随后，国内刮起了一阵“印象系列”的旋风，《印象·丽江》《印象·西湖》和《印象·海南岛》相继推出，演员阵容和投资规模也越来越大，张艺谋导演及其创作团队因此饱受争议，在网络上引起轩然大波。

从市场角度看，《印象·刘三姐》无疑是成功的。七年间，《印象·刘三姐》总共演出2000多场，2009年演出497场，接待观众130万人，门票收入超过2.6亿元，净利润7000万元。至于《印象·西湖》和《印象·海南岛》的实际效益如何，景区和媒体语焉不详。只能说是如人饮水，冷暖自知。

那么，前期投入高达7400万元的《印象·丽江》，目前的经营状况如何呢？根据玉龙雪山景区的统计，《印象·丽江》自2006年7月23日公演以来，2007年接待观众23.64万人，2008年接待观众60万人，2009年接待观众140万人，全年演出927场，每天演出3~4场，门票收入超过1.5亿元，净利润7300万元，观众人数和净利润均超过了《印象·刘三姐》。

《印象·丽江》为什么能取得这样优异的市场业绩呢？事实上，《印象·丽江》的市场成功并不像表面上看到的那么简单。在推向市场之初，《印象·丽江》至少面临三重压力：一是《印象·刘三姐》取得巨大成功之后，随后推出的“印象”系列已很难再现轰动效应；二是《印象·丽江》跟丽江的另一台经典演出《丽水金沙》存在客源竞争关系；三是云南旅行社行业低价竞争现象严重，景区在渠道方面没有市场话语权。

在2006年下半年，《印象·丽江》曾经遭遇了相当大的市场困难。《印象·丽江》起初是由景区之外的一家企业运营的，人气最惨淡的时候，500名演员的大型实景演出，现场只有8名观众。后来，景区决定直接经营，并对运营流程、市场策略和演员管理进行了一系列改革，这一投资巨大的大型实景演出才逐步走上良性发展轨道。

《印象·丽江》在旅游营销管理方面有何独到之处？当初最棘手的是三个问题：一是如何制定门票价格政策。既要调动旅行社的积极性，又不能让利太多而减少演出收益。二是如何选择渠道销售模式。云南各大景区的客源80%是团队，而团队客源实际上被地接旅行社所掌握。三是如何保证每场演出的高质量。原生态实景演出要想打动观众，演员必须在每场演出中保持最佳状态。而《印象·丽江》的演员全部是非专业的农民演员，来自16个乡村，包括了纳西族、彝族、汉族、普米族、傈僳族、白族、苗族、藏族、回族等十多个民族，其中少数民族演员占88.76%，要做到每场演出都高质量并非易事。那么，景区是如何具体解决这些问题的呢？主要是抓好三个环节：一是价格策略；二是渠道控制；三是演员管理。本文因受篇幅限制，对演员管理不作展开阐述，重点分析《印象·丽江》在市场营销过程中的价格策略和渠道控制。

1. 价格策略

作为一台新推出的大型实景演出，《印象·丽江》的票价高达190元，又尚未形成口碑效应，其旅游营销难度可想而知。景区制定门票价格政策的两难选择是：如果不给旅行社大幅让利，团队市场很难在短期内有较大起色；如果给旅行社让利太多，又会造成净利润流失，甚至出现“赔钱赚吆喝”的局面。更大的市场风险还在于，一开始门票优惠幅度过大，以后很难再改变。如果等到市场起来之后再提高团队票价，势必影响景区商业信誉，不利于跟旅行社的长期合作。

对此，国内景区在同类项目的市场运作过程中，曾经进行过各种尝试和探索。目前比较常见的有两种解决办法：一是先提高门票价格，再给旅行社大幅优惠，成功案例有苏州的原生态实景演出《四季周庄》；二是邀请旅行社参股，形成利益共同体，成功案例有大理的民族风情歌舞《蝴蝶之梦》。

然而，《印象·丽江》却独辟蹊径，采取了一种超强势的、也是非均衡的门票价格政策。其基本思路是“抓大放小”，门票优惠政策和销售奖励措施向战略合作旅行社大幅度倾斜。比如：大型地接旅行社全年团队人数超过5万人，就能享受逐级累进的门票优惠和销售奖励；中小旅行社全年团队人数低于5万人，就很少或不能享受门票优惠。这种把鸡蛋放在少数几个篮子里的做法，看似具有很大的市场风险，但却成就了《印象·丽江》的市场成功。这其中蕴含着什么营销奥秘呢？简单讲，就是一句话：在一个竞争充分的成熟市场中，真理往往是掌握在少数人手里的。这说明玉龙雪山景区管理层对旅游市场的运行规律有了透彻的领悟。

那么，这种做法能否成为景区营销的基本范式呢？这是一个需要认真思考的市场课题。不少景区在跟旅行社合作时，往往怀有一种矛盾心理：既希望旅行社带来更多客源，又害怕旅行社真的做大。就本案例而言，“抓大放小”必然导致“两个集中”：景区营销资源向少数旅行社集中，中小旅行社的客源向大型旅行社集中。结果，大型旅行社客源越来越多，景区市场规模也越做越大。这种市场局面的潜在风险是，旅行社如果因为某种原因突然改变线路，景区将会面临难以承受的市场损失。不过，从《印象·丽江》目前的市场运作来看，这种担忧似乎是多余的。2009年，大型地接旅行社全年团队人数最多的已超过20万人，景区跟旅行社之间的关系，实际上已上升为战略伙伴关系，可谓你中有我，我中有你，谁也离不开谁。

尽管如此，笔者还是宁愿认为玉龙雪山景区的这种强势营销方式是一个市场特例。强势营销的背后，必须有强势的品牌和高品质的产品作为支持；与此同时，景区管理层还要有丰富的市场实战经验。对于大型景区而言，如果品牌尚不够强势，产品也不具有稀缺性，应该慎用这种强势营销方式；对于中小型景区而言，更要防止营销资源过于集中所导致的市场边缘化。所谓“兵无常势，水无常形”，成功可以学习，但是不能复制。关于这一点，人们在研究玉龙雪山的成功案例时要特别注意。

2. 渠道控制

旅游销售渠道系统主要有三种：垂直销售、水平销售和复式销售。跟西方国家相比，我国国内旅游起步较晚，尚未形成真正意义上的垂直销售系统。景区针对团队客源市场所构建的旅游销售渠道，其实是一种以量取胜、严重依赖中小旅行社的水平销售。

旅游销售渠道的模式也分为三种：独家代理制、密集式销售和有选择的销售。从国内景区的市场实践来看，独家代理制的渠道模式不利于景区的市场发展，多数景区主要采用密集式销售，其渠道主体是成千上万的中小旅行社。其中，大型景区有时也会深入客源地市场开展远程促销。中小型景区由于实力有限，团队客源主要依靠地接旅行社。

《印象·丽江》在市场营销过程中，渠道模式是“有选择的销售”。所谓“有选择的”，是指景区并不针对所有旅行社实行销售，而是抓住旅游销售链上的某些关键环节，跟少数旅游代理商合作，逐步建立多层次的销售渠道。景区之所以这样做，是为了改变旅游市场的游戏规则，加强对客源市场的营销控制力。

如果按照传统方式，完全依赖地接旅行社，景区不仅要向旅行社大幅让利，而且会使《印象·丽江》导入市场的速度放慢。怎样做到既保持门票价格不变，又能迅速打开市场局面呢？经过认真思考，景区管理层决定采取三个旅游营销步骤：

其一，瞄准我国港澳台地区的高端客源。首先突破台湾市场，树立《印象·丽江》大型实景演出的高端品牌形象，吸引国内旅行社跟进。

其二，深入客源地市场，针对大型组团社直接促销。比如在珠三角地区，跟南湖国旅·西部假期旅行社合作，将《印象·丽江》纳入其西部旅游常规线路中。同时，借助其同业宣传平台，面向珠三角地区的其他组团旅行社，大力宣传包括《印象·丽江》在内的线路品牌。

其三，销售平台前移至昆明，以授予代理权的方式，跟大型地接旅行社建立战略合作关系。这样，既体现了景区对龙头旅行社行业地位的充分认可，又确保了团队客源的大幅增长，还消除了中小旅行社低价竞争的市场空间。

从上述分析可以看出，在考虑《印象·丽江》的市场运作时，其营销思维的基本出发点一直是在旅游销售链上寻找市场突破口，并且尽量选择有品牌、有客源的少数旅行社作为代理商。这一点体现的是一种垂直销售的市场思维，有别于国内景区目前过于扁平化的渠道体系。

不过，玉龙雪山景区的这种做法并不是为了建立垂直销售的渠道体系，而是要抓住旅游销售链上的关键环节，加强对客源市场的旅游营销控制。限于国内旅游市场的发展水平，景区目前还不具备建立垂直销售渠道系统的企业能力和市场条件。事实上，玉龙雪山景区也没有放弃水平销售的传统模式，但对原有的渠道模式作了修正，收窄了销售渠道的水平宽度，减少了中间商数量和销售层次，并通过直接促销客源地市场，开展与大型组团社和地接旅行社的战略合作，加强了景区对旅游销售链的营销控制，进而延伸了渠道销售的纵向深度，使之具有了垂直销售的某些形态特征。据此，为了方便大家理解和记忆，将玉龙雪山景区的这种渠道模式姑且称为“有选择的复式销售”。

正是借助于产品的高品质、运用得当的价格策略和适销对路的渠道体系，《印象·丽江》取得了空前的成功。

【关键概念】

旅游产品销售渠道；旅游中间商；旅游销售渠道的选择策略；直接销售渠道和间接销售渠道的策略；长渠道和短渠道策略；宽渠道和窄渠道策略

【复习与思考】

1. 旅游销售渠道有哪几种类型?

2. 如果你是一名旅游产品的销售经理，试说明你将如何选择旅游产品的销售渠道。

3. 旅游销售渠道有哪些选择策略?

4. 2009 年 5 月 1 日颁布实施的《旅行社条例》对我国旅行社销售渠道的建设有何影响? 具体举例说明。

【项目实训】

某旅行社销售渠道策划

1. 实训目的及要求

提高实训，使学生了解、掌握旅行社销售渠道的选择和管理。

2. 实训内容

销售渠道模式、销售渠道的选择模式和管理方法。

3. 实训准备

学生按 10 人为一组，收集相关资料。

4. 具体操作

（1）调查了解旅行社项目竞争者目前的渠道状况。

（2）目前旅行社销售渠道的问题。

（3）根据实际情况设计适合旅行社的销售渠道模式。

（4）撰写旅行社渠道优化策划书。

（5）按组为单位完成并提交旅行社销售渠道策划书。

第十章 旅游促销策略

【本章学习目标】

通过本章的学习，掌握旅游促销的概念、作用与主要工具的使用，理解旅游广告信息决策、媒体决策与效果评估，理解旅游营业推广的特征与作用，掌握旅游人员推销的基本形式并能运用于实例中。

◆【案例导入】

广西加强宣传促销树旅游形象

2010年广西旅游部门的市场营销工作就是按照国家旅游局关于“中国世博旅游年”的部署，抓住广州亚运会“近水楼台”优势，全程关注，全面出击，紧紧围绕拓展市场、推介广西、招徕旅游者，组织开展各项工作。

广西旅游局介绍：2010年广西将大力开展以“看世博、游广西”“激情亚运、魅力广西”为主题的旅游促销工作，不断拓展境外市场营销渠道；加强与国内外重要旅行商的务实合作，如邀请世博局指定旅行商来桂考察踩线、商谈合作。广西还将修订完善专项旅游奖励办法，鼓励和支持旅行社强化自主外联、拓展市场。

2010年，广西旅游部门以中国—东盟自由贸易区建成为契机，大力推进与东盟国家的旅游便利化，包括全面实施《广西与东盟旅游合作行动计划》，落实旅游交通发展、宣传促销、客源互送、跨国自驾车旅游等子计划。2010年是“中越友好年”，广西将在越南开展“中越友好年”旅游促销活动，继续打造广西与东盟跨国旅游目的地和针对欧美市场的中国香港—广西—越南“一程多站”旅游产品。

由于航线对拓展入境客源具有重要作用，广西2010年继续推进航线培育工作，构建便捷空中交通网络；用好南宁、桂林机场口岸开放政策，积极培育至境外客源市场的旅游航线；同时，继续推进南宁、桂林至台北直飞航线，推动区内支线发展，推动南宁、桂林、北海机场加强与国内重点旅游地区的航线连接。

同时，广西旅游部门将加大整体形象宣传力度。在中央电视台、《中国旅游报》等主流媒体和上海、广州等重点城市投放旅游形象宣传广告，充分利用“央视国际旅游频道”和“广西电视网旅游频道”两个重要平台拓展网络营销，制作一批广西旅游图书、画册和旅游宣传品，多角度宣传和提升“天下风景、美在广西”的整体形象。

（资料来源：孟萍，《树旅游形象 广西加强宣传促销》，中国旅游新闻网，2010-3-22，http：//ctnews. com. cn/dfxw/2010-03/22/content_ 723670. htm。有改动。）

第一节　旅游促销概述

一、旅游促销的概念与作用

（一）旅游促销的概念

促销即促进销售，是指营销者向消费者传递有关本企业及产品的各种信息，说服或吸引消费者购买其产品，以达到扩大销售量的目的。促销实质上是信息沟通。

旅游促销，即旅游营销者将有关旅游企业、旅游目的地及旅游产品的信息，通过各种宣传、吸引和说服的方式，传递给旅游产品的潜在消费者，促使其了解、信赖并购买自己的旅游产品，以达到扩大销售的目的。旅游促销的实质是旅游营销者与旅游产品潜在消费者之间的信息沟通。

（二）旅游促销的作用

旅游促销的作用具体表现在以下几个方面：

1. 提供旅游信息

这是旅游促销的基本功能。旅游地或旅游企业在何时、何地和何种条件下，向何种消费者提供何种旅游产品，是旅游促销所需传递的基本信息。潜在旅游消费者通过这些信息，可以了解、熟悉旅游地或旅游企业的何种旅游产品能满足其需求，以及在何种条件下才能满足其需求。

2. 突出产品特点，形成竞争优势

相互竞争的同类产品往往差异不甚明显，不易被消费者所区分。旅游促销的作用就是传播旅游产品的市场定位特色，突出与众不同之处，使产品从竞争者中脱颖而出，形成其竞争优势。例如，黑龙江省打响“看冰灯、赏雪雕、观雪景、玩滑雪冰雪多魅力”的旅游口号，产品特点突出，吸引了国内外游客的到来，使得冰雪旅游日渐风行，形成了强大的竞争优势。

3. 刺激旅游需求，引导旅游消费

旅游产品作为高层次的非一般生活必需品，其需求弹性大、波动性强，具有一定的潜在性和朦胧性。通过形象、多样的旅游促销手段，能够唤起、强化旅游消费需求，甚至创造和引导特定旅游产品的消费需求。

4. 树立良好形象，加强市场地位

通过生动、真实的旅游促销活动，可以塑造友好、热情、具有吸引力的良好旅游形象，赢得更多的潜在旅游消费者的喜爱。同时，在出现有碍旅游地或旅游企业发展的因素时，也可以通过宣传促销手段，改变自身形象，重塑有利形象，以达到恢复、稳定甚至扩大其旅游市场的作用。例如，云南石林景区为了树立良好的形象，创新开展亮程序、亮身份、亮职责、亮承诺“四亮”和自评、群众评、领导评、组织评“四评”活动，得到了旅游者的好评，加强了其市场地位。

二、旅游促销的主要工具及特点

（一）旅游促销的主要工具

1. 广告

广告是广告主在支付费用后，通过一定形式的媒体，公开而广泛地向公众传递产品或企业的相关信息的一种促销宣传手段。

2. 营业推广

营业推广是企业运用各种短期诱因，开展鼓励购买产品的促销活动，是一种临时或短期带有馈赠或奖励性质的促销方法，如优惠酬宾等。

3. 公共关系

公共关系是旅游企业促进与公共良好关系的一种方式，如新闻报道、公益活动等。

4. 人员促销

人员促销是旅游企业利用推销人员与消费者面对面地接触沟通，以达到使潜在消费者了解甚至购买产品的过程。

（二）旅游促销主要工具的特点

1. 广告的特点

广告是一种高度大众化的信息传递方式。其主要特点是：①传播面广且效率高，广告一经发布便能迅速铺开，利于实现快速销售；②可反复出现同一信息，利于提高被传播对象的知名度；③形式多样，表现力强，通过对文字、音响及彩色的艺术化运用，利于树立被传播对象的形象；④对于地域广阔而分散的消费者而言，平均广告成本费用较低，但电视这样的媒体一次性收费较高；⑤说服力较弱，不能因人而异，难以形成即时购买。

2. 营业推广的特点

营业推广是一种短期内刺激销售的活动，如展销会、优惠酬宾活动。其主要特点是：①在销售点上的吸引力大，能把顾客直接引向产品；②刺激性强，激发需求快，能够临时改变顾客的购买习惯；③有效期短，如长期持续运用，则不利于塑造产品形象；④组织工作量大，耗费较大，而影响面较窄。

3. 公共关系的特点

公共关系是一种促进与公众良好关系的方式，如新闻报道、公益活动。其主要特点是：①由第三者宣传，可信度高；②有情节性、趣味性，可接受性强；③最可能赢得公众对企业的好感；④影响面广、影响力大，利于迅速塑造被传播对象的良好形象；⑤活动设计有难度，且组织工作量大；⑥不能直接追求销售效果，运用限制性强。

4. 人员推销的特点

人员推销是一种与顾客面对面促销的方式。其主要特点是：①个人行动，方式灵活，针对性强；②易强化购买动机，及时促成交易；③易培养与消费者的感情，建立长期稳定的联系；④易收集消费者对产品（服务）的反馈信息；⑤费时费钱，传播效率低，往往成为平均代价最高的促销手段。

三、旅游促销组合策略的制定依据

（一）旅游促销组合策略的概念

旅游促销组合策略是指旅游企业为了达到最佳的促销效果，综合运用各种促销工具（广告、人员推销、营业推广和公共关系）进行不同的组合和选择，制定的能使旅游企业获得最佳营销效益、实现营销战略目标、谋求长期稳定发展的有效的促销组合策略。

（二）旅游促销组合的基本策略

旅游促销组合的基本策略是推式策略和拉式策略（见图10-1）。

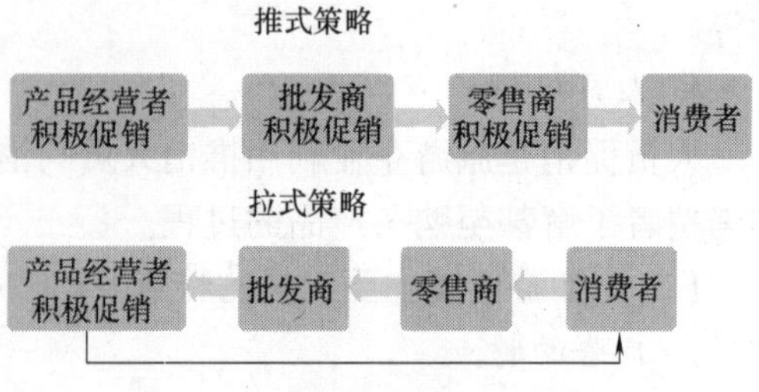

图10-1　推式策略和拉式策略

推式策略着眼于积极地上门把本地或本企业产品直接推向目标市场，表现为在销售渠道中，每一个环节都对下一个环节主动出击，强化消费者的购买动机，说服消费者迅速采取购买行动。这种策略以人员推销为主，辅之以上门营业推广活动、公关活动等。

拉式策略是立足于直接激发最终消费者对购买旅游产品的兴趣和愿望，促使其主动向旅行社或其他中间环节寻求指名服务，最终达到把旅游消费者逆向拉引到本旅游地或旅游企业的目的。这种策略以广告宣传和营业推广为主，辅之以公关活动等。

（三）旅游促销组合策略的制定依据

1. 产品的性质和特点

不同性质、不同特点的旅游产品，其购买者和购买需求各不相同，采取的促销方式也应有所差异。对于大众性的、分布面广、单位价值较低的旅游产品，可采用以广告宣传为主、其他促销方式为辅的促销组合；而对于购买风险较大、单位价值较高的旅游产品，由于市场面比较窄，可采用以人员推销为主、其他促销方式为辅的促销组合。

2. 旅游产品生命周期

一般地说，在旅游产品生命周期的不同阶段，四种促销方法的效果也不同。在引入期，广告和公共关系对于扩大产品的知名度、建立良好的声誉起着非常重要的作用。同时，营业推广可以在很大程度上鼓励旅游者对旅游新产品的尝试性消费；而在成长期，则要强化广告和公共关系的作用，并适当采用人员推销来加强旅游者对产品的理解和信任，此时营业推广可相对减少；成熟期是营业推广发挥作用的重要时期，充分的营业推广能较好地发挥刺激旅游者购买行为的作用，此时在广告上采用提醒式即可；在衰退期，通常只采用一定的提醒式广告，有时配合使用少量的营业推广，以尽量延长产品退出市场的时间。在旅游产品生命周期的不同阶段，由于促销的目标和重点不同，所需选择的促销组合策略也不一样（见表10-1）。

表10-1 产品生命周期与促销组合策略的关系

产品生命周期	促销目标	促销组合策略
引入期	扩大知名度	广告和营业推广
成长期	增进旅游者的兴趣和爱好，扩大销售量	加强广告宣传力度，但侧重点调整到品牌和形象上，强化公共关系
成熟期	稳定客源，吸引潜在顾客，提高市场占有率	减少广告，增强营业推广活动
衰退期	提高产品信誉，促使继续购买	营业推广和提示性的广告

3. 市场特征

不同的旅游市场由于其规模、类型、消费者数量分布情况各不相同，因此应采取不同的促销组合策略。一般旅游广告规模较大、消费者分布分散、地域广阔的市场，应采取以广告宣传为主的促销组合策略；规模小、消费者分布集中、地域狭窄的市场，应采取以人员推销的促销组合策略。此外，市场上潜在消费者较多时，应采取广告宣传，以利于广泛地开发市场；市场上潜在消费者较少时，应采取人员推广，以利于深入接触消费者，促成交易。

4. 促销经费

旅游促销组合策略的制定，最终还是取决于促销经费的预算。一般来说，如果旅游促销预算高，就可以选择大型旅游广告、公关活动等；反之，则选择花费少的促销方式。

5. 其他依据

除上述依据外，企业声誉、知名度、竞争情况、促销目标等也会影响旅游促销组合策略的制定。

第二节　旅游广告

一、旅游广告概述

（一）旅游广告的概念

广告是指由广告主以付费的形式通过媒体作公开宣传，以达到影响消费者行为、促进销售相关产品目的的非人员促销方式。

旅游广告是指旅游目的地国家和地区、旅游组织或旅游企业为达到影响消费大众、促进本企业旅游产品销售的目的，通过媒体以公开支付费用的方式向目标市场的公众提供企业及产品相关信息的宣传形式。

（二）旅游广告的管理过程

旅游地及旅游企业如何有效地发挥旅游广告的作用，取决于其对旅游广告运用的有效管理过程，如图10-2所示。这一过程就是旅游广告主在一定旅游市场营销策略的指导下，制定与之相适应的旅游广告策略，实施后评价其效果，再对旅游广告策略加以调整。

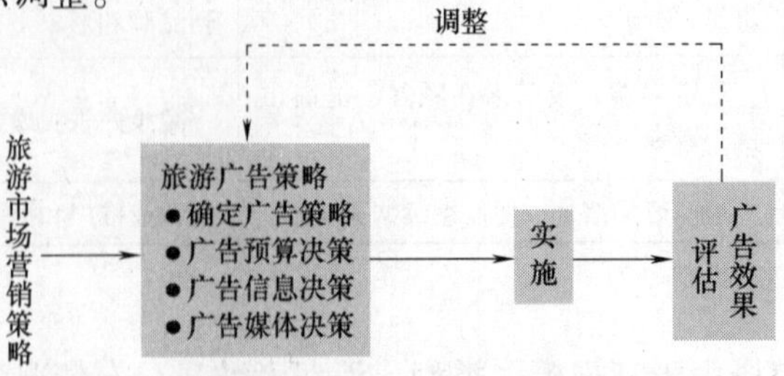

图10-2　旅游广告管理过程

二、旅游广告的目标与预算决策

（一）旅游广告的目标

制定旅游广告决策首先要确定目标。所谓广告目标，是指在一个特定时期对特定观众要完成的传播任务。广告目标应以目标市场、市场定位和营销组合的有关信息为依据来确定，可分为告知型、劝导型和提醒型三种类型。

1. 告知型广告（Informing）

以告知为目的的广告即为告知广告，主要用于企业开拓市场的初始阶段。其主要内容包括介绍新的旅游产品和旅游服务项目，宣传旅游目的地国家、地区或旅游企业的形象，有利于激发潜在消费者的初步需求和树立良好的市场形象。

2. 劝导型广告（Persuading）

这种类型的广告主要用于与同类旅游产品展开竞争的阶段。一是进攻型，即突出旅游产品的优势特征和利益，激发旅游消费者的选择性需求，鼓励其偏向旅游产品的购买；二是防守型，即努力改变旅游消费者对旅游产品（服务）的不利印象，抵消或削弱竞争者的广告影响。

3. 提醒型广告（Reminding）

这种类型的广告主要用于旅游产品的成熟期，可随时提醒旅游消费者保持对本旅游地或旅游企业及其（服务）的记忆，以使本企业获得尽可能高的知名度；还可适时提醒旅游消费者记住购买的时机和购买的地点，以促使意欲购买者完成购买行为，并刺激老顾客再次消费的欲望。

（二）旅游广告的预算决策

旅游广告的预算主要包括市场调研费、广告设计费、广告制作费、广告媒体租金、广告公司代理费等项目，其中媒体租金费一般占到70%～90%。影响旅游广告预算的因素较复杂，主要包括旅游产品生命周期、销售量、利润率、市场范围、市场竞争状况、国家政策法规等方面。由于旅游广告效果的难以预测性，使得很难对旅游广告预算作出科学决策。

常用的广告预算方法有以下几种：

（1）量入为出法，即根据旅游企业目前的财务能力来决定广告预算，又可称为能力支付法。此方法主要用于小企业和临时的广告开支。

（2）销售比例法，即将销售总额的一定比例作为广告预算。

（3）竞争对抗法，即参照竞争者的广告费用来决定本企业的广告预算，以保持在广告宣传中处于平等或优势地位。应用此方法时，注意要考虑企业间的实力、信誉、产品数量的差别，不宜盲目攀比。

（4）目标与任务法，即根据完成广告任务所需要的广告开支估算数来制定广告预算。这是四种方法中相对较科学的一种方法，需要以广告目标的具体化和科学化作为预算依据。

三、旅游广告信息决策

旅游广告信息决策是要对旅游广告信息的内容和形式进行创造性的设计，以使相应的旅游广告真正发挥尽可能大的功效。旅游广告信息决策是整个广告活动中最富有创造力的部分。旅游广告信息决策通过广告信息的产生、广告信息的选择和广告信息的表达三个步骤完成。

（一）广告信息的产生

旅游产品可表达的信息题材是多方面的，而旅游广告的可容纳信息量是非常有限的，因此，旅游广告需要对同一旅游产品不同角度的信息题材进行创作，然后以便从中作出选择。

（二）广告信息的选择

广告主在对多种旅游广告信息进行选择时，一般可从信息的吸引力、独特性和可信度三方面来考虑。

1. 吸引力

吸引力是指信息必须对潜在旅游消费者有用或有趣。旅游产品作为高层次消费的无形服务产品，其广告信息更需要激发人们内心潜在的消费需求。例如，夏威夷的广告语是“夏威夷是微笑的群岛，这里阳光灿烂”。听到此广告语，会令人想象出很多美好的场景，激发出人们内心潜在的消费需求，因此对旅游者具有很强的吸引力。

2. 独特性

独特性是旅游消费者选择所感兴趣的同类旅游产品的依据。不同旅游地之间本身就存在着差异，旅游广告设计要刻意寻找旅游消费者对旅游地或旅游产品较多感兴趣的独特利益点。如平遥的广告语是“华夏第一古县城”，它突出了旅游景点的最大特色，具有独特性。

3. 可信度

由于旅游消费的异地性和旅游服务的无形性，旅游消费者会感到购买决策的风险，由此便更加注重旅游广告的可信度。因此，旅游广告一定要真实可靠，多提供实在的信息，以减轻旅游者的购买担忧和风险感。

（三）广告信息的表达

设计广告信息的表达形式就是选择最有效的信息符号来表达信息内容和信息结构，包括广告用语、形式、风格、版式等方面的组合运用和具体安排，主要有生活片段、幻想情景、气氛或形象、音乐和美术等表达形式。广告措词必须便于记忆并能引起人们的注意，读起来朗朗上口，记忆深刻。因而广告信息的表达设计必须符合以下六方面的基本要求：

1. 焦点

焦点就是要使广告信息具有很强的凝聚力，有非常明确的中心和重点。这不仅要以一定的语言来表现，而且要尽可能做到视觉化、形象化，使人们在接触广告的瞬间便能对广告宣传的产品（或服务）产生认识，留下深刻的印象。例如，泰国的宣传广告语："神奇的泰国。"

2. 简洁

简洁就是要以尽可能少的题材突出广告的焦点，使广告信息简明、单纯。这是由广告只能在有限的时空内与目标受众接触所决定的。例如，上海的宣传广告语："新上海、新感受。"

3. 魅力

魅力是指广告设计不仅要对目标受众有非同一般的吸引力，而且要有触动他们情感的刺激性和感染力。例如，香港的宣传广告语："魅力香港，万象之都""动感之都"。

4. 统一

统一是指以主题为中心，内容与形式的统一，信息与艺术的统一，广告设计五要素的统一，以及不同广告形式主题的统一、风格的统一。只有通过不同广告因素、广告形式的协调统一，才能充分体现出广告的力量。

5. 平衡

平衡是指对不同广告表现形式和具体信息编排的合理布局，使人充分感受到广告表现的完美、协调和诱人。

6. 技巧

技巧是指广告设计形式变成真正的广告作品所需要的制作技巧。只有通过精湛的广告制作技巧，方能准确、完整地实现设计要求。旅游宣传口号就是旅游广告信息的一种表达方式，其宗旨是以简洁、生动、易识、易记的一句话，在旅游目标市场上树立起一个统一而富有魅力的旅游形象。例如，海南省的宣传广告语："椰风海韵醉游人。"

旅游宣传广告语的写作要突出三点：第一，富有韵味，简明易记。例如，贵阳的宣传广告语："爽爽的贵阳。"第二，富有特色，亲切感人。例如，云南大理的宣传广告语："风花雪月，自在大理。"第三，品名准确，利益明显。"品名"在这里是指旅游地、旅游企业和旅游产品的名称。例如，宋城的宣传广告语："给我一天，还你千年。"

【阅读材料】

世界各地旅游广告语

马来西亚：亚洲魅力所在。

日本：发现日本。

韩国：开心胜地，好客邻邦。

英格兰：潮流、典礼、历史之乡。

威尔士：城堡之乡。

葡萄牙：古今交汇的异国他乡！

捷克：金色的布拉格。

瑞典：是奇妙的，即使是冬季！

新西兰：100%纯正新西兰。

法国：浪漫之都，魅力国度。

夏威夷：夏威夷是微笑的群岛，这里阳光灿烂。

南非：非洲的拉斯维加斯。

新加坡：尽情享受，难以忘怀。

泰国：神奇的泰国。

印度：探索圣雄甘地的生平。

土耳其：不是欧罗巴，胜似欧罗巴。

苏格兰：花格子呢和威士忌之乡。

西班牙：阳光普照西班牙！

瑞士：上月球之前先来瑞士一游。

德国：别在沙滩垒古堡玩，请到德国来看真的吧！

澳大利亚：最真一面，在澳大利亚见。

加拿大：越往北，越使你感到温暖。

美国：友好的美国人民赢得美国的朋友。

阿拉斯加：阿拉斯加，一见倾心。

突尼斯：空气，阳光，海水浴。

（资料来源：《世界各地旅游广告语》，江西品牌网 .）

四、旅游广告媒体决策与效果评估

（一）旅游广告媒体决策

旅游广告媒体决策是指旅游企业管理人员选择适当的媒体，以最少的广告费用投入获得最大的广告效益。

（二）旅游广告媒体类型

旅游广告可利用的媒体分为两大类型：一类是付费租用的大众传播媒体，主要包括电视、广播、报纸、杂志四大媒体和户外广告、直邮广告媒体；另一类是广告主自己购买制作的媒体，包括各类自办宣传物、宣传品。

（三）大众传播媒体的特点

各类媒体都有其适应性和局限性，主要大众媒体的旅游广告特点如下：

1. 电视

电视是最具有影响力的一种广告媒体。利用电视来传播旅游广告信息，具有其显著的优势。首先，它集声音、图像、色彩、动感四种功能于一体，形、声、情并茂，可以直观、真实、生动地反映旅游景观的特点。特别是具有一定故事性、趣味性、知识性、艺术性的旅游广告，会给观众留下深刻印象。电视是最富有感染力的广告媒体，具有良好的宣传效果。在我国，旅游电视广告越来越受到大众的欢迎。其次，电视节目由卫星传递，全球大部分地区均可以接收，利用电视节目作为旅游广告载体，可以在大范围内迅速传播。此外，电视广告既有利于展示旅游地及其景点的特色和魅力，又较适宜旅游航空与旅游线路销售信息的及时发布。目前，基本没有传播媒体能够具有像电视那样强大的力量来吸引观众并激发其旅游的兴趣。电视广告的主要弱点在于其制作费用较高，驻留时间较短，干扰较大，观众选择性差，设计制作有一定难度。

2. 报纸

报纸是旅游广告利用最多的媒体，也是最早使用、最为常规、最及时的“有据可查”信息传递工具。其可信度高，可选择性较强，本地市场覆盖面大，而费用远低于电视。报纸读者层稳定，在一定时间内可反复查阅有关信息，尤其是在报纸旅游专栏上刊登旅游广告效果更佳。报纸的局限性主要表现在以下几个方面：一是印刷质量不理想，表现力较弱，一般不利于在上面做旅游景点的展示广告；二是针对性不强，注目率低，在登载条件方面的自由度较小，色彩较为单调；三是主要通过新闻、散记的形式间接传播旅游信息，而且宣传旅游景点时信息量不大，对具有实际意义的旅游路线、景观特征、季节特色等众多领域无法涉足。

3. 广播

调频广播的出现和近年来经济台、商业台、信息台等的发展，使广播媒体恢复了一定的竞争力，并朝着较强的地区与人口选择性方向发展。广播信息的传播最及时、最灵活，广告收费也较低，但缺乏视觉吸引力，一般较适合作为旅游交通与观光旅游销售信息的辅助广告媒体，尤其适合地区性旅游信息的发布。

4. 杂志

杂志的突出特点是读者的人口类别可选性很强，使旅游杂志广告能够容易地对准目标市场；同时杂志印刷精美，可图文并茂，阅读率高，保存期长，非常适合做旅游地、景点和饭店等的形象广告。专业性、行业性杂志还有利于细选读者群。杂志的短处是广告周期长、版面受限制，是非高频率的地区性旅游销售广告所选媒体。

5. 户外广告

户外广告固定设置在街道两旁、立交桥身、候车棚顶，以及车站、码头、广场、运动场、地铁等公共场所，是目前常见的一种广告媒体。户外广告画面巨大醒目，保存时间长久，游客在都市观光、购物途中反复观看，必定能够留下深刻的印象。同时，旅游业主在户外广告的设置上比较灵活机动，可以选择适合其宣传的城市，租用最需要的场所，而且可以依据旅游者客流的变化或景区季节特色及时更换户外广告。户外广告的局限性在于广告传播的信息有限，只能将广告内容中最重要的部分，如旅游区名称、本地特产、购物商厦等加以突出，难以详细说明；广告的宣传范围有限，而且不能自由选择宣传对象。对于户外广告，应加强其图片和简洁文字的创意设计，着重于对交通口岸和要道，景区、景点及饭店所在地点的户外广告媒体的利用。

6. 直邮广告

直邮广告的长处是对目标消费者的针对性很强，非常灵活，受时空条件的限制最少，人情味较重；其短处是精力、时间和经济投入相对较高，使用不当还易引起收信人反感。因此，需高度注重邮件从内涵到外表的创意设计，以引起收信人的兴趣。直邮广告在我国旅游广告中运用还不多，而在西方较常见，美国有不少旅行商采用这种方式做广告。

7. 新传播媒体

20 世纪 90 年代以来，信息技术和人工智能更高层次的发展引发了传播媒体的巨大变化，这使旅游广告宣传面临着新的挑战和机遇。新传播媒体是指电子计算机、国际互联网、激光视盘，以及通信技术与旅游广告的结合。它具有迅速、准确、信息量大、反应灵活等优点。尤其是互联网的运用，完全打破了时间、空间界限，使得信息交换能够高速进行。随着新技术的运用，特别是计算机操作方式的简化以及互联网的普及，企业有望实现对旅游消费者的及时服务。

各类媒体都有其适应性和局限性，主要大众传播媒体的旅游广告特点如表 10-2 所示。

表 10-2　大众传播媒体的旅游广告特点

大众媒体	优　点	缺　点
电视	视听并存，图文并茂，富有感染力；传播范围广、速度快、效率高	费用高、时间短；干扰较大；观众选择性差；设计制作难度较大
广播	信息传播及时、灵活；传播面广；广告费用较低；地区和人口选择性强	缺乏视觉吸引力，表达不直观，听众记忆起来相对较难

（续）

大众媒体	优点	缺点
报纸	传播面广、可信度高、时效性强；费用较低；读者可反复查阅；基于读者情况的地理细分明确	内容较杂，易分散读者的注意力；彩色版面少，表现力较弱；浏览读者多，广告不易被人记住
杂志	印刷精美，可图文并茂，适于形象广告；阅读率高，保存期长，易于被传阅；地区和人口选择性强	发行周期长，发行量较少，价格偏高
户外广告	灵活、醒目、展示时间长、成本低	广告信息接收对象选择性差；内容局限性大
直邮广告	目标消费者针对性强、十分灵活，受时空条件限制最少	人员、时间、经济投入相对较高，使用不当可能会引起收件人反感
新传播媒体	迅速、准确、信息量大、反应灵活，尤其是互联网的运用，完全打破了时间、空间界限，使得信息交换得以以空前的高速进行	价格较高

（四）旅游广告效果评估

评估旅游广告效果主要有三方面的意义：衡量广告费用的投入是否获得了预期的效益；为修订广告计划提供依据；明确哪些外部因素是广告所无法改变的。

旅游广告效果可分为两方面：一是传播效果；二是销售效果。

（1）传播效果测定。通常通过接受率来测定旅游广告的传播效果，计算公式为

$$\text{接受率}=\frac{\text{接收旅游广告信息的人数}}{\text{媒体受众人数}}\times 100\%$$

（2）销售效果测定。通常通过销售效果比率来测定旅游广告的销售效果，计算公式为

$$\text{销售效果比率}=\frac{\text{旅游广告费用增加率}}{\text{销售增长率}}\times 100\%$$

第三节 旅游营业推广

一、旅游营业推广的特征与作用

（一）旅游营业推广的概念

旅游营业推广是指旅游企业在某一特定时期与空间范围内，为了使旅游者尽

快购买或大量购买旅游产品及服务，而进行的一系列短期的、鼓励性的、非连续性的、灵活的促销措施和手段。

（二）旅游营业推广的特征

1. 表现直观，短期效益明显

旅游营业推广不像广告、人员推销和公共关系等常规性的旅游促销活动，而是以非常规性和非周期性的方式出现，在限定的时间和空间范围内，通过激励刺激旅游中间商和旅游消费者产生购买行为，因而短期效益明显。旅游营业推广用于短期和额外的旅游促销工作，其着眼点往往在于解决具体的促销问题，承担短期内具有特定目的和任务的促销工作。旅游营业推广的这一特点体现了旅游营业推广手段的明显优势，有利于促进旅游产品的短期销售，从而激发更多的旅游消费需求，进一步开拓旅游市场。

2. 灵活多样，适应性强

旅游营业推广的方式多种多样，能从不同角度吸引有不同需求的旅游产品购买者和消费者。例如，以批量折扣等方式对旅游中间商进行营业推广，以赠送纪念品、旅游地特产等方式对旅游消费者进行营业推广。旅游目的地或旅游企业可以根据经营的旅游产品特征以及面临的不同市场环境，加以科学的选择和有机的组合运用，从而大大增强旅游营业推广的灵活多样性和适应性。

3. 功利推动，刺激性强

旅游营业推广是为了使旅游中间商和旅游消费者尽快购买旅游产品而采取的旅游促销手段，因此必须从多种渠道和多种角度，加强和加快旅游产品购买者、消费者对信息的理解，促进消费者迅速产生购买需求和行为。这导致了营业推广具有功利性色彩，刺激性强烈；这也决定了旅游营业推广必须给旅游产品购买者以不同寻常的刺激，以诱使旅游消费者购买某一特定的旅游产品，从而取得明显的短期效果，较快地增加旅游目的地与旅游企业的销售额，巩固和提高旅游目的地和旅游企业应有的市场占有率。

4. 有一定的局限性和副作用

旅游营业推广的某些方式可能会显现出销售者急于出售的意图，容易造成消费者的逆反心理。如果营业推广方法使用不当，就会使消费者怀疑此产品的品质、产品的服务以及产品的价格是否合理，产生一种“可能被欺骗”的错误心理，从而影响营业推广的效果。

（三）旅游营业推广的作用

1. 有利于加速新的旅游产品进入旅游市场的进程

在旅游产品的引入期，市场缺乏对其了解，通过旅游营业推广可加速潜在消费者的了解、认知过程，有利于旅游产品在短期内在旅游市场上占有一定的份额。

2. 有利于增加旅游产品的消费，提高销售额，并带动相关联产品的销售

通常，旅游企业运用旅游营业推广促销手段，既可向中间商提供交易折让，如通过购买馈赠、交易补贴、经销竞赛等方式来劝诱中间商更多地购买，并同中间商保持稳定、良好的购销关系，促使中间商制定有利于自身的经营决策；又可向旅游消费者提供刺激与激励，如通过消费者类别折扣、旅游者竞赛与抽奖等方式来指明旅游产品新的利益，提高旅游者对该旅游产品的注意力与兴趣，从而增加其对旅游产品的消费，提高整体产品的销售额。同时，对于一定区域而言，增加某种品牌产品销售量的同时，也能带动和提升关联产品的销售量。

3. 有利于有效地抵御和击败竞争者的营业推广促销活动

旅游企业可以采用免费赠品、折扣优惠、服务促销、联合促销等方式来增强竞争企业经营的同类旅游产品对旅游者的吸引力，以稳定和扩大自己的消费购买群体，抵御竞争者的侵蚀。

二、旅游营业推广策划过程

（一）确定旅游营业推广目标及推广工具

1. 确定旅游营业推广目标

营业推广目标是旅游企业根据目标市场的购买者和企业的营销目的确定的。在不同的目标市场中，营业推广的目标有所不同；对不同的推广对象，营业推广目标也应不同。无论针对哪个目标市场、哪种推广对象，营业推广目标的确立都必须考虑两个问题：一是营业推广的目标必须与旅游企业的总体营销目标相一致；二是每次营业推广的目标都应以实现当前营业目标为基础来制定。

2. 选择旅游营业推广工具

旅游营业推广目标一旦确定，就需要选择实现目标的手段和措施。旅游营业推广的工具是多种多样的，每种工具都有各自的特点和适用范围。一般来说，一种营业推广工具既可以实现一个目标也可以实现多个目标；同样，一个营业推广目标既可以由一种推广工具实现，也可以由多种推广工具优化组合实现。

（二）制订营业推广方案

根据确立的旅游营业推广目标，选择了适当的营业推广工具，接下来就是制订具体的旅游营业推广方案。一般来说，一个完整的营业推广促销方案要考虑如下几个方面的内容：

1. 确定刺激的规模

营业推广的实质表现为对旅游消费者、中间商和推销人员的让利。旅游企业制订具体的推广方案，首先要决定刺激的规模，即准备拿出多少费用来进行

刺激。

2. 选择营业推广对象

旅游企业既可以面向目标市场的每个消费者加以刺激，也可以选择某些群体加以刺激。这是对促销目标范围大小的控制，将直接影响到最终的促销效果。

3. 决定营业推广媒体

旅游企业必须明确通过什么途径向推广对象传递信息，如户外广告、直邮广告、报纸等。各种推广途径所需费用不等、信息传达范围不同，这就需要旅游企业权衡利弊，从费用与效益比中，选择最有效的推广途径。

4. 选择营业推广时机

如果推广期过短，由于这个时期内无法实现重复购买，甚至许多潜在消费者还没有购买，很多应获取的利益不能实现；如果推广期过长，又会引起开支过大和降低刺激购买的力度，给旅游消费者造成长期降价的假象，也无法促使他们立即购买。

5. 营业推广预算分配

旅游营业推广是一项较大的支出，必须事先进行筹划预算。假定推广预算通常有两种方法：一种是先确定营业推广方式，然后再计算其总费用；另一种是按习惯比例来确定在一定时期内，各项促销预算占总促销预算的百分比。

（三）营业推广方案试验

为确定所制订的营业推广方案是否科学合理，需预先进行试验。例如，邀请消费者对将要采取的优惠办法作出评价和分析，或在局部地区进行试用性测试。通过试验结果，可对其方案进行评价及相应的调整。

（四）营业推广方案的实施与控制

在旅游营业推广方案的实施与控制中，要留心注意和监控市场的反应，并及时进行必要的促销范围、强度、频率和重点的调整，保持对实施促销方案的良好控制。因此，旅游企业要尽可能地进行周密的策划和组织，估计到实施中可能产生的一切问题，并预先做好解决所有突发性事件的准备和安排。

（五）评估营业推广方案

旅游营业推广活动完成后，要对其效果进行评估。这是检验营业推广是否达到预期目标以及方案花费是否合理的唯一途径。

效果评估包括短期效果评估和长期效果评估。但是在很多情况下，长期效果的评估只能采用定性或定量预测的方法来判断估计，而且结果也较粗略。因此，效果评估多侧重短期效果评估。目前最普遍的推广效果评估方法是把推广之前、推广期间和推广之后的销售情况进行比较。

三、旅游营业推广方式

（一）免费营业推广

免费营业推广是免费赠给旅游消费者某种特定物品或利益。在短期营业推广领域里，免费营业推广活动的刺激和吸引力最大。其主要工具有赠品、免费纪念品、赠品印花三种。

（二）优惠营业推广

优惠营业推广是让旅游消费者或经销商可以用低于正常水平的价格消费购买特定的旅游产品或获得利益。其核心是推广者让利，接受者省钱。优惠营业推广的工具很广泛，重点是运用折扣衍生出的多种推广工具，如折扣卡、优惠券等。

（三）竞赛营业推广

竞赛营业推广是利用人们好胜、竞争、侥幸和寻求刺激等心理，通过举办竞赛、抽奖等富有趣味和游戏色彩的推广活动，吸引旅游者、经销商或销售人员的参与，从而推动和增加销售。其主要工具有旅游者竞赛与抽奖、经销商销售竞赛和推销人员的销售竞赛等。

（四）组合营业推广

组合营业推广是一种综合促销手段，包括旅游企业或者相关企业的联合推广、以旅游者满意为目的的服务推广、营业推广，以及与广告、公关、事件等配合的包价旅游。它是免费、优惠、竞赛、抽奖等各种促销工具的综合应用与组合搭配。

第四节　旅游人员推销

一、旅游人员推销的概念和特点

（一）旅游人员推销的概念

旅游人员推销就是旅游企业从业人员直接与旅游消费者或潜在消费者接触、洽谈、宣传介绍旅游产品或服务，以达到促进销售目的的活动过程。

（二）旅游人员推销的特点

1. 充分传递信息

旅游人员在推销活动中同时也向消费者传达了企业及产品的相关信息，包括所推销产品的一般信息、消费观念的引导、市场同类产品的信息等。

2. 互动性强，方式灵活，促销效果明显

推销人员通过与旅游者的交谈，可收集旅游者对旅游企业、旅游产品及推销人员的态度、意见和要求等信息，并不断将相关信息反馈给旅游企业，为旅游企业的经营决策提供依据。同时在交流过程中，可根据旅游者的个体差异有针对性地开展工作以促成销售。

3. 为旅游者提供多重服务

人员推销的目的不仅仅是推销旅游产品、满足旅游者的现实需求，还要尽可能地发现并满足他们的潜在需求，而且推销过程也是旅游企业进行公共关系活动的重要环节。推销人员热情、周到的服务可以赢得旅游者对旅游企业的信赖。

二、旅游人员推销的基本形式

（一）派员推销

派员推销是指旅游企业指派专职推销人员携带旅游产品或服务的说明书、宣传材料及相关材料走访客户进行推销的方式。派员推销是一种古老的、存在时间最长的推销形式，适用于在推销人员不太熟悉或者完全不熟悉推销对象的情况下，及时开展推销工作。它要求推销人员有百折不挠的毅力、良好的沟通能力与谈话技巧。

（二）营业推销

营业推销是指旅游产品或服务的各个环节的从业人员接待每位旅游消费者并销售自身产品的推销方式。这种形式的独特在于，是消费者主动向推销员靠拢。推销人员应依靠良好的销售环境和接待技巧，完成推销，满足消费者需求。

（三）会议推销

会议推销是指旅游企业利用各种会议介绍和宣传本企业旅游产品或服务、开展推销活动的方式。例如，订货会、交易会、洽谈会、展览会、推销会等。

除以上介绍的三种基本推销方式外，还有小组推销、电话推销、书面推销等多种人员推销方式。

三、旅游人员推销的原则和过程

（一）旅游人员推销的原则

1. 互惠互利原则

互惠互利是指交易双方彼此为对方提供利益和好处。互惠互利是双方达成交易的基础，是推销人员的自信心来源，是良好交易气氛形成的重要条件，也是赢得回头客人和获得竞争地位的重要筹码。

2. 推销使用价值原则

使用价值观念，就是旅游消费者对旅游产品有用性的认识。推销使用价值观念原则，即在推销旅游产品时，要利用或改变消费者原有的观念体系，想方设法使他们形成对旅游产品使用价值的正确认识，以达到说服消费者购买旅游产品的目的。

3. 人际关系原则

旅游推销人员在推销旅游产品时，必须建立真诚、富有情感的和谐人际关系。旅游推销人员要树立人际关系开阔的观念，善于利用各种交际方式，扩大其交际范围，使自己成为一个受欢迎的人。

4. 尊重顾客原则

尊重顾客就是要尊重顾客的人格，重视他们的利益。其实质是对旅游消费者价值的承认，包括顾客的人格、身份、地位、能力等。推销人员尊重顾客，从顾客的立场出发，可以帮助他们消除忧虑，优化交易气氛。

（二）旅游人员推销的过程

旅游人员推销的过程主要包括以下步骤（见图10-3）：

1. 寻找目标旅游者

旅游推销人员利用各种渠道和方法为其所推销的旅游产品寻找旅游消费者，包括现有的和潜在的旅游者。通过调查，了解旅游者的需求、支付能力等，筛选出有接近价值和接近可能性的目标旅游者，以便集中精力进行推销，提高推销的成功率。

2. 接近前的准备

旅游推销人员在推销之前，应尽可能地了解目标旅游者的情况和要求，确立具体的工作目标，选择接近的方式，拟定推销时间和线路安排，预测推销中可能产生的一切问题，准备好推销材料。在准备就绪后，推销人员需要通过电话、邮件等，与目标旅游者预约好访问事由、时间、地点等相关事宜。

3. 接近目标旅游者

旅游推销人员经过充分的准备后，就要与目标旅游者进行接洽。接近目标旅游者的过程往往是短暂的。在很短的时间里，推销人员要充分发挥自己的聪明才智，灵活应用各种技巧，引起目标旅游者对其所推销旅游产品的注意和兴趣，达到接近目标旅游者的最终目的。

4. 产品介绍

接近目标旅游者与产品介绍是与目标旅游者接触过程中的不同阶段，但两者之间没有绝对的界限。接近目标旅游者侧重于让旅游者了解自己，沟通双方的感情，创造良好的推销氛围；而产品介绍侧重于推销产品，向目标旅游者传递旅游产品的信息，强调给旅游者带来的利益，强化旅游者的购买欲望。

5. 处理疑问和异议

在产品介绍过程中，旅游者会对旅游产品提出各种各样的购买疑问、异议，如价格异议、产品异议、服务异议等。推销人员对各种疑问、异议，应采取不同的方法、技巧，有效地处理和转化，以打消旅游者的顾虑，促成交易。

6. 达成交易

经验丰富的推销人员会密切注意成交信号，把握成交机会，采取有效的措施，促成交易，并完成成交手续。

7. 售后服务

要让旅游者满意并重复购买旅游产品，良好的售后服务是必不可少的。达成交易后，销售人员应认真执行所保证的条款，做好服务。应着眼于旅游企业的长远利益，与消费者保持和建立良好的关系，树立消费者对旅游产品的安全感和信任感，促使他们继续购买，并利用消费者的见解进行宣传和辐射性传导，争取更多的新消费者。

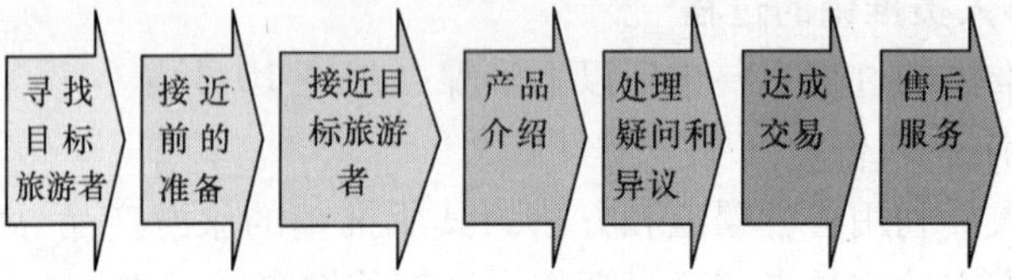

图 10-3　旅游人员推销的过程

第五节　旅游公共关系

一、旅游公共关系的概念和作用

（一）旅游公共关系的概念

旅游公共关系是指为了建立和维持旅游企业与公众之间的良好关系，以沟通、传播为主要手段而进行的一系列建立、维护、改善旅游企业和产品形象的活动。

（二）旅游公共关系的作用

作为一种营销传播方式，旅游公共关系活动的目的主要在于影响某些具有社会影响力的公众对本企业旅游产品的看法和态度，从而推动本企业战略目标的实施。因此，旅游公共关系对塑造旅游企业良好的公众形象、提高其知名度和美誉度、增强市场竞争力方面具有重要作用。这主要表现为以下三个方面：

1. 建立和维护与社会公众的良好关系

企业要在社会中生存和发展，就必须与整个社会的环境、人文习俗、公众的思想观念相协调。如果只埋头专注自己的利益，只做社会活动的旁观者，那么该企业必然没有多大发展空间，甚至连生存都受到威胁。通过公共关系活动，企业参与各种有益的社会事件，赞助各种公益活动，保持与社会公众的良好沟通，可以逐步建立起良好的公众形象，获得公众的喜爱和拥护，有利于企业的健康发展。

2. 提高企业信誉，促进销售业绩

通过公共关系活动，还可以提高企业的知名度和美誉度，增强市场竞争能力。向消费者传递企业产品的准确信息，密切与消费者的联系，针对消费者的需求传递满足消费者需求的意向，使消费者不仅感受到以诚待人的经营作风，而且感受到高质量的企业产品，待时机成熟，消费者就会购买企业的产品。

3. 协调内外关系，预防危机损失

与相关媒体、社会团体、政府机构以及有其他业务关系的机构保持良好的关系，可以减少产品销售过程中的阻力。此外，在企业内部开展公关活动，可以缓解各种内部纠纷，减少不必要的内耗损失，增强企业的凝聚力。如上所述，与媒体保持良好的关系是旅游企业公共关系的重要组成部分之一。因为通过媒体不仅可向公众传播正面的新闻报道，还可以抑制潜在的负面新闻。一个与媒体有良好联系的企业，将有更多的机会在新闻发布之前阻止和缓解将要发布的可能不利于企业形象的消息。但是，如果认为公关活动可以去掩盖企业或产品本身存在的缺陷，那就大错特错了。没有任何活动可以帮助一个不去改进其本身存在的问题的企业。因此，公共关系一般与企业的营销和促销活动共同实施，而不能成为其替代品。

二、旅游公共关系的特点

（一）情感性

公共关系是一种创造美好形象的艺术，它强调的是成功的人和环境、和谐的人事气氛、最佳的社会舆论，以赢得社会各界的了解、信任、好感和合作。

（二）双向性

公共关系是以真实为基础的双向沟通，而不是单向的公共传达或对公众舆论进行调查、监控，它是主体与公众之间的双向信息系统。一般而言，旅游目的地与旅游企业通过第三方发布信息，可信度高，并有利于消费者放下抵触心理。

（三）广泛性

公共关系的广泛性包含两层含义：一层意思是，公共关系存在于主体的任何行为和过程中；另一层意思是，其公众关系对象的广泛性，可以是任何个人、群体和组织。

（四）长期性

旅游目的地与旅游企业的公共关系往往追求的是整个企业形象的提升和改善，从而创建旅游目的地和旅游企业与社会、公众的良好关系，有利于旅游目的地与旅游企业营造良好的经营环境和氛围，而不是考虑短期的、直接的效果。

三、旅游公共关系的种类

（一）创造和利用新闻

旅游企业策划利用有吸引力的新闻事件，或举行活动创造机会以吸引新闻界和社会公众的注意，增加新闻正面报道的频率，从而扩大影响，提高知名度。由于新闻界是站在第三者立场上的，因此往往具有较高的可信度。

（二）举办和参加各种会议

旅游企业通过举办和参加旅游产品的展览会、研讨会等，向公众推荐企业自身及其产品，加深公众的形象，从而提高旅游企业及其产品的知名度。

【阅读材料】

澳门旅游局赴葡萄牙推广澳门游

我国澳门特别行政区政府旅游局参加了葡萄牙最大型的国际旅游展销会，加强与当地业界的联系，并推广澳门为休闲及商务旅游目的地。

据澳门特区政府网站消息，葡萄牙旅游展于2008年1月16—20日举行，澳门旅游局把握此次机会增强宣传力度，向业界推广澳门旅游情况。第34届葡萄牙旅行社协会（APAVT）年会定于2008年在澳门举行，更提升了葡萄牙旅游业界对澳门的兴趣。

2008年澳门展台面积扩大至54m^2，旅游局局长安栋梁及推广厅厅长谢庆茜率领代表团赴当地参与一系列推广活动。展销会期间，安栋梁一行拜访葡萄牙旅游局局长，就两地旅游业发展交换意见。

为了重点推介文化及商务旅游，澳门旅游局特意在展台为业界及传媒安排了旅游简布会。另外，为加深传媒及业界对澳门的了解，旅游局分别于16日及17日举行酒会，并由葡萄牙高级精品酒店集团为酒会特别烹调澳门美食。

展览期间，更有书法家和剪影师傅在澳门展台演示传统文化及手工艺。多年来，这些文化演示已成为澳门展台的亮点，深受与会者欢迎。

尽管两地的地理位置相距甚远，来澳门的葡萄牙旅游者于2007年增加了13%。越来越多葡萄牙旅游者来澳门，除了因为两地历史、文化及经济的关系，亦由于近年来澳门旅游业的高速发展。澳门持续参与国际旅游推广活动更为重要。

（三）支持和赞助各项社会活动

旅游企业应积极参与和支持社会公益事业，如参与捐资助学、扶贫、救灾，支持社会组织各种文化、体育等公益性质的活动等，树立企业良好的社会形象。

（四）印发宣传品

印发介绍旅游企业发展历史、宗旨、产品介绍等内容的宣传产品，是旅游企业传播信息、树立良好形象的重要途径。这些宣传品多以免费赠送为主，印制精美。同时，注明有企业的地址和联系方式等，以便联系。

（五）策划专门性的公共活动

可安排一些特殊的事件来吸引公众对企业的关注。如召开新闻发布会、举办庆典活动等，是传播企业信息最迅速有效的途径之一。

（六）导入企业形象识别系统，加强企业文化建设

企业形象识别系统英文为Corporate Identity System，缩写为CIS。导入企业形象识别系统就是综合运用现代设计和企业管理的理论和方法，将企业的经营理念、行为方式及个性特征等信息加以系统化、规范化和视觉化，以塑造具体的可感受的企业形象。

【关键概念】

旅游促销；旅游广告

【复习与思考】

1. 简述旅游促销的概念与实质。
2. 对比旅游促销组合基本策略的推式策略和拉式策略。
3. 阐述旅游广告中大众传播媒体的优缺点。
4. 简述旅游人员推销的过程。
5. 简述旅游公共关系的种类。

【项目实训】

“昆士兰内陆探险”的促销方案

澳大利亚昆士兰旅游观光公司召开了一次跨部门员工会议讨论近期将推出的新产品，即“昆士兰内陆探险”的促销方案。参加的员工分别代表调研、销售、市场营销、预订、计算机和假日部。

假日部的奈特在会议一开始介绍了新产品的特点、价格、核心价值和预订程序。

“昆士兰内陆探险”包价旅游被描述为一个“高探险性——刺激”的旅游包价，其中包括参观昆士兰内陆的三个景点，参加剪羊毛、骑马、赶羊、登山后绕绳攀岩下降和丛林漫步等活动。旅游团将住在原汁原味的土著阁楼中，包价中含旅游包车、住宿、餐食和各项活动的费用，不包自选项目乘直升机观光。旅游团每周从布里斯班发团两次，如果定量大则每周发团三次。

议程的第二项由调研部经理安妮发言。安妮介绍了她的部门的市场调研结果，包括一些具体的统计数字，如调研得出的目标市场，团内有意参加深入昆士兰腹地项目的旅游者比例，以及他们倾向的预定方式和平均消费。她的部门预测这个产品推出的头六个月能使整个系列产品的每月销售量达到月销售指标。

该产品的主要市场是青年探险爱好者，年龄在 18 ~ 35 岁之间，其中的一大部分将是来自加拿大和欧洲，并在澳大利亚逗留了一年左右的背包旅游者，这些旅游者会从新南威尔士州到昆士兰州的旅游途中安排这次旅行。这个目标市场希望在出游前得到更充分的信息，信息来源主要是互联网、小册子和流行背包游杂志上的广告，预订方式是从互联网直接预订或在澳大利亚旅行时在沿途的旅行代理店预订。

会议一致认定促销应通过主要信息来源的小册子和互联网进行，但次要促销方式会议并没有达成一致意见。

会议最后要求各部门认真思考当天会议的内容，并在下次会议上提出产品促销方案和预算。

问题：

（1）你认为该公司为什么要把促销重点放在互联网和小册子上？

（2）你认为该公司将会决定采取什么次级促销方案？你会建议其采取什么样的具体促销活动？

（3）你认为该公司是否已经有了足够的信息用于成功策划产品的促销活动？

第三篇

应用及创新

第十一章

旅游市场营销在旅游业中的应用

【本章学习目标】

通过本章的学习，掌握旅游目的地营销的特点和旅游景区营销的影响因素，理解旅游饭店营销战略战术，了解旅行社营销的策略使用，掌握旅行社的市场细分与市场定位，能在实例分析中有效运用。

◆【案例导入】

香格里拉的营销之道

香格里拉是国际著名的大型旅游企业连锁集团，它的经营策略很好地体现了旅游关系营销的内容。

香格里拉饭店与度假村是从1971年新加坡豪华香格里拉饭店的开业开始起步的，很快便以其标准化的管理及个性化的服务赢得了国际社会的认同，在亚洲的主要城市得以迅速发展。其总部设在中国香港，是亚洲最大的豪华旅游企业集团，并被许多权威机构评为世界最好的旅游企业集团之一。它所拥有的豪华旅游企业和度假村已成为最受人们欢迎的休闲度假场所。香格里拉始终如一地把旅游者满意当成旅游企业经营思想的核心，并围绕它把其经营哲学浓缩于一句话——“由体贴入微的员工提供的亚洲式接待”。

香格里拉有八项指导原则：

（1）我们将在所有关系中表现真诚与体贴。

（2）我们将在每次与旅游者的接触中尽可能为其提供更多的服务。

（3）我们将保持服务的一致性，客人只需打个电话就可解决所有问题。

（4）我们确保我们的服务过程能使旅游者感到友好，员工感到轻松。

（5）我们希望每一位高层管理人员都尽可能地多与游客接触。

(6) 我们确保决策点就在与旅游者接触的现场。

(7) 我们将为我们的员工创造一个能使他们的个人、事业目标均得以实现的环境。

(8) 客人的满意是我们事业的动力。

与航空旅游公司联合促销是香格里拉和其他旅游企业互惠合作的手段之一。香格里拉与众多的航空旅游公司推行“频繁飞行旅游者计划”。客人入住香格里拉饭店时，只要出示“频繁飞行旅游者计划”的会员卡和支付门市价，就可得到众多旅游公司给予的免费公里数或累计点数。例如：旅游者每晚住宿便可得到德国汉莎航空旅游公司和美国西北航空旅游公司、联合航空旅游公司提供的500mile的优惠。其他合作的航空旅游公司还有加拿大航空旅游公司、新加坡航空旅游公司、瑞士航空旅游公司、澳大利亚航空旅游公司、马来西亚航空旅游公司以及泰国航空旅游公司等。另外，香格里拉还单独给予客人一些额外机会来领取奖金和优惠，如香格里拉担保的旅游公司选择价格。

在旅游者服务与住房承诺方面，香格里拉则体现了旅游企业在承诺、信任原则上的坚持。香格里拉饭店的回头客很多。饭店鼓励员工同客人交朋友，员工可以自由地同客人进行私人的交流。饭店建立的“旅游者服务中心”与原来各件事要查询不同的部门不同，客人只需打一个电话到旅游者服务中心，一切问题均可解决，饭店因此也可以更好地掌握旅游者信息，协调部门工作，及时满足旅游者的需求。在对待客人投诉时，绝不说“不”，全体员工达成共识，即“我们不必分清谁对谁错，只需分清什么是对，什么是错的”。让客人在心理上感觉他“赢”了，而“我们”在事实上做对了，这是最圆满的结局。每个员工时刻提醒自己多为客人着想，不仅体现在服务的具体功能上，而且在服务的心理效果上满足旅游者。香格里拉饭店重视来自世界不同地区、不同国家旅游者的生活习惯和文化传统的差异，有针对性地提供不同的服务。例如，对日本客人提供“背对背”服务，即客房服务员必须等客人离开客房后再打扫整理客房，避免与客人直接碰面。饭店还为客人设立个人档案，长期保存，作为为客人提供个性化服务的依据。

(资料来源:《看香格里拉酒店的营销之道》，2011-9-28，http://info. hotel. hc360. com/2011/09/280830388706. shtml。有改动。)

第一节　旅游目的地营销

一、旅游目的地营销概述

旅游目的地营销是指在特定空间、区域、层次上进行的一种崭新的旅游营销方式。在这种方式下，区域旅游组织将代表本区域内所有的旅游企业和旅游产品，作为统一的营销主题并以相同的旅游目的地形象参与旅游市场的激烈竞争。旅游目的地营销是由某地政府旅游组织将本地作为旅游目的地而负责的营销活动。政府旅游组织一般包括国家旅游组织和地方旅游组织。

旅游目的地营销的内容包括：确定目的地向目标市场提供的产品及总体形象；确定对该目的地具有吸引力的目标市场；确定目标市场的信任度及抵达该目的地的最佳途径。

二、旅游目的地营销的特点及意义

（一）旅游目的地营销的特点

从政府旅游组织在旅游目的地营销与个人企业或组织对自有产品的营销相比较来看，旅游目的地营销具有以下特点：

1. 整体性

政府旅游组织在对外进行旅游促销时，将本国或本地区旅游业作为一个整体推出，为境外旅游者提供一种从其离开居住地开始旅游到结束旅游再返回居住地的过程中，所有不同时间范围和空间跨度内的“经历”，让本国或本地区旅游业作为这种“经历”的生产者出现，并完整、全面地说明这种旅游产品的特质，树立独特、鲜明的旅游目的地形象。旅游目的地营销的整体性还体现在政府旅游组织在制定全国或地区旅游发展战略、确定支持方向和支持程度时，是将它们作为一个整体进行规划的。

2. 政策性

政府旅游组织在进行营销支持和促销的过程中，可以通过制定相应的政策达到营销的目的，这与某一企业经营部门就某一产品的直接营销有本质区别。通常，这种政策包括产品早期开发时所需的政策支持、进行必要公共基础建设所需的财政支持、为旅游者提供签证方便、保护旅游者权益、提升旅游产品和环境质量等。

3. 长期性

直接生产和经营旅游产品的旅游企业的营销行为相对来说是一种微观、短期的行为，是针对某一条旅游线路或某一项旅游产品而进行的。而旅游目的地营销则是一种着眼于未来的长期行为。就整个国家的旅游产品开发而言，往往要分未来几年、几十年等几个层次进行规划。就对外促销而言，某一旅游目的地的形象一旦形成了，这种形象对客源市场的影响以及在旅游者心中的地位就会保持相当长的时间。

4. 营销费用受政府预算限制

政府旅游组织与作为独立经济实体的旅游企业不同，它们本身没有利润投入，其营销费用依赖于政府拨款，而这种政府拨款与政府旅游组织营销所需费用相比，往往是非常有限的。近几年来，许多政府旅游组织开展联合促销活动，利用旅游企业的资金支持来进行必要的广告和大众宣传，以克服经费紧张的困难，而旅游企业也可以利用政府强大的政治、经济影响来扩大宣传力度，增强宣传效果。

（二）旅游目的地营销的意义

1. 旅游目的地营销有利于更好地为目的地的社会经济作出贡献

旅游业在许多地方越来越成为促进社会经济发展的重要组成部分。在一些旅游业发达的地区，旅游业对当今社会生活发挥着广泛而深刻的作用。旅游者的到来为目的地从外部引进了一个购买力巨大的市场，改变了这些地方原有的以满足内在需求为主的经济发展模式。

2. 旅游目的地营销有利于旅游者的消费选择

旅游者在选择目的地时，通常都会受到各种因素的影响，给旅游者的决策造成困难。对于旅游目的地而言，系统一致和独具特色的旅游形象，会影响其竞争实力和其旅游产品的总体销售。因此，应该考虑将旅游目的地作为一个整体系统来营销，有利于旅游者的消费选择。

3. 旅游目的地营销符合旅游营销复杂性的要求

旅游消费活动是一种综合性行为，一个旅游者在目的地购买的旅游产品可能同时包括食、住、行、游、购、娱等多种要素。围绕满足旅游者这些要素的需求，旅游目的地形成了一个完备的服务体系和旅游产业链。如果放任旅游企业自由宣传，很可能造成旅游者无所适从甚至造成内耗，进而危害旅游目的地的总体利益。为此，通过对旅游目的地的营销活动进行总体规划，可以整合目的地内部旅游企业的市场分工关系，共同体现旅游目的地的整体市场竞争力，达到既方便旅游者，又使旅游企业共同受益的最佳效果。

三、旅游目的地营销战略系统

（一）旅游目的地营销战略系统的定义

旅游目的地营销战略系统（Destination Marketing System，DMS）是指在目的

地旅游机构领导下，有组织地通过利用互联网等先进的技术手段，全面整合宣传、营销目的地旅游信息和资源的系统工程。

在旅游目的地营销战略系统的构架下，不同目的地的网站内容和电子商务管理者可以更有效地组织和宣传面向目标市场的促销信息。世界旅游组织目前正在向更多的国家和地区推广旅游目的地营销系统。旅游目的地营销战略系统对外宣传、营销目的地资源，推动目的地旅游市场的繁荣发展，对内管理和整合目的地资源，服务目的地旅游供应商，最终达到优化资源、降低营销和销售成本、提高盈利水平的目的。

（二）DMS 的系统构成

一般情况下，DMS 包括以下子系统：

（1）目的地营销系统。该子系统包括目的地形象设计、信息电子出版发布功能等，可将目的地营销信息通过各类媒体，如网站、广播电视、电话、手机短信、微博、酒店预订系统等发布出去。

（2）目的地旅游供应商及产品管理系统。该子系统要求目的地内所有的旅游产品提供者与当地旅游组织联网，且所有信息必须通过旅游产品质量控制系统。

（3）旅游产品质量控制系统。该子系统负责旅游信息和产品质量检测，并规范目的地旅游供应商与产品管理系统和旅游产品质量控制系统的关系。

（4）旅游产品预订系统。该子系统负责在在线交易平台上完成旅游产品的预订和业务处理，相关的支付和物流体系为交易的实现提供支持。

（5）市场和客户管理分析系统。该子系统包括统计和数据分析。

（6）咨询中心服务系统。该子系统包括咨询中心运营和管理工具。

（7）电子地图。该子系统提供电子地图功能和接口。

（8）标准系统接口。用于和其他系统如航空公司预订系统、酒店预订系统等的接口。

（三）DMS 的作用

世界旅游组织综述了旅游目的地营销系统相对于传统营销模式的各种优势，包括：能够以较低的价格向世界各地的大量旅游者介绍信息和产品；提供比通过传统印刷媒体更有深度、质量更高的信息；使旅游者预订起来更快、更容易；省去制作和发行印刷品的大量费用；可针对目标市场运用电子邮件做推广，等等。

总之，旅游目的地营销系统作为一个信息化的营销平台，通过现代化信息技术的应用架设了一座使旅游目的地和目标市场间交流更加通畅的桥梁，在提升目的地知名度、满足消费者信息需求、增加旅游者访问量、方便旅游交易、提供旅游服务和增加目的地旅游收入等方面，都发挥着越来越大的积极作用。

第二节　旅游景区营销

一、旅游景区营销概述

旅游景区营销是指景区以旅游消费者的需求为导向，通过分析、规划、执行、监控来实现和管理景区整个创造旅游消费者满意和价值的过程。

旅游景区营销的内容包括：提高旅游景区的价值和形象，以使潜在旅游消费者意识到该景区与众不同的优势；规划和开发建设景区具有吸引力的旅游产品；宣传促销整个景区的产品和服务，使目标市场将本景区作为旅游目的地；刺激来访旅游者的消费，提高其在本景区的消费额。

二、旅游景区营销的特点和影响因素

（一）旅游景区营销的特点

旅游景区属于服务产品，它具有以下特点：

（1）员工和旅游者都是营销的重要组成部分。旅游者是生产过程的一部分，而员工是产品的一部分。前者是服务的对象，服务过程就是生产过程；后者直接参与产品的生产和销售，他们的技术、态度和服务行为是旅游者服务体系的构成要素。

（2）景区产品的无形性决定了旅游者在购买之前无法实验或试用产品，要通过一定渠道让公众产生对景区产品的认知。这些渠道的核心是借助公众舆论和公共关系传播景区的形象和信息；同时，要十分重视让每一个旅游者都有满意的游览经历，因为他们会将这种经历推荐或介绍给潜在的旅游者。

（3）景区产品具有不可储存性。淡旺季、团队与散客可以实现差价以实现经济效益的最大化。但是，价格对供求关系的影响并不都很大。

（4）旅游产品只提供给旅游者共享使用权和暂时使用权。由于旅游者的逗留时间决定着其消费额度，因此尽可能地延长旅游者的逗留时间成为很多景区的重要工作。

（5）每一个旅游景区都要突出差别性营销策略，以形成自己独特的形象。虽然旅游景区会因类型不同而竞争程度不同，但是每一个旅游景区都要突出差别性营销策略，以形成自己独特的形象。

（6）旅游产品易受大环境，特别是时尚的影响。例如，2008 年福建土楼被列入世界文化遗产，引发了土楼游览热，游览土楼成为人们追寻的一大时尚。

（二）旅游景区营销的影响因素

1. 外部因素

实践表明，旅游景点的经营状况受突发性外部营销因素变化的影响程度通常

不是很大，这一点与大型饭店及交通客运企业的情况不同。这一方面是因为大多数旅游景点的经营规模都比较小，另一方面则是与旅游景点的市场构成中包括了大量的当地居民有关。但是，一个旅游景点若要成功地长期经营，其经营者除了要做好内部的管理工作之外，也不应忽视一些长远性外部环境因素的影响：

（1）竞争者的行动。许多新的竞争景点是根据需要设计的，或者是经过调整以吸引和满足旅游者需求的，其中有些还可能得到了政府及其机构和信托组织的大量资助。由于更多的地方是期望通过旅游业和娱乐业来弥补第一产业和制造业失去的就业机会，这就使本已存在的竞争变得更为激烈。在这种日趋激烈的竞争环境中，一些老的景点可能会消失，因为它们不再有能力吸引足够的客源，或从其他渠道吸引充足的资金来维持其正常营运。

（2）消费者日趋精明。事实表明，在所有的经济领域，消费者的期望都在不断提高，如果供应商不能跟上需求变化的步伐，那么“昨日的产品”将很快失去其吸引力。对于景点而言，旅游者的精明还反映在旅游者对国际标准更加了解。这种了解部分是通过自身的旅行经历获得的，部分是通过电视等媒介获得的，还有一部分是因为各国的重要景点都在持续不断地推出新的优质标准，这些标准已成为人们评估所有景点的标准。因此，各景点必须不断开发新项目，才能满足成熟旅游市场的需求。

（3）新技术的应用。新技术为博物馆和其他景点的设计者展示和阐述资源创造了新的机会。灯光、音响、电影、激光、超宽银幕电影效果以及新材料（如塑料、碳化纤维和光纤灯等）都被用来进行现代化的展示，甚至传统的过山车也让位于新的采用弹性钢管的螺旋形和环形轨道过山车。由计算机控制的能够创造真实动感和视听效果的模拟机变得越来越便宜，因而很可能在未来的景点得到更为普遍的应用。

（4）所在目的地组织决策的影响。由于有人管理的景点通常只是整体旅游产品的一部分，而整体旅游产品又决定着目的地的未来。因此，景点经营者必须考虑目的地其他组织的决策所带来的外部影响。一般来说，旅游者对景点产品的需求是随着整个目的地的变化而变化的。某一地区主要景点的旅游收入是随着当地国际旅游者流量的波动而增减的，这种波动显然是当地经济、政治等因素综合作用的结果，景点本身在这种市场波动中所起的作用甚微。所以，旅游目的地的所有社会组织的决策都会作用于整个社会大环境，从而必然间接影响旅游景点的经营。例如，奥运会的主办会使各主办城市在主办期间的旅游人数都有较大幅度的增长。

2. 内部因素

（1）各相关部门对旅游业的观念。旅游景区内的相关机构和企业，尤其是行政主管部门对旅游业的观念及重视程度，对旅游景区营销有着直接的影响。随着我国经济的不断发展，各地政府越来越认识到旅游业作为朝阳产业发展的重要性和巨大经济效益，纷纷加大了对旅游业的投入与宣传力度。

（2）各相关部门的协调与统一程度。旅游景区营销需要各旅游相关部门与企业加强统一与协调，达成共识，步调一致，以一个景区的整体形象参与旅游市场营销，才能发挥合力的作用，取得良好的经济与社会效益。

（3）旅游景区内各旅游企业的管理与服务水平。旅游景区内各旅游企业的管理与服务水平直接关系到景区内旅游企业的经济效益和整个景区的形象。目前，我国常见的景区主要采用以下几种管理模式：政企合一、事业单位、事业单位企业化管理、企业体制。为促进景区的快速发展，还须进一步创新景区管理模式。在旅游服务水平方面，2009年国务院发布的《关于加快发展旅游业的意见》中提出，旅游企业以旅游者满意度为基准，全面实施《旅游服务质量提升纲要》等相关要求。

三、旅游景区营销战略战术

（一）旅游景区产品策略

1. 旅游景区吸引物

旅游景区吸引物就是景区内标志性的观赏物。它是景区旅游产品中最突出、最具有特色的景观部分，是旅游景区赖以生存的依附对象，是旅游景区经营招徕游客的招牌，是景区旅游产品的主要特色显示。如果没有吸引物，旅游者就不可能来景区旅游消费，尤其是在今天旅游市场竞争日益激烈的情况下，吸引物不仅要靠自身独有的特质来吸引游客，还要有一个良好的形象塑造和宣传才能起到应有的引力效果。所谓对旅游景区吸引物的塑造，实际上就是给景区旅游产品定位，就是把景区最吸引人、最突出的特色表现出来。对这个特色进一步打造还可以形成景区的品牌，进而形成旅游市场的名牌。

2. 旅游景区活动项目

旅游景区活动项目是指结合景区特色举办的常规性或应时性供旅游者欣赏或参与的群众性盛事和游乐项目。景区活动的内容是非常丰富多彩的，如文艺表演、体育比赛、民间习俗展示等。这些活动不仅是景区旅游产品的一部分，而且还可作为促销活动的内容。旅游景区活动能使旅游者感受更有趣味性，使旅游服务的主题更加鲜明和更有吸引力。

3. 旅游景区管理与服务

旅游景区（点）管理包括两个层面：一是对员工的管理；二是对景区的管理。对前者的管理要以各项制度作为保证，正所谓“治事先治人，治人先治规”。“事”是指管理旅游景区，“治人”是指管理好旅游景区员工，“治规”是指制定各项规章制度。对后者的管理主要体现在对旅游者的服务上。旅游景区产品的表达形式尽管呈多样化，但其核心内容仍是服务。旅游景区服务可分为前台服务和后台服务，也可以分为有人值守服务和无人值守服务，还可分为基本服务和有偿添加服务等多种形式。

4. 旅游景区可进入性

旅游景区可进入性是指旅游景区交通的通达性。很多景区由于处在交通不方便的偏僻地区，使得旅游者进出景区大受限制，甚至交通成为其营销瓶颈。旅游景区的产品销售过程与有形商品销售不同，是景定人动，旅游者必须来到景区才能享受服务，旅游景区的经营要靠大量的客流，因此旅游景区可进入性十分重要。

（二）旅游景区价格策略

1. 我国景区的门票价格发展阶段

（1）无经济利益阶段（中华人民共和国成立后到改革开放前）。在此阶段，政府提供公共景区产品；景区没有创收能力，完全依靠财政支持。我国从中华人民共和国成立至改革开放前就处于这种状态：旅游业在萌芽时期，国内旅游市场尚未形成，入境旅游处于外事接待阶段。从门票价格机制来说，完全在社会圈内部调节。

（2）维护基金供求平衡阶段（20 世纪 80 年代初到 90 年代初）。改革开放后，我国的入境旅游市场先发展起来。低价策略显然不能满足创收要求，我国景区门票价格开始进入连年提升的演变过程。国内旅游者没有感受到门票价格提升，是因为这一时期门票价格的提升主要针对入境旅游市场，采用甲、乙两种票制区分国际旅游者和国内旅游者。这一时期，门票价格仍在社会调节范围内，维护基金供求差额主要由国际旅游者承担。景区具有了经济创收能力，但政府有能力保证维护基金供求平衡，不允许市场资本介入。

（3）维护基金供不应求阶段（20 世纪 90 年代初至 21 世纪初）。随着经济发展，国内旅游市场开始启动：旅游者规模扩大，对景区环境的影响日益明显；公众逐渐认识到资源的价值，保护意识增强，保护资金需求进一步增加。

虽然政府财政能力提高了，但仍不能满足资源保护基金需求，景区资金投入不得不借助市场力量，我国景区管理体制改革拉开了序幕。到 20 世纪 90 年代末期，股份制企业经营方式渗透到一些国家级风景名胜区、国家级重点文物保护单位乃至世界遗产景区的开发建设和经营管理中，国有景区开始企业化经营管理。进一步改革允许私有资本进入景区行业，随着管理体制的改革，景区将获得更多的资金，资源和设施将得到更好的维护。同时，一定比例的门票收入必然要作为市场资本投资回报。伴随着 20 世纪 90 年代中期开始的管理体制改革，门票价格一路上涨，1996 年 12 月国家计委下发了《国家计委关于游览参观点甲乙两种门票价格实行并轨的通知》，并轨后的价格以两种价格平均值为准。对国内旅游者而言，价格上涨幅度很大，但由于国内旅游者以前支付的门票价格水平低，这一时期门票价格的上涨并未遇到很大阻力。

（4）产品供给相对不足阶段（2000 年至今）。管理体制改革引发的门票价格上涨余波未平，景区产品供给相对不足又为门票价格上涨注入新动力。1999 年国庆节开始实行春节、“五一”和“十一”长假期制度，国内旅游出现了前所未有的热潮——2000 年 7.44 亿人次，2001 年 7.84 亿人次，2004 年达 11.02 亿人次。景区市场出现产品供给“相对不足”现象。这里的“相对”包含两层意思：一是相对淡季而言，旅游旺季尤其黄金周期间，景区产品供给不足；二是相对中低级别景区而言，中高级别景区产品供给不足。景区企业在“卖方市场”中定价，门票驾驭经验日趋丰富，由于旅游者对产品质量要求的提高迫使景区不断改善设施，价格受到供给方强大的提升压力。

2. 景区定价策略

定价策略是景区制定价格的指导思想和行动方针。旅行社应根据不同的生命周期和市场环境，采取适当的定价策略，以实现其产品定价目标，具体可以分为新产品定价策略和折扣定价策略。

（三）旅游景区营销渠道策略

1. 直接销售渠道策略

直接销售又称直销，是指景区不通过中介机构，直接面向终端消费者销售自己的产品和服务的销售形式。其执行主体可以是景区的营销中心或市场营销部，也可以是景区控股或参股，但具有独立法人资格的旅游公司。景区直接销售的方式主要有上门推销、邮寄促销、电话销售、网上销售、会议推广以及设立驻外办事处等。

2. 间接销售渠道策略

间接销售又称分销，是指景区通过某种契约形式，将销售任务委托给旅游经销商、代理商以及其他专业机构去完成的销售形式。在委托销售的同时，景区也会相应作出承诺，让渡部分销售权限给代理机构，如时间地点的选择和门票价格确定，其执行主体是旅游分销渠道内的个体经销商、代理商和专业机构。

通常，分销这种营销模式可以充分利用分销渠道的网络化、系统化、规模化、专业化等多种特性，面向大众旅游市场迅速及时地提供多样的旅游产品和服务。从提高营销工作效率和专业化服务水准出发，景区以分销为主是比较适宜的。事实上，国内多数景区目前采用的都是这种形式。

3. 直接销售渠道和间接销售渠道并存策略

直销和分销同时并存的销售体制，对景区营销工作的开展较为不利。国内有些中小型景区，在其组织内部常会既有一个营销中心负责分销，又有一个旅游公司负责直销，其中营销中心隶属于景区，旅游公司具有独立法人资格。这种运营体制很容易导致景区门票管理体系的混乱，引发景区和旅游分销商之间的利益冲突。

（四）旅游景区促销策略

1. 作好市场调研，有的放矢

调查研究工作是旅游市场促销的基础性工作，它对正确制定促销战略影响极大。除了要对景区现有的旅游者进行全面调研外，更要对潜在的旅游者作调研。通过分析确定主要客源市场，对那些未到过景区的潜在旅游者，了解他们对景区的印象和看法，想来的原因和不想来的障碍，通过什么渠道了解景区，影响作出选择的因素有哪些，旅行的方式、购买行为是什么，等等，以便有针对性地制定市场开发战略。

在市场调研的基础上，对客源市场进一步细化、分析，选准目标市场。细分市场可按旅游者的消费水平、旅游目的、年龄、性别等进行细分。随着新婚蜜月旅游、修学旅游、自驾车旅游、体育旅游与生态旅游等专项旅游的迅速崛起，景区可以通过分析细分市场，找出每个市场的特点、需求和满足的方式，有助于景区组织生产专项旅游产品，从而丰富景区的旅游产品内容，增强景区旅游产品的吸引力和竞争力。

2. 大力开拓销售渠道

对销售渠道的选择，是促销战略的一个重要环节。旅游景区应多种渠道并用，特别是要加强与旅游分销商的联系，广招客源；加大宣传促销力度，使景区产品为市场所接受认可；充分运用互联网实现预定业务，打造适合景区营销发展的销售渠道。

3. 强化联合促销，纵深发展

近年来，旅游消费者求新求异的心理日渐突出，单一景区产品难以适合所有旅游者的需要，并且对提高产品抗风险能力和扩大市场占有率有一定的不利之处。特别是现代旅游市场竞争激烈，旅游景区要在国内、国际旅游市场上站住脚，必须要具有雄厚的实力。因此，为了在国内、国际旅游市场上占领重要位置，做大区域整体旅游已成为现代旅游业发展的趋势。区域联合促销可以帮助景区实现可持续发展。

4. 重视散客促销，批零兼顾

随着经济水平的提高和人们购买力的增强，人们对经济支出的心理承受能力提高，对价格的关注程度下降，这使得散客旅游形式将以其独特的优点吸引着越来越多的旅游者，散客旅游市场的规模将不断扩大。因此，要加大对散客旅游市场的促销力度，做到在确保团队旅游市场稳步增长的同时，努力扩大散客旅游市场。在产品结构上可以采取零星委托式、自选式、组合式、定制式等多种模式，由散客按其所需自由选择；要不断完善营销网络，通过 DMS、旅游咨询中心、散客集散中心、旅行社各网点致力于向潜在散客推荐景点及项目；要及时追踪散客市场动态，做好信息反馈工作，给予散客高质量、多样化、个性化的服务。

第三节 旅游饭店营销

一、旅游饭店营销概述

旅游饭店营销是指通过研究饭店市场供求的变化，以满足消费者的需求为中心，提供能够使消费者满意的产品，从而使饭店实现最大社会效益、经济效益的经营管理活动。旅游饭店营销主要包括以下几个方面的含义：

（一）旅游饭店营销是以消费者需求为导向的经营活动

现代营销观念强调，满足消费者的需求是企业的基本任务，也是企业获得经济利益的根本途径。因此，饭店应把创造利润的过程建立在满足消费者的需求之上。饭店在经营过程中，其市场需求也在不停地发生变化，因此，饭店必须采取不同的营销手段，以适应消费者新的需求。现代营销观念要求饭店经营者应该更重视饭店消费者的潜在需求，并不断开拓消费者的潜在需求，引导和提高消费者的消费欲望和消费能力。同时，旅游饭店应对潜在的市场进行预测，确立自己的目标市场，从而有目的地对产品进行调整和创新，最大限度地满足消费者的需求。

（二）实现旅游饭店营销目标

旅游饭店营销观念强调在使消费者满意的前提下实现饭店营销目标。饭店利润增长、市场占有率提高、销售量增加等可以作为营销目标，但是饭店必须通过消费者的满意来实现这些营销目标。饭店既要重视消费者需求的满足，又要强调自己营销目标的实现，两者不可分割开来。

（三）旅游饭店市场营销贯穿经营活动的全过程

旅游饭店营销涉及企业所有部门全体员工的工作，不仅包括销售、预订部门，还包括前厅、客房、餐饮、工程、培训部门等。每个部门的工作疏忽都将不同程度地影响到饭店产品的质量，饭店的每位从业人员，包括前台接待员、餐厅引座员、客房服务员、电话接线员、宴会预订员及后台工作的成员，都会直接或间接地对饭店产品的质量产生影响。因此，企业要使员工们知道他们每个人的工作都关系到饭店的形象和信誉。有形的设备、空间可以用金钱购买或改建以适应客人的要求，然而无形的服务与心理感受，只能通过服务人员的待客技巧和服务意愿，经过科学的管理加精心的培训来实现。显而易见，饭店研究市场营销，就是要解决企业如何有目标、有计划地调动整个企业的营销活力，创造有利的气氛和环境以刺激、适应和满足客人的消费需求，从而实现企业的营销目标。

二、旅游饭店营销的特点

（一）旅游饭店产品的无形性

旅游饭店产品的无形性表现在饭店服务产品的人性化色彩所带来的个人主观性。客人无论是否与服务人员实际接触，都能感受到他们为自己所付出的劳动，这使得服务产品的质量难以用类似于有形产品的统一客观标准来衡量，给营销工作带来一定的难度和挑战。

（二）旅游饭店经营的波动性

饭店的客房、餐饮等产品具有一定的固定性，因此在供给方式上呈现出一定的刚性特征。但是同时，旅游业也受季节变化、节假日变化等不稳定的需求特征的影响，人们对饭店产品的需求也呈现出各种不同的需求模式，这就导致了饭店业在经营中呈现出明显的波动性。旅游饭店营销的一个主要任务就是了解掌握本饭店的需求周期，有针对性地对特定的目标市场施加影响，减少旅游淡季饭店产品的闲置和浪费。

（三）旅游饭店业务的综合性

综合性主要体现在两个方面：其一，旅游饭店是集住宿、饮食、购物、休闲、会议等多种功能为一体的综合性企业组织形式。客人到饭店进行消费，除了食、宿等基本的生活需要外，还包括购物、娱乐、商务、会议等更高层次的需求。随着人们消费的多样化和饭店功能的多样化，旅游饭店可以针对自己的目标市场和形象定位，在营销组合中充分展现本饭店功能的独到之处，因此旅游饭店营销具有一定的复杂性和综合性。其二，现代饭店的营销活动不仅仅是营销部门的工作，而是与饭店各部门的工作都密切相关，需要全体员工的参与。因为如果任何一位员工使客人不满意，都会影响到旅游饭店营销工作的质量。

（四）旅游饭店营销技术的高端化

随着人们生活速度和工作效率的不断加快，饭店业不断采用高新科技的成果，以最快、最有效的方式做好对客人的服务工作。在旅游饭店营销中，网络也起到相当大的作用。通过网络的应用，饭店参与销售和营销的人员将会减少。饭店通过网络营销和数据库管理技术，针对消费者需求的差异，能够为每个消费者提供个性化的产品或服务。

三、旅游饭店营销战略战术

客房和餐饮是饭店的主体产品，其销售收入往往占据了饭店总销售额的绝大部分，饭店针对客房和餐饮的市场营销活动的效果将直接影响到饭店的最终经济效益。因此，旅游饭店营销的策略措施主要围绕这两点来展开。

（一）旅游饭店客房营销策略

从我国现有的饭店设施结构状况来看：在大型饭店中，客房的建筑面积一般占总建筑面积的70%；在中低档饭店，这一数据甚至高达80%～90%。由于旅游设施不完善，综合服务项目相对较少，我国旅游饭店的客房销售额在饭店总收入中所占比例高于世界平均水平，达到60%以上。

通过出租客房可以相应地带来其他服务项目的收入，出租率越高，饭店其他各项设施得到利用的可能性就越大，饭店的总营业额才会相应增大。可见，搞好旅游饭店的客房营销，增加客房出租率，应该成为饭店经营运作的第一要务。饭店的客房营销工作主要可分为团体客房营销和散客客房营销两种，针对不同的消费者种类，需要采取差异化的营销技巧和手段。

1. 团体客房营销

由于团体容易带来显著的规模效益，饭店一般会对其订房给予一定的优惠和减价。团体客房营销的对象很多，如各种展览会、招待会、交易会、新闻发布会，各种协会、学会、机关团体的大小会议，各种运动团队、代表团队、演出团队，由旅行社组织的各种旅游团队等。下面就旅游团队客房营销进行重点介绍。

旅游团体客房营销有其特殊性。由于接待旅游团队一般是一种薄利经营，故应根据饭店的总体定位，从饭店客源的历史总结出客源流动规律，考虑是否有必要招徕某类旅游团队。如果饭店的散客经营经常能使饭店的客房出租率保持在较高的水平，就没有必要招徕旅游团队。

旅游团队的代理商主要是旅行社，因而要做好旅游团体客房销售业务，则必须做好对旅行社的推销工作。

（1）广泛搜集客户信息。营销人员要设法获取竞争者饭店曾有哪些旅行社的单位送过团队信息，还要广泛搜集国内外向本地输送客源的旅行社的旅游线路介绍，分析了解在什么时候有哪些团队在本地停留，列出有潜力的旅行社客户名单。

（2）充分掌握营销时机。饭店对旅行社的推销应适时地赶在旅行社对潜在旅游者的推销之前进行，与旅行社协商有关客房的价格、条件以及其他细节问题。

（3）采取多种营销方式。饭店对广大旅行社可以采用广告的形式，而对有潜力的重点旅行社客户可以采用信件推销，向他们邮寄饭店的简介和推销品，经常性地向其提供新增设施和服务以及最近将要组织的各种活动的信息。

（4）提供优质旅游团体服务。饭店要认真地接待旅游团体，不能把团体客人当成低档客人。旅游团体到达时，团体营销人员要亲自迎接，询问有无特殊要求；在团体客人住宿期间给负责人打电话，了解他们的旅游线路，帮助其解决旅行中的一些问题，并且要求所有饭店工作人员亲切友好地接待旅游团体。

2. 散客客房营销

由于散客的随机性和决策自由度相对较大，饭店的散客客房销售要采取一系列方法和手段来吸引消费者、说服消费者。饭店预订人员和销售人员要熟悉饭店的一切服务项目和有形设施；熟记总台工作术语以提高工作效率及预订工作的准确性；掌握由高到低报价和区间报价的技巧等。

饭店除了应该重视团体营销外，还应该对全体员工加以培训，增强对散客的推销，以尽量提高客房出租率。

（二）旅游饭店餐饮营销策略

饭店餐饮部门的销售额是饭店收入的重要组成部分。相对于客房销售收入而言，餐饮收入更具有波动性。餐饮营销不仅能够增加餐饮部门的销售额，还能起到推销客房和其他设施服务的作用，同时也可形成饭店经济效益和社会效益的“双赢”。旅游饭店餐饮营销策略涉及市场供给和市场需求两个方面，体现在餐饮业务经营活动的全过程之中。

1. 餐饮产品营销策略

餐饮产品营销策略是餐饮管理市场营销的基础，是市场供给的本质表现。餐饮产品营销策略除产品本身以外，还应包括提供产品的环境和条件。

（1）根据市场需求和企业技术力量，选好经营风味，安排花色品种，形成产品组合，并随时根据消费者的需求变化作出必要的调整。

（2）保证食品原材料供应，做好生产过程的组织工作，确保产品色、香、味、形并重，坚持以产品特色取胜。

（3）加强厨房和餐厅的联系，提供优良的就餐环境，扩大产品销售。

（4）根据市场需求变化和企业设施条件，采取灵活多样的销售方式。

2. 餐饮价格销售策略

价格是连接市场供给和市场需求的纽带和桥梁，是影响餐饮市场营销的重要条件。在餐饮营销活动中，价格属于运动参数，它的变化既影响供给，又影响需求。餐饮价格销售策略的运用重点要区别不同的情况，根据供求关系的变化，采用不同的策略。

（1）差别价格策略。根据不同风味、不同档次产品的供求关系，分别采用不同毛利率标准，形成价格差别，以适应不同消费者的需要。

（2）最优利润策略。在市场竞争条件下，分析边际收入和边际成本的变化，以边际收入和边际成本相等时的价格作为定价或调价的标准，使餐饮产品利润达到最大化。

（3）市场占领策略。以餐饮风味和产品占领新的市场或扩大市场占有率为目标，努力降低成本，使自己的产品在周围同类产品中以最优惠的价格吸引消费者，冲击竞争者。

（4）撇油价格策略。如果估计自己的产品投入市场会受到就餐客人的广泛欢迎，就趁价格弹性较小时制定高价，创造出自己产品的名贵形象，获得丰厚利润。这样当市场需求下降时，也有较大的降价余地。

（5）折扣价格策略。将餐饮产品价格和市场推销结合起来，对老主顾、老客户、老关系采用交易折扣、数量折扣、同行业折扣、现金折扣等手段，以稳定和扩大市场销售份额。同时，根据季节变化，采用季节折扣，调节供求关系。

3. 餐饮促销策略

餐饮促销策略是餐饮产品从经营者手中转化为就餐客人实际消费的重要条件。如果没有促销措施，只是坐店等客，就无法适应市场竞争的客观要求。

（1）根据企业营销计划，将餐饮销售目标落实到有关部门和人员，使他们明确自己的责任和任务。

（2）根据市场竞争需要，采取灵活多样的推销措施。

（3）控制销售成本，降低费用消耗，主要是交际费用、广告费用和公关费用等。

4. 餐饮营销渠道策略

营销渠道是指在市场营销中主要通过哪些方式、哪些途径向哪些类型的客人推销，它和促销策略是同一个问题的两个方面，也是影响餐饮营销的重要条件。

（1）选好主要目标市场，除饭店宾馆餐饮管理以店客为主外，其他目标市场可以根据企业自身条件，分别选择旅游客人、商业客人、公司团体和零散客人等。

（2）选择主要客房，包括旅行社、外交机构、当地社团、企事业单位等住宿的客房。

（3）针对不同客户，运用不同推销策略，加强同客户的联系，争取他们前来用餐，并成为回头客。

第四节 旅行社营销

一、旅行社营销概述

旅行社市场营销是指旅行社在充分了解旅游者需求的基础上所进行的其他产品、服务和经营理念的构想、预测、开发、定价、促销、分销及售后服务的计划和执行过程。

旅行社所销售的旅游产品包含有形产品和无形服务两个方面。旅行社的市场营销实际上就是买卖双方（旅行社和旅游消费者）通过货币对有形产品和无形服务的交换过程。旅行社营销管理者必须收集、分析产品售前、售中和售后的信息，根据相关信息采取有效措施，平衡在商品交换过程中出现的供求双方的矛盾，使买卖双方在交换中各自追寻的利益趋于平衡，并根据旅游消费者的潜在需求和其他竞争者的经营决策来确定本企业的营销活动，提升旅行社的经营效果。

二、旅行社的市场细分与市场定位

（一）旅行社的市场细分

1. 旅行社市场细分的含义

旅行社市场细分就是指旅行社将市场上的旅游者或潜在旅游者，依据其需求特点、购买行为和消费习惯等特征进行分类，把整体旅游市场细分成两个或两个以上具有类似需求和欲望的消费者群体，分属于同一群体的消费者称为细分市场。旅行社市场细分是一个由分散到集中的过程。市场细分不是由人的主观意志所决定的，而是基于客观存在的需求差异，由旅游需求的多元化以及商品经济内在矛盾的发展引起的。人们的需求存在差异性和类似性，这就决定了组成市场的各个部分既可以按类似性进行聚合，又可以按差异性进行细分。

2. 旅行社市场细分的作用

细分市场不是根据产品品种、产品系列来进行的，而是从消费者（指最终消费者和工业生产者）的角度进行划分的，即根据消费者的需求、动机、购买行为的多元性和差异性来划分。市场细分对旅行社的生产、营销起着极其重要的作用。旅行社市场细分的作用主要表现如下：

（1）有助于旅行社确定经营总方针。旅行社经营总方针是旅行社经营战略与策略决策的集中体现，概括了旅行社当前与未来经营行为的基本特征。旅行社经营总方针的核心问题是向哪些旅游者提供什么样的产品，即旅行社的服务方向及服务重点是什么。旅行社服务方向与服务重点的确定是借助市场细分来实现的，只有通过科学的市场细分，旅行社才能从众多的细分市场中选择适合本企业的服务对象和经营方向，才能根据细分市场的基本情况确定旅行社的经营总方针。

（2）有利于旅行社寻找最佳的市场机会。通过市场细分，旅行社可以对每一个细分市场的购买潜力、满足程度、竞争情况等进行分析对比，探索出有利于本旅行社的市场机会，使旅行社及时作出投产、移地销售决策或根据自身的生产技术条件编制新产品开拓计划，进行必要的产品技术储备，掌握产品更新换代的主动权，开拓新市场，以更好地适应市场需要。

（3）有利于旅行社制定市场竞争策略。旅游市场营销战略包括选定目标市场和决定适当的营销组合两个基本观念。在实际应用上，主要有两种途径：

1）从市场细分到营销组合，即先将一个异质市场细分为若干个子市场，然后从若干个子市场中选定目标市场，采取与旅行社内部条件和外部环境相适应的目标市场策略，并针对目标市场设计有效的市场营销组合。

2）从营销组合到市场细分，即在已建立了营销组合后，对产品组合、分销、促销及价格等作出多种安排，将产品投入市场试销；再依据市场反馈的信息，研究消费者对不同营销组合的反应有何差异，进行市场细分，选定目标市场；最后按照目标市场的需求特点，调整营销组合。

3. 旅行社市场细分的标准

旅行社市场细分的标准可以概括为地理因素、人口统计因素、心理因素和行为因素四个方面，每个方面又包括一系列的细分变量。

（1）地理标准。按地理因素细分，就是按消费者所在的地理位置、地理环境等变数来细分市场。因为处在不同地理环境下的消费者，对于同一类产品往往会有不同的需要与偏好。因此，旅行社对市场进行地理细分是非常必要的。

1）地理位置。可以按照行政区域或客源国、旅游目的地进行细分，如在我国，可以划分为东北、华北、西北、西南、华东和华南几个地区；也可以按照地理区域进行细分，如划分为省、自治区，市、县等，或内地、沿海、城市、农村等。不同地区的消费者，需求显然存在较大差异。

2）地形和气候。细分市场按地形可划分为平原、丘陵、山区、沙漠地带等；按气候可分为热带、亚热带、温带、寒带等。防暑降温、御寒保暖之类的消费品就可按不同的气候带来划分。

（2）人口标准。按人口统计因素细分，就是按年龄、性别、职业、收入、家庭人口、家庭生命周期、民族、宗教、国籍等变数，将市场划分为不同的群体。由于人口变数比其他变数更容易测量，且适用范围比较广，因而一直是细分消费者市场的重要依据。

1）年龄。不同年龄段的消费者，由于生理、性格、爱好、经济状况的不同，对消费品的需求往往存在很大的差异。因此，可按年龄将市场划分为许多各具特色的消费者群，如老年旅游市场、中年旅游市场、青年旅游市场、儿童旅游市场等。

2）性别。按性别可将市场划分为男性市场和女性市场。在购买行为、购买动机等方面，男女之间的差异很大。家庭休息时间一般由男性决定，而家庭旅游决策和目的地的选择通常由女性决定。近年来，随着女性社会地位的提高、收入的增加，外出旅游的人数也在不断增加，女性渐渐成为旅游市场的重要客源目标。

3）社会阶层和教育状况。人的社会地位往往是由职业和受教育水平所决定的。旅游是较高层次的精神消费活动，参与旅游活动客观上要求消费者具有一定的社会地位、经济收入和文化水平。收入高的消费者一般喜欢到大百货公司或品牌专卖店购物；收入低的消费者则不太会参加旅游活动，即便是参加旅游，其旅游方式很可能是一成不变的，他们一般喜欢到比较熟悉的、安全的地方去旅行。

（3）心理标准。按心理因素细分，就是将消费者按其个性特征、生活方式和购买动机等变数细分成不同的群体。生活方式是人们对工作、消费、娱乐的特定习惯和模式，不同的生活方式会产生不同的需求偏好，如“传统型”“新潮型”“节俭型”“奢侈型”等。这种细分方法能显示出不同群体对同种商品在心理需求方面的差异性。旅游动机也是一个重要的心理细分依据。美国人麦金托什（Mclntosh）把人的基本旅游动机分为四类：身体健康的需要、文化方面的需要、交际方面的需要、地位和声誉的需要。世界旅游组织的专家指出，21世纪人们的旅游动机可以归纳为：重新寻根、欣赏自然与文化、特殊兴趣旅游及缓解现代社会的压力。

（4）行为标准。按行为因素细分，就是按照消费者的购买行为，如购买时间、购买数量和购买频率、对品牌的忠诚度等变数来细分市场。

1）购买时间。它是指根据旅游者出游的时间、购买旅游产品的渠道及旅游方式来划分旅游市场。由于旅游活动的时间性、季节性非常突出，按购买时间可以划分为旺季、淡季及平季，还可以分为寒暑假市场以及节假日市场（春节、元旦、国庆、双休日等）。因此，旅行社可以根据消费者产生需要、购买或使用产品的时间进行市场细分。如航空公司在寒暑假期间大做广告，实行优惠票价，以吸引师生乘坐飞机外出旅游。

2）购买数量和购买频率。据此可分为经常旅游者、多次旅游者和较少旅游者。经常旅游者人数不一定多，但消费量大，许多旅游企业以此为目标；反其道而行之也可以取得成功。

3）购买习惯（对品牌的忠诚度）。据此可将消费者划分为坚定品牌忠诚者、多品牌忠诚者、转移的忠诚者、无品牌忠诚者等。例如，有的消费者忠诚于某些服务，如某航空公司、某酒店或饭店等。为此，旅游企业必须辨别其忠诚消费者及特征，以便更好地满足他们的需求，必要时给忠诚消费者以某种形式的回报或鼓励。

（二）旅行社的市场定位

1. 旅行社市场定位的含义

旅行社的市场定位是指旅行社确定的经营因素与竞争者所对应的经营因素相比较的差异，以及由此而形成的目标市场消费群体对本旅行社价值的评价和认识。具体来讲，市场定位是旅行社针对竞争者现有产品在目标市场上的经营状况，根据目标市场需求群体对竞争者产品特征或属性的重视程度，来树立本企业产品的特色与形象，并把这种特色与形象传递给目标市场群体，从而使本企业在目标市场上确立一定的市场位置。旅行社市场定位的主要目的是通过一定的产品形象或市场形象的建立，与目标市场上的竞争者加以区别，从而创造更多的市场机会、占据更高的市场份额。

一般来讲，旅行社的市场定位可以从以下五个方面进行：①根据产品为旅游者带来的利益、价值来进行市场定位；②根据产品的性质、特点及功能来进行市场定位；③根据产品的质量和经济等级来进行市场定位；④根据竞争者的经营要素来进行市场定位；⑤根据旅游者的需求特点来进行市场定位。

2. 旅行社市场定位的步骤

旅行社市场定位，实质上是将本企业置于某一选定的细分市场之中。因此，旅行社在进行市场定位时，必须研究旅行社的竞争潜力、竞争者的市场位置及其所表现出来的特征，同时确定自己的市场地位，并有效地向目标市场表明本企业市场定位的观念。旅行社在进行市场定位时，主要应遵循以下三个步骤：

（1）收集有关信息。旅行社的市场定位是建立在对相关信息和资料分析研究的基础之上的，因此，信息收集是旅行社进行市场定位的重要环节。应收集目标市场旅游者群体的需求特点，旅游产品的哪些特性对目标市场最为重要，哪些产品特色最能引起旅游者的兴趣，目标市场上的哪些需求没有得到充分满足等有关信息。

（2）分析并确定竞争者的市场位置。旅行社在全面掌握了主要竞争者的各种有关信息后，要运用市场细分的因素对竞争者的产品加以描述，从而正确地确定竞争者在特定目标市场上的位置。一般来说，在确定竞争者的市场位置时，要综合考虑各种细分因素及细分标准，全面评估竞争者的市场定位。

（3）确定本旅行社的市场位置。旅行社在确定了竞争者的市场位置后，可以进一步按这些细分因素与标准全面分析目标市场中还有哪些需求没有得到充分满足，以及目前哪些产品要素在市场上还存在空白点，然后再确定本旅行社的市场位置。

由于旅行社是通过市场定位区别于竞争者并形成自己的市场形象的，因此，市场定位所选择的定位要素必须充分符合目标市场群体的利益与需求特点，必须是目标市场旅游者群体十分重视和关注的要素。只有这样，市场定位才能取得较好的效果。旅行社在确定市场定位时，通常有以下三种策略：

（1）靠近竞争者的市场定位。旅行社采取这种策略的重要目的，是争夺竞争者的旅游需求者，以便扩大本旅行社的市场占有率。一般来说，旅行社采取这种市场定位策略的条件是本企业竞争者目标市场存在弱处，或者竞争者所处的市场位置具有足够的市场客源以及客源增量。旅行社采取这种市场定位策略的好处是可以降低进入目标市场的成本，减少与市场开发相关的各项费用支出；其不足之处是旅行社难以成为市场主导型的企业。

（2）避开竞争者的市场定位。这种市场定位是旅行社通过选择市场“空白点”的方法进行的。旅行社通过增加产品特色，使自己区别于竞争者，避开市场竞争形成的经营压力，通过吸引目标市场的注意力，来达到占有目标市场的目的。旅行社采取这种市场定位策略所具备的条件是目标市场具有相当数量的旅游需求没有得到充分满足，也就是说，目标市场具有可充分利用的市场“空白点”，并且旅行社具有一定的产品优势以及应对潜在竞争者进入目标市场的措施。旅行社采取这种市场定位策略的不利因素是旅行社进入目标市场的成本增加，同时一旦定位不当，会给旅行社的经营带来风险；有利的一面是一旦市场定位成功，旅行社便可以成为市场主导型的企业。

（3）部分避开竞争者的市场定位。这种市场定位策略是介于靠近与避开竞争者的市场定位两者之间的一种市场定位策略。旅行社采取这种市场定位策略，需要选择能充分引起目标市场的注意且能与竞争者形成明显差异的定位要素。

三、旅行社营销战略战术

旅行社在找准目标市场后，如何经营好这些目标市场，是旅行社营销人员需要考虑的一个重要问题。根据旅游市场营销组合可知，旅行社市场营销是营销渠道的选择、产品价格的确定、产品经营决策以及促销方式的抉择。

（一）旅行社旅游产品的营销渠道策略

旅行社旅游产品的营销渠道是指旅游产品的生产者将产品提供给最终消费者的途径，也称为销售分配系统。其中，生产者是指航空、饮食、租车、娱乐、度假地等各部门，而最终消费者则是指个体或团体旅游者。

旅行社旅游产品的营销渠道分为两大类：直接营销渠道和间接营销渠道。

（1）直接营销渠道。直接营销渠道就是由旅游产品的供给者直接面对购买者，两者之间不存在任何中介环节即达成旅游产品的流通与消费。相对应的间接营销渠道则在两者之间存在不同数量的中介环节。

（2）间接营销渠道。间接营销渠道就是供给者通过旅游中介环节，包括旅游经销商、批发商、代理商以及专业媒介者等将旅游产品提供给消费者。

目前，我国在国际入境旅游业务中广泛采用间接营销渠道，主要原因在于：首先，国际市场是一个地域范围十分广大的市场，任何企业都不可能在所有目标市场或潜在市场设立机构，同时也不是所有国家和地区都允许外资旅行社直接进入该国开展旅游业务，真正意义上的全球经济一体化尚未实现。其次，我国旅游业起步较晚，在与国外旅行社同时竞争国际客源时，采用直接营销渠道成本高，效果也不明显。我国旅游业发展的现状决定了目前采取间接营销渠道。最后，旅游中间商具有自身的优势，同时迎合了旅游者的需求心理。一般来说，旅游中间商都是旅游专业人才，他们通过自己的专业性，拥有自己的目标市场，能仔细研究国际旅游者的消费心理和需求特点，并可以有针对性地组合产品。旅行社利用旅游中间商可以在社会文化和消费习惯等方面满足国际旅游者的需求。旅行社产品的营销渠道策略主要有以下三种：

1. 广泛性营销渠道策略

广泛性营销渠道策略是指通过批发商把产品广泛分配到各个零售商以便及时满足旅游者需求的一种渠道策略。其优点在于：采用间接销售方式，选择较多的批发商和零售商推销产品，方便旅游者购买。其缺点在于：广泛推销所花费的成本较高，对旅行社自身的接待能力和产品供应能力有较高的要求。

2. 选择性营销渠道策略

选择性营销渠道策略是指旅行社所选择的中间商是在一定市场中有条件、有目的地选择渠道的策略。其优点在于：通过集中整合销售中间商的数量，起到降低成本的作用。其缺点在于：由于推销中间商的范围相对于广泛性营销渠道策略要小，因而又可能影响相关市场的产品销售。

3. 专营性营销渠道策略

专营性营销渠道策略是指在一定时期、一定地区内只选择一家中间商的渠道策略。其优点在于：除了可以进一步降低销售成本外，更主要在于可以提高中间商的积极性和推销效率，利用二者利害关系的紧密性，更好地相互支持与合作。其缺点在于：如果中间商经营失误，则有可能失去部分市场乃至整个目标市场。

（二）旅行社产品营销策略

旅行社营销的产品应该是适应旅游市场需求的产品。因此，无论旅游产品的设计、产品包装、商标及新产品开发等方面，都必须符合特定国家和地区的社会文化以及消费者的购买偏好。与此相适应，旅行社产品营销策略主要有以下几种：

1. 产品延伸策略

产品延伸策略是一种对现有产品不加任何变动，直接延伸到市场的策略。这一策略的核心是在原有生产基础上的规模扩张，即在产品功能和外形的设计以及包装广告上都保持原有产品的面貌，不作任何改动，不增加任何产品研制和开发费用，只是将现有产品原封不动地打入更为广阔的市场。在市场空间巨大、市场需求同质性的情况下，旅行社在旅游市场营销中往往采用产品延伸策略。产品延伸策略的优点是：可以获得规模效益，把生产成本和营销费用保持在最低水平；可以壮大企业声势，在旅游市场上以同样产品、同样包装、同样广告形成巨大的宣传综合效应。其缺点是：对旅游市场的适应性差，很多产品的需求或多或少总会有所区别。

2. 产品适应策略

产品适应策略是对一种现有产品进行适当变动，以适应旅游市场不同需求的策略。这一策略的核心是对原有产品进行适应性更改或部分更改，即一方面保留原产品合理的部分，另一方面对某些部分作适当更改，以适应不同客户的具体需要。通常产品更改包括功能更改、外观更改、包装更改、品牌更改等。在消费者需求不同、购买力不同、技术不同的情况下，旅行社在旅游市场营销中往往采用产品适应策略。产品适应策略的优点是：增强产品对旅游市场的适应性，有利于扩大销售，增加企业的收益。其缺点是：增加更改费用，提高产品成本。

3. 产品发明策略

产品发明策略是一种全面开发设计新产品，以适应特定旅游目标市场的策略。产品发明策略的核心是产品的全面创新，即在产品功能、外观、包装、品牌上都针对目标市场进行新产品的开发。在市场具有独特的巨大需求、旅行社实力规模比较强大的情况下，可采用产品发明策略。

（三）旅行社市场促销策略

旅行社市场促销是指旅行社以人员推销和非人员推销的方式，向目标消费者传递信息，并与之进行信息沟通，以影响目标消费者的行为、促进旅行社产品的销售及使消费者对旅行社产品产生好感和信任的营销活动。旅行社市场促销的实质就是与目标消费者进行有效的信息沟通。旅行社的促销沟通组合由人员促销、媒体广告、营销公关、销售推广、现场转播等促销技巧组成。

旅行社市场促销策略就是在考虑旅行社的特定促销目标和特定预算下，如何灵活运用促销技巧来与目标消费者进行信息沟通。

1. 人员促销

在旅游市场上，人员促销因选择性强、灵活性高、能传递复杂信息、有效激发购买欲望、及时反馈信息等优点而成为旅行社营销中不可或缺的一种促销手段。然而，旅行社市场营销中使用人员推销往往面临费用高、培训难等问题，因此在使用这一手段时须招聘有潜力的优秀人才，进行严格培训并加以有效的激励。

2. 媒体广告

广告是一种高效的促销工具，是一门带有浓郁商业性的综合艺术，可以将一个明确的信息传达给更多的人。如何选择适用于旅行社目标市场的媒体广告，通常应取决于成本因素、能否恰当表现产品特征以及媒体能否与该产品的定位相吻合三个标准。

3. 营销公关

公关的目的是与所有的企业、公关建立良好的关系，而营销公关的一切活动都是以具体的产品品牌为中心进行的，如借助媒介传播产品信息、以品牌形式赞助公益活动等。

营销公关是一门“内求团结，外求发展”的经营管理艺术，是一项与企业生存发展密切相关的营销方式。其功能主要表现在：协助旅行社开发新产品；建立与消费者的良好关系；协助旅行社或产品重新定位；创造有利于旅行社营销的外部环境；支持其他沟通促销活动；解决问题和麻烦；直接促进产品销售。

（1）旅行社营销公关促销方法。旅行社营销公关促销方法有很多，根据营销公关活动内容的不同，可以分为新闻、演讲、出版物、展览会、倡办慈善事业和社会效用活动、提供各种服务等。

（2）旅行社营销公关决策。其主要包括以下内容：

1）公共关系调查。它是营销公关的一项重要内容，是旅行社营销公关的组成部分之一。通过公共关系调查，能了解和掌握社会公众对旅行社的意见，进而确定旅行社或产品的促销目标。

2）选择公关信息。选择公关信息是指根据旅行社的公关促销目标选择适当的信息。

3）营销公关效果评价。营销公关的促销效果可以根据既定的促销目标设计相应的评价指标来检测。例如，评价目标可以为通过公关促销引起旅游者对本旅行社或产品知名度认识的改变程度。

4. 销售推广

销售推广是近年来发展较为迅速的一种促销方式。旅行社销售推广活动包括熟悉业务旅行、旅游博览会、交易折扣、联合广告销售竞赛与奖励和提供宣传品等众多不同的方式。中间商考察旅行是目前国际上常用的一种旅游推销手段，通常的做法是组织中间商到旅游目的地进行考察，向他们介绍旅游路线和活动，特别是介绍旅行社产品，使他们通过实地考察，了解旅行社的产品和旅游目的地的情况，产生来本地旅游的愿望。旅行社在组织中间商考察旅行时，需注意以下几点：

（1）正确选择中间商。首先，中间商的目标市场应与旅行社的目标市场相一致，还要考虑中间商的经营实力，只有实力较强的中间商才能为旅行社带来较多的客源。其次，要考虑中间商的商业信誉。中间商应当有良好的信誉和较高的声誉，讲究信誉是旅行社利益不受侵害的保证。最后，考虑合作意向。旅行社应当通过多种不同的渠道了解中间商是否有诚意与旅行社合作。有些中间商为多家同类旅行社代理旅游业务，则其合作意向就更为重要，否则无法保证其积极推销本旅行社的产品。

（2）考察规模适中。一般考察规模以 20 ~ 30 人为宜，以便于旅行社组织接待，达到主客双方都满意的效果。

（3）制订合理可行的旅游计划。旅行社应拟订周密的旅游计划，并逐项落实，确保旅行的顺利进行。需要提出注意的是，考察团在考察过程中参与和经历的活动，尤其是交通、住宿、膳食、参观游览和文娱活动等，应与将来中间商组团后成行的旅游者的活动相一致，否则便可能带来严重的后果。

（4）旅行社推销人员要善于创造融洽的气氛。利用各种机会与中间商建立起良好的私人关系，将有利于合作双方关系的建立和发展。

【关键概念】

旅游目的地营销；旅游景区营销；旅游饭店营销；旅行社营销

【复习与思考】

1. 简述旅游目的地营销的概念。
2. 简述旅游目的地营销的意义。
3. 简述旅游景区营销的特点和影响因素。
4. 阐述旅游饭店营销战略战术。
5. 简述旅行社的市场细分与市场定位。

【项目实训】

墨西哥旅游营销模式

墨西哥是一个国际旅游非常发达的国家，在发展中国家里名列前茅。2000 年墨西哥接待国际旅游者 1900 万人次，在世界国际旅游排行榜上排名第八。1990 年以后，在旅游发展方面，墨西哥突出强调政府主导的概念，所有的促销活动决策都是由设在首都墨西哥城的联邦政府旅游部门所作出的。

1990 年以前，墨西哥的旅游促销主要是由联邦政府的旅游机构来承担的，利用政府的拨款，组织、开展全国、区域和地方的促销活动。20 世纪 90 年代中期，墨西哥成立了旅游促销理事会，由公营部门（联邦、区域和地方政府旅游机构）和私营部门（旅游供应商）联合组成。这是公营和私营部门联合组建的自治机构，并非官方机构，所有理事会成员都为促销筹集资金，其中联邦政府旅游部门出资最多，各方共同建立一个混合促销基金。理事会制定了严格的资金使用原则，促销预算经过严格的审查。2000 年，促销理事会筹集的资金达 5600 万美金，其中 71% 用于广告、公关、直接促销和参加全国和国际性的旅游活动。这个理事会负责设置在世界各地的 135 个旅游办事处，其主要职能是在主要的客源市场扩大墨西哥品牌的影响，根据市场的需求确定旅游产品和旅游吸引物，保证墨西哥旅游产品和服务的质量标准，创造良好的市场形象。促销理事会的作用还在于保证旅游业不同经营者和相关者努力进行旅游促销活动，并积极参与旅游促销活动的策划、实施和评估。实践证明，促销理事会成立后，促销经费大大增加，提高了国家和地区的旅游促销宣传的能力，其结果不仅增加了入境旅游者的人数和旅游收入，而且由于不同区域的参与，改善了旅游收益的地区平衡。

问题：

1. 何谓旅游目的地营销？
2. 旅游目的地营销的战略系统主要有哪些？

第十二章

旅游市场营销创新

【本章学习目标】

通过本章的学习，了解旅游市场营销不断创新的手段和模式，同时对以后的实际工作起到一定的借鉴作用，也可以不断拓展自己的视角，将旧式与新式的市场营销理念不断结合，衍生出更为出色高效的营销新模式。

◆【案例导入】

中国旅游报：绿色营销赢得满堂彩

2009年6月21日，笔者收到这样两条短信："省用'六小件'，捐植一棵树！即日起您入住银座佳驿连锁酒店如不使用一次性洗漱用品，我们将以您的名义向保护母亲河专项基金会捐植一棵树""银座佳驿连锁酒店向广大顾客和全国酒店业同行发起倡议：省用'六小件'，捐植一棵树！保护母亲河，绿色消费，让我们先行！"为此，笔者采访了银座佳驿连锁酒店品牌经理于庆。据于经理介绍，从2009年3月12日起，山东银座旅游集团下属的银座酒店管理公司就开展了"免用六小件，捐植一棵树"的"绿色商旅"公益行动，并在山东省范围内开始实行。

笔者来到位于泉城广场东边的银座泉城大酒店，一进大堂，便看到一张画有大树形状并配有宣传介绍文字的海报架上写满了人名。于经理说，这是符合省用"六小件"条件的客人亲自将写有自己名字的特制树叶贴在"大树"上的。

于经理介绍，入住银座佳驿连锁酒店、银座佳悦连锁酒店的客人，只要入住期间没有使用酒店里的"六小件"，或尽量减少使用其他一次性客房用品，如拖鞋、擦鞋纸等，酒店就会从客人的住宿费中拿出5元钱，以客人的名义捐助到“保护母亲河专项基金会”，并通过网站、展板等形式向社会公示捐赠人的相关捐赠信息。

笔者从保护母亲河专项基金会了解到，“保护母亲河行动”的口号是“5元捐植一棵树，200元捐建一亩林”。捐赠一棵树的成本很低，但很多人却不知道应如何捐赠。

山东银座旅游集团的“绿色商旅”行动恰恰提供了一条捐建的便利通道。

据了解，从3月16日到5月10日，仅佳驿泰安店的参与客人就达107名。目前，通过开展“绿色商旅”行动，山东银座旅游集团以客人的名义已经捐建了200余亩林地。

于经理给笔者算了两笔账。

一笔账是：据统计，全国的星级酒店有1万多家，以平均入住率65%计算，每天要消耗一次性洗漱用品120万套。以每套5元计算，一年下来，光是星级酒店的一次性洗漱用品消耗就高达22亿元。而星级酒店只占我国旅馆总数的5%左右，依此算来，全国旅馆业一年的一次性洗漱用品的消费，保守估算也达440亿元之巨。而这些被丢弃的“六小件”多是塑料制品，对环境的危害更是无法用金钱来计算的。

另一笔账为：以一个约有120个房间的经济型酒店为例，如果这120个房间有10%的房客不用“六小件”，那么每天将有12人×5元=60元的资金通过银座旅游集团捐献出来，10个酒店就会通过客人的节约而捐献出600元，而这些钱就可以造出3亩林地。

银座佳驿泰安店开展此项活动以来，通过向会员、客人发送上万条短信，并打电话与客人沟通，征询其对“绿色商旅”活动的看法和意见，大部分客人都表示非常赞同，并积极要求参与到活动中来。

有位客人张先生已经在该店住过360余次，原先每次入住都不会自带洗漱用品，而当酒店工作人员向其介绍“绿色商旅”活动后，张先生再一次入住时，专门把自带的洗漱用品拿给酒店工作人员“检查”，并在“大树”上郑重地签下了自己的名字。这种既不花钱又具有公益性的活动在持续、深入进行的同时，也提高了酒店的美誉度，客人回头率直线上升。

据银座酒店管理公司统计，银座佳驿连锁济南东关大街店、泺源大街店和淄博柳泉路店开展活动后，4月份“六小件”降耗分别达到2571元、2589元和1109元，每个房间的平均消耗量降幅最高达42%。

一升一降，酒店的经济效益和社会效益均实现了倍增。

根据山东银座旅游集团的战略规划，在今后两到三年内，山东全省将达到50家银座佳悦、佳驿酒店，总客房数将超过1万间。假如每间客房的客人都参与到“绿色商旅”的活动中来，那么每天就会新增250亩林地，如果一亩地有30棵树，那么每年将会有270余万棵树在黄河岸边生长，如果全国1万多家星级酒店都能够参与进来，那么，数字更将呈几何倍数增长。

（资料来源：《中国旅游报：绿色营销赢得满堂彩》，http：//old. jyinns. com/lygs. mtgz_ ny. asp？ id = 149。经整理加工。）

第一节　旅游业绿色营销

环境问题随着经济的发展日益凸现，人们逐渐认识到，环境的恶化不仅影响当前的生活质量和经济增长，而且将制约子孙后代的经济和社会的可持续发展。于是，人们追求更加环保和可持续发展的绿色消费和绿色营销。时至今日，人们不仅仅把目光放在有形产品和生产企业上，而且更多地开始关注无形商品和第三产业，尤其是旅游产品和旅游业，绿色旅游和旅游业绿色营销应运而生。我国WTO会员资格的取得为我国的旅游业进军国际市场创造了机会，同时由于国外，尤其是西方发达国家旅游者较高的环保意识，要求我国旅游业必须把环保放在各项工作的首位。因此，加强绿色和环保的旅游将成为我国旅游业进军国际市场的一个重要砝码。

一、旅游业绿色营销的概念

绿色营销是指组织以环境保护观念作为经营哲学思想，以绿色文化为价值观念，以绿色消费为中心和出发点，力求满足绿色消费需求的营销观念。其内容包括四个层次：其一，在选择生产商品及技术的时候，考虑到要尽量减少商品不利于环境保护的因素；其二，在商品消费与使用过程中，尽量设法降低或引导消费者降低对环境造成的负面影响；其三，在产品设计及包装考虑时，努力降低商品或使用的残余物；其四，对各种商品的软件服务，诸如生产产品观念、产品设计的理念、售后服务等过程，皆以符合节省资源少污染为其服务导向。

或者说，绿色营销是指企业在营销过程中充分体现环境意识和社会意识，从产品的设计、生产、制造、废弃物的处理方式，直至产品消费过程中制定的有利于环境保护的市场营销组合策略，即：产品在生产过程中少用能源和资源并且不污染环境；产品使用过程中不污染环境并且低能耗；产品使用后易于拆解、回收翻新或能够完全废置并长久无虞。例如：现在普遍使用的一次性环保饭盒可以分解，不至于污染环境；超市的环保购物袋可以多次使用，不再采用塑料袋子；众多饭店已经放弃使用一次性筷子，减少对森林的砍伐破坏。

绿色营销考虑的是组织活动同自然、社会环境的关系，谋求的是社会的可持续发展，它是在绿色消费的驱动下直接产生的。绿色消费是指消费者意识到环境恶化已经影响到他们的生活质量和生活方式，要求企业生产、销售、提供对环境影响最小的绿色产品或服务，以减少对环境的危害的消费。当人们意识到传统的旅游方式对人类的生存和发展已经构成威胁时，一种新的旅游消费需求就产生了，于是旅游业绿色营销应运而生。

二、我国旅游业绿色营销对策

（1）树立以资源价值观为中心的绿色营销观念。绿色营销观念要求旅游业在营销中必须考虑资源的价值，即在旅游产品的设计、开发和营销中，不仅要考虑到该组织的利益和消费者的要求，还要考虑到对环境的影响，要把经济利益与环境利益结合起来。那种只顾片面的经济效益而忽视环境效益的做法，即使能短期获利，也绝不会得到长远的、可持续的发展。

绿色营销观念的确立，需要各行业和全社会改变传统的资源无价或低价的价值观，正确认识资源的价值。资源是具有价值的物品，它的价值不仅表现为资源本身的价值，而且还包括人们使用资源所付出的环境代价。20 世纪 90 年代以来，工业化进程的加快导致资源的掠夺性开发和使用，造成生态环境的恶化，为此，世界各国都付出了沉重的代价，这一代价也应作为价值的一个组成部分。然而，以往企业的营销中既没有考虑资源本身的价值，更没有考虑资源使用过程中所付出的环境代价，因此形成了一种资源无价的价值观，而不考虑土地、矿山、淡水、大气、森林等资源本身的价值及其使用价值。由资源无价的价值观而带来的原材料的低价使用，不仅造成了产品价格的扭曲，而且导致了生态环境的极大破坏。

效用价值理论认为，物品的效用是价值的源泉。物品的效用是形成价值的必要条件；物品的稀缺性则是形成价值的充分条件。资源，无论是不可再生资源还是可再生资源，都是人类生存发展不可或缺的物品，都具有极大的效用；同时资源的稀缺性已成为人类的共识。欧洲经济共同体的一份报告中指出：用年均消耗量计算，现有资源还可用 500 年；若以年均 2.5% 的递增速度计算消耗量，现有资源只能维持 90 多年。因此，应充分估计资源的价值，并将它作为价格的一个组成部分。

（2）确定绿色营销目标。转变了传统的营销观念以后，首要问题就是确定绿色营销目标。绿色营销目标与一般的营销目标的不同之处在于，前者是在后者的基础上增加了环境目标和绿色消费目标，把经济效益、社会效益和生态效益有机地结合到一起。旅游业绿色营销目标的核心内容是，满足消费者的绿色旅游需求，实现旅游过程中的环境保护。

例如，现代悄然兴起的森林旅游就是绿色营销的主要目标市场。对品质生活的向往，是人类孜孜以求的原动力。而对于生活在钢筋混凝土世界中的人们来说，拥抱自由与清新的大自然，尤其是“地球之肺”的森林，则是品质生活中不可或缺的一个基础。森林旅游产品体系主要包括资源、设施、服务产品体系，其产品可分为观光、养生、探险、文化体验、休闲度假、运动参与、游乐等多种类型。事实上，这些产品类型的界定往往比较模糊，很多情况下，一种观光产品往往也是休闲度假产品。但就特质而言，针对观光产品的研究，有利于把握旅游者的心理需求，有意识地打造一些具有明显开发利用价值倾向的潜在资源，对森林旅游开发有着重要的意义。

森林观光旅游产品是满足人们视觉审美功能需要和绿色旅游消费观念的森林旅游产品形式，它是不会因旅游者的消费而被消耗掉的、非独占性的产品。在森林旅游产品体系中，观光产品是基础，不仅因为观光产品是森林旅游最为实在的“物”，而且它也是各种休闲、运动产品的前提条件，能够满足游客对纯净空气、绿色氧吧的追求。当整个旅游产业进入系统升级的大环境下，对旅游产品的提升，尤其是森林旅游这一对自然观光类型资源依赖性较强的旅游形式，更要把提升森林观光的品质作为工作的重中之重。

（3）制定绿色营销组合战略，实施旅游业的营销组合策略创新。旅游业在确立绿色营销观念和绿色营销目标的基础上，应在旅游产品的设计、定价、包装、分销、促销和销售服务等各个环节上始终贯彻绿色原则，并科学地予以组合运用。如20世纪80年代，麦当劳因每天都在制造垃圾——废弃的包装物，逐渐成为环保人士攻击的对象。在环保危机的威胁下，20世纪90年代初麦当劳推出了“种植一棵树”的绿色公关宣传活动，并着手抓好三方面工作：一是减少包装；二是减少使用有损环境的材料；三是使用较易处置、能物化成肥料的材料。这样使环境污染物减少了60%，在社会公众面前成功地塑造了“绿色麦当劳”的新形象，为麦当劳在激烈的市场竞争中赢得消费者的厚爱创造了良好的社会氛围和经营环境。那么，如何进一步将绿色营销组合战略应用到旅游行业当中呢？

1）要抓好绿色产品的开发。绿色旅游线路开发是旅游业绿色产品开发的主要方面，它的开发首先要考虑的是保护环境，使之对生态环境以及当地的社区生活少产生甚至不产生负面影响；对绿色交通工具、绿色饭店的选择，以及绿色特色的纪念品的设计与开发，是绿色产品开发的另一方面，进行产品设计时不可忽视。例如，云南省开发出来的绿色产品包括鲜花饼、螺旋藻、野生菌等，都是纯天然或从自然当中提取、不添加化学物品的绿色食品，符合消费者追求绿色食品的心理，为旅游业当中的绿色产品开发提供了范例。

2）要合理制定绿色价格。绿色价格是指附加了开发绿色产品的知识、劳动和物质投入而高于传统产品价格的价格。旅游业绿色价格的制定首先要树立“环境有偿使用”的新观念，要合理考虑人们求新、求异、崇尚自然的心理因素。据统计：77%的美国人表示，企业的绿色形象会影响他们的购买欲；94%的意大利人表示，在选购商品时会考虑绿色因素；在欧洲市场上，40%的人更喜欢购买绿色商品，那些贴有绿色标志的商品在市场上更受青睐。欧共体的一项调查显示，德国82%的消费者和荷兰67%的消费者在超级市场购物时，会考虑环保问题。在亚洲，日本消费者对普通的饮用水和空气都以“绿色”为选择标准，罐装水和纯净的氧气成为市场的抢手货；韩国和中国香港的消费者，争先购买那些几乎绝迹的茶籽，作为天然的洗发剂。

3）要选择绿色价值链。绿色营销不仅要在服务、人员、价格、分销沟通等方面不损害环境，而且要在供应方面也是如此，即在整个服务价值链上达到绿色要求。在旅游的整个价值链上，每个环节都要为消费者增加价值，包括绿色价值。选择旅游业绿色价值链，就要使旅游业中的产品和服务所依赖的物品从供应、企业后勤到分销渠道都达到绿色营销的标准。因此，在渠道选择、促销、服务、企业形象树立等营销全过程中，都要考虑以保护生态环境为主要内容的绿色因素。绿色营销观念的树立，要求企业生产经营的产品从生产过程到消费过程、从外包装到废旧后的回收，都要利于人类的健康持续发展，有利于环境的保护和改善，能够在创造企业内部经济的同时带来社会外部的经济性。绿色营销观念的树立、绿色产品市场的拓展，改变了过去我国主要依赖于外延扩大的高投入、高消耗、低产出、低质量的经济增长方式，建立起一个集约型的永续经营的经济体系，有利于经济与生态的协同发展，有利于可持续发展战略的实现。

4）要开展绿色促销。旅游业对经济增长具有关键作用，我国加入WTO，给我国的旅游业发展创造了新的机会。面对国际大市场，我国旅游业的促销就更具必要性。绿色促销的核心是通过充分的信息传递，在谋求绿色旅游产品与消费者绿色需求的协调中，树立旅游业的绿色形象，实现绿色旅游产品市场份额的不断拓展。绿色促销是通过绿色促销媒体，传递绿色信息，指导绿色消费，启发引导消费者的绿色需求，最终促成购买行为。绿色促销的主要手段有以下几种：

① 绿色广告。通过广告对产品的绿色功能定位，引导消费者理解并接受广告诉求。在绿色产品的市场引入期和成长期，通过量大、面广的绿色广告，营造市场营销的绿色氛围，激发消费者的购买欲望。在日本、美国等地，一种“生态服装”极富特色与创意：这种服装用珍稀动植物作图案，以花草树木为色调，甚至用简洁明了的文字写在服装上，如“我爱大自然”“保护臭氧层”等，直接表达消费者的心声。由此，各种“绿色广告”应运而生，不少著名的跨国公司和大企业纷纷利用“绿色商品”大做“绿色广告”，不少新兴的中小企业也不断强化自己的“绿色企业”形象，以谋求飞跃发展。例如，美国生产尿布的企业

从环保角度出发进行广告促销，强调布尿片埋在土里至少要经过500年才能分解，而纸尿片在土里很快就能分解，于是纸尿片在公众心中树起了“绿色形象”，短短三年，销售量猛增1.8倍。

② 绿色推广。通过绿色营销人员的绿色推销和营销推广，从销售现场到推销实地，直接向消费者宣传、推广产品的绿色信息，讲解、示范产品的绿色功能，回答消费者的绿色咨询，宣讲绿色营销的各种环境现状和发展趋势，刺激消费者的消费欲望。同时，通过试用、馈赠、竞赛、优惠等策略，引导消费兴趣，促成购买行为。

③ 绿色公关。通过企业的公关人员参与一系列公关活动，诸如发表文章、演讲、播放影视资料，社交联谊、环保公益活动的参与、赞助等，与社会公众进行广泛接触，增强公众的绿色意识，树立企业的绿色形象，为绿色营销建立广泛的社会基础，促进旅游业绿色营销的发展。

5）要完善绿色销售服务。绿色销售服务贯穿于绿色营销的全过程，是绿色商品市场交易的重要组成部分，也是旅游业绿色营销的一个不可分割的部分。在旅游业绿色营销中，要坚决维护旅游者的合法权益；要充分考虑废弃物的回收和处理的方便；要努力减少污染和二次污染。绿色服务也可指快速服务，以节省客户时间；对顾客和蔼可亲；节约资源，减少浪费，如饭店服务人员可在顾客点菜时提醒分量，用餐后建议顾客打包，浪费可惜。总之，以减少资源浪费的环保精神为主要导向。

（4）开展绿色认证。国际标准化组织顺应世界保护环境的潮流，对环境管理制定了一套国际标准，即ISO14000环境管理系列标准，以规范企业等组织行为，达到节省资源，减少环境污染，改善环境质量，促进经济持续、健康发展的目的。ISO14000适用于一切企业的新环境管理体系，它是一张企业进入国际市场的绿卡，不受任何绿色贸易壁垒的拦阻。ISO14000这一系列的环境管理国际标准，极大地推动了旅游业绿色营销的发展。近年来，我国浙江省、山东省开展的创建“绿色饭店”活动以及武夷山景区实施的ISO14000认证，为旅游业的绿色营销注入了新的内容。绿色旅游营销既符合旅游者回归大自然、爱护旅游生态环境的潮流，又有利于可持续发展，极富生命力。因此，旅游企业应实施绿色营销，争取环境认证，特别是ISO14000认证，它被形象地喻为通往国际市场的“绿卡”，是我国旅游企业进军国际市场的“护身符”。

三、我国旅游饭店业实施绿色营销战略策略探讨

（一）创建绿色企业文化，培育饭店业员工绿色意识

绿色意识即“保护环境，崇尚自然，促进可持续发展”的环保意识。创建绿色企业文化是饭店业实施绿色营销战略的先导，是培育员工绿色意识的重要工

具。企业文化是一个企业在长期的生存和发展中所形成的为广大员工所共同遵守和奉行的价值观念、基本信念和行为标准，具有导向、约束、凝聚、激励、辐射等功能。绿色企业文化的基本特征是：崇尚自然，保护环境，维护生态环境，降低能源消耗，促进资源持续利用；节约光荣，浪费可耻，以社会持续发展为目标，以系统思考为原则，综合考虑饭店的经济效益、社会效益和环境效益。绿色企业文化要求饭店必须履行社会责任和义务，切实做到节约资源，保护自然环境及社会生态平衡。饭店业实施绿色企业文化能最大限度地凝聚员工，使他们牢固树立绿色意识，并在日常生产经营活动中践行绿色企业文化，为饭店业实施绿色营销战略提供重要的人员保障。例如，杭州的望湖宾馆环保意识很强：他们将彩色扩印的废液收集起来，派专人送到污水处理厂进行处理；在供热、空调系统中使用高效节能的设备；较早地大批更换节能灯；改用无磷洗衣粉；改进消费品包装，替代塑料制品，等等。这一系列措施很好地保护了生态环境，防止污染，给酒店带来了明显的经济效益、社会效益和环境效益。

实施饭店绿色企业文化，首先要积极造就企业模范人物。模范人物是饭店员工学习的榜样和动力，要善于发现和挖掘饭店中贯彻企业文化突出的员工，并进行大力表彰和宣传。其次，要创立饭店企业文化礼仪。如在饭店中创立工作惯常礼仪、纪念性礼仪等。再次，要利用内部非正式沟通网络。创立饭店业绿色企业文化要发挥非正式组织的作用，积极构建饭店业内部非正式沟通网络，使饭店业员工更好地接受绿色企业文化。最后，要在饭店业内营造饭店绿色企业文化氛围，使广大员工能真正融入绿色企业文化的氛围中，培养自己的绿色意识并真正贯彻绿色意识。培育饭店业员工绿色意识的同时，还要求员工转变两种观念：一是旅游业是无烟工业，不会污染环境；二是环境投资会增加饭店的负担，影响饭店的经济效益。创建绿色饭店先期需要较大的投资，高额的投入又使得饭店绿色产品和服务的价格偏高，这对于饭店经营者和消费者都难以承担。饭店的绿色之路看似是赔钱的买卖，但事实并非如此。实施绿色管理是创建绿色饭店的主要内容之一，通过减量化原则、再使用原则、再循环原则和替代原则，可以使饭店的经济效益和环境效益达到最优化。

绿色营销以绿色企业文化观念作为价值导向，绿色企业文化是绿色营销的支撑。随着绿色营销的开展，在绿色企业文化的建设中，饭店的目标开始了与环境目标的融合，饭店的管理理念、营销理念开始了与绿色生态理念融合。绿色文化成为构架未来饭店与自然、社会和谐发展、共存共荣的基本文化范式。

世界著名的假日集团引入《保护和改善环境》一书，内容涉及良好的饭店绿色企业文化培养和绿色环境营造观念。比如：提供并维护良好的花园和植物景观；提供“无烟区”和“无烟客房”；让客人了解有关环境方面的信息，并获得他们的支持；在符合操作标准的情况下，购买再生产品；尽可能多的将废弃物循环再用；在废弃物堆放和压缩场地保持良好的卫生要求，等等。

（二）设计绿色组织结构

设计绿色组织结构是饭店业实施绿色营销战略的制度保障。由于环境责任需要组织内的所有成员共同承担，因此需要各部门间的密切合作与交流。在饭店外部，饭店与消费者、供应商的关系不仅是产品供应与消费的关系，而且更是交流与合作的关系，都需要可持续发展，都需要重视环境绩效，而所有这些都要求饭店对旧的组织结构进行变革，以使饭店的组织结构更加具有柔性化、网络化和决策权的分散化。加强绿色管理，饭店应在董事会设置环保董事，具体负责有关环保方面的一些事务，定期进行环保分析，监督环保经营战略与目标的落实，为公司雇员和管理人员提供环保培训；设立“绿色经理”或可持续发展小组，以负责管理饭店的环保政策与实践。酒店绿色管理应从前台到后台、从领导层到员工层、从酒店采购到顾客满意等一系列环节多方面展开。酒店领导部门要深入学习研究绿色管理和可持续发展的理论，制定绿色营销战略，并监督绿色营销计划的执行；对前厅和客房服务人员培育绿色消费、绿色产品和珍爱人类生存环境的意识，如在服务中适当提示客人点菜莫过量，提倡“消费不浪费”，客人需带走剩菜时积极提供“打包”服务等；采购人员和餐饮部工作人员应慎重选购绿色食品，在烧菜及制作点心时使用天然色素，不使用化学合成添加剂，不用珍稀动物和野生动植物制作菜肴，尽量多使用具有“绿色标志”的原材料，饭店应不断提高他们的环境知识和技能，为消费者提供健康美味的绿色食品，减少或消除污染，进行清洁生产，提高生态效益。饭店绿色管理就是要通过一些细节，真正地将环保观念融进饭店的经营管理之中，达到节省资源，减少环境污染，改善环境质量，在同行业中树立绿色营销的良好形象，最终达到促进饭店持续健康发展的目的。

（三）推出绿色产品，提供绿色服务

饭店绿色产品的开发是饭店绿色营销的关键。真正意义上的绿色产品，要求质量合格，而且从生产、使用到处理、处置的过程中，符合特定的环境保护要求，对生态环境无害或危害极小，具有节约资源等环境优势，并有利于资源再生。饭店开发绿色产品，具体而言要做好以下几个方面：在产品设计时，考虑到产品、资源与能源的保护与利用；在生产与服务过程中，要采用无废、少废技术和清洁生产工艺，有益于公众健康；在产品使用后，应考虑产品的易于回收和处置。饭店可以利用新闻媒体做好绿色产品的宣传工作，扩大环境保护的宣传力度，提高全民的环保意识。饭店还可以开展各项专题活动，比如：杭州之江度假村推出“绿色庭院、绿色行动”，让消费者在庭院里种植蔬菜花果，成熟后再通知消费者来收；鼓励消费者美化环境，向消费者颁发绿色消费证书；制作绿色食品菜单，举办绿色食品节活动，等等。这些活动能够极大地推广饭店绿色食品，

同时也宣传了饭店的环境保护意识。

饭店的主要有形产品是客房产品和餐饮部供应的菜肴和饮料，因此，推出绿色产品主要是指推出绿色客房和绿色食品。

（1）开辟“绿色客房”。“绿色客房”是指讲究环保的客房，当然客房的物品应尽量包含“绿色”因素。如：床单、毛巾最好是纯天然的棉织品或亚麻织品；肥皂宜选用纯植物油脂皂；另外，客房应摆上一两盆植物，使客房有生气、有春意。同时，应引导入住的客人成为资源的节约者、环境的保护者。客房的一些物品要尽可能地反复使用，把一次性使用变为多次反复使用或调剂使用；延长物品的使用期，推迟重置时间，凡能修理的就不要换新的，决不要轻易丢掉。可将有些用品及其包装当成一种日常生活器具来设计，而不是用完之后一扔了之。例如，饭店为客人一天一换床单、毛巾等棉织品，为此每天都有大量的床单、毛巾等棉织品要洗涤，用水量大大增加。而在不影响卫生标准的情况下，饭店可以鼓励客人反复使用床单等用品，从而减少用水量和对水的污染。

（2）创办“绿色餐厅”。①要使用“绿色”蔬菜、肉类和其他绿色食品，即无污染、安全、优质的蔬菜、食品。为确保“绿色”蔬菜、肉类的供应，应借鉴麦当劳、肯德基的做法，设立专门的生产基地，一个地区的几家饭店可联手开辟。②不食用珍稀野生动植物及益鸟、益兽。如果传统菜肴中有因珍稀动植物而扬名的，应研究出它的替代品。

（3）提供绿色服务。所谓绿色服务，是指饭店提供的服务是以保护自然资源、生态环境和人类健康为宗旨的，并能满足绿色消费者要求的服务。绿色服务不仅体现在产品被消费时，而且还包括提供产品和产品被消费之后。以饭店客人就餐为例，在客人点菜就餐时，餐厅服务员在推荐、介绍菜肴时不能只考虑为企业盈利而推销产品，还应考虑到客人的利益，力求做到经济实惠、营养配置合理、不浪费资源，向客人推荐绿色含量高的菜肴、饮料；在客人就餐后，必须根据环保要求对快餐容器等进行有效处理，使之不污染环境，若客人有剩饭菜还必须提供周到的“打包”服务。有些饭店还提供代客保管剩酒的服务，供其下次消费饮用。

利用绿色资源对饭店设施进行绿化，即：要高效利用能源，如尽量利用太阳能，节省普通能源的消耗，降低大气层的污染；改造饭店的灯光、采风、取暖设备，使饭店建筑成为绿色建筑；饭店不使用塑料等无机化合物易耗品，而改用易分解的低制品或木制品，以益于生态环境的平衡；做好废物处理工作，对有利用价值的物品进行二次利用；客房的床单、毛巾最好是纯天然的棉织品或亚麻织品，肥皂宜选用纯植物油脂皂，尽量体现绿色服务等等。英国假日酒店就很好地利用了绿色资源，其典型的做法包括使用可生物降解的塑料容器、低硝酸盐的洗涤剂，使用肥皂和洗发液分配器，用小型的荧光灯代替白炽灯，并且不再使用杀虫剂，安装照明系统，在可行时使用再生纸。该酒店所有的清洁剂都是可生物降解的，并使用喷雾型的瓶子，受到酒店员工和社会的好评。在绿化饭店设施方面，杭州五洋宾馆算是一个典型范例。杭州五洋宾馆投入大量资金到其大楼西边约 3000m^2 的一片绿地的建设中去，经过宾馆打造，建成了环境幽雅的五洋公园，为其消费者和附近的居民提供了休闲散步的好绿地；五洋宾馆大楼西角上整洁的小屋式垃圾箱，将垃圾分类，并建成一座两间、双层楼式的垃圾房，标有“可降解”和“不可降解”标志，既美化了周边的环境，又方便了垃圾的回收，受到消费者和员工的好评，提高了宾馆的声誉。

（4）进行饭店绿色促销。在饭店促销中增加“绿色”特性。通过媒体传递绿色产品及绿色饭店的信息，引起消费者对绿色产品的要求及购买行为。使用绿色广告、绿色公关、绿色人员推销强调饭店产品的“绿色”特性，宣传饭店的绿色形象，把绿色产品信息传递给广大消费者，刺激消费需求，达到绿色促销的目的。

第二节　旅游网络营销

一、旅游网络营销的概念

旅游网络营销是指旅游企业以电子信息技术为基础、以计算机网络为媒介和手段而进行的各种营销活动。它是目标营销、直接营销、分散营销、消费者导向营销、双向互动营销、远程或全球营销、虚拟营销、无纸化交易等的综合。一方面，网络营销要针对新兴的网上虚拟市场，及时了解和把握网上虚拟市场的旅游消费者特征和行为模式的变化，为企业在网上虚拟市场开展营销活动提供可靠的数据分析和营销依据；另一方面，网络营销在网上虚拟市场开展营销活动，可以实现旅游企业的目标。网络营销通过互联网手段，更好地实现各项网络营销的职能，为增加景区销售、提升品牌价值、提高整体竞争力提供支持。现阶段网络营销的核心思想是通过合理利用互联网资源（如网络营销工具和方法等），实现网络营销信息的有效传递，为营造有利于景区发展的经营环境奠定基础。

旅游网络营销主要是针对旅游企业而言的，与其他行业的企业一样，网络为旅游企业树立市场形象、实现双向交流、面向特殊的虚拟市场、开展在线交易提供了广阔的发展空间。因此，旅游网络营销既拥有网络营销的基本特点，又继承了传统旅游营销的基本特点，同时又有延伸。

二、旅游网络营销的特点

1. 跨时空

互联网具有超越时空进行信息交换的特性。借助计算机网路，旅游企业能用更多的时间和更大的空间进行营销，可以每周 7 天、每天 24h 随时随地提供全球性营销服务。例如，现在互联网行业上的几大类旅游网站：门户网站（搜狐、网易、新浪、腾讯等）自己专门的旅游频道、专业景区景点网站（黄山、张家界、九寨沟等）、旅游媒介网站（携程网、去哪儿网、艺龙网等）。而且各家网站还有互相合作的意愿，如同程网已先后与欣欣旅游网、中国电信号码百事通商旅达成战略合作。而在在线旅游行业价格战正盛之时，同程网与悠哉网的结盟再次引起业内广泛关注。据介绍，悠哉网是作为一个优质分销平台被引进到同程网的“双向开放平台”的。悠哉网是业内较早从事旅游度假在线预订业务的网站之一，在旅游者当中拥有良好的口碑，尤其是在华东地区拥有较高的品牌知名度，这些都很符合同程网优质分销渠道的选择标准。

2. 交互式

旅游企业可以在网络上适时发布产品或服务信息，消费者则可根据旅游产品目录及链接数据库等信息在任何地方进行咨询或购买，从而完成交互式交易活动。另外，网络营销使供需双方的直接沟通得以实现，从而使营销活动更加有效。例如，随着江西省旅游局近几年对网络营销的重视，江西陆续举行了全国网络媒体江西行、“博”动江西全省旅游微博营销大赛等网络推介活动等，江西各大旅游景区官方网站的点击量迅速攀升，不少旅游者通过网络预订景区门票。暑假期间，宝葫芦农庄、庐山西海景区有 1000 多人次在江西旅游频道网等知名旅游网站预订门票，占到长假旅游收入的一定比重。

经过对各大景区的采访了解到，无论是自驾游，还是“驴友”探险，60% 的散客都是通过网络了解和认识该景区的。在百度输入“庐山西海温泉”进行搜索，搜索结果达到 97.7 万条，其中关于网络订票及其旅游攻略的就达 30 多个页面。通过江西旅游频道网可以看到，景区门票实际售价是 198 元，网购售价 136 元，如果购买点评还可以返还 2 元的现金，总共节省 64 元。旅游者还可以通过网站对景区特点、经营项目等信息含金量先进行一番比较，取得有关吃、住、行、游、购、娱等第一手资料。

3. 拟人化

互联网上的促销是一对一的、理性的、消费者主导的、非强迫性的、循序渐进式的，而且是一种低成本与人性化的促销，可以避免推销员强势推销的干扰，并通过信息提供与交互式交谈，使旅游企业与消费者建立一种长期、良好的关系。例如，旅游者在游览旅游目的地的时候，可以通过景区的多媒体触摸屏查询信息，可以用手机接收景区信息，可以享受到数字引导服务，可以进行无线应急救助，可以拨打旅游服务热线，等等。总之，享受无处不在的数字化信息服务。

4. 高效性

计算机可以储存大量的信息，可传送的信息数量与精确度远超过其他媒体，并能适应市场需求，及时更新产品或调整价格，因此能及时有效地了解并满足消费者的需求。例如，九寨沟九网旅游电子商务平台是中国第一家面向消费者和旅行社，全面开展景区门票、餐饮、酒店、旅游线路等在线预订的电子商务网站。它以九寨沟为核心，整合黄龙、四姑娘山、都江堰、青城山、神仙池等景区门票预订，开创了中国景区电子商务的先河，丰富的行业经验为中国的景区电子商务发展作出了重要贡献，实现了景区营销的全面整合。除九网旅游之外，目前比较大的景区电子商务平台还有黄山旅游电子商务平台、峨眉山旅游电子商务平台等。

5. 成长性

互联网使用者的数量快速增长并遍及全球，其中大多具有年轻、中产阶级、高教育水平的特点。由于这部分群体的购买力强而且具有很强的市场影响力，因此，这是一条极具开发潜力的市场渠道。例如，在享受到美妙旅游之后，旅游者可以通过游记、照片、视频、漫画等形式，在不同的网络载体上发表，比如新闻、论坛、博客、电子杂志、IM、WIKI、圈群、贴吧等。翔实可靠的旅游记录不仅是旅游者的体验和感受，同时也为后来者提供了参考与帮助。

6. 整合性

互联网上的营销可从商品信息至收款、售后服务一气呵成，因此，也是一种全程的营销渠道；另外，企业可以借助互联网将不同的传播营销活动进行统一设计规划和协调实施，以统一的传播信息向消费者传达信息，避免不同传播中由于不一致性产生的消极影响。例如武夷山旅游体验网，是以高级多媒体技术为手段打造的“武夷山旅游网络营销平台”，通过整合“数字武夷”建设已有的相关数据、信息，采用互动游戏等数字多媒体手段进行艺术性包装，从美学角度上展示武夷山的外在美和内在文化，实现吸引网民前往武夷山旅游的目标。该平台于2010年12月初开发完成，上线试运行。2011年6月21日，武夷山市邀请旅游、信息化方面有关专家对数字营销平台进行验收评审，专家一致认为“该平台在技术架构、数据接口和设计路线方面，符合易用性、稳定性、安全性、可扩展性的要求，系统可靠性好，具有推广应用前景，集旅游各要素为一体的网络营销达到国内先进水平”，同意评审、验收。武夷随身游平台，为旅游者提供在武夷山旅游的手机掌上信息服务。通过创建无线WAP网站、手机客户端软件，建立手机三维、二维地图，并与武夷一卡通、电子商务平台配合，实现旅游者“吃、住、行、游、购、娱”旅游相关信息的预订、查询、导航等功能。平台2010年12月开发完成并投入试运行，2011年5月16日举行项目成果发布会，与会领导及专家通过汇报、演示及现场体验，对项目成果高度赞赏。武夷一卡通平台为旅游者在武夷山旅游提供旅游六要素的落地服务。主要通过在主景区、二线景区设置专用通道，景点、公交车，联盟商家店内设置POS终端，景区门口、联盟商家门口设立自助终端等措施，实现旅游者在武夷山境内的落地一卡通服务，可以通过手机射频卡或武夷一卡通卡片进行旅游相关的刷机或刷卡消费。2010年年底，一卡通平台的发卡、充值、刷卡等基本功能开发完成，并在公共交通领域投入实际应用。但由于武夷山主景区智能化系统开发方几经变更，无法提供技术支持，只能采用景区票口刷卡，以更换景区原有门票进入的办法。旅游者通过该平台的门户网站及手机随身游平台门户、多媒体终端及114语音平台，实现对景区门票、酒店、餐饮及联盟商家等的预订服务和优惠券服务。通过建设后台统一支付平台从用户绑定的在线支付账户或银行账户完成各类预订的扣款处理、订单生成等功能。该平台于2010年年底完成景区门票、特产预订功能，目前正在整合酒店、机票、餐饮平台功能。

7. 经济性

旅游网络营销经济性主要表现在：①没有店面租金成本；②节省库存费用；③网络营销实际上是一种直销方式，可以减少商品流通的中间环节，降低营销成本；④结算成本低。例如，网络预订具有自由度大、操作简单、节省时间和费用、结算方便等优势。旅游者在比较各预定网站的机票和酒店价格之后，就可以进行相关产品的预定，通过网银、支付宝、手机等电子支付手段，完成货币的转移支付。传统的旅游网络预订服务商有携程旅行网、艺龙旅行网、芒果旅行网；景区官网综合预订服务网站有九网旅游电子商务平台、黄山旅游电子商务平台、云台山旅游电子商务平台等；景区门票预订网站有天下门票、掌门人等。

8. 定制化

定制化有助于实现以消费者为中心的新的营销理念。企业提供的各种有关销售信息可以在服务器中集中存储，但它们仍然能独立运行、存入或输出。在网上推出的各类虚拟商品可以供消费者比较挑选，从而迅速、经济、实惠地达到采购目标。旅游网站可分为资讯类、服务类、特色类等。资讯类包括旅游资讯、行业新闻、网站黄页、门户网站旅游频道等；服务类包括整合网站资源的网络联盟、区域性的旅行社网站、政府网站等，可提供景点搜索、酒店订房、票务预订等服务；特色类包括自驾游、自助户外自然游、特色主题游（如探险游）、修学游等。

9. 个性化

网络营销个性化是指销售商使网络站点、电子信件以及其他经营活动适合于个体客户的需要，适应不同年龄、地点和不同爱好的个体消费者。网络营销要以消费者个体为中心，这是网络经济的营销思想，是现代市场的营销思想。这一经营思想要求企业必须实行以消费者个体需求为出发点，以满足消费者个体需求为归宿点来进行的企业营销。例如，旅游垂直搜索引擎是针对通用搜索引擎的信息量大、查询不准确、深度不够等问题提出来的一种新的搜索引擎服务模式，它是一种针对旅游领域，以为旅游者提供机票、酒店价格信息为特征的搜索比价服务。

以去哪儿网、酷讯旅游网为代表的旅游垂直搜索引擎，在突破简单的比价模式上进行了有益的尝试，从2008年起陆续发布了包括航班准点率、里程奖励信息、网上值机、特殊餐食、国际航班飞行时长、帮助用户选择最便捷的中转联程等个性化信息服务，逐步提升为可以为用户和旅游供应商提供全方位立体信息服务的真正的旅游垂直搜索引擎，从而获得了市场的普遍认可。

三、旅游网络营销的运用策略

1. 完善旅游网站建设，设计出色的网页、产品

我国旅游电子商务网站多数是由网络经营者创办的，真正由旅游企业建立的极少，这就形成了旅游公司不了解网络、网络不熟悉旅游业务的现象，从而导致旅游网站内容空洞、缺乏吸引力。因此，旅游业网络销售的关键之一是强化旅游信息的开发，提供全面、详细、准确、及时的旅游信息。网络主页是企业网络形象的第一扇窗户，网上营销是推广企业产品的一种方式，旅游企业应通过网络特有的传播方式，实现旅游产品艺术性、宣传性、娱乐性的完美组合，使消费者接受它、喜欢它，并产生购买欲望。网页制作要有特色，内容丰富，形式不拘一格，并时常进行更新；同时，网页的文字说明最好附有多国语言，以便顺利进入国际市场并得到国际消费者的认可。旅游企业应加强对信息反应的灵敏度，对市场需求立即作出反应，通过网络交流设计旅游线路、安排旅游活动、开发旅游资源、建设旅游设施、提供旅游服务等。另外，产品设计也不完全受市场约束，可通过网络设计出旅游精品。产品的营销要打破人们的消费习惯、生活方式和生产方式，引导人们的消费需求，从而创造新的市场需求，使企业走出削价竞争的怪圈。美国每个旅游局都有自己的信息网站。作为对外促销的重要手段，它一方面对外发布信息，同时也大量地收集有关信息，是保持与外界最广泛联系的窗口。它在对外促销方面的优势在于：快捷，只要一点击鼠标就可以获得所需要的信息；方便，不论是办公室还是家里，只要有计算机就可以；覆盖面广，在世界上的任何一个角落，只要能上网就可以查询。

2. 完善旅游网络营销的网站操作模式

旅游网络营销提供的产品主要是服务产品，既然是服务产品，现代旅游企业必须能提供优质服务。这里的优质服务是指企业通过网络和电子方式去了解客户在什么时候、在什么地点、需要什么样的服务。只有预订网站能实现实时商务信息的展示，而且客户递交订单后能得到实时、快速的处理，那么客户和旅游企业就会欢迎和使用这样的网络营销系统。例如，时下微博大行其道，连西湖太子湾公园也“恋上”微博。2011年春季郁金香花展，太子湾公园的管理方花港管理处就动起了脑筋，为了拉近和旅游者的距离，在新浪微博上注册了微博“太子

湾”，让大家可以在网上时时分享太子湾的美丽，并且做到第一时间公布信息。那么，“太子湾”微博的影响力究竟如何呢？

“太子湾”3 月 7 日正式上线，半个月内已经被 1447 人关注了。半个月有这样的关注度还是挺不简单的。据太子湾微博管理人员介绍，关注太子湾的大都是年轻人员，太子湾管理人员和网友进行了好友式沟通。例如微博开了后的第三天，一位网友问“太子湾”：“现在太子湾的樱花开了吗？这周可以赏花了不？”“太子湾”回复道：“基本没开，这周没意思的。”还附了几张郁金香的照片，表示“有图有真相”。

“管理这个微博是一件很开心的事。”80 后太子湾微博管理人小倪说，没有繁文缛节，和网友聊起来，就像和自己的朋友聊天一样，并且效果非常好。“最多的问题就是关于什么时候开花？”小倪一一认真回答了问题。“很多人就在网上等着看花的最佳时候了。”除了花期，旅游者出行前还担心交通问题，只要在微博上面提问，马上就可以得到解决。“这样，旅游者来游玩的时候可以更加尽兴。而且，随着微博影响力的不断扩大，也可以通过微博在一定程度上调节郁金香花展时的来园人流量。”

3. 实施旅游网站品牌策略

全国的旅游网站有上千家，要想经营得有特色，就必须在服务内容、范围和质量上有所突破和发展。旅游企业是服务行业，旅游网站同样也是服务行业。因此，旅游网站的生存取决于它在服务内容、范围、质量上的含金量。目前，许多企业旅游网站和许多旅游企业一样，除了存在经营定位模糊的弱点外，还存在单兵作战、内容范围过窄等问题，使得互联优势无法体现，难以产生规模效应和边际效应。因此，必须进行企业规模化运作和互联网跨地区经营，优势互补，互相促进。例如，随着互联网的普及、网民人数的暴增，网络逐渐成为人们获取信息的重要渠道。天山天池敏感地认识到这一点。但是从天山天池相关负责人检查互联网上关于天山天池的信息统计，发现有关天山天池的有价值的信息仅为 13%，且多为广告或景区介绍，可信度不高，有关网友自发性的风土人情及旅游线路信息介绍几乎为零，不能充分发挥电子商务平台的优势以达到预期效果，更不能带动天山天池的旅游。而天山天池旅游刚刚建立起来的网络电子商务平台几乎不为人知，怎样以最快的方式广而告之，通过网上售票管理系统为天山天池带来更多的游客呢？天山天池迅速制订了一系列网络营销执行方案，重新打造新的天山天池网站，努力打造新疆旅游第一品牌。首先，结合天池的历史相关资料对大众普及景区历史；在知名网站，比如百度知道、新浪爱问、天涯问答等及论坛中开设景区知识有奖问答；与一游网和丝绸之路官方网站合作，带来直接的用户流量和人气；通过在中国旅游网、新浪旅游等知名旅游网站或门户网站的旅游频道进行全面的广告交换与投放。通过即时消息工具设立网上热线，与网友和旅游者建立联系，处理电子订单和客户咨询。开发网上门票、酒店、机票预定，通过手续费实现网站直接盈利。一系列得当的网络营销措施，提升了天山天池景区在人们心中的形象，激发了网友的热情，天山天池的旅游人数比往常激增了10倍。

还比如，山东周村春秋战国时期属齐国于陵邑，自古商业发达，明朝嘉靖年间已有“周村店”称谓，明末清初开始走向繁荣。1775年，乾隆南巡时曾来过周村，并御赐周村为“天下第一村”。北京瑞蚨祥等一批近代民族工商业品牌都发源周村，电视剧《大染坊》的原形也在周村，电影《活着》在周村拍摄，电视剧《旱码头》详尽地反映了周村的历史发展与变迁。作为北方重要商业古镇，周村近几年为恢复古商城的原貌投入了大量的资金，大力发展周村旅游业。

早在2007年，周村就敏锐地发现网络营销的发展潜力。经过调查分析，周村景区负责人总结了周村面临的困难和问题，制订了一套全面的网络整合营销实施方案。周村也是较早运用网络整合营销方式开展网络营销的营销“前辈”。它建设“旱码头”“大染坊”等主题网站，借助热播影视剧《活着》《旱码头》《大染坊》等扩展知名度；并且拓展市场全面经营托管，重新包装，以“千年古埠旱码头，北方民俗第一村”为品牌定位，打造北方的“周村”；建立虚拟网上商城，大力拓展网上电子商务，带来直接收益，如网上发布电子折扣券1个月，2007年“五一”带来直接旅游者超过200人；利用各类活动（如摄影大赛）为周村在互联网上造势，通过博客、论坛以及电子邮件的炒作引起网友关注；对周村旱码头网站进行全面的优化，使其在各大搜索引擎获得较高排名；为景区提供完善的在线客服，树立景区品牌形象。

4. 加快网络支付体制的安全性与便利性发展

旅游业网络销售作为一种新生事物，需要给予政策法规的保护和扶持，在旅游信息网络建设、旅游信息开发、旅游信息网络上的电子商务等各个方面提供法律和政策的保证。特别是要确保商业事务的安全性以及旅游网络营销记录和事务的长期完整性，防止欺诈行为。只有这样，才能提供广泛的旅游网络营销所必需的可信度。

5. 细分市场提供专门的产品和服务

随着信息产业的发展，旅游企业已有能力对越来越小的（如广之旅国际旅行社股份有限公司所开辟的）中国旅行热线，专门针对商务客人的特殊需求，成立商务客人服务中心，根据国内外商务旅游者的活动规律和需求特点，提供多档次的商务、会议、度假及有关的各种中介服务。信息中介者可以借助信息技术的发展为旅游企业提供关于消费者个人或家庭的深入而详细的信息，使得企业能够在一个分散化、竞争白热化、消费者偏好越来越细分的市场中找到机遇。比如怒江，这个位于青藏高原南缘的高山深谷，经济非常落后。而当人们从互联网上查询“怒江旅游”这个关键词的时候，能找到的网页数量多达58万多篇，已经相当于查找“北京，旅游”网页数的1/3，可以看出怒江旅游景区对日常网络传播和营销的重视。

第三节　旅游关系营销

一、旅游关系营销的概念

旅游关系营销是指以旅游企业和旅游者的相互关系为核心的营销。关系营销的哲学基础是关系哲学观点和系统论。哲学认为，系统地看，世界上以人为核心衍生出四种关系，即人与自然的关系、人与社会的关系、人与人的关系以及人与自我的关系。把这四种关系引入营销，就产生了关系营销的概念。

关系营销是西方国家进入20世纪90年代以来在诸多产业领域广为运用的一种新方法和新概念。所谓关系营销，是以系统的思想来分析企业的营销活动，认为企业营销活动是企业与消费者、竞争者、供应商、分销商、政府机构和社会组织相互作用的过程，市场营销的核心是正确处理企业与这些个人和组织的关系。采用关系营销方法的企业进行营销活动，其重点不在制造购买，而在建立各种关系，建立起一个营销网络，企业、供应商、分销商和顾客共同构成网络成员，各网络成员彼此建立牢固和互相依赖的商业关系。

关系营销的目的在于减少每次交易的成本和时间，把消费者的购买行为转变为惯例性行为，建立消费者的忠诚，从而取得企业的长期稳定发展。关系营销是创造买卖双方相互长期依存关系的一种方法和艺术。

二、旅游关系营销的特点

传统的营销方式一般是交易营销，强调一次性销售和抓住新旅游者。而关系营销则重点关注旅游企业与旅游者的关系。其具有以下特点：

1. 专注保留

顾客竞争所导致的争取新顾客的难度和成本的上升，使越来越多的企业转向保持现有的顾客。因此企业开始关注建立与顾客的长期关系，并把这种关系视为企业最宝贵的资产，这种从更深层次上探讨企业的成本竞争，为企业赢得长期的竞争创造了条件。据美国哈佛大学商业杂志的一项研究报告指出，首次光临的顾客可以为企业带来24% ~80%利润，吸引他们再来的因素中，首先是服务质量的好坏，其次是产品的本身，最后才是价格。一个满意的顾客会带来八笔潜在的生意，其中至少有一笔成交；一个不满意的顾客会影响25个人的购买愿望；发展一个新顾客的成本是留住一个老顾客成本的6倍。因此，旅游企业把更多的注意力和服务资源配置在如何留住老顾客身上，一方面由于对老顾客更容易销售，旅游企业更有利可图，另一方面从竞争角度讲，可以降低营销成本，从而为企业赢得顾客获得持续的竞争力。

细细揣摩旅游业这几年来的发展脉络，会发现旅游企业同旅游者的关系从某种程度上讲，非常类似于一对恋人的情感历程：从最初追求阶段的投其所好，到随着交流日渐通畅而关系逐步升温，之后步入婚姻殿堂，蜜月期来临……这种逻辑也是20世纪90年代兴起的关系营销的基本思路，它改变了以往企业与顾客之间纯粹的交易关系，而力图确立和维持与顾客之间的长久关系。发掘潜在旅游者固然重要，维护旅游消费者的忠诚却更是重中之重。过去是标准化服务、大众行销的年代，旅游企业的商业行为就是一系列短暂交易的总和。而如今，销售只是顾客和商家之间“婚姻”关系的开始，至于这段“婚姻”是否美好，完全取决于卖方经营的效果，而“婚姻”的质量则决定着双方是否会继续这种合作关系，是否扩大市场范围，或是遭遇麻烦和“离婚”。

2. *产品效益取向*

传统的交易营销通过突出产品的特征来实现产品的价值，更注重以销售数量来获得更大的利润；而关系营销则通过提高服务产品的附加值或优质的服务质量，使顾客获得极大的满足，从而激发他们持续购买的动力。据分析，多次光顾的顾客比初次登门者更能给企业带来丰厚的利润，固定顾客数目增长5%，企业利润能增长25%。这是因为企业不但节省了开发新顾客所需要支付的广告和促销费用，而且随着顾客对企业产品和服务的信任度的增加，还可以诱发顾客提高相关产品和服务的购买率。因此，关系营销可以提高对资源的利用效率。

例如，第一次世界大战时期，美国有一位叫哈利的大富翁，他是一个做生意的奇才。15岁时，他在一个马戏团当童工，主要工作是叫卖柠檬冰水。为此，哈利动起了脑筋。令人不解的是，在马戏开始前，他却站在门口大声喊：“来啊，来啊，顶好吃的花生米，看马戏的人每人赠送一大包，不要钱。”听到叫喊声，观众们被吸引了过去，高兴地拿走不要钱的花生米，进入戏场看马戏。可哈利在炒这些花生米时，特地多加了一些盐，不但吃起来味道更好，而且越吃口越干。就在这时，哈利又出现了。他提着爽口的柠檬冰水挨座叫卖，几乎所有拿过免费花生的观众都买了他的柠檬冰水。这正是“雪中送炭”的营销妙法，花生米是刺激冰水需求的“强心针”。

3. *强调顾客服务*

要真正留住顾客，使顾客在时间长度上为企业提供更多的价值，旅游企业必须提供与服务承诺一致的服务质量，甚至要超出顾客的期望。这是因为顾客不仅限于购买自己所需要的服务，更重要的是在服务过程中所获得的良好体验和感受，这种体验和感受会使顾客对服务产生信任甚至是偏爱，这是产生顾客忠诚度的基础。也可以说，服务质量是实现顾客与旅游企业长久关系的桥梁，因为服务质量会对顾客形成一种内在的激励，影响顾客作出再次购买的决策，甚至使顾客保持与旅游企业之间持久的关系。例如，奔走在高楼林立的城市中，如厕一直是个尴尬的难题。2008 年 3 月，武汉市政府决定将城管部门所管理的 834 座公厕免费向民众提供服务，其中主干道 70 多座公厕 24h 开放，受到本地市民及外地游客的广泛赞誉。在武汉东湖游玩的一位美国游客表示："武汉城区公厕标识比较醒目，房屋比较新，厕所内部也比较清洁，而且还是免费如厕，这在中国的很多城市并不多见，让旅游者心里比较舒坦。"为进一步落实这项惠民措施，扩大免费公厕范围，出台的《武汉城市公共厕所管理办法》规定：凡城市主要道路两侧、车站港口、旅游景区等公共场所、具有一定规模的商业服务场所及居民住宅小区均应设置公共厕所。鼓励人流量较大的繁华地段、临街的非经营性单位将内设厕所向社会免费开放，并将其纳入城市公厕管理范围进行考核。

4. 高度接触顾客

关系营销的核心是建立并发展与公众的良好关系，这从本质上要求旅游企业致力于人际传播，即人与人之间直接的信息沟通、思想理解和情感交流。因此要使顾客满意、留住顾客，旅游企业必须掌握顾客需求的信息。信息技术革命为关系营销接触顾客创造了条件，旅游企业可以通过数据库保存大量顾客的信息，更好地为顾客服务，在此基础上，应与顾客建立感情纽带。同时，网络技术可以把旅游企业与供应商、代理商以及其他客户紧密联系起来，提高整体运作效率，降低沟通成本。另外，旅游企业还可以利用其他各种渠道主动接触顾客，与他们沟通。旅游企业不仅要关注自己的利益，更要注重顾客的利益，在二者之间取得相对平衡，可以使双方都得益，从而有效实现关系营销的目标。例如，2010 年 5 月，烟台市委副书记、市长张江汀在副市长李淑芹及市旅游局局长尹国文等有关部门负责同志的陪同下，先后到烟台旅游集散中心、北极星钟表文化博物馆、烟台农博园详细了解旅游业发展情况。在新成立的旅游集散中心听取了该中心的筹备、建设及运转情况后，张江汀表示，旅游集散中心作为 2010 年全市十大为民服务实事之一，要努力打造成为"便捷服务到家、百姓出游首选"的民心工程和"传播城市文化、展示城市形象"的靓丽窗口。他认为，旅游集散中心开局很好，面向全国选拔了一批精英导游，设立了首批 10 多个居委代办点，今后的发展空间很大，但是还需要进一步深化、细化，真正发挥它的作用，使旅游者真正感到旅游非常方便、舒适、人性化。

5. 专注所有的服务质量

旅游企业的服务质量是一个综合的服务体系，不仅包括对顾客的服务质量，还包括对员工的服务质量、推荐市场顾客的服务质量、供应市场顾客的服务质量、招聘市场顾客的服务质量以及影响市场顾客的服务质量。其中对顾客的服务质量是核心，但对其他顾客的服务质量也会影响最终的顾客服务质量的输出。因此，旅游企业应当把服务质量看成是一个系统，正确处理好各方面的关系，方能树立稳定、高效服务质量的形象，为旅游企业带来持久的竞争力。例如2009年12月31日，《国务院关于推进海南岛国际旅游岛建设发展的若干意见》发布后，海南再一次吸引了国内外旅游者的目光。海南省旅游发展委员会副主任胡月明表示，以三亚为代表的滨海休闲的旅游产品，一直以来都受到国内国际旅游者的认可，但伴随着国际旅游岛目标的提出，海南将不断提升旅游产品的档次，比如会逐渐推出游艇邮轮、高尔夫球、蜜月旅游、浪漫之旅等产品，这些将不断丰富完善旅游产品，将海南旅游提升到国际化旅游的程度。

这些高端旅游产品的推出，是否意味着高端旅游将成为海南旅游今后的一个发展重点？胡主任对此解释说："海南旅游产品既有高端的一面，也有符合国内游客和国情的一面。比如在酒店的建设规划方面，我们既有5星、超5星的酒店，也有2星、3星级的酒店，还有家庭旅馆等，这些都能适应国内的消费水平。只是今后在旅游岛的国际化建设方面，还将不断丰富完善适合高端游客的产品，如游艇邮轮、高尔夫球、国际旅游标准的大型赛事活动等"。

三、旅游关系营销的内涵

旅游关系营销的内涵主要表现在如下几个方面：

1. 企业经营哲学的变革

随着我国加入WTO，企业之间的竞争日益加剧，企业的经营哲学以及经营观念也必须随着环境的变化而不断地与时俱进。传统的营销模式只是着眼于一次性交易，追求的是企业短期利润最大化，这种营销观念在短缺经济条件下存在一定的合理性。而关系营销着眼于企业的长期发展，通过与顾客建立良好的持久关系，实现企业以及社会整体利益的最大化。关系营销理论的出现，使得企业的经营哲学由传统的目标市场选择的"4P"理论发展到以关系营销的"6I"战略。其中这"6I"战略是指建立独特关系的意愿（Intention）、与顾客进行交流（Interaction）、与顾客进行关系的整合（Integration）、收集关于顾客的信息（Information）、对顾客的投资（Investments）和关注顾客的个性化特征（Individuality）。

2. 电子信息技术革命的产物

随着电子通信设备的发展，计算机在企业的营销管理中广泛应用，迫切需要企业建立一种数据库营销，而数据库营销就是企业关系营销理论的一个方面，所以关系营销理论是电子信息技术革命的产物。数据库营销就是企业通过收集和积累消费者的大量信息，经过计算机的处理，预测消费者有多大可能去购买某种产品，以及利用这些信息给产品精确定位，有针对性地制作有关消费者的营销信息，以达到与消费者沟通的目的。企业通过数据库营销，可以更好地为关系营销服务。数据库营销对于市场调查、产品的研发、定位和营销预测都具有重要的作用。企业通过数据库营销可以敏锐地发现新的市场，维持现有的市场，能够与顾客建立良好的合作关系，从而更好地促进关系营销的发展。因此，如果没有计算机、互联网等信息技术的快速发展，也就没有关系营销理论的很好发展。

3. 以顾客满意战略为主要内容

顾客满意，就是要求企业一切为顾客着想，尽管顾客的类型相当复杂，需求也千差万别，但企业应尽可能地满足顾客的需求。以顾客或消费者为导向，是现代市场营销（关系营销）的基本经营理念。传统的营销理论强调的是企业自身利润最大化，而关系营销理论强调的则是企业以及顾客和整个社会利益的最大化。关系营销作为一种新的营销方式，与传统营销存在本质的差别。贝里（Berry）把关系营销看成是保持顾客的工具，而保持顾客又是企业实施其战略目标的工具，企业通过与顾客建立和维持关系来实现其目标。顾客是企业生存的根本，如果离开了顾客，则企业的发展就成了无源之水、无本之木。市场竞争的实质就是赢得顾客对企业的信赖，因此关系营销的主要内容是与顾客建立良好的关系。要想与顾客建立良好的关系，企业必须能够在提供各项服务的过程中赢得顾客的满意。众多相关理论数据显示，顾客满意是企业获得更多利润的源泉。

四、旅游关系营销的策略

1. 改变传统的营销组织和体制

关系营销改变了传统的营销方法，认为营销并不只是营销部门的职责，而是遍及企业的各个职能部门，需要各部门的协调和充分合作，需要制定一个市场导向的整体计划，并把它作为治理内外部关系的总纲，协调所有的营销资源和活动。因此，要想开展关系营销、取得竞争优势，旅游企业必须首先建立一套与之相适应的营销组织体制，从组织和制度上保证关系营销的顺利进行，这是关系营销的前提和基础。

2. 营造良好的企业生存环境

旅游企业关系营销策略是致力于发展和强化连续的、持久的群体关系的长期战略，这就是说要在社会经济的大环境中创造一个良好的生存环境。旅游企业在营销过程中，必须高度重视所在地区的社会性、民族性、文化性、政治性和经济性。只有适应所在地区的上述五点，旅游企业才能营造出市场亲和力，从而达到扎根、生长的目的。

3. 实施顾客满意战略

顾客满意（Customer Satisfaction，CS）战略的指导思想是：企业的一切经营活动要以顾客为中心，实现彻底的顾客导向。在制订关系营销计划时，顾客满意度是必须考虑的因素之一。旅游企业通过对顾客满意度的调查，掌握所面临的顾客、顾客需要、顾客满意度及竞争者的状况，了解企业本身经营的优缺点，明确提高顾客满意度的项目总量平衡，同时，借助满意度调查，加强与顾客的沟通，找到企业与消费市场的互利点，使企业产品真正适应并满足顾客需要。

4. 运用员工满意战略

员工满意（Employee Satisfaction，ES）战略是顾客满意战略的补充，其含义是企业应当关心员工，满足员工的合理需要，激发员工的积极主动性和能动性，提高全员运作能力，从而推动旅游企业的全面发展。只有让员工满意，使他们热爱工作，并以自身工作为荣，员工才能更好地服务于顾客。所以，员工满意战略的实施是顾客满意战略的前提和基础，也是旅游企业关系营销的保障和前进的动力。

5. 建立管理信息系统，管理好宾客档案

旅游企业为了满足顾客的需要和欲望，更好地为顾客服务，仅仅依靠传统的间接市场调查所得到的粗略的非个性化信息并不能满足关系营销的需要。开展关系营销，需要掌握主要客源地有代表性顾客的具体个性化信息，因此，旅游企业需要使用管理信息系统（Management Information System，MIS），建立详细的顾客档案和数据库，有效地选择目标市场、了解客源市场的主要消费动态。

6. 采取全方位的价值链营销管理

旅游企业的整体产品是由各个部门分工协作完成的，任何一个部门、一项服务或一个环节出现失误，都会影响到旅游者的游玩心情。除自身的价值链外，旅游企业还需要与供应商、旅行社、最终顾客等相互关系者建立价值链，形成价值让渡系统来寻求竞争优势。关系营销的核心就是要设计和管理一种卓越的价值让渡系统，以寻求自身的竞争优势，占领目标市场。

第四节　旅游体验营销

一、旅游体验营销的概念

旅游体验营销是指旅游企业根据旅游者情感需求的特点，结合旅游产品和服务的属性（卖点），策划有特定氛围的营销活动，让旅游者参与并获得美好而深刻的体验，满足其情感需求，从而扩大旅游产品和服务销售的一种新型的营销活动方式。

【营销实例】

2011 年 4 月，在线旅游媒体酷讯旅游网在业内首家提出“旅游体验师”这一创新性的职业，并携手天津卫视职场真人秀栏目《非你莫属》进行联合招募，而其免费旅游并可获得高薪的职业特色，更是被媒体称为“天下第一美差”，轰动效应不亚于澳大利亚大堡礁面向全球招聘护岛人。那么，旅游体验师都需要干些什么呢？

1. 新鲜诱人的“旅游体验师”

前些日子，酷讯“旅游体验师”随首批体验团向世界第二高峰乔戈里峰出发，免费饱览国际登山界公认的最难攀登的山峰周围的特色景观。而紧随这次体验团之后，5 月 16 日，又为旅游体验师提供免费体验法国、瑞士、意大利 10 日游的机会。此外，包括冰岛体验游、世界特色海岛体验游等一系列首批旅游体验师体验团将持续发出。该旅游网站期望通过一次次旅游体验活动，逐渐使旅游体验师的足迹真正遍布全世界，为旅游爱好者提供更多可参考的旅游目的地的细节化信息，有效提高优质的旅游体验。“其实，旅游体验师就是把自己的内心体悟与旅游者分享，帮助顾客挑选一条适合的路线。”有关专家将旅游体验师比作品酒师，通过品尝各种不同的酒，分享感受，从而帮助顾客挑选产品。

2. 旅游体验师的工作内容

毕业于清华大学工业设计专业的郝娜是酷讯旅游网的“首席旅游体验师”，也是这一新兴职业的首位旅游体验师。郝娜的工作分为两个部分，除了要进行旅游体验外，还要对整个体验师团队进行管理。据介绍，2012 年 3 月 22 日，“郝娜酷游世界 100 天”全面开启。100 天的行程包括亚洲、欧洲、非洲、美洲，途经世界 30 个热门旅游目的地。现在郝娜已身处环游第一站日本，通过手机客户端将日本的旅途感悟实时分享给每一位有环游世界梦想的旅游者。在尽情游玩的过程中，旅游体验师的工作职责主要是将其在旅途中关于交通、住宿、美食、风景、见闻等各个环节的体验进行微博播报，通过文字、照片和视频等形式与网友在线共享，并最终对该条旅行线路给出综合体验评价，以供网友参考。旅游体验师在旅行中的吃、住、行、游等费用则全部由组织方承担。“每次旅游体验，各个方面都必须做好充足的准备，这样才能在到达景区时有清楚的认识，从而为网友们提供最全面、最丰富、最真切的旅游感受。”一位旅游体验师介绍道。

3. 旅游体验师风行于旅游圈

据介绍，旅游体验师没有学历限制，要熟悉各地的旅游情况，比如最近香港三日游需要花费多少钱，另外就是文字表达能力强、会摄影，可以随时在线传播旅游心得。旅游体验师可以说是伴随着互联网的发展应运而生的新事物，2010 年中国在线旅游行业同比增长 58%，传统旅行社越来越看重在线旅游市场的力量，未来会更注重借助在线旅游平台进行口碑营销。随着微博、视频等传播手段兴起，一个人也可成为一个电视台、通讯社，向全世界进行现场直播。“这是‘旅游体验师’这个新职业产生的互联网技术基础。”

随着旅游体验师风行于旅游界，一些网站也都推出了自己的旅游体验师，主要目的是加强旅游体验式营销力度，抢占市场份额。这块市场的蛋糕已被更多人品出甜味来。

二、旅游体验营销的特点

旅游的本质就是一次经历和阅历，就是一次体验。体验营销是伴随着体验经济而出现的一种新的营销方式，形象地说就是“卖感觉”“卖体验”。体验经济的发展以及休闲旅游时代的来临，带来了营销模式的根本性变化，体验式营销作为一种为体验所驱动的营销和管理模式，将很快取代传统的营销和经营方法，正式登上历史舞台。旅游所具有的典型的“体验性”特征决定了在旅游活动中开展体验式营销不仅具有必要性，而且会比其他营销方式、方法收到更好的实效。针对特定的消费人群，设计出差异化的体验旅游产品，并利用企业优势，打造产品独有的个性，已成为现今旅游市场的新方向。旅游体验营销主要有以下特点：

（一）以体验为卖点吸引旅游者

旅游者的体验来自于其消费经历对感觉、心灵和思想的触动，它把企业、品牌与旅游者的生活方式联系起来。因此，对旅游企业来说，营销活动应在旅游者的旅游体验深度上下工夫，这样才更能吸引旅游者。旅游体验营销所真正关心的是旅游者期望获得什么样的体验，旅游产品对旅游者的生活方式有何影响，以及旅游者对于这种影响有何感受。比如，乡村旅游者到乡下旅游，希望感受到朴实的乡土气息，吃两顿农民做的农家饭，在松软清香的泥土上散散步，看一看一望无际的田野，和当地老农民唠唠嗑，真实地体验一下农村远离城市尘嚣的宁静生活。这才是体验营销人员应该深入考虑的卖点，而不是把旅游者带到农村去生硬地兜一圈，或是简单体验一下乡村招待所里的“城市日常家庭生活”。又比如成都在韩国首尔设境外旅游体验中心：大熊猫、宽窄巷子……今后，全世界游客在韩国都能看到这些代表成都旅游的吃、住、行、游、购、娱信息。成都旅游局和成都文旅集团透露，成都市政府正式启动了“韩国—成都旅游营销网络”，将在韩国建成成都境外旅游体验中心，作为成都旅游国际化的营销窗口，进行规模化旅游品牌和产品营销。

成都旅游协会与亚太城市旅游振兴机构已签署发布《旅游共同发展宣言》。该宣言提出：两地政府等将加强其他领域合作，包括以世界遗产游为重点开发更多旅游产品，共同举办或吸引更多国际会议在成都召开。成都文旅集团董事长尹建华表示，成都文旅正在韩国旅游业巨头哈拉图尔（HANATOUR）的门店或总部大楼选址，设立成都境外旅游体验中心。

“这是成都在境外设立的第二个旅游体验中心，不仅能为旅游者带来更加立体化的感受，让旅游者在体验中心就能了解到成都的美景、美食。我们还将根据韩国民众的特点，设计符合韩国人口味的成都旅游产品。”尹建华说。

（二）旅游场景强调主题化

从体验的产生过程来看，主题是体验的基础，任何体验活动都是围绕一个体验主题展开的。体验营销首先要设定一个“主题”，即体验营销应该从一个主题出发并且所有产品和服务都围绕这一主题，或者至少应设有一个“主题场景”（如一些主题博物馆、主题公园、游乐区，或以某一主题为导向的一场活动等）。并且这些“主题”并非是随意出现的，而是由体验营销人员精心设计的。例如，广之旅旅行社曾组织过“夕阳红恋之旅”，就是专为单身老人搭建鹊桥而设计的旅游产品。由国家体育总局、文化部、国家民族事务委员会、内蒙古自治区人民政府共同主办，鄂尔多斯市人民政府和内蒙古自治区体育局、文化厅、民族事务委员会共同承办的鄂尔多斯国际那达慕大会于2010年8月份在内蒙古自治区鄂尔多斯市举办，大会项目涵盖经贸、文化、体育、旅游等多个领域。“那达慕”是蒙古语，汉语意为游戏、娱乐、聚会。作为蒙古族传统体育竞技和娱乐活动，那达慕大会至今已有上千年的历史。大会秉承“绿色、和谐、吉祥”的理念，以“国际那达慕、草原狂欢节”为主题，着力打造具有民族特色的国际文化体育活动品牌，不断弘扬博大精深的草原文化，加快发展丰富多彩的民族体育事业。

（三）产品设计以体验为导向

体验营销必须创造顾客体验，为顾客留下值得回忆的事件和感动瞬间。因此，在企业设计、制作和销售产品和服务时必须以顾客体验为导向，企业的任何一项产品、产品的生产过程及售前、售中和售后的各项活动都应该给顾客留下深刻的印象。旅游企业更应如此。企业在宣传介绍产品时就应给旅游者以美好的遐想空间，从而渴望真实的体验。例如，香格里拉的服务口号“殷勤友好亚洲情”，很容易让人联想到一种温馨、舒适和体贴的酒店服务，继而心向往之。在实际提供服务时，更是要从方方面面保证旅游者的体验质量。体验决定了旅游者对旅游产品的满意度和品牌忠诚度。

例如，由蜀冈——瘦西湖新区管委会精心打造的瘦西湖天沐温泉度假村正式对外开放，成为扬州休闲、度假旅游的标志性产品。特别是笔架山地区得天独厚的生态优势，极宜营造一批露天温泉休闲池，让旅游者在美妙的大自然中享受阳光、享受生态、享受嬉水。瘦西湖天沐温泉继承、发扬扬州沐浴文化传统，运用SPA现代理念，将温泉打造成集度假、理疗、食疗、体育、保健等于一体的特色产品，营造了浓郁的休闲度假氛围，非常有利于满足各类商务、会议等高端接待和休闲度假、疗养康复等消费需求，满足现代人回归自然、陶冶情操的精神需要。扬州的温泉产品开发在结合现代休闲、体验、度假、娱乐等旅游理念的基础上，立志打造成“国内一流，国际知名，融生态、文化、休闲于一体”的顶级温泉。在功能定位上，瘦西湖温泉以区域内唐宋文化为依托，根植于扬州传统休闲文化，并充分利用这一地域优越的湿地、水系和植被、花卉资源，糅合早已享誉全国的扬州“三把刀”品牌，让旅游者在美妙的大自然中既享受阳光、享受生态，又能领略各种温泉产品带来的春之韵、夏之媚、秋之爽、冬之暖的四季之美，使这一“都市中的天籁”成为风景区中最具吸引力的产品卖点。

（四）营销活动以旅游者为中心

首先，体验营销应真正以旅游者的需求为中心来指导企业的营销活动。如老年旅游者喜欢节奏较慢、风景优美、安乐闲适的旅游，于是就有旅行社突破传统的“海南几日游”，推出专为老人设计的三亚度假一月游。其次，体验营销真正以旅游者为中心开展企业与旅游者之间的沟通。如专营老年旅游的上海老城隍庙旅行社建立了老年俱乐部，大大加强了其与旅游者之间的信息和情感交流，从而得以及时更新、升级旅游产品和服务，有效增加了旅游者的体验，使旅游者获得物质和精神上的双重满足。又如，浙江省宁波市旅游局组织全市主要旅行社赴四川青川开展旅游帮扶对接工作，全面启动宁波帮扶青川灾后旅游恢复发展工作。2010年5月—2011年4月，组织1000名宁波市民赴青川旅游，以旅游消费带动青川旅游产业灾后恢复和发展。为做好结对帮扶青川旅游产业灾后恢复工作，宁波市旅游局与宁波市发改委（援建办）联合下发了《宁波市“千名市民游青川”活动考核办法》，对组团游青川达到一定数量的旅行社予以奖励。宁波市旅游局等部门还号召市级各有关单位把青川作为职工疗、休养推荐点，倡导市民支持青川旅游产业灾后恢复，要求全市旅游行业广泛宣传青川旅游资源、特色旅游产品和精品旅游线路，推进“千名市民游青川”活动顺利开展。

三、旅游体验营销的形式

体验营销的形式有五种，即感觉营销、情感营销、思考营销、行动营销和关联营销。对于旅游业，体验营销的这五种方式各有其目标和手段（见表12-1）。感觉营销通过人的五感创造直觉体验的感受；情感营销以营造情景和氛围来建立与旅游者之间的情感纽带；思考营销通过设计问题来引发旅游者的思考和开发智力；行动营销通过有形体验和互动影响旅游者的生活行为；关联营销连接个体与社会群体，以满足游客的自我改进和社会认同的愿望。

表12-1 旅游体验营销的目标和手段

方　式	目　标	手　段
感觉营销	创造直觉体验的感受	视觉、听觉、触觉、味觉、嗅觉
情感营销	旅游者内在的感情和情绪	营造旅游者需要的情境与氛围
思考营销	旅游者智力启迪和认知	以创意的方式引起旅游者思考
行动营销	有形体验和旅游者的互动	以行为体验推出新的生活形态
关联营销	满足旅游者自我改进的愿望	建立个人对产品的偏好，形成一个社会群体

四、旅游体验营销策略

（一）设计体验策略

旅游企业要根据旅游者精神文化需求的特点，确定旅游主题，巧妙构思表现主题的艺术形式，营造特定的浓郁氛围，精心设计旅游体验，使旅游者获得美好而难忘的体验。具体应做到以下几个方面：调查了解旅游者精神文化需求的特点，根据调查的结论进行心理定位，以精练而形象化的语言概括出特色鲜明而富有感召力的主题；巧妙构思表现主题的艺术形式，设计出具有艺术感染力的旅游体验营销活动；根据旅游体验营销活动的性质、特点，营造特定的环境与浓郁的氛围。

（二）吸引参与策略

吸引参与策略是指旅游企业巧妙策划极具魅力的旅游体验营销活动，吸引旅游者积极主动参与，并获得欢乐而难忘的体验。旅游企业首先要吸引旅游者参与。以策划新、奇、特、美的旅游体验活动，吸引旅游者的眼球，或采用某些激励措施，激发旅游者参与的积极性。其次要让旅游者主动参与。旅游企业要充分发挥“编剧”角色的作用，设法让旅游者在旅游服务的舞台上主动参与，尽情表演。最后要让旅游者全程参与。让旅游者参与旅游前、中、后的全过程，获得各环节的不同体验。

（三）互动双赢策略

互动双赢策略是指通过加强旅游企业与旅游者之间的信息和情感交流，形成相互促进的良性互动，实现旅游者满足体验需求、旅游企业扩大销售的双赢目标。实施这一策略，要做到三个互动：一是信息互动。一方面，旅游企业要把体验营销活动的有关信息及时准确地传递给旅游者；另一方面，旅游者也要把对体验营销的评价、意见和建议等信息反馈给企业，促进相互了解。二是情感互动。要加强旅游企业与旅游者之间的情感交流，使互动由信息层次深入到情感层次，促进相互信任。三是行为互动。旅游企业与旅游者之间由情感互动深化为行为互动。双方都根据反馈信息，调整各自的行为，促进相互支持。

（四）情感诉求策略

情感诉求策略是指旅游企业根据旅游者的情感需求特点，策划充满浓厚人情味的旅游体验营销氛围与活动，激发旅游者产生积极的情感，满足其情感体验需求。采用情感诉求策略应做到：一要有热情。旅游营销人员要满腔热情地接待旅游者，吸引他们积极主动参与活动。二要有真情。旅游营销人员要真心实意地对待旅游者，讲求经营信誉，以真诚打动旅游者。三要有深情。旅游营销人员对旅游者的情感表达要发自肺腑、来自心灵深处，才能与旅游者产生心理共鸣。

（五）突出个性策略

旅游企业要根据旅游者个性化心理需求的特点，结合适宜于展现个性化风格的旅游产品和服务，策划能展现个性的旅游体验营销活动，满足旅游者个性化的体验需求。采取这种策略，要选择个性化旅游者群体，结合个性化的旅游产品和服务，如探险旅游、体育旅游和摄影旅游等。旅游企业要策划个性化的体验营销活动，则其所策划的活动必须能让旅游者充分彰显其个性风格。

（六）综合体验策略

综合体验策略是指旅游企业要为旅游者提供各种类型、不同层次的全方位综合性旅游体验，满足旅游者多样化的精神文化需求。采取这种策略，要策划娱乐、教育、审美等不同类型以及感官、情感、思维、行动和关联等多种层次的旅游体验，满足旅游者多样化的体验需求。同时，还必须注意如下几点：

1. 外部体验应以内部营销为基础

旅游企业的营销工作对象不仅仅包括外部公众，同时还应该包括内部员工。内部营销是指企业像对待外部旅游者一样对待自己的员工。在员工为旅游者提供满意的服务和体验之前，旅游企业要做到先使员工体验到满意与忠诚。在体验营销中，内部营销显得尤为重要，因为企业在很大程度上是依赖员工去进行体验的创造和传递的。体验主题再明确、体验设计再完美，可能会因员工的一次疏漏或怠慢而大大影响体验的效果，甚至将体验全盘破坏。

2. 注重旅游产品的心理属性的开发

旅游产品中包含的心理属性因素将越来越多地成为旅游体验营销成败的关键性因素。因此，在旅游产品开发过程中，旅游企业必须十分重视产品的品位、形象、个性、情调、感情等方面的塑造，营造出与目标旅游者心理需要相一致的心理属性，帮助目标旅游者形成或者完成某种感兴趣的体验。

3. 明确体验的主题

目前，我国不少旅游目的地（包括其组成要素，如旅游纪念品）缺乏个性与特色，给旅游者千篇一律的感觉。究其根由，在于规划者、建设者、经营者的头脑中缺乏统一的、渗透各方的、鲜明独特的主题，或主题定位错位。这种主题不明确或者主题定位错位使得旅游者抓不到主轴，不能整合所有感觉到的体验，也就无法留下长久的记忆，这将直接影响到旅游企业的生存和可持续发展。所以，在旅游体验营销中，主题的确定应根植于本地的地脉、史脉与文脉，应根据主导客源市场的需求，突显个性、特色与新奇，避免与周边邻近地区同类旅游目的地的雷同。还应整合多种感官刺激，调动旅游者的参与性，使旅游者只有亲自参与其中，并在参与中思索与体会，才能得到真正的体验，而且体验所涉及的感官越多，旅游体验营销就越容易成功、越令人难忘。实施旅游体验营销是现代经济发展和旅游本身对旅游企业提出的要求。

【关键概念】

旅游绿色营销；旅游网络营销；旅游关系营销；旅游体验营销

【复习与思考】

1. 简述旅游绿色营销的内涵及旅游企业所应采取的营销对策。
2. 简述旅游网络营销的内涵及特点。
3. 简述旅游关系营销的特点及旅游企业所应采取的营销对策。
4. 简述旅游体验营销的内涵及特点。

【项目实训】

针对旅游网络营销现在持续火热的场面，运用网络营销知识和计算机网络数字化模式建立一个小型的旅游网站，要求包含景区景点的介绍及大量相关的旅游信息。可以选取自己所在的旅游城市，也可以扩展到全国范围内，如选取自己心仪的旅游城市。

◉ 参考文献 ◉

[1] 程道品，伍进．旅游市场营销学［M］．北京：中国林业出版社，2009.

[2] 于锦华．旅游电子商务［M］．北京：中国旅游出版社，2009.

[3] 程蕤，朱生东．旅游市场营销［M］．合肥：合肥工业大学出版社，2005.

[4] 靳涛．旅游市场营销［M］．北京：冶金工业出版社，2008.

[5] 程道品，伍进．旅游市场营销学［M］．北京：中国林业出版社，2009.

[6] 肖升．旅游市场营销［M］．北京：旅游教育出版社，2010.

[7] 舒伯阳．旅游市场营销［M］．北京：清华大学出版社，2009.

[8] 孙厚琴．旅游客户关系管理［M］．上海：立信会计出版社，2008.

[9] 菲利普·科特勒．营销管理［M］．梅汝和，梅清豪，张析，译．北京：中国人民大学出版社，1997.

[10] 林南枝．旅游市场学［M］．天津：南开大学出版社，2000.

[11] 赵西萍．旅游市场营销［M］．天津：南开大学出版社，2005.

[12] 菲利普·科特勒．旅游市场营销［M］.2 版．谢彦君，译．北京：旅游教育出版社，2002.

[13] 张念萍．旅游市场营销实务［M］．北京：中国旅游出版社，2011.

[14] 苏英，吴晓山．旅游市场营销［M］．北京：北京师范大学出版社，2011.

[15] 刘颖，李娟．旅游市场营销［M］．北京：中国商业出版社，2012.

[16] 张学梅．旅游市场销售［M］．西安：西安交通大学出版社，2011.

[17] 郭英之．旅游市场销售［M］．大连：东北财经大学出版社，2010.

[18] 安贺新．旅游市场营销学［M］．北京：清华大学出版社，2011.

[19] 刘伟平，陈秋华．旅游市场营销学［M］．北京：中国旅游出版社，2007.

[20] 韩勇，丛庆．旅游市场营销学［M］．北京大学出版社，2006.

[21] 刘沛林．区域旅游规划原理与实践［M］．北京：华龄出版社，2006.

[22] 马勇．旅游市场营销学［M］．北京：科学出版社，2006.

[23] 杨益新．旅游市场营销学［M］．北京：清华大学出版社，2008.

[24] 吴清津．旅游消费者行为学［M］．北京：旅游教育出版社，2006.

[25] 尹隽．旅游目的地形象策划［M］．北京：人民邮电出版社，2006.

[26] 马克态．成功的分销渠道管理［M］．北京：中国国际广播出版社，2003.

[27] 王兴智．国际市场进入与营销方法［M］．北京：中国国际广播出版社，2003.

[28] 杨剑，金小玲．营销力提升训练精要［M］．北京：中国纺织出版社，2003.

[29] 王小栋．网络营销的秘诀与实例［M］．北京：中国国际广播出版社，2001.

[30] 王必成．营销——市场营销操作 1001 法［M］．北京：中国国际广播出版社，2004.

[31] 冯章．电话营销［M］．北京：中国经济出版社，2005.

[32] 冯章．卓越推广［M］．北京：当代世界出版社，2004.